教育部人文社会科学重点研究基地
上海外国语大学中东研究所系列发展报告

中东区域国别研究

Reports on Middle East Development
(Volume 10)

[第十辑]

余泳·主编

时事出版社
北京

教育部中东联合研究院建设计划支持
本报告受到上海高校一类智库建设项目资助

目　　录

主报告：地区形势

2022年中东地区形势——以俄乌冲突对中东的
　影响为线索 ………………………………… 刘中民　舒　梦（3）
2022年西亚地区形势………………………………… 包澄章（17）
2022年北非地区形势………………………………… 赵　军（37）
2022年中国中东外交 ………………………… 刘胜湘　李志豪（52）

分报告：代表性国家与组织发展概况

2022年沙特的政治、经济和对外关系 ………… 丁　俊　陈　瑾（73）
2022年伊朗的政治、经济和对外关系 ………… 韩建伟　张惠森（91）
2022年以色列的政治、经济和对外关系 ……… 钮　松　甄　诚（108）
2022年土耳其的政治、经济和对外关系 …………… 邹志强（124）
2022年海湾五国的政治、经济和对外关系 ………… 余　泳（142）
2022年伊拉克的政治、经济和对外关系 ……… 潜旭明　姜　楠（163）
2022年叙利亚的政治、经济和对外关系 ……… 汪　波　穆春唤（176）
2022年黎巴嫩的政治、经济和对外关系 …………… 张菡文（194）
2022年约旦的政治、经济和对外关系 ………… 章　远　侯欣瑞（208）
2022年也门的政治、经济和对外关系 ……………… 文少彪（227）
2022年埃及的政治、经济和对外关系 ………… 李　意　孙伟意（239）
2022年阿尔及利亚的政治、经济和对外关系 … 舒　梦　宋　昀（258）
2022年的伊斯兰合作组织 ……………………… 丁　隆　刘国熙（275）
2022年的阿拉伯国家联盟 ……………………… 赵　军　林　涛（290）
2022年的海湾阿拉伯国家合作委员会 ……………… 韩建伟（303）

专题报告：新时代的中国与阿拉伯国家合作

新时代中国与阿拉伯国家的合作 ·················· 丁　俊（321）
以共建"一带一路"推进中阿合作 ·················· 王　健（338）
中阿合作面临历史性机遇 ·························· 田文林（350）
中阿合作：根植历史，共谋发展，面向未来 ········ 包澄章（358）

Table of Contents

Main Report: Regional Situation

The Situation in the Middle East in 2022 From the
  Perspective of the Impact of the Russia – Ukraine
  Conflict ·················· Liu Zhongmin and Shumeng (3)
The Situation in West Asia in 2022 ·············· Bao Chengzhang (17)
The Situation in North Africa in 2022 ················ Zhao Jun (37)
China's Middle East Diplomacy in 2022
  ····················· Liu Shengxiang and Li Zhihao (52)

Sub – report: Overview of the Development of Representative Countries and Organizations

Politics, Economy and Foreign Relations of Saudi Arabia in
  2022 ····················· Ding Jun and Chen Jin (73)
Politics, Economy and Foreign Relations of Iran in 2022
  ····················· Han Jianwei and Zhang Huimiao (91)
Politics, Economy and Foreign Relations of Israel in 2022
  ························ Niu Song and Zhen Cheng (108)
Politics, Economy and Foreign Relations of Turkey in 2022
  ······························· Zou Zhiqiang (124)
Politics, Economy and Foreign Relations of the Five Gulf
  States in 2022 ··························· Yu Yong (142)

Politics, Economy and Foreign Relations of Iraq in 2022
　　………………………………… Qian Xuming and Jiang Nan (163)
Politics, Economy and Foreign Relations of Syria in 2022
　　………………………………… Wang Bo and Mu Chunhuan (176)
Politics, Economy and Foreign Relations of Lebanon in
　　2022 ………………………………………… Zhang Hanwen (194)
Politics, Economy and Foreign Relations of Jordan in 2022
　　………………………………… Zhang Yuan and Hou Xinrui (208)
Politics, Economy and Foreign Relations of Yemen in 2022
　　……………………………………………… Wen Shaobiao (227)
Politics, Economy and Foreign Relations of Egypt in 2022
　　………………………………………… Li Yi and Sun Weiyi (239)
Politics, Economy and Foreign Relations of Algeria in 2022
　　………………………………………… Shu Meng and Song Yun (258)
The Organization of Islamic Cooperation in 2022
　　………………………………………… Ding Long and Liu Guoxi (275)
The League of Arab States in 2022 …………… Zhao Jun and Lin Tao (290)
The Gulf Cooperation Council in 2022 …………………… Han Jianwei (303)

Special Report: China – Arab Cooperation in the New Era

Cooperation between China and Arab Countries in the
　　New Era ………………………………………… Ding Jun (321)
Promoting China – Arab Cooperation by Building "One Belt,
　　One Road" ……………………………………… Wang Jian (338)
China – Arab Cooperation Faces Historic Opportunities
　　……………………………………………………… Tian Wenlin (350)
China – Arab Cooperation: Rooted in History, Seeking Development
　　Together, Facing the Future ………………… Bao Chengzhang (358)

主报告：
地区形势

2022年中东地区形势

——以俄乌冲突对中东的影响为线索

刘中民　舒　梦[①]

【摘　要】

　　从中东国家对俄乌冲突的反应来看，中东国家基本上采取了相对中立的立场和政策，并未加入美国制裁和对抗俄罗斯的阵营，而是基于自身国家利益进行理性选择，这是中东国家战略自主增强的体现。从世界大国对中东的影响来看，由于美俄围绕乌克兰的战略博弈加剧，双方影响中东的战略能力和意愿均受到俄乌冲突的限制，从而使大国力量对中东的影响向多元平衡的方向发展，但世界大国在中东的战略博弈也在进一步加深。在地区格局层面，中东地区国际关系出现了积极缓和的迹象，追求发展转型成为大多数中东国家的共同选择，但中东地区格局中还存在诸多不容忽视的隐患。

【关键词】

　　俄乌冲突　中东地区格局　大国博弈　发展转型

　　俄乌冲突不仅对国际体系、世界秩序以及全球地缘政治格局产生了严重冲击，也对全球各大地缘板块和政治力量重组产生了深刻影响。其原因在于俄乌冲突并非俄乌双方简单的冲突，背后还有俄美欧之间的复杂角力和博弈，特别是美国力图通过俄乌冲突巩固、调整和重组其全球盟友体系，进而使俄乌冲突成为修复和延续美国霸权的特殊平台。但从世界各国

[①] 刘中民，上海外国语大学中东研究所研究员，中国中东学会副会长；舒梦，上海外国语大学中东研究所助理研究员。

对美俄围绕俄乌冲突的博弈来看，除欧洲和亚太传统意义上的美国盟友外，中东、中亚、南亚等发展中国家地区的美国盟友并未唯美国马首是瞻，更没有围绕美俄"选边站队"，这在很大程度上是美国和西方相对衰落在世界政治中的反映。

长期以来，中东地区格局具有典型的依附性、冲突性特点，其突出表现是中东国家严重依赖外部特别是西方大国，进而使其发展缺乏自主性，而外部干预和内部矛盾引发的长期冲突使地区发展缺乏和平的环境和地区合作机制，进而形成了安全与发展之间的长期恶性互动，使中东地区成为全球安全赤字、发展赤字、治理赤字最为严重的地区之一。自 2011 年中东变局以来，特别是近两年来，尽管中东地区格局的依附性和冲突性特征尚未得到彻底改变，但伴随国际体系内大国力量格局变化，使域外大国对中东的影响趋于多元平衡，地区国家的自主性上升，导致中东地区格局正呈现出值得肯定的积极变化。①

就俄乌冲突对中东的影响来看，俄乌冲突并未对中东地区格局产生颠覆性影响。相反，中东地区国际关系却少有地出现了日益自主发展的气象，中东国家对美俄围绕俄乌冲突的博弈总体上保持中立②，并未"选边站队"。这无疑与美俄欧传统大国力量对中东影响更趋衰落，特别是美国为转向大国竞争而从中东进行战略收缩密切相关，但这并不意味着俄乌冲突对中东的影响较为有限。俄乌冲突引发的能源价格上涨和粮食危机对中东产生了深刻的影响，并对中东国家的内部治理和发展转型构成严峻考验，特别是粮食危机风险较高的国家与此前爆发两波中东巨变的国家几乎重合，进而使得中东是否因俄乌冲突"蝴蝶效应"发生第三波中东巨变成为人们关注的焦点之一。③

---

① 参见刘中民：《重构中的中东地区格局：迎来和平发展"新气象"？》，载《世界知识》，2022 年第 18 期，第 14 页。

② 关于中东国家对俄乌冲突的反应可参见章远：《俄乌冲突与伊朗维持中东地区均势的对外行为》，载《阿拉伯世界研究》，2022 年第 5 期，第 42—57 页；佘纲正：《新型"中间地带"：俄乌冲突中的阿拉伯国家》，载《阿拉伯世界研究》，2022 年第 5 期，第 58—76 页；杨晨：《土耳其在俄乌冲突中的平衡外交：表现、动因及影响》，载《阿拉伯世界研究》，2022 年第 5 期，第 77—94 页；吴诗尧：《以色列介入俄乌冲突的动机、举措及影响》，载《阿拉伯世界研究》，2022 年第 5 期，第 95—116 页。

③ 刘中民：《俄乌冲突蝴蝶效应会引发第三波"阿拉伯之春"吗？》，https://www.thepaper.cn/newsDetail_forward_18764633。

一、中东国家对俄乌冲突的反应

中东国家对美俄围绕俄乌冲突的博弈总体上保持中立，力求在美俄之间进行平衡，并根据自身利益进行政策选择，甚至敢于拒绝美国的要求，其实质是域外大国力量对中东影响日趋平衡。

（一）中东国家对俄乌冲突的反应

在俄乌冲突之初，中东国家对俄乌冲突的反应特别是对俄罗斯的立场，基本上可以概括为"两头小中间大"，即强烈支持和反对俄罗斯的国家都是凤毛麟角，而绝大多数国家尽管表面上反应不同，但实际上持中立的立场。强烈支持俄罗斯的国家只有近年来得到其大力支持和保护的叙利亚，强烈反对俄罗斯对乌军事行动的只有科威特，但这两个国家的影响都十分有限。

伴随俄乌冲突的演进，中东国家特别是作为美国盟友的沙特、阿联酋等承受的来自美国的压力加大，其中既有美国要求其参与对抗和制裁俄罗斯的直接压力，也有要求其在能源领域配合对俄制裁的压力。但是，中东国家乃至美国盟友并未出现"一边倒"地加入美对俄制裁的情况，在美俄之间保持平衡成为中东国家政策选择的主要特征，甚至有些国家敢于从自身利益出发与美国进行博弈，这突出表现在沙特、阿联酋拒绝美国的石油增产要求。在俄乌冲突爆发后，美国多次要求沙特大量增产石油以抑制全球油价的快速上涨，但沙特等国均表示应坚持遵循与俄罗斯等主要产油国先前达成的产量协定。[①]

总之，在应对俄乌冲突的过程中，中东国家采取了避免追随冲突中任何一方的中立政策，其特征主要有二：第一，中东国家同时加强了与各方互动，与相关国家就不同议题进行合作以实现战略对冲。第二，中东国家加强区域内部协商互助，降低外来风险冲击与扩散，同时增加集体优势。[②]这与冷战时期和冷战后时期中东国家或追随美国或追随俄罗斯（苏联）的做法形成鲜明反差。

[①] 佘纲正：《新型"中间地带"：俄乌冲突中的阿拉伯国家》，第66页。
[②] 同上，第70页。

（二）土耳其对俄乌冲突的反应

在俄乌冲突中，土耳其基于自身国家利益和身份，采取了在俄乌、俄美、俄欧之间进行平衡的政策。土耳其作为拥有北约成员国身份的美国盟友，基本上是完全按照自身的利益展开外交攻势，包括对俄乌的高调外交斡旋，在俄乌、美俄之间保持平衡，在芬兰、瑞典加入北约问题上设置障碍，要求西方满足土耳其在库尔德等问题上的利益，都是其外交自主和国家利益导向的体现。

作为北约成员国、欧盟候选国及黑海沿岸国家，土耳其在俄乌之间、俄美（北约）之间及俄欧之间实施平衡外交政策，极大地提升了土耳其在美、俄、欧大国博弈中的战略自主地位。土耳其利用危机在各方之间积极开展斡旋，特别是在粮食运输、黑海航道安全等问题上发挥了独特的作用，彰显了其作为欧亚地区大国的影响力。土耳其采取平衡外交政策是基于维护国家利益的需要，是基于对俄乌冲突复杂历史原因认知的产物，是基于平衡国内派系林立的政治力量、谋求战略自主地位的选择，也是土耳其自身多元复杂身份的产物。[①]

（三）伊朗对俄乌冲突的反应

伊朗当前最大的诉求之一是恢复伊核协议，使伊朗摆脱制裁以缓解其日趋严峻的经济困境，但俄乌冲突显然已对伊核协议谈判产生严重的消极影响。其核心症结是美国不断变脸，一方面强调把由于乌克兰问题针对俄罗斯的制裁与伊核问题脱钩，另一方面又以种种借口拖延伊核谈判。由于共同受西方严厉制裁，因此俄乌冲突促使俄伊关系有向联盟化方向发展的势头。

在俄乌冲突中，伊朗不仅未参与对俄罗斯的制裁，还进一步加强了与俄罗斯的战略合作。俄乌冲突爆发以来，俄伊在政治、外交、军事、经济、金融、能源、交通等领域的合作不断增强，双方签署了价值约400亿美元的能源合作协议，并且还在商谈签署长期合作协议。2022年7月，普京出访伊朗，凸显了俄罗斯对伊朗的重视程度。[②]

[①] 详尽论述参见杨晨：《土耳其在俄乌冲突中的平衡外交：表现、动因及影响》，第77—94页。

[②] 唐志超：《外溢与突围：乌克兰危机升级对中东的影响》，载《俄罗斯东欧中亚研究》，2022年第5期，第75页。

（四）以色列对俄乌冲突的反应

以色列对俄乌冲突的反应异常谨慎。在综合考虑各种因素的基础上，以色列对俄乌冲突进行了居中调停，但不得罪冲突双方、维护自身利益构成了其政策的主基调。对于俄罗斯，以色列的措辞谨慎，避免直接指责和批评俄罗斯；迟迟不肯参与西方对俄罗斯实施的严厉制裁；在联合国人权理事会等场合在明确反对俄罗斯的同时做出明显保留。针对乌克兰，以色列向乌克兰提供了丰富的人道主义援助，但严格拒绝后者的进攻性武器援助请求；在不同外交场合对于乌克兰局势表示担忧，并尽可能满足乌克兰方面的政治支持诉求。[1]

基于美以特殊关系的考虑，在俄乌、俄美之间，以色列尽管在立场上有向乌克兰、美国方面倾斜的一面，但以色列在总体上采取了中立立场，力求避免得罪双方特别是避免刺激俄罗斯，其根本考虑在于以色列的国家利益。以色列有许多重要利益需要与俄罗斯保持合作，如在涉及以色列安全利益的伊核问题、叙利亚问题上，以色列需要与俄罗斯保持协调，两国的经贸、能源、安全合作也十分密切。以色列在乌克兰则拥有巨大的经济利益，乌克兰是以色列重要贸易伙伴和科技合作伙伴。此外，维护散居犹太人的安全，使得以色列需要与俄乌双方进行协调。乌克兰是全球犹太人主要聚居国之一，其境内共有约20万至40万犹太人，大多聚居在基辅、第聂伯罗、哈尔科夫、敖德萨等城市。[2] 为了保护散居犹太人的安全，以色列政府在对俄乌冲突进行调停的过程中，多次就保护乌克兰犹太社团的安全与俄罗斯进行沟通、协调。当然，必须强调指出的是，在美国和西方的巨大压力下，以色列后来不得不对其政策进行一定的调整，如加入西方对俄制裁的行列，向乌克兰提供防御性武器装备等。[3]

总之，俄乌冲突以来，在美国发起对俄谴责、围堵、制裁的过程中，中东国家的反应和政策选择尽管存在较大的差异，但基本上采取了相对中立的立场和政策，并未加入美国制裁和对抗俄罗斯的阵营，尤其是土耳其、沙特、阿联酋、以色列等美国盟国，并未简单按照美国要求行事，而

---

[1] 参见吴诗尧：《以色列介入俄乌冲突的动机、举措及影响》，第107—109页。
[2] Arnold Dashefsky and Ira M. Shekin, eds., *American Jewish Year Book* 2020, New York: Springer Publishing, 2022, p.290.
[3] 参见吴诗尧：《以色列介入俄乌冲突的动机、举措及影响》，第110页。

是基于自身国家利益进行理性选择，这是中东国家战略自主增强的体现。

二、影响中东地区格局的域外大国力量日趋多元平衡

从冷战结束到2011年西亚北非局势动荡发生之前，域外大国对中东地区格局的影响与美国单极独霸的国际体系具有同构性，即美国是中东事务的绝对主导者。但自2011年西亚北非局势动荡以来，域外大国对中东的影响已经发生了深刻而积极的变化，其典型特点是从美国独霸中东到多极化趋势的转变。导致这种变化的根本原因在于美国的外交和安全政策转向重视大国竞争[1]，并为此从中东地区进行战略收缩，而俄罗斯、中国、印度和其他新兴经济体对中东的影响则不断上升。俄乌冲突爆发以来，由于美俄围绕乌克兰的战略博弈加剧，双方影响中东的战略能力和意愿均受到俄乌冲突的限制，进而使影响中东的域外大国力量向多元平衡的方向发展。

（一）美国影响中东的能力和意愿双重下降

从冷战结束到2008年全球金融危机前，域外大国对中东地区格局的影响与美国单极独霸的国际体系具有同构性，即美国是中东事务的绝对主导者。2008年金融危机后，美国深刻认识到阿富汗和伊拉克反恐战争泥潭对美国国力的削弱，以及国际权力转移对美国的挑战。[2] 因此，美国全球战略开始逐步从中东反恐转向应对大国战略竞争，并寻求从中东进行战略收缩。这是从奥巴马政府到特朗普政府、拜登政府一以贯之的战略调整，尽管其具体做法存在着明显的差异。

在美国寻求从中东进行战略收缩之际，中东地区却发生了持续10余年之久的西亚北非局势动荡。中东的历史巨变需要美国加大战略投入的客观态势与美国主观上寻求从中东战略收缩之间的矛盾张力，构成了美国中东战略的巨大挑战。拜登政府上台以来，美国除继续减少对中东的战略投入

---

[1] Shelly Ulbertson, Howard J. Shatz, Stephanie Stewart, *Renewing U. S. Security Policy in the Middle East*, RAND Corporation, Santa Monica, Calif, 2022, p. x.

[2] Richard N. Haass and Martin S. Indyk, eds, *Restoring the Balance: A Middle East Strategy for the Next President*, Brookings Institution Press 2008. 该书是由美国布鲁金斯学会萨班研究中心和对外关系委员会的专家共同完成的研究报告，其主旨是全面总结布什政府中东政策的教训。

相对明确外，并无宏大的中东战略，其中东政策主要包括为减少中东对美战略掣肘而进行的政策调整，如启动重返伊核协议维也纳谈判，为也门内战等热点问题降温，减少和压缩对沙特、阿联酋等盟友的军事支持，重提解决巴以问题的"两国方案"，以及不计后果地从阿富汗灾难性地撤军。[1]

但是，俄乌冲突爆发后，美国的中东政策进一步反映出美国中东战略的内在矛盾。美国为把主要战略资源转向大国战略竞争而减少对中东的战略投入，但美俄围绕俄乌冲突的战略博弈又需要中东国家特别是能源生产国配合对俄进行制裁，而中东国家特别是其盟友国家由于对美国的信心下降，进而转向在大国之间进行战略平衡。中东国家在俄乌冲突中的反应，便是这种大国平衡政策的反映。

2022年7月，美国总统拜登访问以色列、巴勒斯坦和沙特，并在沙特参加了由6个海湾合作委员会（以下简称"海合会"）成员国（沙特、阿联酋、阿曼、卡塔尔、科威特、巴林）以及美国、埃及、约旦、伊拉克等国的国家领导人参加的"安全与发展"峰会，其根本目的就在于寻求中东国家支持美国制裁和对抗俄罗斯。但拜登中东之行收效十分有限，不仅未能实现在俄乌冲突问题上获得沙特等盟友国家支持的目的，也无法实现组建地区联盟对抗俄罗斯、伊朗等目标。从本质上看，美国在中东地区权威下降的"首要原因不在于自身绝对硬实力的萎缩，而更多是由于缺乏可预测的政策方向以及可信的政治承诺"。[2]

（二）俄罗斯在中东的影响力受到俄乌冲突的限制和削弱

冷战结束后，俄罗斯在中东的影响力严重下降。但自普京执政以来，特别是西亚北非局势动荡以来，俄罗斯重返中东的步伐不断加快，对中东的影响力不断上升，利用中东事务平衡和撬动美国和西方的能力不断增强。首先，俄罗斯成为叙利亚危机的主导者，借助打击"伊斯兰国"军事介入叙利亚，既维护了自身在叙利亚的利益，也阻遏了美国和西方在中东进行政权更迭的惯用做法。其次，俄罗斯与土耳其、伊朗在叙利亚问题上建立的合作机制，不仅对叙利亚事务产生了重要影响，还成为俄、土、伊平衡西方的重要平台。最后，俄罗斯与包括美国盟友在内的大批中东国家

---

[1] 董漫远：《拜登政府中东政策调整与中东形势新特征》，载《当代世界》，2022年第5期，第45—46页。

[2] 佘纲正：《新型"中间地带"：俄乌冲突中的阿拉伯国家》，第71页。

在能源、经贸、安全、军购、反恐等领域的密切合作,成为俄罗斯撬动中东国家与西方关系的重要杠杆,如土耳其购买俄罗斯 S-400 导弹防御系统对美、土、俄三方关系的影响。①

俄乌冲突以来,大多数中东国家采取中立立场,虽然不支持俄罗斯采取军事行动,强调维护乌克兰主权和领土完整,但也不愿"选边站队"和参与对俄制裁,充分显示俄罗斯近年来经营中东的成效显著。② 俄乌冲突爆发以来,俄罗斯与中东国家的双边关系并未受到严重冲击。沙特、伊朗、阿联酋、土耳其、埃及、阿尔及利亚、卡塔尔和以色列等地区主要国家表示愿继续与俄罗斯开展地缘政治、经济、技术、能源等领域的合作。③

但是,受俄乌冲突的影响,俄罗斯在中东的影响力无疑受到削弱和限制。首先,俄罗斯的国家战略资源受到俄乌冲突限制,无法在中东进行更多的投入;其次,由于西方制裁以及美国不断加大对中东国家施压,俄罗斯与中东国家的经贸、能源、军事等合作将面临诸多障碍。最后,尽管中东地区国家不愿"选边站队",但美国的中东盟友国家无疑将承受更大的压力,其与俄罗斯的合作无疑将更加谨慎。

(三) 中国在中东事务中的建设性作用也在逐步增强

在政治上,中国同时与阿拉伯国家、伊朗、土耳其、以色列保持友好合作,与 10 多个中东国家建立了不同形式的战略伙伴关系。在经济上,中国坚持共商、共建、共享的原则,以共建"一带一路"为引领,与中东国家在基础设施建设、新能源、信息技术、航空航天等多领域进行务实合作。在社会和文化领域,中国尊重中东国家的道路和制度选择,尊重中东的文明多样性,积极与中东国家交流治国理政经验,开展多领域"民心相通",成为文明互鉴的典范。在安全领域,中国坚持共同、综合、合作、可持续的新安全观,坚持以发展促安全的中国理念,积极在维和、反恐、反海盗等领域维护中东安全。在热点问题上,中国坚持公平正义,积极探索中国特色的热点问题解决之道,推动中东热点问题的政治解决。④

---

① 刘中民:《重构中的中东地区格局:迎来和平发展"新气象"?》,第 14 页。
② Simeon Kerrand, Samer Al-Atrush, Andrew England, "Gulf States' Neutrality on Ukraine Reflects Deeper Ties," *Financial Times*, Feb. 28, 2022.
③ 唐志超:《外溢与突围:乌克兰危机升级对中东的影响》,第 74 页。
④ 详尽论述参见刘中民、范鹏等:《中国热点外交的理论与案例研究》,世界知识出版社 2017 年版。

在中美战略竞争加剧的背景下,美国开始忌惮中国在中东的影响力上升,并对中东国家施加压力。其做法主要包括:向中东国家施加压力,为中国与中东国家的"一带一路"合作制造障碍;在涉及中国核心利益的问题上,要求中东国家配合美国和西方向中国施加压力。但是,中东国家特别是阿拉伯国家的对华政策并未受到美国压力的影响,不仅坚定支持中国维护主权、安全和发展的利益,而且不断加强与中国的全方位务实合作。在中美关系日趋紧张的当下,中东国家都希望保持与双方的合作关系。在美国总统拜登访问中东后,沙特外交国务大臣阿德尔·朱拜尔表示,沙特与美国和中国的关系并不相互排斥,并将继续加强与中美两国的关系。[1]

总之,域外大国在中东影响力日趋多元平衡,有助于改变少数大国通过强权政治和霸权主义主导中东地区格局的状况,更有助于增强中东地区国家的自主性。但是,美国仍需要中东地区特别是其盟国配合其与俄罗斯、中国进行大国战略竞争,因此美国在从中东地区进行战略收缩的同时又存在突出的矛盾心态,担心俄、中填补美国撤出后出现的所谓"权力真空",导致美国与俄罗斯、中国在中东地区进行战略竞争。

三、中东地区格局调整喜中有忧

伴随美国的全球战略重心转向大国并从中东进行战略收缩,中东地区大国在西亚北非局势动荡以来,面临发展转型的巨大压力,特别是俄乌冲突以来,美俄的战略博弈重点从中东转向乌克兰,促使地区国家纷纷进行战略调整。在此背景下,中东地区国际关系出现了积极缓和的迹象,追求发展转型成为大多数中东国家的共同选择,进而使和平与发展成为中东地区国家的共同诉求。但是,美国对中东地区的破坏性作用加强,地区大国关系的缓和依然脆弱,中东地区热点问题被严重边缘化并陷入僵持,俄乌冲突加深了许多中东国家的经济与社会危机,导致中东地区格局中仍存在着诸多不容忽视的隐患。

2011 年西亚北非局势动荡以来,冲突对抗、零和博弈构成了中东地区国际关系特别是地区大国关系的核心特征,并呈现出阵营化、意识形态

---

[1] 佘纲正:《新型"中间地带":俄乌冲突中的阿拉伯国家》,第 74 页。

化、代理人化等典型的身份政治特征，形成了民族、教派等矛盾相交织的集团对抗，其主要矛盾包括以沙特和伊朗为中心的逊尼派与什叶派的对抗[①]，土耳其和沙特领导的"亲穆斯林兄弟会阵营"与"反穆斯林兄弟会阵营"的对抗。[②] 2016 年沙特与伊朗断交危机、2017 年沙特与卡塔尔断交危机，土耳其与沙特围绕支持和反对穆斯林兄弟会长期博弈，地区大国在也门、伊拉克、叙利亚的代理人博弈都是地区大国对抗的集中体现。

近两年来，复杂的内外因素导致地区大国的战略透支处境加剧，西亚北非局势动荡迸发的诸多矛盾得到相对缓释，进而使地区大国关系出现积极的缓和，伊朗与沙特等海湾阿拉伯国家的关系，土耳其与沙特、埃及等阿拉伯国家的关系，海湾合会内部关系、阿拉伯国家与叙利亚的关系都出现了对话、缓和的积极互动。

第一，沙特阵营与伊朗阵营从对抗走向缓和。从 1979 年伊朗伊斯兰革命以来，沙特与伊朗的民族、教派矛盾和地缘政治对抗不断加剧。[③] 2011 年西亚北非局势动荡以来，双方关系持续紧张，直至 2016 年双方断交，还在巴林、叙利亚、也门展开代理人竞争。[④] 但是，自 2021 年以来，双方已经在伊拉克进行多轮对话，并于 2023 年 3 月在中国的斡旋下实现和解。沙特与伊朗两国矛盾对抗长期影响海湾和中东地区稳定，双方关系趋缓无疑具有重要的战略意义，直接带动了伊朗与阿拉伯世界关系的缓和，以及阿拉伯世界内部关系的缓和。

第二，土耳其和沙特领导的"亲穆斯林兄弟会阵营"和"反穆斯林兄弟会阵营"的关系全面缓和。双方的矛盾始于围绕埃及穆斯林兄弟会的争夺。2012—2014 年，穆斯林兄弟会在埃及短暂执政到塞西领导军方废黜穆斯林兄弟会的过程中，土耳其、卡塔尔支持穆斯林兄弟会，而沙特、阿联酋则反对穆斯林兄弟会，并成为影响 2017 年卡塔尔断交危机的重要因素。卡塔尔追随土耳其支持穆斯林兄弟会，成为沙特与卡塔尔断交并对其进行

---

① Daniel Byman, "Sectarianism Afflicts the New Middle East," *Survival*: *Global Politics and Strategy*, Vol. 56, No. 1, 2014, p. 80.
② 刘中民、赵跃晨：《"博弈"穆兄会与中东地区的国际关系走势》，载《外交评论》，2018 年第 5 期，第 71—97 页。
③ Shaul Bakhash, *Reign of Ayatollah*: *Iran and the Islamic Revolution*, New York: Basic Books, Inc. Publishers, 1984, p. 232.
④ 陈翔、申亚娟：《伊朗介入中东地区事务的动力及限度》，载《阿拉伯世界研究》，2021 年第 1 期，第 44—50 页。

制裁的重要原因。① 但自 2021 年以来，土耳其与沙特、阿联酋、埃及的关系全面改善，特别是 2022 年以来，土耳其、沙特、阿联酋领导人频繁进行高层互访，并签署一系列合作协议，标志着"亲穆斯林兄弟会阵营"和"反穆斯林兄弟会阵营"的矛盾已得到基本解决。

在经历长期的动荡和冲突之后，国际关系缓和正成为中东地区格局的新气象。但是，中东地区格局重构仍存在着诸多隐忧：首先，美国对中东格局的破坏性作用依然十分突出。尽管美国在中东进行战略收缩，但美国不断挑拨地区国家对抗伊朗、拼凑军事同盟体系、不负责任地从阿富汗和伊拉克撤军等做法，对中东地区格局重构具有严重的破坏作用。其次，地区国际关系缓和仍较为脆弱。美国、以色列与伊朗的结构性矛盾依然尖锐，沙特与伊朗关系缓和仍存在诸多障碍，地区大国围绕叙利亚、也门、利比亚、伊拉克等中东热点问题仍存在深刻矛盾，这都对中东地区国际关系缓和具有严重的消极影响。最后，巴勒斯坦问题作为中东核心问题被严重边缘化，以及巴以冲突时有发生，是影响中东地区格局重建的难题。美国推动巴以和谈能力和意愿下降且更加偏袒以色列，以色列绕开巴勒斯坦问题与阿拉伯国家实现关系正常化（2020—2021 年相继通过所谓《亚伯拉罕协议》与阿联酋、巴林、摩洛哥、苏丹建交），都使巴勒斯坦问题日趋边缘化。②

四、中东国家发展转型的机遇与挑战并存

从发展的角度看，中东地区国家也一直在探索实现民族复兴和国家富强的发展道路，从资本主义到社会主义、从民族主义到伊斯兰复兴主义，中东国家进行了不断的尝试，但多数国家的发展都遭遇了严重的挫折，鲜有成功的发展模式。与此同时，冲突对抗与发展落后之间还形成了交互影响的恶性循环，使得和平与发展成为中东地区人民长期渴盼的奢侈品。西亚北非局势动荡在本质上是阿拉伯国家民众争取政治权利、促进经济改革和发展的又一次尝试。但受内外复杂因素影响，民众抗议浪潮不仅未能实现其政治和经济诉求，还导致部分阿拉伯国家政权倒台，或陷入严重动荡

---

① 刘中民、赵跃晨：《"博弈"穆兄会与中东地区的国际关系走势》，第 71—97 页。
② 刘中民：《重构中的中东地区格局：迎来和平发展"新气象"？》，第 18—19 页。

和冲突，同时也激化了中东国家之间的固有矛盾。

近几年来，在经历了长期的艰辛探索和多次挫折之后，中东国家纷纷把发展转型作为国家的战略选择，纷纷制定和实施各种发展愿景。中东国家的发展转型存在着严重的差异性和不平衡性，而俄乌冲突的爆发和延宕，特别是其对全球能源市场、粮食安全的冲击，使中东国家既面临着重要的机遇，也面临着严峻的挑战。

（一）追求发展成为中东国家的共同选择

如果把政治稳定、经济发展等综合指标作为评价依据，当今的中东国家大致可以划分为四种类型，尽管它们之间存在较大的差异性，但追求发展已经成为它们的共同选择。首先是积极推动转型发展的国家，海合会成员国为典型代表，这些国家为传统的能源国家，经济基础较为雄厚，在政治体制上多为君主制国家。受西亚北非局势动荡的影响，海湾国家都提出了"后石油时代"的发展愿景，积极推进经济和社会领域的改革，如沙特的"2030愿景"、阿联酋的"2071百年规划"、阿曼的"2040愿景"、科威特的"2035愿景"、卡塔尔的"2030愿景"。其次是在西亚北非局势动荡中实现和平过渡的埃及和突尼斯等国家，其政治和经济重建已经基本步入正轨，改善民生、维护稳定是其发展转型的核心任务。再次是在2018—2019年第二波西亚北非局势动荡中受到冲击的苏丹、阿尔及利亚、黎巴嫩等国家，它们仍处在过渡期，其转型压力沉重，但其发展转型的诉求十分强烈。最后是受西亚北非局势动荡和长期外部干预影响陷入严重冲突动荡的国家，主要包括叙利亚、也门、利比亚、伊拉克，它们均面临战后重建、国家建设和国家转型的多重任务，但也有自主发展、渴望稳定的强烈诉求。[1]

（二）俄乌冲突使中东国家的发展机遇与挑战并存

首先，能源价格上升的积极影响和消极影响并存。[2] 能源价格上升对不同国家的影响不同，对扩大能源生产国近期的财政收入乃至国际地位有

---

[1] 详尽论述参见刘中民：《缓和与发展的中东地区形势》，http://www.cssn.cn/gjgxx/gj_bwsf/202201/t20220127_5390743.shtml。

[2] 详尽论述参见刘中民：《俄乌冲突蝴蝶效应会引发第三波"阿拉伯之春"吗？》，https://www.thepaper.cn/newsDetail_forward_18764633。

重大的积极意义,但对中长期的经济多元化有可能带来一定的消极影响。俄乌冲突爆发以来,国际油气价格不断上涨,这固然有助于增加沙特等海湾国家的油气收入,改善其财政状况,提升其在全球能源格局乃至世界经济中的地位。[①] 但是,油价上涨对海湾国家推进"后石油时代"发展愿景等长期发展战略,无疑会带来一定的消极影响。众所周知,海湾国家经济转型的动力是俄乌冲突前十年间油价持续下跌、传统石油经济陷入困境。因此,俄乌冲突带来的油气价格上涨在一定时期内无疑会减轻海湾国家的财政压力,进而削弱经济多元化的动力。从更大范围来看,油价上涨给多数中东非能源生产国带来的则是更大的压力和经济困境。一方面,油价上涨使中东的能源消费国的负担更加沉重,使其捉襟见肘的财政状况更加窘迫;另一方面,能源价格上升导致的运输成本上升,又会导致粮食等大宗商品价格高企,进而加剧粮食危机。

其次,粮食危机风险陡增考验转型国家的治理能力,爆发第三波西亚北非局势动荡的风险上升。2022年3月11日的一份报告显示,整个阿拉伯世界对俄乌两国小麦的进口依赖程度超过50%,其中俄罗斯为34.4%、乌克兰为15.9%。俄乌冲突爆发后,阿拉伯世界的粮食安全顿时成为一个紧迫问题。[②] 曾经因取消食品补贴和通货膨胀发生西亚北非局势动荡的中东国家,特别是受到前两波西亚北非局势动荡冲击的埃及、突尼斯、也门、叙利亚、苏丹、黎巴嫩等阿拉伯国家,以及经济困境不断加剧的伊朗,都有因粮食危机发生大规模民众抗议的风险。2022年以来,新一轮粮食和能源价格上涨,已在中东多国引发持续不断的抗议活动,导致政治与社会的不稳定因素增加。[③] 总之,西亚北非局势动荡发生以来,中东地区国家的转型困难与新冠病毒感染疫情危机叠加,使多数中东国家面临着严峻的发展困境,而俄乌冲突所加剧的粮食危机进一步加剧了中东国家特别是转型阿拉伯国家的经济社会危机,并推高了其政治风险。

总之,俄乌冲突爆发以来,域外大国对中东的影响呈现多极化与大国博弈加剧并存的态势,地区格局呈现出地区各大力量矛盾对抗下降、国际

---

① 详尽论述参见唐志超:《外溢与突围:乌克兰危机升级对中东的影响》,第70页。
② 韩小锋:《粮食危机可能成为阿拉伯世界社会稳定失序的导火索》,载《中国青年报》,2022年4月8日。
③ 唐志超:《外溢与突围:乌克兰危机升级对中东的影响》,第68页。

关系持续缓和的趋势,地区国家追求自主和发展转型诉求加强的特点。当然,俄乌冲突对中东地区的消极影响也不容忽视,特别是大国博弈加深、地区热点问题僵持难解、地区国家治理压力加大都是中东地区面临的严峻考验。

2022年西亚地区形势

包澄章[①]

【摘　要】

　　2022年西亚地区形势呈现总体缓和、由乱及治的基本特征。在政治层面，西亚大国间关系总体趋缓，热点问题明显降温，地区国家出现加强团结、共同应对内外挑战和美国中东政策调整的积极势头，海合会国家战略自主意识显著增强。在经济层面，西亚地区经济发展呈现两极分化态势，气候变化和俄乌冲突加剧西亚国家粮食危机，进而凸显地区发展不平衡问题和不平等现象，极端贫困率有所上升。在安全层面，恐怖主义对西亚地区的威胁呈现持续下降趋势，"伊斯兰国"和"基地"组织各自经历领导层更替使得国际恐怖主义势力进入新一轮分化重组，但恐怖组织加大对新兴技术的使用、大国调整反恐战略、经济危机和冲突长期化、气候变化加剧等，不同程度地给西亚地区带来新的安全挑战。

【关键词】

　　西亚地区　政治形势　经济形势　安全形势

　　2022年西亚地区形势呈现总体缓和、由乱及治的基本特征。西亚国家和解进程加快，推动地区紧张局势和热点问题降温，地区国家战略自主意识明显增强。俄乌冲突引发的能源价格飙升和粮食危机导致西亚经济发展呈现两极分化态势，发展不平衡问题进一步凸显。恐怖主义对西亚地区安全构成的威胁进一步下降，但内外因素交织叠加使西亚地区安全面临诸多

[①] 包澄章，上海外国语大学中东研究所副研究员。本文系教育部重点研究基地中东研究重大项目（培育B类）"中东国家的战略自主与外交转型研究"的阶段性成果，并受到"上海外国语大学青年教师科研创新团队"的资助。

复杂严峻的挑战。

一、西亚地区的政治形势

在政治层面，西亚大国间关系总体趋缓，热点问题明显降温，地区国家出现加强团结、共同应对内外挑战的积极势头，海合会国家战略自主意识显著增强。

（一）西亚地区政治形势的总体特点

2022年西亚地区政治形势呈现稳中趋缓、由乱及治的特点，西亚国家止战求和、加强团结、积极应变的自主意识日益增强。美国与西亚盟友间的疏离感加深，西亚地区格局进入新一轮调整期。

第一，西亚国家加快和解进程，推动地区紧张局势缓和。中东变局以来，西亚大国之间持续的阵营化对抗和西方大国挑起的地缘政治矛盾，导致西亚国家透支战略资源、国内发展严重受阻。"随着地区冲突陷入僵局，地区和全球大国出现疲态，新的地缘政治环境正在形成。"[1] 在美国和伊朗恢复伊核协议履约谈判陷入僵局、美国和以色列联手构建地区反伊朗联盟、美国和沙特关系裂痕加深的背景下，主动寻求和解以缓和地区紧张局势成为西亚国家应对新的地缘政治环境的务实选择。相较于过去外部干预严重、地区国家高烈度对抗频发的西亚地缘政治环境，进入2022年以来，西亚国家间的对抗烈度明显减弱，止战求和意愿强烈，战略自主性增强。

作为西亚地区大国的沙特和伊朗均展现出缓和紧张局势、创造对话和解条件的积极姿态。在伊拉克的斡旋下，沙特和伊朗自2021年4月以来就恢复外交关系进行了多轮会谈。2022年4月25日，沙特和伊朗在伊拉克首都巴格达举行第五轮会谈。伊拉克外长福阿德·侯赛因表示，会谈取得较大进展，沙伊双方达成包括10点内容的谅解备忘录，并同意在外交层面

---

[1] Marwan Bishara, "Middle East Politics: From Hyper to Hybrid," Al Jazeera, July 21, 2022, https://www.aljazeera.com/opinions/2022/7/21/the-middle-east-from-hyper-to-hybrid.

举行下一轮对话。① 沙特与伊朗在叙利亚、也门、伊拉克和黎巴嫩等地区热点问题上寻求妥协的积极姿态，带动了地区紧张局势整体趋缓。8月，伊朗与科威特和阿联酋恢复大使级外交关系并重新互派大使。

沙伊关系的缓和对地区热点问题降温产生了积极作用。在叙利亚问题上，叙利亚与西亚国家加速和解。2022年3月19日，叙利亚总统巴沙尔·阿萨德访问阿联酋，与时任阿布扎比王储穆罕默德·本·扎耶德举行会谈，这是巴沙尔自2011年叙利亚危机爆发以来首次出访阿拉伯国家。会谈期间，穆罕默德·本·扎耶德强调："叙利亚是阿拉伯地区安全的根本支柱，阿联酋渴望加强与叙利亚的合作。"② 12月28日，叙利亚国防部长阿里·马哈茂德·阿巴斯、土耳其国防部长胡卢西·阿卡尔和俄罗斯国防部长谢尔盖·绍伊古在莫斯科举行叙利亚危机爆发以来叙土防长的首次会谈，叙土关系正常化迈出重要一步。在也门问题上，也门冲突双方达成停火协议并取得积极进展。在联合国的斡旋下，也门冲突双方于2022年4月2日达成为期两个月的停火协议，后于6月2日和8月2日两度延长停火协议，为缓解也门国内人道主义危机发挥了积极作用。停火协议执行3个月内，也门国内平民伤亡人数较停火前3个月减少了2/3。③

第二，西亚国家加强团结协作，合作应对内外挑战。2022年，西亚国家在应对内外挑战方面加强团结协作、共同行动的意愿显著增强。8月23日，"五国峰会"在埃及阿拉曼举行，埃及总统塞西、伊拉克总理卡迪米、阿联酋总统穆罕默德、巴林国王哈马德、约旦国王阿卜杜拉二世出席峰会，并就阿拉伯国家应对地区挑战、加强团结和共同行动达成共识。11月1—2日，第31届阿盟峰会在阿尔及利亚首都阿尔及尔召开。峰会以"团结"为主题，呼吁加强阿拉伯国家共同行动、实现阿拉伯世界内部团结，成功推动包括巴勒斯坦民族解放运动（法塔赫）、伊斯兰抵抗运动（哈马斯）在内的14个巴勒斯坦政治派别签署《阿尔及尔宣言》，就巴内部和解达成协议。该宣言标志着在以色列与多个阿拉伯国家实现关系正常化后，

---

① "Iraqi FM Reveals Iran‐Saudi Arabia Agreed on a 10‐Point MoU," *Iraqi News*, April 25, 2022, https://www.iraqinews.com/iraq/iraqi‐fm‐reveals‐iran‐saudi‐arabia‐agreed‐on‐a‐10‐point‐mou/.

② "Syria's Assad Visits UAE, 'Stability and Peace in the Arab Region' Discussed," *The Arab Weekly*, March 19, 2022, https://thearabweekly.com/syrias‐assad‐visits‐uae‐stability‐and‐peace‐arab‐region‐discussed.

③《安理会欢迎也门休战协议得以延长》, https://news.un.org/zh/story/2022/08/1107282。

阿拉伯世界重新就支持巴勒斯坦事业与1967年边界划定等问题达成共识。[1]

2022年，大国竞争、俄乌冲突、气候变化交织叠加，加重了阿拉伯国家国内转型难度，但转型和发展的强烈意愿使得西亚国家寻求与在构建多极化世界秩序和建立全球治理新模式方面存在共同利益的国家加强团结与合作。12月9日，在利雅得召开的首届中阿峰会和中海峰会，便体现了阿拉伯国家与中国谋求建立更加公正合理的国际秩序、提升发展中国家话语权、推动发展议题重回国际议程中心、取代大国博弈和地缘政治竞争的决心和团结。11月20日至12月18日，在卡塔尔举行的2022年多哈世界杯成为阿拉伯国家展现团结的重要窗口。在世界杯这一国际舞台，过去"支离破碎且充满敌意的阿拉伯世界内部政治"表现出的"刚性阿拉伯主义"（hard Arabism），正被文化、娱乐、语言、媒体、体育等非政治领域由"民众而非政治精英自发地发挥作用"的"柔性阿拉伯主义"（soft Arabism）[2]所取代。

第三，西亚国家积极应对美国政府中东政策的调整。2022年7月13—16日，美国总统拜登先后访问以色列、巴勒斯坦约旦河西岸和沙特，完成其任内首次中东之行。7月16日，海合会成员国、埃及、约旦、伊拉克和美国领导人出席吉达"安全与发展"峰会。拜登总统在峰会讲话[3]中提出了美国中东政策的五点原则，即伙伴关系、威慑、外交、融合和价值观。具体而言：一是支持并加强与遵守所谓"基于规则的国际秩序"的中东国家的伙伴关系，确保其抵御外部威胁；二是不允许域内外国家破坏中东航道的航行自由，不容许一国通过军事集结、入侵或威胁手段主宰他国或中东地区；三是遏制对地区稳定的威胁，尽可能通过外交努力减少紧张局势、缓和冲突并结束冲突；四是尽可能在美国合作伙伴之间建立政治、经济和安全联系，尊重各国主权和自主选择；五是始终促进人权和《联合国

---

[1] Juan Peña, "Algiers Declaration: A Return to the Palestinian Demands of 2002," *Atalayar*, https://www.atalayar.com/en/content/algiers-declaration-return-palestinian-demands-2002.

[2] 中东问题学者哈立德·胡鲁卜认为，尽管当前"柔性阿拉伯主义"表面上看起来是非政治性的，但从长远和本质上看，又是政治性的。参见Khaled al-Hroub, "Why 'Soft Arabism' Is Thriving in Qatar's World Cup," *Middle East Eye*, December 12, 2022, https://www.middleeasteye.net/opinion/qatar-world-cup-soft-arabism-thriving-why.

[3] "Remarks by President Biden at the GCC + 3 Summit Meeting," The White House, July 16, 2022, https://www.whitehouse.gov/briefing-room/speeches-remarks/2022/07/16/remarks-by-president-biden-at-the-gcc-3-summit-meeting/.

宪章》所载的价值观。① 这五点原则标志着美国政府确立了新的中东政策框架，"从重视军事手段到重视外交，从偏重安全到重视发展议程，从不愿兑现对地区盟友的安全承诺到重新强调对地区盟友的安全承诺，表示愿意尊重地区国家的独立自主权等"，大国竞争成为这一政策框架的核心，遏制中俄则成为美国中东外交的中心任务。②

上述政策宣示并未从根本上改变美国在中东进行战略收缩的长期趋势，2022年11月发布的美国《国家安全战略》序言中甚至都未提及中东，中东在美国外交中的排序"不仅在印太和欧洲之后，甚至排在了西半球之后"。③ 在美国持续减少对中东战略投入的背景下，西亚国家一方面对美国中东外交服务其大国竞争战略目标的本质有清醒认识，另一方面正逐渐摆脱过去谋求绝对安全的思维定势，选择以更加务实的态度推动地区共同安全的实现，并试图引入更多域外力量参与构建地区新秩序，解决自身因美国从中东战略收缩而产生的被抛弃感及其引发的不安全感。2022年，阿联酋、叙利亚、卡塔尔、沙特、巴林等西亚国家均表现出加入上合组织的意愿，反映了西亚国家尤其是美国的地区盟友正试图通过加入更具包容性的地区组织，积极应对美国中东政策调整所带来的新变化，向外界证明"西方驱动的叙事和世界秩序并不是全部"④，而这种"向东看"也反映了世界格局的变化，即从单极世界转向以多方影响力上升为特征的多极世界⑤。

---

① "Fact Sheet: The United States Strengthens Cooperation with Middle East Partners to Address 21st Century Challenges," The White House, July 16, 2022, https：//www.whitehouse.gov/briefing-room/statements-releases/2022/07/16/fact-sheet-the-united-states-strengthens-cooperation-with-middle-east-partners-to-address-21st-century-challenges/.
② 唐志超：《美国拜登政府中东政策调整的动因、特征与前景》，载《当代世界》，2023年第1期，第40—43页。
③ Dov S. Zakheim, "The Middle East in the New US National Security Strategy," *The Jerusalem Strategic Tribune*, November 2022, https：//www.jstribune.com/zakheim-the-middle-east-in-the-new-us-national-security-strategy/.
④ Zhao Ziwen, "What Saudi Arabia's Shanghai Cooperation Organisation Decision Means for China's Influence in Middle East," *South China Morning Post*, March 31, 2023, https：//www.scmp.com/news/china/diplomacy/article/3215442/what-saudi-arabias-shanghai-cooperation-organisation-decision-means-chinas-influence-middle-east.
⑤ "Aboard the Shanghai Cooperation Organization, Gulf Countries Look East," Emirates Policy Center, October 5, 2022, https：//www.epc.ae/en/details/brief/aboard-the-shanghai-cooperation-organization-gulf-countries-look-east.

(二) 海合会国家谋求战略自主与平衡外交

进入2022年以来，阿拉伯国家的战略自主意识显著增强，突出表现为美国在海湾地区的盟友采取了有意疏离美国与发展大国平衡外交并重的战略取向。

第一，战略自主是海合会国家从"慕强"到"自强"的必然逻辑，其与美国联盟基础的趋于瓦解加速了这一过程。

首先，海合会国家的"慕强"心理源自本国脆弱性和易渗透性而产生的持久且强烈的不安全感，并化为依靠大国提供安全保障和遏制地区强国扩张的现实需求。但美国和沙特、阿联酋等海湾国家以"石油换安全"的联盟关系基础随着美国实现能源独立而趋于瓦解，海湾国家解决自身安全关切的思路逐渐从在安全上依附美国向减少对外安全依赖、强调安全自主、提升本国安全能力的方向转变。

其次，海合会国家对与美国安全合作稳定性和持久性的疑虑和担忧，冲击了双方间的信任基础。美国对海合会国家的政策缺乏稳定性和延续性，美国政府在中东推行价值观外交过程中所展现出的傲慢态度以及政策本身的功利性，导致双方间的信任赤字不断扩大，海合会国家对美国提供安全保障的持久性表现出疑虑，无形中增加了前者的战略自主意识。

最后，解决同美国关系中的权力不对称，构成了海合会国家战略自主意识增强的现实动因。长期以来，海合会国家与美国的安全伙伴关系在两个层面高度不对称：一是双方地位与权力不对称；二是海合会国家与美国的安全关系和前者与其他国家的安全关系高度不对称。这种权力不对称使得海合会国家长期受制于同美国的联盟关系，在地区安全事务中，当美国战略意图与海湾国家利益相冲突时，后者往往被迫屈服于美国的意志。

第二，在大国竞争和俄乌冲突的背景下，战略自主是海合会国家对冲外部风险的策略选择。

首先，中美战略竞争和俄乌冲突使海合会国家在对华、对俄关系上承受来自美国的巨大压力，但海合会国家并未追随美国纠集盟友同中俄进行阵营化对抗的脚步，避免因倒向任何一方陷入地缘政治风险加剧的境地。

其次，俄乌冲突引发的全球能源价格飙升以及欧洲能源危机，使得海湾产油国在稳定国际能源供应方面的作用凸显。但在2022年7月拜登访问中东期间，海湾产油国对美方的增产要求反应冷淡，反而在"欧佩克+"

框架内加强同俄罗斯在能源政策上的协调。

最后，海合会国家在中美战略竞争问题上总体采取对冲战略，在俄乌冲突问题上采取相对超脱立场，体现了海合会国家采取对外政策与国家利益相协调的政策思路。"在中国崛起和俄罗斯复兴的背景下，美国的相对衰落促使其盟友追求完全基于国家和政权利益混合型、非排他性的外交关系。"[1] 在这一过程中，"避险"而非"趋利"构成了海合会国家维护国家利益、采取大国平衡策略的首要考虑。

第三，战略自主体现了海湾国家新生代领导人主导地区事务、成为地区军事强国、摆脱外部依赖的政治意志。

一方面，领导人的决策偏好成为影响国家对外行为的关键因素。以阿联酋总统穆罕默德·本·扎耶德、沙特王储穆罕默德·本·萨勒曼、卡塔尔埃米尔塔米姆·本·哈马德为代表的海湾国家新生代领导人，各自都怀有推动国家转型、打造地区强国、提升国家形象的雄心抱负，并具有不愿屈服于霸权的政治强人个性，领导人的个人决策偏好成为影响本国对外战略制定和实施的关键因素。

另一方面，海湾国家新生代领导人脱离美国中东政策框架的意愿日益强烈，推动了本国对美政策战略自主性的提升。美国政府试图以价值观外交从内外施压海合会成员国政府，导致美国与海湾盟友间的关系陷入疏离或紧张状态。在双方嫌隙不断扩大的背景下，海合会国家脱离美国中东政策框架的意愿显著增强。具体体现在四个方面：一是美国煽动地区动荡与海合会国家自主维护地区稳定的政策意图形成对比。在美国政府对伊朗追加制裁的同时，沙特却与伊朗就恢复外交关系进行接触。二是美国挑起阵营化对抗与海合会国家不选边站的立场选择形成对比。俄乌冲突爆发后，美国的海湾盟友并未追随美西方制裁俄罗斯的脚步，沙特方面也未应美方要求增加原油产量，反而在"欧佩克+"机制下与俄罗斯在石油减产问题上协调政策。[2] 三是美国发号施令与海合会国家违抗美国命令的权力结构形成对比。2022 年 3 月，沙特王储穆罕默德·本·萨勒曼和时任阿布扎比

---

[1] Marwan Bishara, "Middle East Politics: From Hyper to Hybrid," Al Jazeera, July 21, 2022, https://www.aljazeera.com/opinions/2022/7/21/the-middle-east-from-hyper-to-hybrid.

[2] Summer Said, Georgi Kantchev and Benoit Faucon, "Biden to Visit a Saudi Arabia That Is Closer to Russia Than Ever," The Wall Street Journal, July 12, 2022, https://www.wsj.com/articles/biden-to-visit-a-saudi-arabia-that-is-closer-to-russia-than-ever-11657633689.

王储穆罕默德·本·扎耶德曾拒接拜登电话,对拜登表现冷淡。四是美国功利性拉拢海湾盟友与海合会国家有意疏离美国的战术运用形成对比。7月,拜登任内首访中东,试图展现美国"重回领导地位"。7月16日,拜登在沙特吉达会见阿联酋总统穆罕默德·本·扎耶德时邀请其访美,但次日穆罕默德总统便访问法国,释放出有意疏离美国的信号。

二、西亚地区的经济形势

在经济层面,西亚地区经济发展呈现两极分化态势,气候变化和俄乌冲突加剧了西亚国家粮食危机,极端贫困率有所上升,地区发展不平衡问题和不平等现象进一步凸显。

(一)西亚地区经济发展呈现两极分化态势

2022年,西亚北非地区实现了5.7%的经济增速,高于同期全球2.9%以及新兴市场和发展中经济体3.4%的经济增长水平。[①] 能源出口国经济迅速回暖与能源进口国经济复苏乏力形成鲜明对比,凸显了西亚地区经济发展的两极分化态势(见表1)。一方面,俄乌冲突爆发以来,全球能源价格飙升,使得西亚能源出口国经济迅速反弹、经济复苏势头强劲。伊拉克、科威特和沙特阿拉伯3国经济分别实现了8.7%、8.5%和8.3%的高速增长。[②] 2022年前8个月,油价上涨和石油产量扩大使石油出口国实现了35%的商品出口收入增速;前11个月,地区原油日均产量达3410万桶,较2021年同比增长10.4%,增幅近八成来自海合会国家,一半来自沙特。凭借固定汇率和补贴制度,海合会国家有效抑制了通胀,国内通胀率维持在3.6%,远低于8.8%的全球通胀水平。[③] 另一方面,俄乌冲突爆发以来,大宗商品价格上涨、通胀高企、能源和粮食价格上涨、地缘政治

[①] World Bank Group, *Global Economic Prospects*, p. 81, https://www.openknowledge.worldbank.org/server/api/core/bitstreams/254aba87-dfeb-5b5c-b00a-727d04ade275/content.

[②] World Bank Group, *Global Economic Prospects*, p. 75.

[③] World Bank Group, *Global Economic Prospects*, p. 76; Babu Das Augustine, "GCC in 'Sweet Spot' in Terms of Economic Growth and Inflation, Say Economists," *The National*, https://www.thenationalnews.com/business/2023/02/28/gcc-in-sweet-spot-in-terms-of-economic-growth-and-inflation-say-economists/.

冲突加剧等一系列问题拖累全球经济复苏，加剧经济波动性。黎巴嫩、约旦等西亚能源和粮食进口国承受巨大经济压力，呈现出与能源出口国截然不同的经济表现。海湾能源生产与出口国依靠能源出口收入大幅提高国内补贴，有效对冲了粮价上涨、输入型通货膨胀等外部风险。资金短缺的黎巴嫩政府难以像能源进口国政府那样，通过增加食品和能源补贴来应对国内粮价上涨和粮食短缺问题。①

表1　2020—2022年西亚国家实际GDP增长率②　　（单位:%）

国家	2020年	2021年	2022年（估值）
巴林	-4.9	2.2	3.8
伊朗	1.9	4.7	2.9
伊拉克	-11.3	2.8	8.7
以色列	-1.9	8.6	6.5
约旦	-1.6	2.2	2.5
科威特	-8.9	1.3	8.5
黎巴嫩	-21.4	-7.0	-5.4
阿曼	-3.4	3.1	4.5
巴勒斯坦③	-11.3	7.1	3.5
卡塔尔	-3.6	1.5	4.0
沙特	-4.1	3.2	8.3
叙利亚	-3.9	-2.9	-3.5
也门	-8.5	-1.0	1.0
阿联酋	-5.0	3.9	5.9

2022年，西亚地区发展不平衡问题进一步凸显，地区经济发展的两极分化态势亦反映在西亚国家民众对本国经济状况的看法上。《2022年阿拉伯民意指数》调查结果显示，海合会国家受访者对本国经济总体持乐观态

---

① Ferid Belhaj et al., *A New State of Mind: Greater Transparency and Accountability in the Middle East and North Africa*, World Bank, October 2022, p. 16, https://www.elibrary.worldbank.org/doi/epdf/10.1596/978-1-4648-1925-4.

② 数据来源: World Bank Group, *Global Economic Prospects*, p. 81; "In 2022, Israel's GDP increased 6.5%," *Jewish News Syndicate*, February 16, 2023, https://www.jns.org/in-2022-israels-gdp-increased-6-5/。

③ 经济数据统计范围包括约旦河西岸和加沙地带。

度，卡塔尔、沙特和科威特3国受访者认为本国经济状况"非常好"的比例分别达83%、73%和42%；东地中海地区国家民众对本国经济状况总体持悲观态度，巴勒斯坦、约旦、黎巴嫩3国受访者认为本国经济"非常糟糕"的比例分别达36%、38%和83%（见表2）。84%的东地中海国家受访者认为本国"正朝着错误的方向前进"，而海湾国家受访者中持此观点的比例仅8%。[1]

表2 西亚阿拉伯国家受访者对本国经济状况的看法[2] （单位:%）

国家	非常好	好	糟糕	非常糟糕	不知道/拒绝回答
卡塔尔	83	16	1	/	/
沙特	73	20	1	1	5
科威特	42	43	12	3	/
伊拉克	2	22	41	34	1
巴勒斯坦	2	21	41	36	/
约旦	2	21	39	38	/
黎巴嫩	/	1	16	83	/

（二）粮食危机冲击西亚粮食进口国经济，制约西亚国家可持续发展

作为全球人口增长率最高的地区之一，阿拉伯地区对粮食的需求持续增长。但极端气候造成的高温、持续干旱和降水不足，进一步加剧阿拉伯地区水资源短缺和耕地减少问题。而农村发展滞后、农业技术投资匮乏阻碍地区国家农业生产，导致阿拉伯国家严重依赖粮食进口。2022年9月，美国普林斯顿大学调研项目"阿拉伯晴雨表"发布了一项有关中东地区粮食安全问题的研究报告。报告指出，在受调研的10个阿拉伯国家[3]中，9个国家超过半数民众对粮食短缺问题表达了担忧。[4] 即便是被列入中高收入国家的伊拉克、约旦和黎巴嫩，也不同程度地面临粮食安全问题，3

---

[1] Arab Center Washington DC, *Arab Opinion Index* 2022, p. 3, https://www.arabcenterdc.org/wp-content/uploads/2023/01/Arab-Opinion-Index-2022-Executive-Summary.pdf.

[2] Arab Center Washington DC, *Arab Opinion Index* 2022, p. 4.

[3] 这10个阿拉伯国家包括伊拉克、约旦、黎巴嫩、叙利亚、巴勒斯坦、埃及、苏丹、摩洛哥、突尼斯和毛里塔尼亚。

[4] Salma Al-Shami, *Food Insecurity and Its Discontents in the Middle East and North Africa*, Arab Barometer, September 2022, p. 4, https://www.arabbarometer.org/wp-content/uploads/ABVII_Food_Insecurity_Report-ENG.pdf.

国受访民众认为本国经常面临粮食短缺的比例分别高达57%、48%和48%。①

阿拉伯地区超半数小麦依赖从俄罗斯和乌克兰两国进口,单一且缺乏韧性的粮食进口链使得阿拉伯地区较其他地区更易受到国际粮价上涨和粮食供应危机的冲击。俄乌冲突爆发前,阿拉伯国家从俄罗斯和乌克兰进口的小麦占比分别达34.4%和15.9%。其中,黎巴嫩、约旦、也门3国从俄罗斯进口的小麦占比分别达15.5%、7.0%和26.7%,从乌克兰进口的小麦占比分别达80.4%、17.7%和14.5%。② 俄乌冲突爆发后,全球小麦价格飙升,受此影响,仅2022年3月黎巴嫩国内大饼价格就上涨了70%③,进一步加剧了该国本已严重的债务危机、货币贬值和通胀压力。俄乌冲突放大了西亚国家的粮食安全问题、低质量城镇化问题,军政冲突矛盾和社会经济结构失衡矛盾在俄乌冲突的刺激下集中爆发,形成"俄乌冲突—粮食安全危机—地区发展危机"的连锁传导。聚集性社会不稳定因素制约西亚国家的可持续发展,进而传导至农业领域并造成农业生产环境恶化,形成"饥饿问题引发斗争和冲突—社会不稳定—农业生产环境恶化—更深层次粮食危机"的恶性循环。④

(三) 西亚地区贫困问题日益突出,不平等现象或进一步加剧

贫富分配不均、极端贫困率上升、收入不平等、性别不平等、贫困人口和弱势群体更易受到气候变化冲击和陷入贫困恶性循环等现象,构成了当前阿拉伯地区不平等现象的主要表现。

首先,西亚地区收入分配呈现两极分化态势,地区最富有的10%人口收入是最贫穷的50%人口的6倍多,剩余40%的中产阶级收入较收入前

---

① Salma Al‐Shami, *Food Insecurity and Its Discontents in the Middle East and North Africa*, p. 5.
② "The Impact of the Ukraine War on the Arab Region: Food Insecurity in an Already Vulnerable Context," *Arab Reform Initiative*, https://www.arab‐reform.net/publication/the‐impact‐of‐the‐ukraine‐war‐on‐the‐arab‐region‐food‐insecurity‐in‐an‐already‐vulnerable‐context/.
③ Heba Saleh and Emiko Terazono, "Ukraine War Sparks Food Shortages in Arab Nations as Wheat Prices Soar," *Financial Times*, https://www.ft.com/content/b76d3414‐4f11‐4e46‐9271‐9309c06237df.
④ 李董林、李春顶、蔡礼辉:《俄乌冲突局势下中东和非洲的粮食安全问题:特征、影响和治理路径》,载《中国农业大学学报》,2022年第12期,第19、21页。

10%的富人群体少了20—30个百分点。① 特别是新冠病毒感染疫情大流行以来，西亚地区最富有的21位人士的净资产增加了100多亿美元，收入差距继续扩大至前所未有的水平。② 精英群体对国家主要收入来源的控制，构成了西亚国家财富和收入差距扩大的重要原因。在海合会国家，"石油价格的上涨转化为隐性财富比例的自动增加"，"精英们通过将资金存入离岸账户，系统性地获取国民收入主要来源的一部分"。③

其次，新冠病毒感染疫情和俄乌冲突导致地区极端贫困率上升。据联合国西亚经济社会委员会（ESCWA）研究报告估计，至2023年，阿拉伯地区的1090万贫困人口将陷入极端贫困状态，其中850万由新冠病毒感染疫情大流行导致，240万由俄乌冲突导致。④ 世界银行《2022年贫困与共享繁荣报告》指出，2010年至2020年间，西亚北非地区是全球范围内贫困发生率唯一上升的地区。2018年该地区贫困发生率达7.5%，是2014年的3倍；极端贫困人口中17岁及以下儿童的人口占比高达54%，远高于37%的儿童人口占比。⑤

再次，气候变化和俄乌冲突导致经济结构单一、发展水平较低、资源开采能力不足的地区国家进一步陷入粮食短缺甚至断供局面⑥，粮食安全问题推高地区国家返贫致贫风险，加剧地区不平等现象。根据世界银行预测，粮价上涨和粮食供应短缺问题或将导致西亚北非地区贫困人口增加2300万，粮食价格每上升1%，地区贫困人口将增加近50万。⑦

---

① Lydia Assouad, "Inequality and Its Discontents in the Middle East," https://www.carnegie-mec.org/2020/03/12/inequality-and-its-discontents-in-middle-east-pub-81266.

② Nicolas Pantelick, "A Billionaire's World: Labor, Loss, and Inequality in the Middle East and North Africa During Covid," *Harvard International Review*, May 4, 2022, https://www.hir.harvard.edu/a-billionaires-world-labor-loss-and-inequality-in-the-middle-east-and-north-africa-during-covid/.

③ Lydia Assouad, "Inequality and Its Discontents in the Middle East," https://www.carnegie-mec.org/2020/03/12/inequality-and-its-discontents-in-middle-east-pub-81266.

④ ESCWA, *Inequality in the Arab Region: A Ticking Time Bomb*, p. x, https://www.unescwa.org/publications/inequality-arab-region-ticking-time-bomb.

⑤ World Bank Group, *Poverty and Shared Prosperity* 2022, pp. 37-38, https://www.openknowledge.worldbank.org/server/api/core/bitstreams/b96b361a-a806-5567-8e8a-b14392e11fa0/content.

⑥ 李董林、李春顶、蔡礼辉：《俄乌冲突局势下中东和非洲的粮食安全问题：特征、影响和治理路径》，第16页。

⑦ Gladys Lopez-Acevedo, Minh Cong Nguyen, Nadir Mohammed and Johannes Hoogeveen, "How Rising Inflation in Mena Impacts Poverty," https://www.blogs.worldbank.org/arabvoices/how-rising-inflation-mena-impacts-poverty.

最后，冲突国家的不平等现象更加突出。贫困与冲突是互为结果的两个变量，缺乏跨阶层社会流动进一步造成贫困代际传递问题，这构成了西亚地区不平等问题加剧的重要根源。在西亚冲突国家，武装冲突不仅导致宏观经济不稳定、脆弱性加剧、失业率和贫困率上升等问题，而且对儿童构成心理和生理层面的双重威胁，作为弱势群体的儿童更易被剥夺基本的受教育权，冲突地区的正规教育被日益边缘化。据不完全统计，2022年叙利亚和也门至少有240万儿童处于辍学状态；约旦河西岸的58所巴勒斯坦学校被以色列当局强行拆除或停课。①

有研究指出，单靠经济增长难以解决地区不平等问题，非包容性增长更可能加剧不平等现象，而创造向上流动的机会和提供体面的就业机会，减少贫困发生率和缩小高收入群体与低收入群体之间的差距，才是解决阿拉伯地区不平等问题的最佳方式。②解决阿拉伯地区不平等问题的可行政策措施包括促进性别平等和妇女赋权、实施公平税收、加强社会保障体系、确保工人收入公平、提高教育质量、提供更多可负担的住房、弥合数字鸿沟、促进工作中对残疾人士的包容以及建立有效机构以实现社会包容等。③

三、西亚地区的安全形势

在安全层面，恐怖主义对西亚地区的威胁呈现持续下降趋势，"伊斯兰国"和"基地"组织各自经历领导层更替使得国际恐怖主义势力进入新一轮分化重组，但恐怖组织加大对新兴技术的使用、大国调整反恐战略、经济危机持续、气候变化加剧等，不同程度地给西亚地区带来新的安全挑战。

（一）西亚地区恐怖主义发展态势

根据经济与和平研究所发布的《2023年全球恐怖主义指数》报告，

---

① Carma Estetieh and Victoria Ceretti, "Armed Conflicts in MENA Region Present Barriers to Education That Bust Be Addressed," *Euro - Med Human Rights Monitor*, January 24, 2023, https://www.euromedmonitor.org/en/article/5512/Armed-conflicts-in-MENA-region-present-barriers-to-education-that-must-be-addressed.

② ESCWA, *Inequality in the Arab Region: A Ticking Time Bomb*, p. xi.

③ ESCWA, *Inequality in the Arab Region: A Ticking Time Bomb*, pp. 40 - 43.

2022年全球范围内共发生3955起恐怖袭击事件，较2021年（5463起）下降约28%；恐怖袭击共造成6701人死亡，较2015年峰值（10881人）下降约38%；平均每起恐怖袭击造成的死亡人数为1.7人，较上一年（1.3人）上升24%；"伊斯兰国"及其分支机构在21个国家制造恐怖袭击事件，连续第8年成为全球最致命的恐怖组织；非洲萨赫勒地区成为全球受恐怖主义影响最严重的地区，恐怖袭击造成的死亡人数较2021年增加了7%，其全球占比高达43%，超过南亚、西亚和北非地区的总和。[①]

在地区层面，2022年西亚地区恐怖主义的发展态势呈现以下几大特点。

第一，恐怖主义对西亚地区的威胁总体呈下降趋势。西亚国家的反恐努力、止战求和意愿的增强、推动紧张局势缓和降温的具体措施，使得地区安全环境明显改善，2022年恐怖主义对西亚地区的威胁呈现继续下降的趋势。2022年，西亚北非国家共发生695起恐怖袭击事件，较上一年（1331起）下降47.78%；地区国家发生的恐怖袭击共造成791人死亡，较上一年下降32%，成为2013年以来的最低值；恐怖袭击造成的死亡人数的全球占比从2016年的约57%下降至2022年的不足12%；自杀式炸弹袭击数量及其造成的死亡人数大幅下降，2022年西亚北非地区仅发生6起自杀式炸弹袭击事件，自杀式炸弹袭击造成的死亡人数从2016年的1947人骤降至2022年的8人。[②] 2022年在全球范围内最致命的20起恐怖袭击事件中，仅有一起发生在西亚地区。[③]

西亚地区受到的恐怖主义威胁总体呈现下降趋势。在西亚14国中，2022年伊朗、以色列和阿联酋3国恐怖主义指数有所恶化，科威特、阿曼、卡塔尔3国指数无变化（无恐怖袭击记录），其余国家指数不同程度地有所改善（见表3）。其中，以色列发生23起恐怖袭击事件，共造成28

---

① Institute for Economics and Peace, *Global Terrorism Index* 2023, p. 4, https://www.visionofhumanity.org/wp-content/uploads/2023/03/GTI-2023-web-270323.pdf.
② Institute for Economics and Peace, *Global Terrorism Index* 2023, p. 3.
③ 2022年1月20日，约300名"伊斯兰国"武装分子对位于叙利亚东北部城市哈塞克市的西奈监狱发动自杀式汽车炸弹袭击，与驻守当地的库尔德人组织"叙利亚民主力量"发生交火，并俘虏了十余名狱警。此次袭击持续了近9天，导致154名"叙利亚民主军"成员及狱警死亡，监狱内被关押的数十名"伊斯兰国"武装分子也在交火中被打死。西奈监狱关押着"伊斯兰国"约3500名成年武装分子和700名被称为"哈里发幼狮"的未成年极端分子。参见 Institute for Economics and Peace, *Global Terrorism Index* 2023, p. 10; Mohammed Hassan and Samer al-Ahmed, "A Closer Look at the ISIS Attack on Syria's al-Sina Prison," Middle East Institute, https://www.mei.edu/publications/closer-look-isis-attack-syrias-al-sina-prison.

人死亡，经历了近3年来恐怖袭击事件和恐怖袭击致死人数最多的一年。伊朗发生7起恐怖袭击事件，共造成42人死亡，29%的袭击事件和48%的死亡人数系"伊斯兰国"所为。受"伊斯兰国"两任头目被打死、外部对"伊斯兰国"支持减弱、国内冲突烈度降低以及政府有效的反恐行动等因素影响，恐怖主义对伊拉克和叙利亚构成的威胁进一步下降。2022年，伊拉克和叙利亚国内恐怖袭击致死人数的全球占比分别为3%和7%。① 伊拉克国内共发生401起恐怖袭击事件，较上一年下降约54%；伊拉克19个省份中的16个发生恐怖袭击事件，尤以迪亚拉省、萨拉丁省、基尔库克省3个东北部省份最为严重；恐怖袭击共造成174人死亡，较上一年下降约68%，袭击致死人数处于近10年最低水平。② 叙利亚国内共发生197起恐怖袭击事件，较上一年下降约44%；恐怖袭击共造成447人死亡，较上一年下降约10%。③

表3 西亚国家恐怖主义指数④　　　　　　　（单位:%）

国家	恐怖主义指数（2023）	全球排名（2023）	恐怖主义指数（2022）	全球排名（2022）	恐怖主义指数年度变化幅度
叙利亚	8.161	5	8.250	5	-0.089
伊拉克	8.139	7	8.511	2	-0.372
伊朗	5.688	21	5.015	27	0.673
也门	5.616	22	5.870	21	-0.254
以色列	5.489	25	4.778	30	0.711
巴勒斯坦	4.611	33	4.736	32	-0.125
黎巴嫩	3.400	52	3.566	51	-0.166
沙特	2.387	63	3.110	54	-0.723
约旦	2.033	68	2.594	58	-0.561
阿联酋	1.241	76	0.000	93	1.241
巴林	0.826	79	2.145	65	-1.319

---

① Institute for Economics and Peace, *Global Terrorism Index* 2023, p. 14.
② Institute for Economics and Peace, *Global Terrorism Index* 2023, pp. 17, 26.
③ Institute for Economics and Peace, *Global Terrorism Index* 2023, pp. 25, 46.
④ Institute for Economics and Peace, *Global Terrorism Index* 2023, pp. 8 - 9; Institute for Economics and Peace, *Global Terrorism Index* 2022, pp. 8 - 9, https://www.economicsandpeace.org/wp-content/uploads/2022/03/GTI-2022-web.pdf.

续表

国家	恐怖主义指数（2023）	全球排名（2023）	恐怖主义指数（2022）	全球排名（2022）	恐怖主义指数年度变化幅度
科威特	0.000	93	0.000	93	0
阿曼	0.000	93	0.000	93	0
卡塔尔	0.000	93	0.000	93	0

注：恐怖主义指数实际反映相关国家上一年受到恐怖主义威胁的状况。恐怖主义指数越高、全球排名越靠前，该国受到的恐怖主义威胁就越严重。恐怖主义指数变化幅度为负数表明该国受到的恐怖主义威胁下降，变化幅度为正数表明受到的恐怖主义威胁上升，变化幅度为0表明受到的恐怖主义威胁无变化。

第二，西亚恐怖主义势力进入新一轮分化重组。2022年，"伊斯兰国"两任头目和"基地"组织头目先后身亡，两大恐怖组织经历领导层更替。对"伊斯兰国"而言，2022年是该组织领导层遭受重创的一年。2月3日，该组织头目阿布·易卜拉欣·哈希米·库莱希在美军对叙利亚空袭行动中自爆身亡；10月15日，接替其出任"伊斯兰国"新头目的阿布·哈桑·哈希米·库莱希在与叙利亚反对派武装交火中被对方打死；11月30日，"伊斯兰国"宣布任命阿布·侯赛因·侯赛尼·库莱希为该组织新头目。实际上，阿布·易卜拉欣死后至今，"伊斯兰国"领导层中至少有6名高级成员被打死或被捕，该组织新领导层几乎全部是经验欠缺的年轻一代。[1] 但应注意到，"伊斯兰国"在伊拉克、叙利亚和西奈半岛平均每月发动的袭击数量分别为84次、21次和7次，造成的伤亡人数分别为148人、58人和19人。[2] 这表明，尽管"伊斯兰国"的活动重心已转向南亚和非洲萨赫勒地区，但该组织在西亚地区根基较深，在伊拉克、叙利亚和西奈半岛仍保持较强的行动和攻击能力。

对"基地"组织而言，2022年7月，该组织头目艾曼·扎瓦希里在美军对阿富汗境内发动的一次无人机行动中被击毙。此后，扎瓦希里的副手赛义夫·阿迪尔和扎瓦希里的女婿阿卜杜·拉赫曼·马格里比被视为扎瓦

---

[1] Martin Chulov and Mohammed Rasool, "Isis Founding Member Confirmed by Spies as Group's New Leader," *The Guardian*, January 20, 2020, https://www.theguardian.com/world/2020/jan/20/isis-leader-confirmed-amir-mohammed-abdul-rahman-al-mawli-al-salbi.

[2] Cole Bunzel, "Explainer: The Jihadi Threat in 2022," Wilson Center, December 22, 2022, https://www.wilsoncenter.org/article/explainer-jihadi-threat-2022.

希里的两大潜在继承人。赛义夫·阿迪尔被外界认为是"基地"组织的实际领导人,由于与"基地"组织关系密切的阿富汗塔利班当局不愿承认扎瓦希里被美军在阿富汗击毙的事实,且阿迪尔长期居住在以什叶派为人口主体的伊朗或导致其对"基地"组织分支机构和其他逊尼派缺乏吸引力,该组织迄今未正式对外宣布新头目。[①] 过去几年间,在国际反恐力量的施压下,"基地"组织收缩扩张战略,核心领导层通过权力下放,依靠分支机构在外围策划实施恐怖袭击以维系组织影响力,完成了从严格等级制向去中心化、分散化的组织权力结构转变。"基地"组织面临核心领导层权威受损、士气低迷、权力分散、成员倒戈等一系列现实挑战,分支机构与核心领导层沟通不畅,经常处于"各自为战"的状态。2022年,在全球20个最致命的恐怖组织中,"阿拉伯半岛基地组织"仅位列第13,[②] 这表明该组织的行动能力和影响力较之前已大幅下降。西亚地区恐怖主义势力正进入新一轮分化重组。

第三,恐怖组织对新兴技术的运用呈现扩大化态势。无人驾驶航空系统(UAS)被联合国安理会反恐委员会列为主要的恐怖主义威胁之一。近年来,恐怖组织使用无人机攻击国家军事设施、能源基础设施、政府机构以及民用目标的问题日益严重,无人机在俄乌冲突中的广泛使用令无人机技术对恐怖组织的吸引力急剧增大。"伊斯兰国""博科圣地"、胡塞武装、黎巴嫩真主党、哈马斯等非国家行为体使用小型无人机收集情报、侦察目标、运送弹药,以及提升袭击的精准度和杀伤力。

自也门冲突爆发以来,胡塞武装的空战经历了四个阶段,即严重依赖战前储备的初始阶段(2015年至2016年8月)、导弹工业逐步发展和军事打击目标扩大的扩展阶段(2016年9月至2018年)、使用高精度空中武器增加袭击杀伤力的施压阶段(2019年),以及使用高精度武器对关键基础设施进行远程象征性攻击的威慑阶段(2020年至2022年)。[③] 无人机技术为恐怖组织提升空中军事能力提供了巨大空间。自2015年至2022年4月,

---

[①] Margarita Arredondas, "Al-Qaeda's New Leader, Saif Al Adel, Resides in Iran, According to the US," *Atalayar*, February 16 2023, https://atalayar.com/en/content/al-qaedas-new-leader-saif-al-adel-resides-iran-according-us.

[②] Institute for Economics and Peace, *Global Terrorism Index* 2023, p. 12.

[③] Luca Nevola, "Beyond Riyadh: Houthi Cross-Border Aerial Warfare, 2015-2022," *ACLED*, January 17, 2023, https://acleddata.com/2023/01/17/beyond-riyadh-houthi-cross-border-aerial-warfare-2015-2022/.

胡塞武装共发动超过350次不同规模的无人机袭击，对沙特境内目标尤其是石油基础设施构成严重威胁。2020年，胡塞武装使用无人机和导弹联合攻击沙特境内目标的次数较上一年增加了360%；2021年，胡塞武装对沙特的无人机袭击事件增加了377%，联合攻击事件增加了56%。[1] 使用无人机攻击地区国家石油基础设施及民用目标，已成为胡塞武装针对对手的威慑战略和谈判策略的重要组成部分。2022年1月17日，胡塞武装对阿联酋阿布扎比穆萨法工业园附近的石油设施发动无人机袭击，致3辆油罐车爆炸起火，事件导致2名印度人和1名巴基斯坦人死亡、6人受伤，这是自也门冲突爆发以来，胡塞武装针对阿联酋境内目标的无人机袭击首次造成人员伤亡。10月21日和11月9日，胡塞武装先后对也门哈德拉毛省的达巴油港和舍卜沃省的基纳商业港发动无人机袭击，企图以此切断也门政府的石油出口收入，进而在联合国主导的也门停战协议中增加谈判筹码。

(二) 西亚地区的安全挑战

大国调整反恐战略、经济危机和冲突长期化、气候变化加剧等内外因素，给西亚地区带来了新的安全挑战。

第一，大国调整反恐战略使西亚恐怖组织获得发展空间。俄乌冲突爆发以来，美国和欧洲大国持续减少海外反恐的资源投入，将更多战略资源用于对抗俄罗斯和投向乌克兰战场，使当前西亚地区反恐面临反恐资源分配不均、反恐共识与政策协调不足、大国开展反恐国际合作难度增加等一系列挑战。与此同时，美国主导的无人机反恐行动虽对盘踞在西亚地区的恐怖组织形成威慑，恐怖分子的行动部分受限，迫使恐怖组织在局部地区转入守势，但反过来也促使恐怖组织调整组织运作方式，注重自身安全以躲避反恐力量的打击，更加耐心地重建跨国网络。俄乌冲突分散了国际社会对西亚反恐的关注度，而大国反恐战略的调整可能使西亚地区的恐怖组织获得新的喘息机会和发展空间，以更隐蔽的方式开展行动和进行新一轮整合，"在各自所处的环境中维持一种更具韧性、

---

[1] Luca Nevola, "Beyond Riyadh: Houthi Cross-Border Aerial Warfare, 2015-2022," *ACLED*, January 17, 2023, https://acleddata.com/2023/01/17/beyond-riyadh-houthi-cross-border-aerial-warfare-2015-2022/.

更可持续的防御性存在"①。

第二，冲突与动荡国家的安全部门运转压力陡增。在叙利亚、也门、黎巴嫩等长期处于冲突状态或政治动荡的西亚国家，收入与分配给安全机构的财政资金之间存在失衡现象，而货币大幅贬值导致安全人员的实际收入减少。2022年上半年，黎巴嫩镑对美元汇率跌破30000∶1，两年内货币贬值约95%，4/5的黎巴嫩人被世界银行列为贫困人口。② 生活窘迫的军人和警察成为当地极端组织和武装团体招募的重要对象，反过来造成安全机构人员士气低下、归属感匮乏、团队纪律涣散，维护国家安全和社会稳定的意愿和能力受到严重削弱。与此同时，新冠病毒感染疫情大流行加剧的经济危机、俄乌冲突后引发的粮食危机与能源危机、国内腐败猖獗和派系斗争、外部势力干预等一系列问题，限制了西亚冲突与动荡国家安全部门进行更广泛机构改革的努力。对黎巴嫩而言，"经济危机持续的时间越长，维持安全机构（运作）的难度就越大"。③ 黎巴嫩2022年预算草案采用的汇率是15000—20000黎镑兑1美元，但平行市场的汇率为23000黎镑兑1美元，这导致黎巴嫩国内安全部队、公安总局和国家安全总局三大安全机构不同程度地面临资金短缺问题，无法为安全人员提供医疗服务等大部分基本需求。④

第三，气候变化对西亚地区安全的负面影响加剧。中东地区地表变暖速度是全球平均水平的两倍，尤其是东地中海地区的气候较以往更加干燥。气候变化引发的干旱、沙尘暴、极端高温和极端降水、海岸侵蚀、海平面上升、海洋酸化等问题，将对中东国家的社会经济活动产生严重影响。⑤ 当前，气候变化对西亚地区安全的影响日益显现。极端高温影响地区国家民众的生理和心理健康，提高了热痉挛、热晕厥、热衰竭、中暑、

---

① Charles Lister, "More Than Two Decades on From 9/11, the Threat Posed by Jihadist Terrorism Is Greater Than Ever," Middle East Institute, September 9, 2022, https：//www.mei.edu/publications/more-two-decades-911-threat-posed-jihadist-terrorism-greater-ever.

② Naharnet Newsdes, "Lebanese Pound Drops Again to 30,000," *Naharnet*, June 14, 2022, https：//www.naharnet.com/stories/en/290493-lebanese-pound-drops-again-to-30-000.

③ Dina Arakji, "Lebanon: New Challenges to the Delivery of Security Assistance," *ISPI*, August 2, 2022, https：//www.ispionline.it/en/publication/lebanon-new-challenges-delivery-security-assistance-35928.

④ Ibid.

⑤ 关于气候变化和极端天气对中东地区的影响，参见 G. Zittis et al., "Climate Change and Weather Extremes in the Eastern Mediterranean and Middle East," *Reviews of Geophysics*, Vol.60, No.3。

睡眠障碍、体温过高现象的发生率，对建筑业和农业工作者的户外作业构成挑战；海平面上升严重影响低海拔地区的农业、旅游业、城市规划、植被保护和人类活动。气候变化不是冲突爆发的直接原因，但构成了社会动荡背后的潜在驱动因素，为恐怖组织借以宣传、招募提供了机会，以间接方式推高了地区爆发武装冲突和人道主义危机的风险。极端气候造成的土地退化、作物歉收、农民收入下降等问题，反过来可能成为农民加入恐怖组织以获得收入来源的驱动因素。恐怖组织也通过夺取、控制、破坏供水设施等方式，间接招募那些无法获得水资源的农民。[1] 气候变化加剧正给西亚地区安全环境带来一系列复杂严峻的挑战。

---

[1] Institute for Economics and Peace, *Global Terrorism Index* 2023, pp. 75 - 76.

2022年北非地区形势

赵 军[①]

【摘　要】

2022年，北非地区政治、经济和安全领域的结构性问题如旧，除了部分微观变化外，延续着2021年的基本底色。政治领域，埃及、摩洛哥和阿尔及利亚等国的政治相对稳定，仅有部分高级职位的人事变动。利比亚、突尼斯和苏丹等国的政治动荡表现各有不同：利比亚政治角力持续进行，重建遥遥无期；突尼斯民主遭遇重创，威权迹象愈益明显；苏丹政治民主化再次遭遇困境，文官政权继续难产。经济领域，因受国际政治经济环境影响，能源出口国家尽管获得了大量投资和出口贸易机会，但大多数北非国家增长较2021年有所下降，公共债务增加，通胀加剧，失业率持续走高，本币大幅贬值等增加了部分国家的经济风险。安全领域，北非国家的整体治理能力仍有待提升，利比亚各武装派系之间的冲突此起彼伏，苏丹政府军与反政府武装的冲突时有发生，极端主义和恐怖主义活动死灰复燃，新出现的粮食安全问题一度困扰该地区国家。总体来看，2022年，北非国家的发展喜忧参半，政治进步与违宪操作共存，经济恢复与恶化交替出现，多种侵蚀善治的危险仍然挥之不去，中短期内北非地区要想实现稳定和善治还任重道远。

【关键词】

北非地区　政治形势　经济形势　安全形势

北非国家至今仍处于中东剧变后的深刻、全面的国家转型之中，政治、经济、安全和社会等领域都不同程度地进入重建或重构阶段。受国际

[①] 赵军，上海外国语大学中东研究所副研究员。

政治经济形势变化和全球防疫政策变化的影响，2022年北非国家的发展喜忧参半，民主进步与违宪操作共存，经济恢复与恶化交替出现，多种侵蚀善治的危险依然挥之不去并将持续困扰地区国家。

一、曲折演化中的区域政治

2022年，北非国家集中处于内部政治继续调整和深度转型之中，主要表现为政治相对稳定国家的高层官员的职位调整和政治相对不稳国家派系之间的权力争斗。埃及、阿尔及利亚和摩洛哥政治相对稳定。摩洛哥尽管因民众抗议食品和能源价格暴涨，对新首相和相关部长不利，但摩洛哥政治高层保持了2021年议会选举后的政治权力格局和人事任用格局，部长级高官职位仅有个别做了微调。埃及和阿尔及利亚虽然经历了政府重大改组，但并未影响政权稳定。2022年8月，埃及为了有效应对经济危机、提升政府效率和公信力，做出了自2018年以来最大规模的高层人事变动，撤换了13位部长。[①] 客观来看，这次政府改组只是塞西政权在新形势下对现存执政联盟中官僚机构的有限调整，而不是重建一个更广泛的政治联盟，因为没有涉及塞西政权最核心的决策圈层（内政部长、外交部长、财政部长、国防部长和能源部长），多数部长调整带来的后续影响相对较小，并未影响政局稳定和相关政策的延续。9月，阿尔及利亚的高层人事变动主要集中于安全、经济和地方大员的撤换，包括内政部长和财政部长在内的6名部长和16名省长，[②] 这次变动旨在对"希拉克运动"提出的政治诉求和社会诉求进行回应。[③]

相较上述3国，利比亚、突尼斯和苏丹等国的政治派系角逐较为激烈，甚至伴随暴力行为或武装冲突。利比亚各派力量围绕立宪基础的总统候选

[①] "Will Egypt's Cabinet Reshuffle Improve Its Economy," *Alestiklal Newspaper*, May 17, 2023, https://www.alestiklal.net/en/view/14679/will-egypts-cabinet-reshuffle-improve-its-economy.

[②] "Algeria President Replaces 16 Governors in Cabinet Reshuffle," *The New Arab*, September 15, 2022, https://www.newarab.com/news/algeria-president-replaces-16-governors-cabinet-reshuffle.

[③] "Algeria Keeps Energy, Foreign Affairs Ministers in Government Reshuffle," *The Arab Weekly*, September 9, 2022, https://www.thearabweekly.com/algeria-keeps-energy-foreign-affairs-ministers-government-reshuffle.

人资格问题继续进行博弈。利比亚一直分裂为两个敌对的政治和军事联盟。由总理阿卜杜勒·哈米德·达拜巴领导的的黎波里民族团结政府得到国际社会的承认并获得土耳其的支持，在利比亚政治派系博弈中，逐渐占据上风。而由指定总理巴沙加领导的国家稳定政府，实际上是设在昔兰尼加的平行执行机构，受埃及和俄罗斯支持，但现在越来越孤立无援。这种权力格局的走势使得2022年利比亚政治出现下述景象。尽管在2022年3月利比亚国民代表大会通过对巴沙加新政府的信任投票并领导了民族团结政府，以及5月20日利比亚众议院和高级国务委员会宪法委员会就宪法草案第137条达成初步共识，但是12月5日利比亚国民军领导人哈夫塔尔明确表示，禁止军方领导人参加大选缺乏宪法依据，自己仍将竞选利比亚总统，使得利比亚未来大选仍充满变数。

突尼斯则呈现出另类的政治场景。众所周知，赛义德总统执政以来，突尼斯民主遭遇重创，威权迹象愈益明显。2022年，赛义德总统与政治反对派围绕宪法修改、司法独立等问题的角逐成为该国政治变化的主线。3月30日，在总统赛义德宣布解散议会当晚，议会100余名议员旋即举行网络会议，投票撤销了赛义德的总统令。赛义德则在4月22日颁布法令进行反击，改组最高独立选举委员会，形成临时最高司法委员会，并于5月9日重新任命独立选举委员会委员，同时宣布召开全国对话会。赛义德总统的一系列政治举措尽管得到突尼斯人民运动党的支持，但却遭到复兴运动党和突尼斯法官协会的强烈反对。7月25日，突尼斯举行新宪法草案全民公投并获得支持，[①] 为修改选举法、阻止复兴运动党的未来参选开了绿灯。11月11日，最高选举委员会颁布的议会选举新规即是明证，[②] 这也是12月举行的突尼斯议会选举遭到包括突尼斯总工会在内的13个政党公开抵制的主要原因。总之，在2022年突尼斯政治派系的权力争夺中，赛义德总统大获全胜，突尼斯国内政治权力博弈将自此转向2023年度总统大选。

苏丹政治则是围绕主权委员会是否将最高权力真正移交给文官政府的

[①] 投票率为30.5%，94.6%的有效选票为"赞成"。

[②] 11月11日，突尼斯最高独立选举委员会颁布议会选举新规，包括：1. 竞选活动期从选前22天开始，到选举前24小时结束；2. 除政党办事处的公示材料和候选人支持传单外，选举期间禁止投放政治广告；3. 贿赂选民以左右选举结果的可判处监禁；4. 侵犯其他候选人名誉权可撤销其所得选票。

问题持续展开的。2022 年，苏丹军方主导的主权委员会拒绝在预定期限将权力移交民选政府，使得原来承诺的政治民主化再次遭遇困境，建立完全文官政府依然寸步难行。1 月 2 日，苏丹过渡政府总理哈姆杜克的辞职，使得军方控制的主权委员会与文职政府之间的冲突再次凸显。之后，苏丹主权委员会主席布尔汉在美国、英国、挪威和欧盟等施压下，使得任命新总理的计划落空，总理职位数月空缺。5 月，由联合国、非盟、伊加特组成的三方调解团尽管启动了苏丹政治和解对话会，但因三方调解团内部对参与苏丹政治和解对话会的人选存在分歧而被无限期推迟。7 月 4 日，布尔汉宣布苏丹军方将退出由联合国、非盟和伊加特主导的三方调解机制，这无疑表明苏丹政治危机的国际斡旋宣告失败。11 月 1 日，苏丹主权委员会主席布尔汉承诺，将在两周内解散主权委员会，向文职政府移交权力，并表示自己将继续担任安全与国防委员会负责人。但是，这种承诺在 2022 年度并未实现，苏丹政局的未来走向仍然扑朔迷离。

二、低迷状态下的地区经济

2021 年，北非经济体因国际能源价格回升、旅游业逐渐复苏以及政府采取多种措施恢复经济，使得各经济体都得到一定程度的好转。2022 年初，北非国家国内生产总值增长率在 2021 年的基础上得到进一步发展，实际增长率整体略高于非洲大陆平均水平，通货膨胀率与全球趋势基本吻合。但在 2022 年 3 月以后，因受俄乌冲突、美联储反复加息以及粮食价格暴涨的影响，尽管北非地区能源出口国家获得了大量投资和出口贸易机会，政府的财政赤字情况大多有所改善，但大多数地区国家公共债务急剧增加，通胀加剧，本币大幅贬值，失业率持续走高，增加了经济风险，导致该地区整体上从 2021 年 GDP 总量占比的 5.4% 降至 2022 年的 3.2%，[①] 2022 年北非国家全球经济可持续竞争力和治理能力较 2021 年出现明显下降（见表 1 和表 2）。

---

① "North Africa Economic Outlook 2022: Growth Expected to Recover to Pre‑Pandemic Levels on Rebound in Oil, Vaccines and Trade," African Development Bank Group, November 16, 2022, https://www.afdb.org/en/documents/north‑africa‑economic‑outlook‑2022.

表1 2021年北非国家全球经济可持续竞争力和治理能力

类别 国家	可持续竞争力 排名	可持续竞争力 得分	治理能力 排名	治理能力 得分
埃及	131	41	50	57.4
阿尔及利亚	144	39.6	113	49
苏丹	172	36.3	168	37
突尼斯	128	41.4	111	49.6
摩洛哥	103	43.1	91	52.3
利比亚	177	35.4	172	36.1

资料来源：SolAbility, *The Global Sustainable Competitiveness Index* (2021), https://solability.com/the-global-sustainable-competitiveness-index/the-index。说明：1. 全球180个国家参与排名；2. 指标总分为100分，得分越高表明亮相能力越强。

表2 2022年北非国家全球经济可持续竞争力和治理能力

类别 国家	可持续竞争力 排名	可持续竞争力 得分	治理能力 排名	治理能力 得分
埃及	141	37.5	108	44.1
阿尔及利亚	147	37.2	153	35.6
苏丹	177	32.7	162	31.6
突尼斯	130	38.6	105	44.3
摩洛哥	109	40.3	77	47.8
利比亚	/	/	/	/

资料来源：SolAbility, *The Global Sustainable Competitiveness Index* (2022), https://solability.com/the-global-sustainable-competitiveness-index/the-index。说明：1. 全球180个国家参与排名；2. 指标总分为100分，得分越高表明亮相能力越强；3. 无利比亚各项指标数据。

埃及得益于新型冠状病毒感染疫情形势缓和以及经济改革措施的推行，2021/2022财年（2021年7月至2022年6月）埃及GDP增长6.6%。埃及在2022年1—3月GDP增长率为5.4%[①]，4—6月GDP增长率为3.2%[②]，7—

[①] "Egypt GDP Annual Growth Rate," *Trading Economics*, https://tradingeconomics.com/egypt/gdp-growth-annual.

[②] "Egypt's GDP Rises by 6.6% in 2021/2022 Fiscal Year：Forbes," *Egypt Independent*, Oct 29 2022, https://egyptindependent.com/egypts-gdp-rises-by-6-6-in-2021-2022-fiscal-year-forbes/.

9月增长率为4.4%①，10—12月增长率为3.9%②。埃及的GDP降速主要受到国际政治经济格局变化的影响，而其能够保持一定增长则是由于埃及主要国际收入有所增加。埃及的非石油出口在2022年前10个月激增12%，达到304亿美元，高于2021年同期的271亿美元，③前10个月总出口额达428亿美元，同比增长23.3%。④苏伊士运河的年过境费净收入达80亿美元，比2021年63亿美元的净收入高出约25%。⑤但2022年，埃及同样经历了通货膨胀飙升，并遭遇突然的大规模投资组合外流，主要经济指数显示埃及滑向经济危机的一面。2022年，埃及全年通货膨胀率为21.9%，核心通胀率在12月已飙升至24.5%（11月为21.5%），⑥远高于埃及央行设定的年度5%—9%的目标上限。从2022年3月中旬至12月底，埃镑贬值50%，12月埃镑对美元汇率为1美元兑换24.562埃镑，为5年来新低。截至2022年6月，埃及外债总额为1557.08亿美元（注：从负债主体看，埃及政府外债为822.75亿美元，埃及央行约为408.81亿美元，其他银行为177.14亿美元，其他行业约为148.37亿美元），⑦而议会通过的2022/2023财年预算计划借款增加42.5%，外债规模势必较前大幅增加。中央外汇储备自2022年2月出现了连续20个月以来的首次下降（从409.9亿美元降至370.82亿美元）后，持续下降到6月才有所抑制。由于海湾阿拉伯国家在埃及的美元存款和借款迅速到位，中央外汇储备才有所稳定。7—12月的外汇储备分别为：331.43亿美元、331.42亿美元、331.98亿美元、334.11亿美元、335.32亿美

---

① "Egypt's Economic Growth at 4.4% in Q1 of FY 2022/23 – Cabinet," *Reuters*, November 29, 2022, https://www.reuters.com/world/middle－east/egypts－economic－growth－44－q1－fy－202223－cabinet－2022－11－28/.

② "Egypt's Economic Growth Declines to 4.2% in H1 of 2022/23", *Egypt Today*, March 14, 2023, https://www.egypttoday.com/Article/3/123119/Egypt－s－economic－growth－declines－to－4－2－in－H1.

③ "Egypt's Economics Growth to Decline to 4.5% in FY 2022－2023: World Bank," *Arab News*, December 22, 2022, https://www.arabnews.com/node/2220261/business－economy.

④ "Egypt's Exports Rise by 23% Year on Year in First 10 Months of 2022: CAPMAS," *Ahram online*, January 14, 2023, https://english.ahram.org.eg/News/484210.aspx.

⑤ 姚兵：《2022年埃及苏伊士运河收入创新高》，新华社开罗电，2023年1月25日。

⑥ "Egypt Economic Outlook," *Egypt Economic Forecast*, February 23, 2023, https://www.focus－economics.com/countries/egypt.

⑦ 中华人民共和国驻阿拉伯埃及共和国大使馆经济商务处：《6月底埃及外债规模降至1557.08亿美元》，http://eg.mofcom.gov.cn/article/jmxw/202211/20221103365994.shtml.

元、340.03 亿美元。① 埃及采购经理人指数持续跌破数值为 50 的"荣枯线",7—12 月的指数分别为:46.40、47.60、47.60、47.70、45.40、47.20,意味着各类制造业萎缩状态并未改变。② 埃及失业率虽然较为平稳,但仍然偏高,2022 年四个季度的失业率分别为 7.2%③、7.2%④、7.4%⑤和 7.2%⑥。

贝塔斯曼基金会转型指数显示,2006 年突尼斯经济指数实现稳健增长,得分为 9 分(满分 10 分),但 2022 年该指数得分降至 5 分,⑦ 表明经济正在滑向危机。自赛义德执政以来,突尼斯经济随着政治动荡而起伏,且始终没有摆脱困境。2022 年,突尼斯旅游业尽管全面复苏,带动了关联服务业,但由于前所未有的石油和主要商品短缺,导致突尼斯公共财政濒临崩溃,国内生产总值缓慢增长,通胀率和失业率高企不下。2022 年,突尼斯经济维持低速增长,GDP 增长率为 2.4%,低于 2021 年的 4.3%。⑧ 突尼斯失业率居高不下,四个季度分别为 16.1%、15.3%、15.3% 和 15.2%,⑨ 而外汇储备(16.66 亿第纳尔)仅够三个月进口所需。⑩ 截至

---

① Central Bank of Egypt, https://www.cbe.org.eg/en/Pages/default.aspx.
② "Egypt Non – Oil Private Sector PMI," *Trading Economics*, https://www.tradingeconomics.com/egypt/manufacturing – pmi.
③ "Egypt Unemployment Rate Dips to 7.2% in Q1/2022," Reuters, May 5, 2022, https://www.reuters.com/article/egypt – unemployment – idAFC6N2WZ005.
④ "Unemployment Rate in Egypt Stable at 7.2 Percent in Q2/2022," *ahram online*, August 15, 2022, https://www.english.ahram.org.eg/NewsContentP/3/473213/Business/Unemployment – rate – in – Egypt – stable – at – – percent – in – Q.aspx.
⑤ "Unemployment Rate Ticks Up in Q3/2022," *Enterprise*, November 16, 2022, https://www.enterprise.press/stories/2022/11/16/unemployment – rate – ticks – up – in – 3q – 2022 – 87843/.
⑥ "Egypt's Unemployment Rate Fell to 7.2% in Q4/2022," *The National*, February 15, 2023, https://www.thenationalnews.com/mena/egypt/2023/02/15/egypts – unemployment – rate – fell – to – 72 – per – cent – in – q4 – 2022/.
⑦ Amine Ghali, "Tunisia's Undemocratic Drift," *BTI Transformation Index*, December 16, 2022, https://www.blog.bti – project.org/2022/12/16/tunisias – undemocratic – drift/.
⑧ "Tunisia's Economy Grows by 2.4% in 2022," *Agency Tunis Afrique Press*, February 15, 2023, https://www.zawya.com/en/economy/north – africa/tunisias – economy – grows – by – 24 – in – 2022 – cbmqh9zc.
⑨ "Tunisia Unemployment Rate," *Trading Economics*, https://www.tradingeconomics.com/tunisia/unemployment – rate.
⑩ "Tunisia: Foreign Exchange Reserves Amount to 100 Days of Imports," *Africanmanager*, January 13, 2023, https://www.en.africanmanager.com/tunisia – foreign – exchange – reserves – amount – to – 100 – days – of – imports/.

2022年11月，突尼斯政府债务飙升至349亿美元①，为经济的持续恶化埋下伏笔。

2022年，由于国内外多种因素和气候变化的叠加影响，摩洛哥新冠病毒感染疫情后的经济复苏节奏被迫延缓。摩洛哥的旅游业复苏势头良好、侨汇收入逐渐恢复和出口较前大幅增加，但干旱严重影响了摩洛哥农业生产，加之输入性通胀、俄乌冲突对全球贸易的负面影响，使摩洛哥通胀加剧，降低了购买力。2022年，摩洛哥GDP增速从2021年的7.9%骤降至1.3%，②经常账户赤字也扩大至GDP的4.1%③，贸易逆差由于能源进口，增至GDP的17.9%，公共债务总额较2021年小幅上升至GDP的83.3%，④失业率持续居高不下，四个季度失业率分别为12.1%、11.2%、11.4%和11.8%。⑤

2021年，国际能源价格上涨使得阿尔及利亚经济在新冠病毒感染疫情后复苏较快。2022年上半年继续保持复苏势头。其中，石油产量恢复到新冠病毒感染疫情前水平，服务业保持复苏状态，农业生产恢复正常，加之在全球能源价格上涨的支持下，阿尔及利亚外部收支平衡恢复并继续增长。能源出口收入在前6个月约增长59%并在6月达到顶峰之后，第三季度下跌了约26%。⑥非能源商品出口也显著增长，提振了国际账户收支平衡，使得本币对美元和欧元升值，贸易条件也大有改善。能源和非能源出口带来的巨额意外收入减轻了阿尔及利亚外部和公共财政的压力。2022年，阿尔及利亚经常账户余额实现了自2013年以来的首次顺差，国际储备金从2021年底的467亿美元增至2022年12月的600亿美元，GDP

---

① "Tunisia Government Debt: % of GDP," CEIC, https://www.ceicdata.com/en/indicator/tunisia/government–debt––of–nominal–gdp.

② "Morocco's Economy to Grow 3.3% in 2023," *Reuters*, January 13, 2023, https://www.reuters.com/world/africa/moroccos–economy–grow–33–2023–statistics–agency–2023–01–13/.

③ "Morocco Economic Monitor, Winter 2022/2023: Responding to Supply Shocks," The World Bank, February 14, 2023, https://www.worldbank.org/en/country/morocco/publication/morocco–economic–monitor–winter–2022–2023.

④ "Update1–Morocco Economy to Grow 1.3% in 2022, 3.7% in 2023–Planning Agency," *Reuters*, July 15, 2022, https://www.reuters.com/article/morocco–indicators–idAFL1N2YV25C.

⑤ "Morocco Unemployment Rate," *Trading Economics*, https://www.tradingeconomics.com/morocco/unemployment–rate.

⑥ "Algerian Economy: Staying the Course for Transition," The World Bank, January 4, 2023, https://www.worldbank.org/en/news/press–release/2023/01/04/algerian–economy–staying–the–course–for–transition.

增速为4.1%,①但年平均通胀率徘徊在9.4%左右,为近25年来最高位。②由于阿尔及利亚就业人口技能不足,难以满足市场需求,青年、妇女和高校毕业生的失业率较高。2022年,失业人口大约有145.98万,较2021年增加了约1.95万人,③青年失业率则超过了30%。④

2022年,苏丹经济持续恶化,由于国内政治因素,导致国际援助暂停,使得该国经济雪上加霜。贝塔斯曼基金会发布的最新报告显示,苏丹经济增发指数仅获得1.89分(满分10分),位列全球第132位(共有137个国家参评),经济治理能力仅得3分,在137个国家中排名第118位。⑤2021年10月,苏丹政府总理哈姆杜克被军队软禁后,苏丹的经济机构和国内市场受到了严重冲击,曾向苏丹提供援助的国家和机构大都不再继续提供资助,苏丹损失了约46亿美元的外部援助,其中包括世界银行提供给苏丹用于农业、灌溉、能源和卫生项目的近26亿美元援助,以及外国援助者为苏丹家庭支持计划拨款的约5.8亿美元。美国暂停了已经批准的7亿美元援助,以及价值1.25亿美元的35万吨的小麦交付。2022年6月,苏丹主要债权国集团巴黎俱乐部也因其政变而宣布暂停对其债务减免。上述损失使得苏丹本已陷入严重困境的经济雪上加霜。2022年,苏丹实际GDP增长率为－0.3%,⑥面包等主要食品价格较政变前上涨10倍以上,汽油和柴油的价格上涨超过135%,国内维持基本生活的成本激增,大约30%的苏丹人口面临饥饿,29.69%左右的劳动力长期失业。⑦需要指出的是,

---

① "The President of the Republic, Abdelmadjid Tebboune Announced on January 19 that Foreign Exchange Reserves Exceed 60 Billion USD While Economic Growth Recorded a Rate of 4.1% in 2022 and Should Reach 5% in 2023," *EcomNews*, January 25, 2023, https：//www.ecomnewsmed.com/en/2023/01/25/algeria – the – president – confirms – that – the – countrys – growth – will – be – 5 – in – 2023 – after – a – growth – of – 4 – 1 – in – 2022/.

② "IMF Staff Completes 2022 Article IV Mission to Algeria," International Monetary Fund, November 21, 2022, https：//www.imf.org/en/News/Articles/2022/11/21/pr22396 – algeria – imf – staff – completes – 2022 – article – iv – mission – to – algeria.

③ "Number of Unemployed People in Algeria from 2013 – 2024," *Statista*, https：//www.statista.com/statistics/1177002/number – of – unemployed – people – in – algeria/.

④ "The Economic Context of Algeria," Lloyds Bank, February 2023, https：//www.lloydsbanktrade.com/en/market – potential/algeria/economical – context.

⑤ "Sudan2022," *Bertelsmann Transformation Index*, https：//www.bti – project.org/en/reports/country – dashboard/SDN.

⑥ "Sudan," International Monetary Fund, https：//www.imf.org/en/Countries/SDN.

⑦ "Unemployment in Sudan," *Knoema*, https：//www.knoema.com/data/unemployment + rate + sudan.

苏丹私营部门的发展势头在2022年也受到了空前冲击，加之自然资源管理不善，黄金开采和贸易问题丛生，政府税收汲取能力严重削弱，① 进而加剧了经济恶化程度。

利比亚被认为是近十年来国家治理恶化最为严重的非洲国家。有研究表明，近十年来的"经济机会基础"在不断恶化。② 除了能源产业外，利比亚诸多经济领域百废待兴，亟待重建。2022年，利比亚在经历2021年经济反弹后保持继续增长态势，这主要得益于全球原油价格上涨、国内石油产量稳定增加以及国内局势相对缓和。利比亚中央银行数据显示，2022年利比亚公共收入280亿美元（其中石油收入约220亿美元，石油特许权使用费约30亿美元），公共支出为268亿美元，③ 全年通胀率保持较低水平（2022年12月的通胀率为4.1%，全年其他月份保持在3%上下波动较低水平）。此外，利比亚劳工部数据显示，该国失业率也在不断下降，已从2021年的19.6%降至2022年10月的16%左右，失业人口从2021年的34万降至25万。④

三、多重因素持续影响地区安全稳定

2022年，北非国家总体脆弱的态势及其安全受到多重挑战并未发生根本变化，旧有安全问题继续存在，粮食危机等新的安全挑战接踵而来。《全球国家脆弱指数（2022）》显示，在冲突指数、经济指数和政治指数三类指标中，苏丹、利比亚所有领域呈现高度脆弱性，埃及的高度脆弱性领域集中于精英分裂、集体不满、政府合法性以及人权等，阿尔及利亚的高度脆弱性领域则是精英分裂，摩洛哥的较高脆弱性领域是民众不满和人才

---

① "To Save Its Economy, Sudan Needs Civilian Rule," Aljazeera, October 25, 2022, https://www.aljazeera.com/opinions/2022/10/25/to-save-its-economy-sudan-needs-civilian-rule.
② "2022 Ibrahim Index of African Governance," Mo Ibrahim Foundation, January 2023, https://www.mo.ibrahim.foundation/sites/default/files/2023-01/2022-index-report.pdf.
③ "Libya's 2022 Public Revenue is \$28 Billion, Spending \$26.8 Billion – CBL," *The Libya Update*, January 4, 2023, https://www.libyaupdate.com/libyas-2022-public-revenue-is-28-billion-spending-26-8-cbl/.
④ "A Quarter of a Million People in Libya are Looking for Jobs, Labor Ministry Says," *Libya Observer*, November 26, 2022, https://www.libyaobserver.ly/news/quarter-million-people-libya-are-looking-jobs-labour-ministry-says.

流失，突尼斯的较高脆弱性领域聚焦安全机构冲突、精英分裂、民众不满以及经济收入下降。从安全治理角度看，2022年，大多北非国家安全的有效治理较2021年并无明显进展，甚至总体安全形势较2021年度有所恶化（表3、表4）。具体而言，包括极端组织和恐怖组织在内的各类武装人员、跨境冲突以及粮食安全等是2022年威胁北非地区国家和社会稳定及恶化地区安全形势的主要变量。

表3　北非国家在2021年全球国家脆弱与安全指数排名一览表

项目名称＼国家	苏丹	埃及	阿尔及利亚	摩洛哥	突尼斯	利比亚
脆弱指数得分	105.2	85.0	73.6	71.5	69.2	97.0
安全指数得分	8.10	7.60	6.00	4.90	7.10	9.60
脆弱指数排名/总数	8/180	39/180	74/180	83/180	94/180	17/180
安全指数排名/总数	19/174	28/174	70/174	104/174	38/174	2/174

资料来源："Fragile States Index 2021," The Fund for Peace, https：//www.fragilestatesindex.org/excel/，注：脆弱指数共有12项指标，每项指标分值10分，总分为120分，每项得分越高表示该项越脆弱，总分越高表示该国整体越脆弱。"Security Threat Index – Country Rankings（2021），" Globaleconomy, https：//www.theglobaleconomy.com/rankings/security_threats_index/。注：安全指数在0—10区间，得分越高表明越不安全。

表4　北非国家在2022年全球国家脆弱与安全指数排名一览表

项目名称＼国家	苏丹	埃及	阿尔及利亚	摩洛哥	突尼斯	利比亚
脆弱指数得分	107.1	83.6	72.2	70.1	68.2	94.3
安全指数得分	7/179	42/179	77/179	85/179	93/179	21/179
脆弱指数排名/总数	8.2	7.3	6.1	4.6	7.2	9.3
安全指数排名/总数	21/174	29/174	58/174	107/174	31/174	6/174

资料来源："Fragile States Index 2022," The Fund for Peace, https：//www.fragilestatesindex.org/excel/，注：脆弱指数共有12项指标，每项指标分值10分，总分为120分，每项得分越高表示该项越脆弱，总分越高表示该国整体越脆弱。"Security Threat Index – Country Rankings（2007 – 2022），" Globaleconomy, https：//www.theglobaleconomy.com/rankings/security_threats_index/，注：安全指数在0—10区间，得分越高表明越不安全。

第一，武装与暴力冲突是冲击国家安全和社会稳定的主要威胁。依据"武装冲突与事发地数据库"显示，2022年，北非地区各类武装暴力活动无论是规模、袭击次数、人员伤亡，都继续呈下降趋势，但利比亚全境和苏丹达尔富尔地区的冲突和暴力事件仍然较为严重。4月22日，隶属于利比亚民族团结政府的两股民兵势力在扎维耶市发生武装冲突，造成至少29人伤亡和大量炼油设施遭到损毁。7月21日，利比亚首都的黎波里市中心爆发武装冲突，造成16人死亡、52人受伤。[①] 8月27日，利比亚首都的黎波里市区内铁路附近爆发武装冲突，导致至少2人死亡、多人受伤。9月25日晚，利比亚北部城市扎维耶发生武装冲突，造成至少6人死亡、19人受伤。[②]

自2022年以来，苏丹境内冲突造成896人死亡，另有1092人受伤，有298000人因冲突而流离失所，其中大部分流离失所者居住在青尼罗州（127961人）、西达尔富尔州（93779人）和西科尔多凡州（30272人）。[③] 6月29—30日，苏丹首都喀土穆部分地区发生反对军方的游行示威，抗议活动导致9名示威者死亡。7月15日，苏丹东部青尼罗州发生部落冲突，造成至少31人死亡、39人受伤，14万人沦为流离失所者。11月9日，米塞里亚族和奥拉德·拉希德族在中达尔富尔州本达西地区爆发冲突，造成至少48人死亡，17人受伤，16个游牧定居点和农场被烧毁，约15000人被迫逃离，其中大部分是妇女和儿童。[④]

第二，极端主义和恐怖主义仍是国家和社会稳定的重大威胁。2022年极端组织"伊斯兰国"仍是国际上最为活跃的恐怖组织。"伊斯兰国"公开宣称，2022年在22个国家发动了2058次袭击，造成6881人死伤。[⑤] 2022年，"伊斯兰国"主要活跃在埃及西奈半岛地区，在利比亚也有一些零星袭击活动。这些袭击包括轻武器袭击、伏击、路边爆炸、自杀式爆

---

① 《阿拉伯国家改革发展动态 第三十四期》，http：//www.chinaarabcf.org/chn/zagx/zaggfzyjzx/202208/t20220815_10743226.htm。

② 《阿拉伯国家改革发展动态 第三十八期》，http：//www.chinaarabcf.org/chn/zagx/zaggfzyjzx/202210/t20221010_10780155.htm。

③ Ewelina U. Ochab, "Sudan: Between Violence, Humanitarian Crisis and Protests," *Forbes*, December 30, 2022, https：//www.forbes.com/sites/ewelinaochab/2022/12/30/sudan-between-violence-humanitarian-crisis-and-protests/?sh=70ed846687de.

④ Ibid.

⑤ "ISIS Admits Faltering Activities in Libya," *Libya Observer*, January 8, 2023, https：//www.libyaobserver.ly/news/isis-admits-faltering-activities-libya.

炸、暗杀、绑架和破坏行为，袭击次数较2021年大幅下降。依据"伊斯兰国"公开承认，其在利比亚和埃及等北非国家步履蹒跚，而在撒哈拉以南非洲的恐怖袭击较为成功。① 5月7日，埃及军方挫败了"伊斯兰国"针对西奈半岛抽水站的恐怖袭击行动，交火造成埃及军方11人殉职、5人受伤，随后通过空袭击毙9名恐怖分子。② 8月15日，埃及军方击毙了策划2017年北西奈省清真寺恐怖袭击的恐怖组织重要头目哈姆扎·扎姆利。3月16日，突尼斯内政部在塔塔维纳省破获一个效忠于极端组织"伊斯兰国"的恐怖组织，逮捕6名该组织成员。

第三，各类跨国问题加剧区域国家关系、安全恶化趋势。边界冲突、领土资源纠纷以及非法移民等跨国问题，是近些年来使得北非国家关系日趋复杂化和安全恶化的重要因素。5月16日，埃塞俄比亚民兵非法入侵苏丹东加达里夫州卡拉巴特地区，枪杀了2名苏丹工人并致1名工人重伤。5月18日，埃塞俄比亚民兵再度非法越境枪杀了1名苏丹农民。6月24日，苏丹与埃塞俄比亚军队在法沙卡边界地带爆发武装冲突，苏丹1名士兵受伤，7名士兵被俘；27日，苏丹外交部表示，将召见埃塞俄比亚驻喀土穆大使，就埃塞俄比亚军方杀害7名苏丹被俘士兵一事进行抗议，并立即召回驻埃塞俄比亚大使。6月24日，摩洛哥与西班牙安全部队在两国梅利拉边界发生冲突，造成23名移民身亡。③ 12月11日，埃及政府单方面宣布9个地理坐标，划定与利比亚的地中海边界，遭致土耳其的强烈反对。此外，埃及与埃塞俄比亚围绕"复兴大坝"蓄水问题的长期政治与外交博弈有可能上升到冲突、危机甚至热战的程度。

第四，粮食安全成为北非国家安全新挑战。受俄乌冲突和干旱缺水的影响，国际粮食价格暴涨，国内农业收成下降，北非国家粮食安全日益突出，甚至部分国家出现饥荒，进而引起社会抗议浪潮。2022年，摩洛哥粮食缺口较大，小麦进口从每年的70亿千克升至87亿千克，造成290多亿

---

① "ISIS Admits Faltering Activities in Libya," *Libya Observer*, January 8, 2023, https://www.libyaobserver.ly/news/isis-admits-faltering-activities-libya.
② 《阿拉伯国家改革发展动态 第二十九期》，http://www.chinaarabcf.org/zagx/zaggfzyjzx/202206/t20220602_10697883.htm。
③ "Morocco/Spain: Horrific Migrant Deaths at Melilla Border," Human Rights Watch, June 29, 2022, https://www.hrw.org/news/2022/06/29/morocco/spain-horrific-migrant-deaths-melilla-border.

迪拉姆（约合29亿美元）的额外支出。① 作为世界上最大的小麦进口国，埃及80%的小麦购自乌克兰和俄罗斯，现以高出数倍的价格从其他黑海国家以及印度采购。仅2022年1—8月，埃及粮食进口比同期增长6.5%，进口支出从2021年同期的77亿美元升至82亿美元。② 阿尔及利亚每年小麦消耗超过1100万吨，其中750万吨至800万吨需要进口。由于法国、德国和加拿大进口出现不足，阿尔及利亚在中断五年后，于2021年再次开始从俄罗斯进口小麦。2022年，阿尔及利亚从俄罗斯的小麦进口增加290%，飙升至130万吨。③ 2022年度苏丹由于收成低于平均水平，谷物和非谷物食品价格明显高于平均水平，加之达尔富尔地区、南科尔多凡州、卡萨拉州、红海州和阿卜耶伊地区在4月底至6月中旬造成约22万人流离失所，以及受市场供应减少、进口小麦短缺和高价、高通胀以及本币持续贬值的推动，主粮价格比五年平均水平高出4—5倍。④ 由于苏丹主要依靠国际人道主义援助资金支持，但实际粮食需求远远超出了人道主义粮食援助量。联合国相关部门预测，苏丹约有1/3的人口（约1500万）面临严重饥荒。2022年，突尼斯同样经历了粮食短缺问题，糖、油和大米等日常用品变得稀缺或价格过高，全国各地的超市受到暴力冲突和抗议活动的冲击。截至2022年9月，突尼斯在粮食贸易方面赤字从2021年同期的15.563亿第纳尔升至24.961亿第纳尔，以应对粮食短缺和食品价格上涨问题。⑤

---

① "Morocco's Food Security Under Pressure Amid Ukraine War," *Morocco World News*, May 4, 2022, https：//www.moroccoworldnews.com/2022/05/348794/moroccos－food－security－under－pressure－amid－ukraine－war.

② "Egypt's Food Imports Surge by ＄502.9 M in Jan.－Aug. 2022," *Egypt Today*, November 29, 2022, https：//www.egypttoday.com/Article/3/120991/Egypt－s－food－imports－surge－by－502－9M－in－Jan.

③ "Algeria Nearly Quadruples Russian Wheat Imports to 1.3 mln t in 2022 Agroexport," *Interfax*, February 2, 2023, https：//www.interfax.com/newsroom/top－stories/87540/.

④ "Sudan Food Security Outlook, June 2022 to January 2023," *Reliefweb*, July 16, 2022, https：//www.reliefweb.int/report/sudan/sudan－food－security－outlook－june－2022－january－2023?gclid=EAIaIQobChMI49vIo6bE_QIVQUorCh31pg－kEAAYASAAEgIq4PD_BwE.

⑤ "Tunisia Increases Grain Impots," *UkrAgroConsult*, October 20, 2022, https：//www.ukragroconsult.com/en/news/tunisia－increases－grain－imports/.

四、结语

　　历史经验已充分表明，现代国家在全面转型过程中，政治、经济、安全等领域相互高度关联，任一领域的重大变化均会产生激烈的连锁反应。北非国家在2022年仍处于全面转型之中，政治、经济和安全领域的结构性问题依然如旧，除了部分微观变化外，延续着2021年的基本底色。利比亚的政治重建遥遥无期；突尼斯民主遭遇重创，威权迹象愈益明显。苏丹的政治民主化再次遭遇困境，新的民选政权难以诞生，政府军与反政府武装的冲突时有发生。而利比亚各武装力量之间的冲突此起彼伏。埃及北西奈地区的恐怖主义活动死灰复燃，以及气候变化所带来的粮食危机问题使北非国家面临严峻挑战。政治与安全问题的大量存在相当程度上影响经济的健康发展，尽管北非国家尤其能源出口国家获得了大量投资和出口贸易机会，但公共债务增加、通胀加剧、失业率持续走高、本币大幅贬值等增加了大部分国家的经济风险。总体来看，2022年，北非地区国家和社会发展喜忧参半，民主进步与违宪操作共存，经济恢复与进一步恶化共存，多种侵蚀善治的危险因素继续集聚，大国在北非地区的战略竞争则使这种图景更为明显，地区国家要想根除结构性矛盾，实现现代国家的有效治理，还任重道远。

2022 年中国中东外交

刘胜湘　李志豪[①]

【摘　要】

2022 年以来，中国的中东外交取得历史性成就，在元首峰会的引领下，中国与中东国家的战略伙伴关系迈向新阶段。尽管俄乌冲突爆发、中东地区局势变化给中国中东外交带来了新挑战，但是中国与中东国家依然在政治互信、经贸往来、安全合作，以及人文交流等方面取得了亮眼的成果。特别是在安全治理方面，中国提出并落实全球安全倡议，构建中东安全新架构。中国通过积极斡旋和三方对话于 2023 年初调停沙特与伊朗恢复外交关系，为缓和中东冲突与矛盾提供了良好路径与范例。尽管中国在处理与中东国家的关系时面临域外大国施压和域内多重问题交织带来的困难，但总的来说，中国的中东外交依然存在广阔前景。

【关键词】

中国中东外交　中阿峰会　中阿命运共同体　中东安全治理

2022 年，中国中东外交呈现出新的发展态势，中国与中东政治、经贸、人文等各领域的交往和合作进一步深化和拓展，成果斐然。尤其是在安全治理方面，中国提出了新倡议、新架构、新理念，取得了新进展，尽显大国责任意识。

---

①　刘胜湘，上海外国语大学中东研究所研究员；李志豪，上海外国语大学中东研究所 2022 级博士研究生。本文是上海外国语大学重大项目"中东剧变后的中国中东外交实践研究"的中期成果（项目编号：2021114008）。

一、2022年以来中国中东外交的新发展与新成就

2022年以来，中国中东外交实践在高层互访、经贸往来和人文交流等领域成果斐然。

（一）政治互信不断加强

1. 元首峰会引领中阿关系进入发展新时代

2022年，中国与中东各国高层领导人互访频繁，中国与中东国家的关系实现跨越式发展。1月10—14日，国务委员兼外长王毅在无锡会见沙特、科威特、阿曼、巴林、土耳其和伊朗6国外长及海合会秘书长，共同规划双边关系发展路径，协调在地区和国际问题上的立场。2月4日，13个中东国家官方代表团出席北京冬奥会开幕式。习近平主席会见来访的埃及总统塞西、阿联酋阿布扎比王储穆罕默德，以及卡塔尔埃米尔塔米姆。3月22日，国务委员兼外长王毅出席伊斯兰合作组织（以下简称"伊合组织"）外长会议开幕式并致辞，表达中国与伊斯兰国家加强合作的意愿，这是中国外长首次出席伊合组织外长会议。6月24日，习近平主席以视频方式主持全球发展高层对话会，与阿尔及利亚、埃及、伊朗3国领导人共商发展大计。9月21日，中国举行主题为"推动构建中东安全新架构，实现地区共同安全"的第二届中东安全论坛，与中东各国共同推动构建中东安全新架构。

12月7—10日，习近平主席应邀出席在沙特首都利雅得举行的首届中国—阿拉伯国家峰会（以下简称"中阿峰会"）、中国—海湾阿拉伯国家合作委员会峰会（以下简称"中海峰会"），并对沙特进行国事访问。这是"新中国成立以来我国对阿拉伯世界规模最大、规格最高的一次外交行动，是党的二十大后中国特色大国外交又一成功实践"[①]。中阿峰会上，习近平主席提出中阿务实合作"八大共同行动"，为中阿合作指明了方向。[②] 双方发表《首届中阿峰会利雅得宣言》《中阿全面合作规划纲要》和《深化面

[①] 《开启中国同阿拉伯世界关系新时代——记习近平主席出席首届中国—阿拉伯国家峰会》，http://m.news.cn/2022-12/13/c_1129203484.htm。

[②] 《习近平在首届中国—阿拉伯国家峰会上提出中阿务实合作"八大共同行动"》，https://www.mfa.gov.cn/web/zyxw/202212/t20221210_10988453.shtml。

向和平与发展的中阿战略伙伴关系文件》，一致同意携手构建面向新时代的中阿命运共同体。2022 年 12 月 9 日，首届中海峰会上，习近平主席提出未来 3 年到 5 年"中海合作"五大重点领域，双方发表《中海峰会联合声明》，并提出《中海战略对话 2023 年至 2027 年行动计划》。访沙期间，习近平主席分别同沙特国王萨勒曼、王储穆罕默德签署《中沙全面战略伙伴关系协议》并发表《中沙联合声明》，双方将中沙高级别联合委员会牵头人级别提升至总理级。访问期间，习近平主席还接连同 16 位阿拉伯国家领导人举行双边会见。"三环峰会"引领中阿、中海和中沙关系迈进全面深化发展的新时代，中国中东外交进入一个新的阶段。①

2. 政党交流加强规划对接

在首脑外交和高层互访的引领下，中国共产党与中东各国政党开展了多层面的政治交流活动。5 月 24 日，中联部举办第二届中国—阿拉伯国家青年政治家论坛，来自 17 个阿拉伯国家的 100 余位青年政治家参加，就密切中阿青年之间的交流达成共识。② 11 月 8—9 日，第三届中阿政党对话举行，中方代表与来自 17 个阿拉伯国家的 80 多个政党、政治组织和智库媒体代表就履行打造中阿命运共同体的政党责任交流经验。③

3. 相互支持彼此核心利益

中阿双方在彼此核心利益上相互支持。在巴勒斯坦问题上，中国秉持一贯立场，支持巴勒斯坦独立建国的"两国方案"，支持巴勒斯坦成为联合国正式会员国。习近平主席已连续 10 年向联合国"声援巴勒斯坦人民国际日"纪念大会致电。在中阿峰会期间，习近平主席重申支持巴勒斯坦，并继续向巴方提供人道主义援助。巴勒斯坦总统阿巴斯表示，中国是巴勒斯坦真诚和可信赖的朋友。④ 国务委员兼外长王毅在出席伊合组织外长会议期间表示，"巴勒斯坦问题一天不解决，中国支持巴勒斯坦人民正义事业的斗争就一刻不停歇"。⑤

---

① 《盘点 2022 年中国中东外交十件大事》，http：//www.chinaarabcf.org/zagx/sssb/202212/t20221226_10995441.htm。
② 《第二届中国—阿拉伯国家青年政治家论坛举行》，http：//m.xinhuanet.com/2022-05/24/c_1128680733.htm。
③ 《王广大教授受邀参加第三届中国—阿拉伯国家政党对话会》，http：//carc.shisu.edu.cn/77/15/c7780a161557/page.htm。
④ 《为促进中东和平安宁贡献中国智慧》，载《人民日报》，2022 年 12 月 14 日，第 3 版。
⑤ 《王毅：巴勒斯坦问题一天不解决，中国支持正义事业的斗争就一刻不停歇》，http：//www.news.cn/2022-03/24/c_1128500060.htm。

在涉台、涉疆、涉港、人权等涉及中国核心利益和重大关切的问题上，阿拉伯国家始终支持中国的立场，反对西方国家的干涉诋毁。2022年2月，埃及、阿联酋、卡塔尔3国领导人来华出席北京冬奥会开幕式，反对部分西方国家借口人权问题抵制北京冬奥会。① 8月3日，美国众议院议长佩洛西窜访台湾地区后，中东地区全部22个国家和阿盟重申一个中国原则，18国政府公开发声支持中国。② 9月6—7日，阿盟通过"阿拉伯—中国关系"决议，重申阿拉伯国家支持一个中国原则，强调愿在"一带一路"倡议下加强同中国各领域合作，赞赏中方为支持阿拉伯事业、和平解决地区危机、促进国际和地区和平与安全所做的外交努力。③ 10月6日，中东多国在联合国人权理事会上投票反对西方国家提出的涉疆决定草案，发言挺华。④

（二）经贸合作向纵深方向发展

2022年，中国与中东国家贸易蓬勃发展，贸易额超过5071亿美元，同比增长27.1%，呈现出快速、持续、平衡三大特点。⑤ 中国—中东国家深入推动高质量共建"一带一路"，经贸合作机制不断完善，在巩固传统领域合作的同时不断开拓新兴领域合作增长点。

1. 机制建设进一步完善

在机制建设方面，中阿改革发展论坛持续举行，"一带一路"合作文件的签署对象不断扩大，自贸区谈判稳步推进。

2021年9月21日，习近平主席在联合国大会上提出全球发展倡议，得到阿拉伯国家领导人的高度评价，认为它和阿拉伯国家的长期发展战略具有兼容性和互促性。⑥ 2022年6月24日，习近平主席在全球发展高层对

---

① 《第一观察 | 读懂这份冬奥长名单背后的深意》，http：//www.news.cn/politics/leaders/2022-01/29/c_1128311814.htm。
② 《盘点2022年中国中东外交十件大事》，http：//www.chinaarabcf.org/zagx/sssb/202212/t20221226_10995441.htm。
③ 《阿盟外长会通过涉华决议，中方表态》，http：//www.chinaarabcf.org/chn/zagx/zgsd/202209/t20220913_10765632.htm。
④ 《盘点2022年中国中东外交十件大事》，http：//www.chinaarabcf.org/zagx/sssb/202212/t20221226_10995441.htm。
⑤ 《中国—中东国家经贸合作大展宏"兔"》，http：//www.chinaarabcf.org/chn/zagx/sssb/202302/t20230206_11019989.htm。
⑥ 孙德刚、章捷莹：《中阿落实全球发展倡议：理念与实践》，载《和平与发展》，2022年第5期，第92页。

话会上与阿尔及利亚、埃及、伊朗等发展中国家的领导人共商发展合作大计，并宣布了中方落实倡议的31条重要举措，中国将帮助阿拉伯国家改善民生，提高自主发展能力，助力阿拉伯国家实现联合国2030年可持续发展议程目标。① 9月8日，第三届中阿改革发展论坛以视频连线形式举行，中国与埃及、阿联酋、沙特、卡塔尔、伊拉克等阿拉伯国家的专家学者聚焦推进全球发展倡议，就加强中阿发展合作、共建中阿命运共同体展开讨论。② 截至2022年10月，已有包括17个阿拉伯国家在内的100多个国家支持全球发展倡议，包括12个阿拉伯国家在内的60多个国家加入"全球发展倡议之友小组"。③ 在高质量共建"一带一路"方面，2022年，中国分别同叙利亚、摩洛哥、阿尔及利亚签署共建"一带一路"合作文件。④ 截至2022年12月，"中国已与21个中东国家及阿盟签署共建'一带一路'合作文件"。⑤ 在自贸区建设方面，2022年1月12日，中国外交部与海合会秘书处发布联合声明，一致同意尽快建立中海战略伙伴关系、尽快签署《中海战略对话2022年至2025年行动计划》，尽快完成中海自贸协定谈判，建立中海自贸区，提升双方贸易便利自由化水平，适时召开第四轮中海战略对话。⑥

2. 新兴领域合作多样化

中国和中东各国在巩固传统领域合作的同时，不断开拓新的合作增长点，创新和绿色是中阿经贸合作的突出特征。在能源领域，中国与中东国家的能源转型合作向纵深发展，呈现技术合作和双向投资的特点。⑦ 10月

---

① 《习近平主持全球发展高层对话会并发表重要讲话》，http：//www.gov.cn/xinwen/2022-06/25/content_5697670.htm。

② 《聚焦全球发展倡议，共商中阿发展大计——第三届中阿改革发展论坛成功举办》，http：//www.gov.cn/xinwen/2022-09/09/content_5709075.htm。

③ 《新时代的中阿合作报告》，http：//www.news.cn/world/2022-12/03/c_1129181119.htm。

④ 《中国和叙利亚签署"一带一路"合作谅解备忘录》，http：//www.gov.cn/xinwen/2022-01/13/content_5667931.htm；《中国与摩洛哥政府签署共建"一带一路"合作规划》，https：//www.ndrc.gov.cn/fzggw/wld/njz/lddt/202201/t20220105_1311482.html；《中国与阿尔及利亚签署共建"一带一路"合作规划》，http：//www.scio.gov.cn/31773/35507/35513/35521/Document/1734027/1734027.htm。

⑤ 《盘点2022年中国中东外交十件大事》，http：//www.chinaarabcf.org/zagx/sssb/202212/t20221226_10995441.htm。

⑥ 《中华人民共和国外交部同海湾阿拉伯国家合作委员会秘书处联合声明（全文）》，http：//www.news.cn/politics/2022-01/12/c_1128255898.htm。

⑦ 魏敏：《能源转型背景下的中国与中东能源合作》，载《世界知识》，2023年第2期，第23页。

18日，中国企业承包的卡塔尔哈尔萨光伏项目顺利投产，成为卡塔尔第一座非化石燃料电站，为该国发展注入强劲绿色能源。11月21日，中国石化与卡塔尔能源公司达成价值600亿美元、为期27年的液化天然气购销协议。① 在中阿峰会上，中方提出与阿方共建中阿清洁能源合作中心，与阿方开展能源科技研发合作，加强能源政策协调。② 在基础设施建设领域，中东国家将自身经济转型与中国的"一带一路"倡议对接。在卡塔尔世界杯上，中国企业承包了主体育场卢赛尔球场、饮用水蓄水池等大型基建项目，中国的新能源客车、中国制造的世界杯纪念商品同样闪耀世界杯。③ 在金融投资领域，中国与中东国家积极推动跨境货币结算。在首届中海峰会上，中方宣布在未来3年到5年内与海合会开展油气贸易人民币结算。④ 峰会前夕，义乌和沙特完成首单跨境人民币支付业务。⑤ 几乎同一时间，阿联酋中央银行宣布与中国完成采用区块链技术的多边央行货币桥项目，推动跨境货币结算更快、更经济、更安全。7月，亚投行宣布在阿联酋阿布扎比设立首个海外办事处，以促进在中东等地区的投资业务。⑥ 在高新技术领域，中国跟阿拉伯国家在5G、人工智能、大数据、云计算等高新领域的合作快速发展，成为中阿合作新的增长点。⑦ 中国企业的设备和技术在中东国家的数字化转型中深受青睐。5月22日，阿里云与中东最大移动运营商之一——沙特电信公司及其他合作方成立云计算合资公司。⑧ 7月，华为云成为科威特认可的云服务供应商。⑨ 目前，科威特3家电信运营商

---

① 《中国—阿盟能源合作》，http://obor.nea.gov.cn/v_practice/toPictureDetails.html?channelId=1084。
② 《合作共谋绿色发展，中阿携手向未来》，https://www.comnews.cn/content/2022-12/27/content_20596.html。
③ 《卡塔尔世界杯 | 中国元素闪耀卡塔尔世界杯》，https：//www.yidaiyilu.gov.cn/xwzx/hwxw/292823.htm。
④ 《习近平出席首届中国—海湾阿拉伯国家合作委员会峰会并发表主旨讲话》，http://www.gov.cn/xinwen/2022-12/10/content_5731120.htm。
⑤ 《义乌和沙特完成首单跨境人民币支付业务，外交部：中阿经贸合作不断迈上新台阶》，https：//cn.chinadaily.com.cn/a/202212/09/WS6393057ba3102ada8b226067.html。
⑥ 《中国与阿联酋金融合作持续深化》，http://world.people.com.cn/n1/2022/1214/c1002-32586611.html。
⑦ 《新时代的中阿合作报告》，http://www.chinaarabcf.org/chn/zagx/zajw/202212/t20221201_10984018.htm。
⑧ 《沙特电信与易达资本、阿里云成立云计算合资公司》，http://www.news.cn/fortune/2022-05/23/c_1128677516.htm。
⑨ 《科威特认可华为云为其云服务供应商》，https：//www.yidaiyilu.gov.cn/xwzx/hwxw/264994.htm。

均采用华为5G设备。

（三）人文社会交流持续扩大

中阿持续扩大人文交流，在教育、视听、文化、卫生和广播影视等领域开展丰富多彩的合作，增进民心相通。中阿中文教育合作不断迈上新台阶。截至2022年年底，阿联酋、沙特、埃及、突尼斯宣布将中文纳入国民教育体系，16个中东国家在当地开设中文院系，①13个阿拉伯国家建有20所孔子学院、2个独立孔子课堂。②其中，阿联酋的汉语教育项目已成为"一带一路"沿线国家汉语教学的旗舰品牌。2019年以来，阿联酋的中国居民从20万增加至40万，阿联酋汉语教学项目已覆盖158所公立学校的5.4万名学生，并力争覆盖200所。③2022年9月，埃及首批12所公立中学中文教育试点比原计划提早一年启动，标志着埃及中学中文教育迈向新起点。④视听文化交流是中阿增进相互了解的重要纽带。11月21日，"共享新视听·共创新未来——中阿合作主题周"启动。启动仪式上中阿双方代表宣布举办第二届中阿短视频大赛，推动《电视中国剧场》栏目上线沙特中东广播中心，以及《山海情》《小欢喜》等中国电视剧在沙特、埃及、阿联酋等国播出。本次主题周期间中阿双方还就转播技术、美食文化、卡塔尔世界杯进行交流。⑤12月5日，中国脱贫题材电视剧《山海情》阿拉伯语版在埃及开播。据悉，该剧还将在沙特、阿联酋、苏丹、伊拉克、阿尔及利亚、摩洛哥、也门、阿曼等多个阿拉伯国家陆续播出。⑥2022年，中阿双方在中阿合作论坛框架下建立的各种人文交流机制持续良好运行。

---

① 《中东国家越来越多民众喜欢学中文》，http://paper.people.com.cn/rmrbwap/html/2023-01/19/nbs.D110000renmrb_17.htm。

② 《中文教育促进中国和阿拉伯国家民心相通》，http://www.chinaarabcf.org/zagx/rwjl/202301/t20230131_11016884.htm。

③ "UAE's Chinese learning covers 54,000 students; Chinese community doubles in size since 2019: Chinese envoy," http://www.wam.ae/en/details/1395303100728。

④ 《埃及中学中文教育试点项目启动》，http://www.news.cn/world/2022-09/26/c_1129031329.htm。

⑤ 《"共享新视听·共创新未来——中阿合作主题周"启动》，http://www.chinaarabcf.org/zagx/rwjl/202211/t20221123_10979671.htm。

⑥ 《海外首次播出！〈山海情〉阿拉伯语版在埃及开播》，https://www.world.huanqiu.com/article/4AnLhPwQItW。

阿拉伯艺术节成功举行①,中阿媒体合作论坛发布《中国与阿拉伯国家深化媒体交流合作倡议》②,中阿城市论坛与会各方围绕数字技术、智慧城市、友城合作等议题展开深入交流并表达加强合作的意愿③,中阿妇女论坛就推动教育和科技创新领域的性别平等和妇女发展分享经验④,中阿北斗合作论坛紧密筹备⑤。2022年初,中国继续加强对中东国家的抗疫援助。1月3日,中国政府向叙利亚提供100万剂新冠疫苗。⑥ 18日,中国科兴公司在埃及援建全自动化疫苗仓储中心。⑦ 2月20日,中国与埃及联合向加沙地带援助50万剂新冠疫苗。⑧ 3月9日,巴勒斯坦境外难民的20万剂新冠疫苗分三批交付给近东救济工程处。⑨ 此外,中阿双方坚持文明间相互尊重、平等交流对话。3月15日,中国以决议共提国身份支持联合国大会通过决议,将每年3月15日定为"打击'伊斯兰恐惧症'国际日",消除仇恨言论,体现了中国坚持文明对话、反对文明冲突的立场。⑩ 2023年初,来自阿联酋、沙特、埃及、叙利亚等中东国家的世界知名伊斯兰宗教人士和学者代表团访问新疆,充分肯定和支持中国保护多民族文化和去极端化的政策。⑪

---

① 《第五届"阿拉伯艺术节"在景德镇举行》,http://www.gov.cn/xinwen/2022-12/20/content_5732924.htm#1。

② 《2022中国—阿拉伯国家媒体合作论坛在沙特阿拉伯举行》,https://www.chinanews.com.cn/gn/2022/12-07/9910024.shtml。

③ 《第三届中国阿拉伯城市论坛成功举行》,http://www.chinaarabcf.org/chn/zagx/rwjl/202212/t20221202_10984204.htm。

④ 《第四届中国—阿拉伯国家妇女论坛在京举行》,https://www.nwccw.gov.cn/2022-07/22/content_303912.htm。

⑤ 《中阿务实合作"八大共同行动"提出,愿同阿方设立中阿北斗应用产业促进中心》,http://www.beidou.gov.cn/yw/xwzx/202212/t20221231_25649.html。

⑥ 《中国政府向叙利亚提供100万剂新冠疫苗援助》,http://www.content-static.cctvnews.cctv.com/snow-book/index.html?share_to=wechat&item_id=6775216868221085867&track_id=9F4FAE0A-8C73-4B94-8532-C53EDA3B6EFA_662914990351。

⑦ 《中国与埃及两国企业签署疫苗冷库项目合作协议》,http://www.news.cn/world/2022-01/19/c_1128280156.htm。

⑧ 《中国与埃及联合向加沙地带援助新冠疫苗》,http://www.news.cn/world/2022-02/22/c_1128405809.htm。

⑨ 《中国援助巴勒斯坦境外难民新冠疫苗全部交付》,http://www.news.cn/world/2022-03/10/c_1128455745.htm。

⑩ 《新时代的中阿合作报告》,http://www.chinaarabcf.org/chn/zagx/zajw/202212/t20221201_10984018.htm。

⑪ 《世界知名伊斯兰宗教人士和学者代表访问新疆》,https://news.cctv.com/2023/01/13/ARTId4hchKp9yJr9XWIvaWXe230113.shtml。

二、中国中东安全治理的新倡议、新机制、新理念

2022年，中国提出全球安全倡议，落实中东安全稳定的五点倡议，推动构建中东安全新架构，完善中东安全新机制，构建面向新时代的中阿命运共同体，为实现中东地区的安全、稳定和发展提出中国智慧、中国方案。

（一）践行全球安全倡议，构建中东安全新架构

中国提出全球安全倡议，并将中东安全列为重点合作方向。4月21日，习近平主席在博鳌亚洲论坛2022年年会开幕式上提出全球安全倡议。其核心内涵为"六个坚持"，即"坚持共同、综合、合作、可持续的安全观，共同维护世界和平和安全；坚持尊重各国主权、领土完整，不干涉别国内政，尊重各国人民自主选择的发展道路和社会制度；坚持遵守联合国宪章宗旨和原则，摒弃冷战思维，反对单边主义，不搞集团政治和阵营对抗；坚持重视各国合理安全关切，秉持安全不可分割原则，构建均衡、有效、可持续的安全架构，反对把本国安全建立在他国不安全的基础之上；坚持通过对话协商以和平方式解决国家间的分歧和争端，支持一切有利于和平解决危机的努力，不能搞双重标准，反对滥用单边制裁和'长臂管辖'；坚持统筹维护传统领域和非传统领域安全，共同应对地区争端和恐怖主义、气候变化、网络安全、生物安全等全球性问题"。[①]

2022年9月21日，国务委员兼外长王毅在第二届中东安全论坛开幕式上就落实全球安全倡议，构建中东安全新架构提出四点建议：一是秉持共同、综合、合作、可持续的新安全观，反对单边安全，兼顾传统安全和非传统安全，以和平方式实现安全，通过发展消除不安全的土壤。二是明确中东国家主导地位，支持中东国家以独立自强的精神探索出一条具有中东特色的长治久安之路。三是遵守联合国宪章宗旨和原则，落实安理会关于解决中东热点问题的决议，反对霸权霸凌。四是加强区域安全对话，主张巴以双方在"两国方案"基础上尽快恢复和谈，倡导建立海湾安全对话

---

① 《习近平提出全球安全倡议》，http://www.qstheory.cn/zhuanqu/2022-04/21/c_1128583149.htm。

平台。① 王毅指出，中国始终支持中东国家团结协作解决地区安全问题，支持中东人民独立自主探索自身发展道路。② 中国2023年初发布的《全球安全倡议概念文件》进一步阐释全球安全倡议的内涵，将中东安全列为20个重点合作方向的前列，"落实实现中东安全稳定的五点倡议……共同推动构建中东安全新架构……支持阿拉伯国家联盟等区域组织为此发挥建设性作用……推动设立海湾地区多边对话平台……支持中东安全论坛……以及其他国际性交流对话平台为深化安全领域交流合作继续作出积极贡献"，③ 为解决中东安全问题、实现中东发展稳定提出中国智慧和中国方案。

（二）通过机制建设推动解决中东地区安全问题

中国积极推动建设中国—中东安全合作平台和机制，汇聚利益相关方应对中东安全挑战的共识，促进中东地区乃至世界的和平稳定。

第一，特使制度和特使外交在推动中东地区和平与稳定上继续发挥作用。2022年是中国政府中东问题特使机制设立20周年。3月和11月，中国政府中东问题特使翟隽两次访问中东并会见沙特、阿联酋、巴勒斯坦、以色列等多国政要，出席在阿尔及利亚举行的第31届阿盟首脑理事会会议，④ 就也门、巴勒斯坦等地区安全问题与各方广泛接触，深入沟通，积极劝和促谈。中方始终认为巴勒斯坦问题是中东问题的核心。该问题一天不解决，中东就一天不太平，国际社会必须予以持续关注，推动该问题早日实现公正持久解决。

第二，扩充既有多边安全合作机制。9月16日，上合组织召开峰会批准伊朗成为第9个成员国，吸纳埃及、沙特、卡塔尔为对话伙伴国，并批准给予巴林、阿联酋、科威特对话伙伴地位的决议。⑤ 其中，伊朗作为中

---

① 《王毅出席第二届中东安全论坛》，https：//www.mfa.gov.cn/web/wjbzhd/202209/t20220921_10769081.shtml。
② 《王毅：把维护中东安全与发展的权力彻底交到中东人民手中》，https：//www.fmprc.gov.cn/wjbzhd/202203/t20220307_10648936.shtml。
③ 《全球安全倡议概念文件（全文）》，http：//world.people.com.cn/n1/2023/0221/c1002-32628088.html。
④ 《中国政府中东问题特使翟隽出席第31届阿盟首脑理事会会议》，http：//www.fmprc.gov.cn/web/wjb_673085/zzjg_673183/xybfs_673327/xwlb_673329/202211/t20221104_10800623.shtml。
⑤ 《上合峰会落幕：14国领导人齐聚，撒马尔罕宣言发布积极信号》，https：//www.thepaper.cn/newsDetail_forward_19946550。

亚、中东地区具有广泛影响力的国家，加入上合组织战略意义重大。一方面有助于形成反恐合力。美军撤离阿富汗给"伊斯兰国"为代表的恐怖组织提供了新的活动空间。对阿富汗有重要影响力的伊朗加入上合组织有助于遏制中亚和中东地区恐怖主义势力跨境流动，促进各成员国进行反恐情报共享和跨境合作，解决难民问题。另一方面，上合组织成员国的扩大有助于平衡西方国家的压力，打破基于意识形态对抗解决地区和国际问题的零和思维，统筹应对传统和非传统安全威胁和挑战。此外，多个阿拉伯国家争相与上合组织发展关系，有助于提高上合组织的权威性，协调地区国家在安全事务上的立场。

第三，推动设立新型安全对话平台。2022年初，中东6国外长及海合会秘书长访华后，国务委员兼外长王毅表示，无论形势如何演变，海湾国家应把实现海湾安全稳定的钥匙放在自己手中。"海湾阿拉伯国家和伊朗是搬不走的邻居……都是中国的朋友。"中国一方面积极推动海湾地区多边对话平台倡议尽早落地，打造海湾集体安全机制，另一方面为伊核协议恢复履约谈判积累共识积极斡旋，探讨构建海湾地区安全互信。[①] 2023年3月10日，中国、沙特、伊朗在北京发表三方联合声明宣布，沙特和伊朗同意恢复两国外交关系，在至多2个月内重开双方使馆和代表机构，互派大使，[②] 海湾地区多边安全对话平台的建设取得实质性进展。王毅表示，沙伊北京对话是和平的胜利，这个世界除了乌克兰问题，还有很多事关和平与民生的问题值得关注；再复杂的问题、再尖锐的挑战，只要相互尊重、平等对话，都能够找到解决方法；中东是中东人民的中东，中东地区的命运应该掌握在中东各国人民手中，此次北京对话是践行"全球安全倡议"的成功实践。[③]

（三）构建面向新时代的中阿命运共同体

当前，全球地缘政治冲突加剧，经济衰退风险上升，能源市场震荡，粮食供应短缺等多重安全危机交织，中国与中东国家面临着同样的机遇和

---

① 《王毅：中东从不存在"权力真空"，当然也不需要"外来家长"》，https://www.guancha.cn/internation/2022_01_16_622361.shtml。
② 《中沙伊三国发表联合声明 沙特和伊朗宣布恢复两国外交关系》，https://www.chinanews.com.cn/gj/2023/03-10/9969412.shtml。
③ 《王毅：沙伊北京对话是和平的胜利》，http://www.fmprc.gov.cn/zyxw/202303/t20230310_11039102.shtml。

挑战，更应加强合作、攻克时艰。11月1日，习近平主席向第31届阿盟首脑理事会会议致贺信时强调，"中方愿同阿拉伯国家一道，继续坚定相互支持，扩大合作，携手打造面向新时代的中阿命运共同体，共同创造中阿关系的美好未来，为促进世界和平与发展贡献力量"[1]。首届中阿峰会上，"全力构建面向新时代的中阿命运共同体，已成为中国和阿拉伯国家的共同意愿、共同目标、共同行动"。[2] 中阿命运共同体的内涵不断丰富。

第一，守望相助、平等互利、包容互鉴成为构建面向新时代的中阿命运共同体的指导思想。中阿双方在历史传承和现实交往中凝聚成"守望互助、平等互利、包容互鉴"的中阿友好精神。守望相助是中阿友好的鲜明特征，平等互利是中阿友好的不竭动力，包容互鉴是中阿友好的价值取向。习近平主席指出："中阿作为战略伙伴，要继承和发扬中阿友好精神，加强团结合作，构建更加紧密的中阿命运共同体，更好造福双方人民，促进人类进步事业。"[3]

第二，构建面向新时代的中阿命运共同体应从政治、经济、安全和文化四个方面入手。在政治方面，坚持独立自主，维护共同利益，不干涉内政，践行真正的多边主义。在经济方面，共同构建以能源合作为主轴，以基础设施、贸易和投资便利化为两翼，以核能、航天卫星、新能源三大高新领域为突破口的"1+2+3"中阿合作格局，应对粮食安全、能源安全等重大挑战，落实全球发展倡议。在安全方面，构建共同、综合、合作、可持续的中东安全架构，维护地区和平，实现共同安全。在文化方面，加强中阿文明交流互鉴，增进理解信任，弘扬和平、发展、公平、正义、民主、自由的全人类共同价值。[4]

第三，"八大共同行动"为构建面向新时代的中阿命运共同体指明行动方向。未来3年到5年，中阿将在支持发展、粮食安全、卫生健康、绿色创新、能源安全、文明对话、青年成才、安全稳定等8个领域推进共同

---

[1] 《习近平向第31届阿拉伯国家联盟首脑理事会会议致贺信》，http：//www.xinhuanet.com/world/2022-11/02/c_1129093991.htm。

[2] 《开启中国同阿拉伯世界关系新时代》，https：//m.gmw.cn/baijia/2022-12/13/36230643.html。

[3] 《习近平出席首届中国—阿拉伯国家峰会并发表主旨讲话 强调弘扬守望相助、平等互利、包容互鉴的中阿友好精神，携手构建面向新时代的中阿命运共同体》，http：//www.news.cn/world/2022-12/10/c_1129197293.htm。

[4] 王广大：《构建中阿命运共同体的基础、意义与愿景》，载《阿拉伯世界研究》，2023年第1期，第23—24页。

行动,争取早期收获。"中阿近20亿人民将切实感受到构建中阿命运共同体的实惠……中阿双方最高领导人就构建面向新时代的中阿命运共同体做好了顶层设计和精神引领,擘画了蓝图,指明了方向。"①

三、中国中东外交前景展望

2022年以来,大国战略竞争加剧并进一步延伸到中东地区,为维护自身合理利益,中国需要作出正面回应。中东地区局势的缓和及中东国家战略自主的加强给中国推行更加积极的中东外交、深化与中东国家的合作创造了重要机遇。尽管中国中东外交仍然面临着巨大挑战,但中国与中东国家在经济发展、安全诉求和解决地区事务上具有广泛的共同利益与合作空间,中国中东外交未来可期。

(一) 中国推进中东外交的机遇

国际格局的变动、地区局势的缓和、中国与中东国家的愿景对接共同推动中国实施更加积极的中东外交政策。

第一,大国战略竞争深刻影响中东地区局势,推动中国积极应对地区挑战和风险。2022年,美国《国家安全战略》报告将中国和俄罗斯列为主要竞争对手,加剧了新一轮的大国战略竞争。过去,亚太、欧洲是大国战略竞争的重心所在,中东地区是美国推行大国竞争战略的外围场所。俄乌冲突后,美国政府调整中东战略,重新加大对中东事务的参与和介入力度,世界主要大国在中东地区从合作走向竞争。在政治上,美国巩固与中东传统盟友的关系,打造"内盖夫论坛"和中东版"四方机制",打压亲俄反美国家。在经济上,一方面美国在高科技、基础设施、港口等领域阻挠中东国家与中国的互利合作;另一方面,美国加强与伊拉克、沙特等部分中东国家的经济关系,企图抵消中国在这些国家的经济优势。在舆论上,美国在中东地区借涉疆问题抹黑中国、渲染"中国威胁论",离间中国与中东国家之间的友好关系。面对美国在中东的对华遏制打压,中国必

---

① 王广大:《构建中阿命运共同体的基础、意义与愿景》,第24页。

须正面给予有力的回应和反击。①

第二，中东地区国家间关系的缓和给中国实施更加积极的中东外交创造了相对稳定的政治安全环境。2022年以来，中东地区国家间关系出现了对话、缓和的积极互动。其一，土耳其领导的亲穆斯林兄弟会阵营与沙特、阿联酋、埃及等支持的反穆斯林兄弟会阵营加快关系缓和的步伐；其二，在美国推动下，以色列与阿联酋、巴林、摩洛哥等阿拉伯国家加速和解；三是逊尼派代表沙特与什叶派代表伊朗恢复外交关系。② 地区局势的缓和有助于中国推进与中东各国的友好合作关系，实现发展战略的有效对接。

第三，中东国家战略自主性的加强为中国进一步发展与中东国家的关系提供了重要机遇。一方面，传统域外盟友声誉的下降迫使中东国家寻求战略自主。俄乌冲突爆发后，美国出于自身利益的考量，不惜牺牲中东盟友的核心利益和关切，要求中东国家选边站队，导致中东国家与美国关系疏远。美国从阿富汗撤军的混乱局面严重损害了传统域外大国作为负责任和可信赖伙伴的声誉。中东各国意识到，与其将地区事务的控制权拱手让给域外大国，不如自主行事，对冲风险，从而维护自身利益。③ 另一方面，中东地区能源地位的凸显给中东国家实现战略自主提供了重要抓手。俄乌冲突导致全球能源价格上涨，欧洲国家能源需求缺口扩大。中东国家是全球能源的主要产区之一，且在冲突中保持了相对中立，因此在大国战略博弈中具有实现战略自主的能力。而推动国家经济发展是目前中东国家的普遍需求，与中国促进世界和平与发展，推动构建人类命运共同体的目标相契合。中国一贯支持中东国家走符合本国国情的自主发展道路，中东国家战略自主的加强为中国中东外交提供了难得的机遇。

（二）中国推进中东外交的优势

中国与中东国家在经济发展上优势互补，在安全问题上诉求相似。由于中国秉持公正立场，因此，中国在中东事务上具有其他域外国家所不具备的优势。

---

① 王林聪：《大国竞争下中东局势新变化与中国—中东合作》，载《当代世界》，2022年第10期，第39—41页。
② 王林聪：《大国竞争下中东局势新变化与中国—中东合作》，第41—42页。
③ Brian Katulis etc, "10 key events and trends in the Middle East and North Africa in 2022," MEI, December 19, 2022, https：//www.mei.edu/publications/10 – key – events – and – trends – middle – east – and – north – africa – 2022.

首先，中国与中东国家在经济发展上优势互补。对中国来说，中东国家是中国"一带一路"倡议在陆海两大方向推进的关键枢纽。[1] 此外，中国的工业发展需要中东国家的能源供应。对中东国家来说，在全球能源转型带来的不确定性下，中国的基建能力优势、雄厚资金保障、高科技研发水平，以及庞大的市场需求有助于中东国家实现能源结构和经济发展模式的转型。"一带一路"倡议契合中东国家更加关注经济发展和民生改善的现实需求。中东各国纷纷将本国发展愿景与中国共建"一带一路"倡议相对接。如埃及的"2030愿景"、沙特的"2030愿景"、科威特的"2035愿景"、阿盟的"2030可持续发展方案"等，纷纷主动对接"一带一路"倡议。

其次，中国与中东国家在安全问题上诉求相似。反恐与去极端化是中国和中东国家的共同安全诉求。美军撤离阿富汗造成了中东、中亚地区的权力真空和安全治理缺失，宗教极端主义和恐怖组织趁机向周边国家渗透。此外，"伊斯兰国"、"基地"组织等恐怖组织"衰而不死"，其分支不时在中东地区发起恐怖袭击。全球安全倡议的提出及中东安全新架构的构建表明，中国跟中东的安全合作进入全新阶段。中国与中东国家在反恐和去极端化领域具有广阔的合作空间。一方面，中国与中东国家可以交流反恐实践经验；另一方面，中国与中东国家的合作有助于防范恐怖主义的跨境传播和扩散。

最后，中国在中东事务中秉持公正立场，按照事务本身的是非曲直确立自己的政策。中国"不寻求势力范围，不培植代理人，不填补权力真空"的立场深得阿拉伯国家赞誉和认可。"中国与中东国家既没有历史遗留问题，也没有根本利害冲突。"[2] 中国反对外部势力干涉中东国家内政，支持中东国家通过对话协商推动热点问题政治解决。"中国提出的全球安全倡议、全球发展倡议，受到阿拉伯国家的欢迎。而中国通过对话解决分歧、通过发展促进稳定的理念，也越来越获得认同，且被证明顾及阿方各个层面的利益。"[3] 习近平主席提出的全球文明倡议也有利于中国—中东文

---

[1] 钮松：《"一带一路"框架下中国与中东国家合作的进程与前景》，载《当代世界》，2022年第11期，第64页。

[2] 田文林：《阿拉伯国家为何"向东看"》，《光明日报》，2022年12月8日。

[3] 《中国元首外交进入"中东时刻"，这一创下多个"首次"的访问有何看点?》，载《解放日报》，2022年12月8日，https://www.jfdaily.com/staticsg/res/html/journal/index.html? date = 2022 - 12 - 08&page = 06。

明交流与互鉴。

（三）中国推进中东外交的挑战

美国拜登政府的新版中东政策以大国战略竞争为中心，将中国、俄罗斯等大国视为主要竞争对手，以遏制中俄在中东地区影响力的扩大。中东地区的结构性矛盾未得到根本性解决，安全形势难以预料。中国与中东国家在经贸投资合作方面存在失衡问题。中国与中东国家的民心相通有待进一步加强。

首先，美国仍然是中东主要国家的安全保障提供者，美国发起的新一轮大国竞争战略必将给中国中东外交制造更多障碍和麻烦。2022年7月，美国总统拜登访问中东，标志着美国政府重新重视中东的战略价值，并将大国战略竞争置于其中东外交的中心位置，以阻止中国、俄罗斯与中东国家深化合作关系。7月16日，拜登在沙特吉达举行的峰会上表示，"美国不会离开中东，留下让俄罗斯、中国或伊朗填补的真空"[1]。为此，美国打造"I2U2"、内盖夫论坛、东地中海天然气论坛等新型地区合作机制，以抵消中俄与中东国家的双边和多边合作。美国政府的新中东政策将使中国在中东面临更加严峻的竞争与打压。

其次，中东地区众多传统和非传统安全问题未得到彻底解决，地区局势发展仍存在不确定性。第一，虽然沙特与伊朗恢复了外交关系，但"沙伊矛盾背后涉及政治、教派、地区领导权之争，以及外部势力的干预，实质问题与根本矛盾尚未解决"[2]。沙伊作为重要参与方的也门战争、叙利亚问题等地区热点问题难以在短时间内解决，需要各方长期磋商以寻求共识，沙伊和解是解决也门问题的关键。第二，中东问题的核心——巴以问题尚未得到解决，巴勒斯坦与以色列不时爆发冲突。5月11日，卡塔尔半岛电视台记者希琳·阿克利赫在约旦河西岸报道巴以冲突时被以色列安全部队枪杀引发巴勒斯坦及广大阿拉伯国家人民的抗议。[3] 12月19日，联合国中东问题特使文内斯兰表示，"2022年迄今为止已有150多名巴勒斯坦

---

[1] "US 'will not walk away' from Middle East: Biden at Saudi summit," Al Jazeera, July 16, 2022, https://www.aljazeera.com/news/2022/7/16/biden-lays-out-middle-east-strategy-at-saudi-arabia-summit.

[2] 《深度 | 沙特伊朗在北京复交，中国何以能最终完成这项"不可能的任务"？》，https://export.shobserver.com/baijiahao/html/591609.html。

[3] 《约旦河西岸，一个女记者之死》，http://www.news.cn/globe/2022-06/07/c_1310608470.htm。

人和20多名以色列人在约旦河西岸和以色列被杀害，这是多年来死亡人数最多的一年"①。当前以色列与阿拉伯国家之间的关系呈现"官热民冷"的特点，巴以问题解决的民意基础较弱，缺少巴以和平的中东和平很难具有可持续性。② 第三，中东地区的非传统安全问题亟需域内外国家深度合作参与治理。2022年以来，极端组织"伊斯兰国"在叙利亚、伊拉克、阿富汗等地制造恐怖事端。③ 俄乌冲突引发的粮食危机威胁埃及等中东国家人民的生存与社会稳定。④ 极端天气和荒漠化、海平面上升等自然灾害威胁中东国家的生存与发展。这些传统和非传统安全问题威胁中国与中东国家的合作与利益，需要各方形成治理合力加以解决。

最后，中国与中东国家的经贸合作存在失衡问题。其一，中阿贸易高度集中，主要集中在沙特、阿联酋、伊拉克、埃及等少数国家。"中国自阿拉伯国家进口的商品主要为石油，易受国际石油价格波动和单个重点合作国别情况的影响而出现较大起伏。"⑤ 其二，"阿拉伯国家受宗教影响，在政策、社会、文化等方面都有其特殊性，对投资和承包工程项目有较高的标准规定，对外来劳工的管理较为复杂"⑥，中国企业进入中东地区需要提前调研当地的政策环境和风俗文化，否则容易遭受意想不到的损失。其二，中国对阿拉伯国家出口的商品以制成品为主，这种以工业制成品换取化石能源的中阿贸易结构可以充分发挥双方的优势且具有稳定性，不易产生摩擦。但是，由于自身产业结构和层级限制，中阿在油气领域缺乏技术研发与分享的动力。此外，中国对阿出口低附加值消费品，面临印度等新

---

① 《联合国特使：今年以巴冲突中的暴力事件"急剧增加"》，https：//news.un.org/zh/story/2022/12/1113547。

② 《巴以冲突愈演愈烈 中东局势面临冲击》，https：//www.ciis.org.cn/yjcg/sspl/202302/t20230210_8857.html。

③ 《叙利亚民众采摘松露时遭"伊斯兰国"袭击，53人死亡》，http：//news.china.com.cn/2023-02/19/content_85114108.htm；《伊拉克军方击毙17名"伊斯兰国"武装分子》，https：//military.cnr.cn/gj/20230227/t20230227_526166225.shtml；《"伊斯兰国"分支机构宣称对阿富汗巴尔赫省长办公室爆炸事件负责》，https：//mil.huanqiu.com/article/4C11Z6GNPV4。

④ Brian Katulis etc，"10 key events and trends in the Middle East and North Africa in 2022," MEI，December 19，2022，https：//www.mei.edu/publications/10-key-events-and-trends-middle-east-and-north-africa-2022.

⑤ 商务部国际贸易经济合作研究院：《中国与阿拉伯国家经贸合作回顾与展望2022》，第60页，http：//www.ecdc.net.cn/ueditor/php/upload/file/20221215/1671078844199535.pdf。

⑥ 同上。

兴国家同档次产品的激烈竞争。①

四、结语

  2022 年，中国中东外交取得了空前的丰硕成果。中阿、中海、中沙"三环峰会"引领中国与阿拉伯国家的关系进入全面深化发展的新时代。在中阿元首外交的引领下，中国与中东国家的政治互信不断加强；经贸往来向纵深方向发展，能源转型、金融投资、基础设施建设、高科技研发与利用等领域合作多面开花；人文社会交流持续扩大，中阿在教育、新闻、文化、卫生和广播影视等领域开展丰富多彩的合作，携手促进文明交流对话，反对文明冲突。中国落实全球发展倡议和全球安全倡议，新提出全球文明倡议，致力于构建中东发展与安全新架构，助推中东国家的稳定与发展需求，建设面向新时代的中阿命运共同体。2023 年初，在中国的调解下，沙特和伊朗两大中东国家历史性恢复外交关系，体现了中国中东外交对地区和全球安全局势的重要积极作用，彰显了中国负责任的大国形象，为缓和中东地区其他冲突提供了正向参照。

  2022 年是大国战略竞争在中东地区加剧的一年。美国总统拜登调整其中东政策，重新重视中东的战略价值，企图通过联合盟友、小多边等多种手段，阻挠中国与中东国家的正常合作，离间中国与中东国家的友好关系，从而达到削弱战略竞争对手的目的。中国中东外交需要对中东地区的新一轮大国战略竞争做好充分准备。此外，中东地区局势发展仍存在很大不确定性，中国应加快落实全球安全倡议，与域内外国家一起推动构建中东发展新架构和中东安全新架构，提高中东治理水平。中国与中东国家需要提高贸易结构的多元化，中国企业在开展业务前应做好当地政策环境和风俗文化的调研，提高海外风险应对能力。

  2022 年是中国中东外交承前启后、继往开来的一年。尽管中东地区存在教派冲突、民族矛盾、大国博弈、恐怖袭击等多重问题与挑战，但是中国中东外交在荆棘满布中为中国与中东国家的和平与发展开辟了一条切实可行、前景光明的道路。

---

  ① 王猛、王博超：《21 世纪以来中阿经贸合作发展的多维透视》，载《阿拉伯世界研究》，2023 年第 1 期，第 38 页。

分报告：
代表性国家与组织发展概况

2022年沙特的政治、经济和对外关系

丁俊 陈瑾[①]

【摘　要】

2022年，沙特阿拉伯王国（简称"沙特"）新冠病毒感染疫情得到有效控制，"2030愿景"规划下的政治、经济和社会改革持续推进。政治方面，继续通过内阁改组、司法改革和反腐行动等重大举措，进一步确立以王储为中心的权力体系；宗教与社会层面也更趋包容开放；穆罕默德·本·萨勒曼顺利担任首相，成为沙特王国历史上首位兼任首相的王储。经济方面，由于俄乌冲突及西方对俄制裁导致全球油价上涨，王国石油收入增高，为进一步发展非石油经济提供了资金保障，经济多元化发展态势增强，并与社会多元化变化相互促进。对外关系方面，外交政策进一步趋向务实，更加强调维护自身发展利益，战略自主不断增强，着力推行实用主义的平衡外交；在维持与美国关系的同时，加强与俄罗斯在能源、安全等领域的协调合作；与中国关系进一步强化，中国领导人成功访沙并举行中沙、中海（海湾国家）和中阿峰会，中沙战略伙伴关系得到进一步提升；与周边国家关系持续改善，为中东地区安全稳定与和平发展带来新的契机。

【关键词】

沙特　政治形势　经济形势　对外关系

[①] 丁俊，上海外国语大学中东研究所研究员；陈瑾，国际关系学院国际政治系讲师。

一、2022年沙特的政治形势

对于沙特来说，2022年是其通往"2030愿景"颇具开拓性意义的一年。新冠病毒感染疫情带来的冲击得到显著削减；国家政治、经济、社会等各方面改革重回正常轨道，特别是近年来持续推行的"王储新政"加快实施；政治改革进一步向司法领域和社会领域纵深推进，新的权力体系基本形成。

（一）改组政府内阁，推动司法改革

2022年9月27日，萨勒曼国王发布国王令，施行政府内阁重大改组，任命王储穆罕默德·本·萨勒曼为首相。沙特长期实行君主制，作为政府首脑的内阁首相历来都由国王本人兼任，从而将国家最高权力掌握在君主一人手中。按照沙特王国的传统，王储通常会兼任第一副首相。在国王在位的情况下，任命王储兼任首相是沙特政府内阁前所未有的重大改组举措，意味着萨勒曼国王在位时期即已着手交接国家权力。此番改组进一步巩固了王储穆罕默德作为沙特实际掌门人的地位，并为王储顺利继位奠定了坚实基础。萨勒曼国王还任命了新的国防大臣和教育大臣。沙特通过对政府内阁的重组，让技术官僚优先担任部委和国家机构领导职务，从而加强了对王室家族权力的制衡。至此，沙特基本完成了一个亲近王储的专家型政府内阁的组建，可以说穆罕默德王储已较为平稳地度过了掌控国家权力的过渡期，以王储为中心的新的国家权力体系基本形成且日趋稳固。穆罕默德·本·萨勒曼自担任王储以来，大力推进各项改革并取得显著成绩，国家的地区影响力和国际影响力也日益提升，国民对王储的认可度不断增加。据RT阿拉伯语频道进行的一项民意调查显示，穆罕默德·本·萨勒曼被评为2022年最具影响力的阿拉伯领导人。[①]

推进廉政建设、增强施政透明度和打击腐败，是穆罕默德施行"王储新政"的重要举措，也是王国"2030愿景"的重要支柱。2022年，穆罕

[①] "Saudi Arabia's Crown Prince named 'Most Influential Arab Leader 2022'：Poll，" https：//www.english.alarabiya.net/News/saudi‑arabia/2023/01/10/Saudi‑Arabia‑s‑Crown‑Prince‑named‑Most‑Influential‑Arab‑Leader‑2022‑by‑RT.

默德王储继续推进反腐行动,加强对金融和行政领域腐败的打击力度,建立了政府与公民之间信息沟通与腐败举报平台。据沙特监督和反腐败局的年度报告,该局 2022 年共收到 43182 份举报信,其中涉及贿赂的案件占公职犯罪总数的 63.2%,滥用职权案占 12.6%,非法获利案占 6.4%,造假案占 3.9%,滥用影响力案占 3.1%,挥霍公款案占 1.3%。在沙特监督和反腐败局 2022 年 12 月 25 日至 2023 年 1 月 22 日进行的 2346 轮监测中,有 307 人受到调查。①

沙特的政治改革进一步向司法领域推进。2022 年,沙特司法领域的改革取得了新的进展。随着沙特政治、经济和社会领域改革的不断深入,传统伊斯兰教法与国家发展现实需求之间的张力不断增大。为进一步去除国家改革面临的法律障碍,穆罕默德王储宣布将批准一套新的法律草案,并在此基础上形成沙特第一本具有约束力的成文法律。这是沙特在推动传统伊斯兰教法现代化和时代化、推进司法改革的重大举措。首批关键司法改革立法包括《个人身份法》《民事交易法》《酌定刑法典》和《证据法》四部法典。其中《证据法》和《个人身份法》两部法律已先后获得沙特当局批准。2022 年,沙特还正式颁布了新的《公司法》,并于 2023 年 1 月生效,与此前的《公司法》相比,新的法律更具灵活性,给予投资者更大的自由空间,能够有效改善国内投资环境,并吸引更多外资外企进入沙特,从而推动经济多元化转型。值得注意的是,司法领域的改革是沙特国家转型发展中基于本国国情而开展的新探索和新实践,因此,相关法律规章将在一段时间内处于动态调整中。2022 年,沙特恢复对毒品相关犯罪执行死刑,这一度引起国际人权组织的关注和批评②。

(二) 着力营造开放包容的社会氛围

沙特"2030 愿景"下的改革不断向社会、文化和宗教诸多领域延伸推进,以营造更为包容开放的社会环境。2022 年,沙特取消了女性朝觐者必须有男性监护人陪同的规定③,这是沙特在宗教律例更新和女性权利拓展

---

① 《沙特监督和反腐败局年度报告》(阿拉伯文),https://www.nazaha.gov.sa/Media/Posts/2022م.pdf。
② 《人权高专办对沙特恢复处决涉毒犯罪人员深表遗憾》,https://news.un.org/zh/story/2022/11/1112687。
③ "Hajj minister: Mahram no longer required to accompany woman pilgrim," https://www.saudigazette.com.sa/article/625883。

方面迈出的重要一步。2022年10月，沙特首次举办了万圣节庆祝活动，人们穿着奇装异服走在首都利雅得街头，并在社交网络上分享自己的万圣节装扮，引起社会广泛反响，表明沙特社会正在逐步打破传统保守价值观的束缚。然而还应看到，在加速推进社会变革和国家开放的同时，沙特政府依然强调要保持自己国家和民族有别于其他国家和民族的文化属性。2022年，沙特政府赞助的万圣节庆祝活动就被刻意安排在10月27—29日之间，而不是在万圣节当天举行。在世界经济论坛关于沙特的小组会议上，沙特旅游部助理大臣明确否认了在未来新城NEOM中提供酒类饮品的可能性[1]。沙特天课、税务和海关总署确认，在所有入境口岸，新开设的免税店也将禁止销售酒类产品。

尽管如此，沙特在宗教和社会生活领域突破传统桎梏，不断走向现代和包容开放正在成为普遍共识。沙特民众对于"走向更开放的社会"所持的立场也在不断发生变化。据华盛顿近东政策研究所2021年的一项民意调查，有39%的沙特公民赞成对伊斯兰教进行更为温和的解释，这一比例与2017年的27%相比有了显著增长，而该研究所最新的调查报告显示，该比例已上升至42%。如果继续朝着这个方向发展，那么到2030年，大多数沙特人将更向往自由主义的思想和生活方式[2]。

随着社会改革的深入推进，沙特向更多艺术、体育和娱乐活动敞开大门，对外来文化采取更加开放包容的态度，世界文化大国也将沙特作为文化出海新目标。美、韩等文化输出大国开始向沙特文化市场进军，美国大片与网飞阿语剧开播、韩国BLACKPINK及New Jeans女团先后开演。2022年11月底，"中阿合作主题周"启动，一批中国电视剧也陆续在沙特等阿拉伯国家播出。体育方面，"2030愿景"发布以来，沙特抓住各种机会投资国际性体育赛事，以吸引更多游客、提升国家影响力。2022年，卡塔尔举办世界杯足球赛事，沙特向卡塔尔提供了多方面的支持。世界杯结束后，葡萄牙足球巨星C罗加盟沙特利雅得胜利足球俱乐部，成为沙特甚至中东足球史上的大事件，不仅体现了沙特发展足球事业的宏愿，也从一个侧面反映出沙特社会变革开放的新气象。2023年初，沙特方面表示，其国

---

[1] 中华人民共和国商务部：《沙特官员排除改变法律开放酒禁的可能性》，http://sa.mofcom.gov.cn/article/jmxw/202206/20220603318112.shtml。

[2] 《沙特阿拉伯建国90周年：是否预示着一个新的沙特国？》（阿拉伯文），https://www.mei.edu/blog/almmlkt-alrbyt-alswdyt-fy-amha-al-90-hl-tbshr-bdwlt-swdyt-jdydt。

家主权财富基金考虑斥巨资收购世界一级方程式锦标赛（F1）的股权，将F1 纳入其体育版图。① 在 F1 背后，体现的是沙特在体育和娱乐领域谋求大发展的勃勃雄心。除传统体育赛事外，2022 年 9 月，沙特还公布了游戏和电竞国家战略，鼓励更多年轻人从事职业电竞，努力使沙特成为游戏与电子竞技业的全球枢纽，并创造更多就业机会。

提高妇女地位、推动妇女为经济社会发展做出更大贡献是沙特"2030愿景"的重要内容，也是沙特政治与社会改革的重点领域。2022 年，沙特女性青年失业率下降 2.6 个百分点至 27.9%，劳动参与率上升至 1.4 个百分点至 20.2%，就业人口比率上升 1.5 个百分点至 14.6%。② 沙特女性经济参与率在 2017—2020 年 3 年间提高了 94%，女性身影越来越多地出现在各专业领域。位于麦加和麦地那之间的拉哈曼高铁是朝觐期间最繁忙的交通干线。2022 年，有 32 名沙特女性完成了该线路的司机培训，成为阿拉伯国家第一批驾驶高铁的女性。沙特还计划在 2023 年将该国首位女宇航员和另外一名男宇航员送往国际空间站。在 2017 年之前，沙特女性是被禁止到体育馆观赛的，而到 2022 年 2 月，沙特女子足球队已踢出了她们的第一场比赛。2022 年 9 月，萨勒曼国王任命哈拉·阿勒·图瓦吉里为沙特人权委员会主席，并担任部长级职务，以促进女性赋权事宜，成为沙特第一位担任此职的女性，标志着沙特女性在担任高级职位方面也迈出了重要一步。

二、2022 年沙特的经济形势

2022 年，沙特经济发展总体呈现良好态势，石油经济和非石油经济都有大幅增长，经济多元化改革在各领域持续推进。与此同时，由于全球经济发展整体趋缓，全球和地区冲突多发，沙特经济发展机遇与挑战并存。

---

① "Saudi Arabia Explored Bid to Buy F1 for Over ＄20 Billion," https：//www.bloomberg.com/news/articles/2023 – 01 – 20/saudi – arabia – wealth – fund – explored – bid – to – buy – f1 – motor – racing？leadSource = uverify%20wall.

② 《沙特第三季度失业率上升至 9.9%》（阿拉伯文），https：//www.arabnews.com/node/2223651/business – economy.

（一）经济增速成全球经济亮点

得益于油价上涨等多种因素，2022年，沙特经济增势明显，成为不景气的全球经济中的一大亮点。据沙特财政部的数据，2022年，沙特国内生产总值（GDP）增长8.5%，高于国际货币基金组织此前预测的7.6%，成为2022年二十国集团（G20）中经济增长最快的国家。国家财政预算盈余为1020亿沙特里亚尔（1美元约合3.8沙特里亚尔），相当于GDP的2.6%。这是沙特近10年来首次实现年度预算盈余。[1] 国家营商环境也持续得到改善，私营部门就业显著增加，外来投资增多，这些都大大提振了商业信心，全年采购经理人指数保持高位。2022年11月，该指数达到58.5，是过去16个月来的最高值，不过国家经济运行的压力依然存在。受全球大宗商品价格高企影响，沙特住房、水、电、气和其他燃料价格普遍上涨，2022年12月年度通胀率与2021年同期相比增长了3.3%。[2] 萨勒曼国王发布命令，批准拨款200亿里亚尔应对物价上涨，其中100亿里亚尔直接用于社会保障，通过现金补贴方式削减通胀对国民的影响。公共债务和政府储备方面，据沙特财政部发布的报告，到2022年底，沙特公共债务达到9850亿里亚尔，占GDP的25.1%。[3]

非石油经济的快速发展日益成为沙特就业率增长的新引擎。据沙特国家统计局统计，2022年第三季度，沙特失业率降至9.9%，比2021年同期下降1.4个百分点。[4] Strategic Gears的报告数据显示，2022年沙特全年失业率是自2016年沙特国家统计局有记录以来的最低水平。政府多措并举促进就业本土化，陆续在服务业、科技产业和行政管理、医疗等领域提出本土工人最低比例限制，核心人群就业率进一步提高。2022年，沙特大学毕业生整体就业率达到93.8%。

2022年，尽管由于全球能源行业遭受地区冲突等多重因素冲击，使得沙特能源转型进程在一定程度上受到影响，但在全球经济收缩的大背

---

[1] 《沙特经济实现快速增长》，载《人民日报》，2023年1月20日，第17版。
[2] "Inflation in Saudi Arabia climbs 0.2% to hit 3.4%: GASTAT," https://www.arabnews.com/node/2251491/business-economy.
[3] 中华人民共和国商务部：《IMF公布阿拉伯国家债务预测情况》，http://sa.mofcom.gov.cn/article/jmxw/202210/20221003363480.shtml。
[4] 参见沙特国家统计局网有关沙特就业率的统计数据，https://www.stats.gov.sa/sites/default/files/LMS%20Q3_2022_PR_EN.pdf。

景下，以石油为主要收入来源的沙特保持了较快的经济增长，全年石油收入达8420亿里亚尔，较2021年增长约50%，石油收入占总收入的68.2%。石油出口额达3260亿美元，为10年来的最高水平，同比增长61.4%。①不难看出，全球能源市场变化、石油产量增加和油价持续走高是沙特经济保持较快增长的关键因素。近年来，非石油收入占沙特总收入的份额实现了较快增长，2022年沙特非石油收入也创历史新高，与2021年相比实现了5.4%的增长。在国家对私营经济部门的持续支持下，2022年第四季度非石油经济的增长达到6.2%②。总体观察，沙特持续进行的经济改革以及经济刺激措施和财政收紧计划帮助沙特有效应对新冠病毒感染疫情暴发以来席卷全球的经济衰退，使沙特经济在全球经济下行大势中仍能逆势而行，保持明显增势。

（二）资金来源进一步多样化

石油收入进一步扩充了沙特主权财富基金，加之私有资本和外来资本的汇入，资金来源的多样化为沙特推动经济改革带来了更大空间和主动权。2022年，沙特启动了诸多重大项目建设。例如，5月，沙特政府宣布开设新的航空公司，未来10年将向航空业投资1000亿美元，并在首都利雅得和西部城市吉达建设两个国际航空运输中心。政府还公布，预计将耗资万亿美元建设环境友好的智慧型城市——"The Line"新城。2023年1月，穆罕默德王储宣布启动由其本人领导的活动投资基金，旨在通过发展可持续基础设施以支持文化、旅游、娱乐及体育四大前景行业，建立战略伙伴关系以扩大对以上目标行业的影响，提升对外资的吸引力，通过建立一个繁荣的经济体和有活力的社会为实现"2030愿景"目标做出贡献。③"成为全球投资动力源"是沙特"2030愿景"的三大支柱之一，为此，政府陆续推出700多项监管改革措施以吸引投资。沙特预计到2030年实现外国投资对GDP的贡献率提高到5.7%。数据显示，2022年前9个月，沙特

---

① 《2022年沙特石油出口创10年来最高收入》（阿拉伯文），https://www.sputnikarabic.ae/20230221/1073814517.html صادرات - النفط - السعودية - في - 2022 - تحقق - أعلى - إيرادات - في - 10 - سنوات -

② 《改革与非石油经济正在推动沙特经济增长提速》（阿拉伯文），https://www.aawsat.com/home/article/4129286/الإصلاحات-و-القطاع-غير-النفطي-يقودان-تسارع-نمو-الاقتصاد-السعودي.

③ 《王储殿下启动投资基金，赋能文化、旅游、娱乐和体育领域》，沙特国家通讯社（中文），https://www.spa.gov.sa/viewfullstory.php?lang=ch&newsid=2418763。

的直接和间接外国投资增加了 430 亿里亚尔，① 不过这一数据与预期中的远大目标还有相当差距。

沙特政府还设法不断创造多种机会和平台克服制约投资的瓶颈，有着"沙漠达沃斯"之称的沙特"未来投资倡议"大会已连续成功举办六届。2022 年，沙特将大会主题设定为"投资与人类：建立一个新的全球秩序"，来自全球的 6000 多名代表参加此次大会。2022 年 10 月，作为沙特国家投资战略的举措之一，穆罕默德王储发起全球供应链国家倡议，旨在使全球投资者能够充分利用沙特自然资源及其未开发的潜在资源，与区域性和全球性市场建立牢固的关系，加快将沙特建设成为全球投资强国。此外，沙特政府还通过发售债券的形式筹集资金。2022 年 10 月，沙特公共投资基金发布首支绿色债券——世纪债券，成功筹集 30 亿美元。2023 年 1 月，沙特公共投资基金又成功发行年度首批国际债券，总金额 100 亿美元，获得国际投资者 3.5 倍超额认购。②

（三）经济多元化转型持续推进

2022 年，沙特石油经济发展为推动经济多元化转型发展提供了丰厚资金，同时，非石油经济的增长也在一定程度上显示出经济多元化改革取得实效，使得沙特推进经济多元化转型的信心进一步增强。发展工业是沙特"2030 愿景"实现经济转型发展的重要支柱，在新成立的沙特工业和矿产资源部的推动及"国家工业发展和物流计划"引导下，沙特工业发展基金已陆续批准 200 亿美元贷款，工厂数量已由原来的 7206 家增长到 2022 年的 10640 家。2022 年 10 月，沙特宣布启动国家工业战略，重点关注 12 个子行业的发展，创造了超过 800 个投资计划，工厂数量有望在 2035 年达到 36000 家，到 2030 年工业出口价值有望提高至 5570 亿里亚尔。③ 对中小企业的支持也是"2030 愿景"的重要内容，沙特工业发展基金 79% 的贷款流向中小企业。2022 年，沙特中小企业数量呈增长趋势，据中小企业总局前两季度的数据显示，截至 6 月底，在沙特注册的中小企业数量达到

---

① 中华人民共和国商务部：《沙特中央银行资产 11 月达到 5050 亿美元》，http：//sa. mofcom. gov. cn/article/jmxw/202301/20230103380906. shtml。
② 《沙特主权财富基金发行 100 年期绿色债券》，https：//cn. wsj. com/articles/11665040068。
③ 《王储宣布国家工业战略》（阿拉伯文），沙特国家通讯社，https：//www. spa. gov. sa/viewfullstory. php？lang = ar&newsid = 2393580。

892063家，比2021年第四季度增长了25.6%。① 沙特矿产资源丰富，拥有包括金、银、铜、铁、锡、铝、锌、磷酸盐等金属和非金属矿藏。据沙特官方估计，其境内未开采矿产资源价值超过5万亿里亚尔。"2030愿景"将采矿业确立为沙特工业增长的第三大支柱，沙特矿业发展势头日益强劲。2023年初，沙特宣布将推出一支初始资本约为5000万美元的矿业基金，以确保国内矿产下游行业的供应安全，并使自己跻身全球金属矿产供应链的关键合作方，同时将矿业打造为油气领域之外的另一大支柱行业。② 2023年1月，在第二届未来矿业论坛期间，沙特与多个合作伙伴在矿业领域达成了60项协议和谅解备忘录，其中涉及矿物勘探、技术和通信、可持续发展标准的应用、认证和采矿行业的工业化等。

2060年实现净零排放目标对于沙特来说既是挑战也是机遇。沙特提出"绿色沙特"和"绿色中东"倡议，积极应对气候变化挑战，改善能源结构，日益重视清洁能源的开发和利用。能源大臣阿卜杜勒·阿齐兹·本·萨勒曼表示，沙特将投资1万亿里亚尔生产清洁能源③。此外，沙特还着力为其清洁能源开发海外市场。2022年7月，穆罕默德王储访问希腊期间表示，沙特将为希腊和欧洲西南部提供更便宜、高效的可再生能源。物流和交通方面，沙特已启动国家运输和物流服务战略。沙特铁路在2022年第一季度运送超过300万名乘客，与2021年同期相比增长208%；货物运输超过300万吨，同比增长26%。为进一步推进物流交通业发展，沙特运输和物流部不断提高道路质量指数，加强交通运输管理模式和公路网一体化建设，将公路网延伸近75000千米，改善城市和省区交通服务④。

沙特政府不断加大对农业的投入，推动农业多样化发展，为国家粮食安全和农业可持续发展提供保障。2022年，沙特环境、水资源和农业部制定了更加灵活的农业发展规划，支持本国产业，提高粮食自给率，其中包括粮食安全战略、农村发展计划、依靠创新技术提高产能，增强利用自然

---

① 中华人民共和国商务部：《中小企业推动沙特经济多元化进程》，http://sa.mofcom.gov.cn/article/jmxw/202209/20220903348949.shtml。
② 《沙特矿业发展势头强劲》，载《中国能源报》，2023年2月21日。
③ 《外媒：沙特将投资2660亿美元生产清洁能源推动经济多元化》，http://www.cankaoxiaoxi.com/finance/20230131/2503219.shtml。
④ 中华人民共和国商务部：《沙特交通运输业表现良好》，http://sa.mofcom.gov.cn/article/jmxw/202206/20220603318110.shtml。

资源、农业投入品的能力，推动农业和粮食系统全面可持续发展。[1] 旅游业特别是朝觐活动是沙特重要收入来源之一。政府不断加大对旅游基础设施的投入，调整相关政策法规，以吸引更多游客入境沙特，计划到2030年成为全球十大旅游目的地之一。横向对比来看，沙特目前已成为全球主要经济体中旅游业恢复最快的国家之一，2022年前9个月，沙特迎来1800万游客入境，位居阿拉伯国家榜首。纵向对比来看，2022年7月，沙特入境国际游客人数比2019年同期增长121%。随着各国新冠病毒感染疫情防控措施的放开，沙特朝觐和副朝部2023年起将取消对朝觐人数和朝觐者年龄的限制。政府已投资2000多亿里亚尔来扩建清真寺等相关基础设施。副朝签证的有效期已从30天延长到90天，该签证持有者可前往沙特境内任一目的地，此举将进一步促进沙特旅游业的发展。沙特政府将数字经济作为经济转型发展中培育新动能、驱动新增长的重要引擎。沙特青年人口比例大，互联网普及率高，在数字化转型方面拥有有利条件和良好基础。近年来，沙特数字经济发展迅速，在相关领域不断加强与外国企业和私营机构的合作。2022年，沙特进一步加快数字经济发展步伐，建立数字政策体系，提高民众对数字服务的认知，逐渐从数字消费转向数字生产，不断创造就业机会，促进科技本地化，着力增加数字经济对转型发展的贡献。

在全球油价走高、石油收入大幅增长及经济多元化转型带来的非石油经济快速发展等诸多因素影响下，2022年，沙特经济增长创下新高，成为全球经济整体下行趋势下少有的维持较高增速的国家，跃居2022年二十国集团经济增速之首。2022年，沙特实现了自2013年以来首次财政盈余，在很大程度上扩大了国内需求、增强了投资信心。随着沙特"区域总部"计划的实施，预计2023年将有更多境外企业落户沙特境内，助力经济多元化转型，为沙特创造更多就业机会。可以预期，在非石油经济增长和经济多元化改革与经济刺激措施推动下，沙特经济在2023年将继续保持增长态势，成为全球瞩目的新兴经济体。

---

[1] 中华人民共和国商务部：《沙特农业部门产值达722亿里亚尔》，http://sa.mofcom.gov.cn/article/jmxw/202208/20220803344030.shtml。

三、2022年沙特的对外关系

2022年，是沙特在对外关系发展中颇有作为的一年，外交政策日趋积极稳健，多元平衡，"向东看""向东走"趋势愈加明显。与大国关系方面，与美国关系呈现交而不密、斗而不破的特征；与俄罗斯在能源供应、全球热点问题上保持战略沟通和协调；与中国关系不断发展提升，沙中峰会、海中峰会和阿中峰会均在沙特成功举办。与地区国家关系方面，双多边关系不断改善，总体和缓态势进一步增强。

（一）与美国关系交而不密但韧性犹存

2022年，沙特与美国关系大体上延续了美国政府拜登执政以来双边关系降温趋冷的态势，呈现出交而不密、斗而不破的特征。在美国新版《国家安全战略》中，中国被视为"最重大、最长远的竞争对手"，俄罗斯则是"最紧迫的威胁"。美国拜登政府的中东政策服务其外交整体战略，基于此，从中东收缩并减少对中东的投入成为美国现行中东政策的基本面。加之美国拜登政府在中东奉行"价值观外交"，甚至直言沙特为"贱民国家"，致使沙美关系一度陷入谷底。突如其来的俄乌冲突将美国重新"拉回"中东，也在一定程度上影响到沙美关系的走向。2022年3月，美、英等国催促中东产油国增产以压低油价，以沙特为首的产油国并未积极响应，有限的增产未对国际油价产生影响。继俄罗斯外长拉夫罗夫5月访问沙特等产油国后，拜登于7月访问中东，此访的关键议题包括与沙特王储穆罕默德会晤、出席海合会国家及埃及、约旦、伊拉克领导人参加的"安全与发展峰会"等，意在重新加强美沙关系，缓解国际油价，并推动构建中东版"北约"，迫使中东盟友站队美国，对伊朗施压，并参与美国与中俄的"大国竞争"。然而拜登的沙特之行成果寥寥，并未实现其战略预期。

总体观察，2022年，沙特在对美关系中的主动性显著增强，特别是沙特借俄乌冲突引起的高油价和在大国竞争中所处"新中间地带"的重要地位。沙特对外关系中地区大国的地位和影响力得到明显提升，战略自主进一步增强。面对美国在能源合作、对俄罗斯制裁等方面的压力，沙特力争从自身利益出发给予强硬回应。2022年10月，被誉为"沙漠达沃斯"的"未来投资倡议"在利雅得举行，沙特方面一反常态，并未邀请任何美方官员出席。无论是从拜登访问沙特时与王储所行碰肘礼来看，还是从其裁定王储在卡舒吉案中享有豁免权来看，都显示出美国拜登政府对沙特"价值观外交"未能奏效。尽管如此，沙特与美国之间的传统盟友关系并未受到根本性影响。2022年7月，拜登访沙期间，双方签署了涉及诸多领域的18项合作协议，沙特航天局还与美国国家航空航天局签署了《阿尔忒弥斯协定》，以推进双方在航天领域的合作。沙特外交大臣费萨尔表示，尽管沙美之间存在某些分歧，但美国与海湾国家之间的合作仍"将保持强劲"。

值得注意的是，2023年3月初，沙特外交大臣费萨尔到访乌克兰基辅，并承诺将为乌提供高达4.1亿美元的人道主义援助，双方还签署了沙特为乌克兰供应石油的谅解备忘录。这是俄乌冲突以来阿拉伯国家高官首次到访基辅，也是沙乌建交30年来沙特高级外交官首次访问乌克兰。对于俄乌冲突沙特一直采取中立超脱立场，并在石油产量方面与美国分歧明显。费萨尔的基辅之行虽不能证明沙特立场的转向，但也表明沙特并不愿与美国离得太远，沙美传统盟友关系的韧性依然存在。

（二）与俄罗斯关系稳定发展

与俄罗斯关系方面，2022年沙特与俄罗斯在能源供应、全球热点问题上持续保持战略沟通和协调，双边关系保持稳定发展。双方在能源开采、军事装备、地缘政治等领域存在较多利益契合点，特别是与"欧佩克+"框架下的能源合作，直接影响到全球能源供应。随着沙特在全球和地区事务中影响力的提升，俄罗斯方面也越来越重视与沙特的关系。2022年，沙特与俄罗斯各领域的合作不断加深，虽然因俄乌冲突及全球经济下行影响双边贸易额有所下降，但双边经贸关系仍呈现稳定发展态势。沙特对俄罗斯农产品出口大幅增长，增幅将近50%，出口总额近10亿美元。[①] 能源贸易方面，2022年第二季度，沙特从俄罗斯进口64.7万吨燃油，比2021年同期增加一倍多。沙特此举被视为是对"西方制裁俄罗斯"的直接回击，但其真实目的在于将打折的俄罗斯石油用于发电，将"省下来"的本国原

---

① 《2022年俄罗斯对沙特农产品出口接近10亿美元》，中国农业信息网，http://www.agri.cn/V20/ZX/sjny/202302/t20230213_7937714.htm。

油以更高价格在国际市场销售，从中获取更为丰厚的利润。

2022年，在俄乌冲突背景下，沙特顶着美国压力与俄罗斯高层频繁互动。自2月俄罗斯军队对乌克兰发起特别军事行动以来，穆罕默德王储频繁与俄罗斯总统普京通电话，讨论双边关系与全球能源市场稳定等议题。5月，俄罗斯外长拉夫罗夫访问沙特等产油国。7月29日，俄罗斯副总理、俄罗斯—沙特政府间贸易、经济、科学和技术合作常设委员会的联合主席亚历山大·诺瓦克会见了沙特能源部长阿卜杜勒阿齐兹·本·萨勒曼亲王，共同讨论了两国间贸易和经济合作的一系列问题，双方重申了维护市场稳定和供应平衡的承诺。本次高层会晤发生在美国总统拜登访问沙特后不到一周，表明美方寄予厚望的拜登中东之行对沙特高层影响很小。11月，南非总统拉马福萨透露了沙特加入金砖国家组织的意愿，对此，俄罗斯驻利雅得大使谢尔盖·科兹洛夫表示，俄罗斯欢迎沙特加入金砖国家和上合组织。金砖国家包括俄罗斯和中国，拥有自己的储备货币，沙特主动向金砖国家以及上合组织靠拢，明显体现出意欲减少对美依赖、增强战略自主的努力。

俄乌冲突发生后，沙特秉持中立立场，坚持未加入美国的"反俄联盟"，为2022年的与俄罗斯关系定下基调。沙特从维护自身利益的立场出发对冲突做出自主判断，将这场冲突视为一场复杂的欧洲冲突。尽管沙特不赞成俄罗斯动用武力的做法，但也并不认同因此而对俄采取制裁措施。事实上，俄乌冲突发生初期，沙特除了拒绝美欧提出增产石油的要求，坚持执行"欧佩克+"的产量标准之外，沙特王国控股公司还向俄罗斯天然气工业股份公司、俄罗斯石油公司和卢克石油公司投资了至少5亿美元。[①] 2022年10月，沙特和俄罗斯牵头的"欧佩克+"宣布减产，这是违背美国意愿且具有重大国际影响的战略性举措。沙特之所以做出减产决定，更多的是出于金融和商业利益以及维护国际石油市场稳定的考量。沙特还主动在俄乌之间积极斡旋并促成双方实现在押人员交换。总体观察，未来沙俄关系的发展仍将在一定程度上受到沙美关系和地缘政治格局变化的影响。但可以肯定的是，在穆罕默德王储"沙特优先"外交战略下，沙特将继续奉行现实主义的平衡外交，进一步发展与包括俄罗斯在内的世界大国的关系。

[①] 《分析人士：俄乌战争与沙特的观点》，https://chinese.aljazeera.net/news/war-in-ukraine/2022/10/25/。

（三）与中国关系全面加强

2022 年，沙中全面战略伙伴关系继续得到巩固和发展，双方高层互动频繁，特别是元首外交开拓出双方关系新局面。2022 年初，沙特等 4 个海合会国家外长及海合会秘书长共同访华，凸显中国在沙特等海湾国家外交中的重要性，体现出沙特等海湾国家集体"向东看""向东走"的趋势。12 月初，中国国家主席习近平访问沙特，分别举行中国—沙特、中国—海合会、中国—阿拉伯国家 3 场峰会，签署了多份双边、多边合作文件，取得丰硕成果。被媒体称为"三环峰会"的习近平主席沙特之行是新中国建立以来中国面向阿拉伯世界规模最大、规格最高的外交行动，对于促进新时代中沙、中海、中阿合作具有重大意义，标志着中阿交往合作在中阿合作论坛部长级会议基础上再次得到机制化创新和全面升级。"三环峰会"也充分表现出沙中关系在中东地区的示范引领作用和意义。两国元首亲自签署《中华人民共和国和沙特阿拉伯王国全面战略伙伴关系协议》，决定每两年在两国中轮流举行一次元首会晤，并将中沙高级别联合委员会牵头人级别提升至总理级，进一步加强"2030 愿景"与共建"一带一路"倡议的战略对接。沙中双方都高度重视发展彼此关系，坚定支持彼此核心利益，支持对方维护国家主权和领土完整，共同捍卫不干涉各国内政原则等国际法基础和国际关系基本准则。沙特多次重申恪守一个中国原则。2023 年 3 月 28 日，沙特王储兼首相穆罕默德与中国国家主席习近平通电话，感谢中方大力支持沙特和伊朗改善关系，高度赞赏中国在地区和国际事务中日益发挥的举足轻重的建设性作用，强调沙方高度重视发展对华关系，愿同中方共同努力，开辟两国合作新前景。[①]

在元首外交引领下，沙中两国日益增强的政治互信与机制化合作有力促进了双方在各领域的务实合作，自 2013 年以来中国一直保持沙特第一大贸易伙伴的地位。2022 年双边贸易额达 1160.4 亿美元，同比增长 32.9%，其中，中方出口额 379.9 亿美元，同比增长 25.3%，中方进口额 780.5 亿美元，同比增长 37%。在能源方面，据中国海关公布的数据显示，2022 年，沙特是中国最大的石油进口国，累计进口 8749 万吨原油，平均 175 万

---

① 《习近平同沙特王储兼首相穆罕默德通电话》，https://www.mfa.gov.cn/zyxw/202303/t20230328_11050220.shtml。

桶/日，超过了俄罗斯对中国的出口量（8625 万吨，平均 172 万桶/日）。①
除了传统经贸和能源合作之外，2022 年，沙特大力推动"2030 愿景"与共建"一带一路"倡议深度对接，拓展双方在贸易投资、数字经济、防务等领域的合作空间，助力沙特实现经济多元化。2022 年 11 月，第十四届珠海航展期间，沙特"疯狂扫货"，买下价值 2 亿美元的 TB001 双尾蝎生产线，还购买了 13 亿美元的激光武器系统及 300 架彩虹 4B 攻击无人机，订单总额近 40 亿美元。2023 年 1 月，沙特通信与信息技术部支持下的沙特—中国企业联合会在利雅得成立，为两国高层政府机构、企业、非营利组织以及学术机构搭建沟通平台，创始成员超过 100 家，其中包括沙特电信公司、中国移动、腾讯、阿里云沙特公司、极兔速递等。②

2022 年，沙特与中国在人文交流领域也取得了丰硕成果，给双边友好交往与全面合作增添更多人文情怀。中文教学已正式纳入沙特国民教育体系，沙特民众学习中文、了解中国文化的热情持续高涨。截至 2022 年底，沙特已有 4 所大学开设中文专业，8 所中小学开设中文选修课。双方在考古、影视、艺术等领域的合作不断拓展和深化。习近平主席出访沙特之际在沙特《利雅得报》发表题为《传承千年友好，共创美好未来》的署名文章，文中特别提到"中沙合拍的首部电视动画《孔小西和哈基姆》广受小朋友喜爱，播撒中沙友好的种子"③。沙特与中国关系的不断加强，一方面体现出沙特从自身发展利益出发，平衡发展与世界大国间关系的战略考量，另一方面也体现出沙特对中国主张和倡导的相互尊重、和平发展、合作共赢以及共建人类命运共同体等一系列理念的高度认同。

（四）与地区国家关系持续缓和

2022 年以来，沙特与地区国家关系总体缓和态势进一步增强，相互改善关系的示范联动效应明显，为中东地区安全稳定与和平发展带来新的契机。首先，沙特与伊朗紧张对峙的关系进一步缓和。沙伊双方在伊拉克、阿曼等地区国家的斡旋下进行多轮对话并取得积极进展。尽管双方在涉及

---

① 《钱数到手软，沙特 2022 年石油收入达 3260 亿美元》，https：//finance.sina.com.cn/world/2023-02-23/doc-imyhruta8613264.shtml。
② 《中沙企业联合会正式成立，腾讯、中国移动、阿里云、沙特电信等 100 多家中沙公司加入》，https：//www.cet.com.cn/wzsy/cyzx/3320148.shtml。
③ 《习近平在沙特阿拉伯媒体发表署名文章》，https：//www.fmprc.gov.cn/zyxw/202212/t20221208_10986935.shtml。

自身利益的一些地区问题上还存在较大分歧，但双方都有向前迈出新一步的政治意愿。2023年3月6日至10日，沙特国务大臣、内阁成员、国家安全顾问穆萨伊德·本·穆罕默德·艾班和伊朗最高国家安全委员会秘书阿里·沙姆哈尼分别率团在北京举行会谈。10日，中国、沙特和伊朗3国发表联合声明，宣布沙特和伊朗达成复交协议，包括同意恢复双方外交关系，在至多两个月内重开双方使馆和代表机构。① 沙伊复交协议为改善双方关系、缓和地区局势带来重大利好讯息，引起全世界广泛关注和积极评价。在沙伊关系缓和趋势带动下，阿联酋、科威特等海湾阿拉伯国家与伊朗的关系也趋于正常。其次，沙特与土耳其的关系也持续升温。2022年6月，穆罕默德王储访问土耳其，开启两国关系特别是经济领域"合作新时代"。截至2022年10月底，沙特在土耳其的投资额已达到约180亿美元。此外，两国在旅游、科技、房地产、防务等领域的合作也全面展开。另外，沙特与以色列关系也不断出现缓和迹象。为应对地区安全威胁，沙特与以色列加强了军事和情报联系。2022年初，胡塞武装在沙特境内多次发动袭击，并对阿联酋发动袭击，沙特等海湾国家与以色列同时交换有关无人机和导弹威胁的情报信息，并讨论建立包括海湾国家和以色列在内的区域导弹防御系统。不过，由于巴勒斯坦问题的掣肘，沙特对与以色列关系正常化问题仍持谨慎态度。沙特外交大臣费萨尔表示，沙以关系正常化必须以解决巴以问题的"两国方案"为前提。

　　沙特与卡塔尔等阿拉伯国家的关系也进一步得到改善。卡塔尔世界杯让广大阿拉伯民众重温了"阿拉伯团结"的精神力量，沙特王储穆罕默德在此次世界杯开幕前要求沙特所有部委和政府机构"提供卡塔尔所需的任何支持和设施"②，以帮助多哈成功举办世界杯，并为出席世界杯开幕式取消了原定的访日计划，在东道主之战中围上卡塔尔国旗围巾为卡方助威。而在沙特对阵阿根廷的比赛中，卡塔尔埃米尔也身披沙特国旗助威。这种场景很难让人联想起2017年以沙特为首的多个阿拉伯国家与卡塔尔断交的地区危机。尽管目前卡塔尔与海湾国家之间的矛盾仍未完全化解，但沙特、卡塔尔领导人的互动透露出海合会内部关系已融洽了许多。此外，无

---

① 《中华人民共和国、沙特阿拉伯王国、伊朗伊斯兰共和国三方联合声明》，https://www.fmprc.gov.cn/zyxw/202303/t20230310_11039137.shtml。

② 《沙特王储下令在2022世界杯期间为卡塔尔提供帮助》，俄罗斯卫星通讯社，https://www.sputniknews.cn/20221121/1045665367.html。

论是沙特和摩洛哥球队在球场上的胜利赢得整个阿拉伯世界的喝彩,还是阿拉伯球迷在赛场上打出巴勒斯坦国旗,都让阿拉伯民众重温了"阿拉伯团结"的精神。卡塔尔半岛电视台称,本届世界杯有望成为阿拉伯国家关系的分水岭,各国的外交和政治互动可能会步入新的时段。沙特作为东道主举办的中海、中阿峰会更将海湾合作和"阿拉伯团结"在2022年底推向高潮,正如沙特王储兼首相穆罕默德在中阿峰会当天用中文在社交媒体平台上所言,"阿拉伯人正再次为进步和复兴而奋斗"①。2022年12月,海合会第43届首脑会议在利雅得举行,沙特王储兼首相穆罕默德在讲话中表示海湾国家之间需要密切合作以实现预期目标,沙特将提出新的愿景促进海湾国家发展,捐弃前嫌,加强团结。王储还提到将支持全面解决也门危机,与伊朗坚持睦邻友好原则等。这或将成为下一阶段沙特及海合会国家外交政策的基本导向。

四、结语

2022年以来,沙特走出新冠病毒感染疫情冲击,政治、经济、社会等各领域改革重回正常轨道,政经形势总体稳定,对外关系务实进取,各方面发展呈现良好态势。政治方面,进一步推进体制改革,强化权力体系建设,通过内阁改组、司法改革和反腐行动等重大举措,进一步确立以王储为中心的权力体系,穆罕默德王储顺利担任首相,成为沙特历史上首位兼任首相的王储,以穆罕默德王储兼首相为核心的新的权力体系基本形成。"2030愿景"规划下的"王储新政"加快实施,政治改革进一步向司法领域和社会领域纵深推进,宗教与社会氛围更趋包容开放。经济方面,沙特是2022年二十国集团中经济增长最快的国家,成为全球经济颓势下引人瞩目的一个亮点。由于俄乌冲突及西方对俄制裁导致全球油价上涨,国家石油收入增高,为进一步发展非石油经济提供了资金保障,经济多元化发展态势增强,并与社会多元化变化相互促进,相得益彰。对外关系方面,外交政策进一步趋向务实,更加强调维护自身主权、安全和发展利益,战略自主性不断增强,对外关系中进一步推行实用主义平衡外交,在维持与美

---

① 《开启中国同阿拉伯世界关系新时代——记习近平主席出席首届中国—阿拉伯国家峰会》,https://m.gmw.cn/baijia/2022-12/13/36230643.html。

国传统盟友关系的同时，积极发展与俄罗斯的关系，加强与俄在能源、安全等领域的协调合作；与中国关系进一步强化，中国领导人成功访沙并举行中沙、中海和中阿"三环峰会"，沙中全面战略伙伴关系得到进一步提升；与地区国家关系方面，与伊朗、土耳其、卡塔尔等周边国家关系持续改善，示范联动效应明显。作为地区重要大国，沙特内政外交的趋稳向好为中东地区安全稳定与和平发展带来新的机遇。

2022年伊朗的政治、经济和对外关系

韩建伟　张惠淼[①]

【摘　要】

2022年是伊朗极不平顺的一年。伊朗国内政治动荡不安。上半年因俄乌冲突导致粮食安全危机，取消食品补贴的改革对通胀起到推波助澜的作用，部分民众对此进行抗议；下半年库尔德女子阿米尼之死点燃了蔓延全国的抗议运动，其诉求不仅限于头巾自由，是伊朗政治、经济、社会危机的总爆发。受国内外动荡形势的影响，伊朗经济总体表现不佳，高通胀对普通民众民生影响很大，货币快速贬值，但对外贸易表现出很强的韧性且经贸对象多元化。伊核谈判最终陷入僵局，使得伊朗达成新的核协议、解除制裁的目标没有实现，但伊朗加入上合组织、进一步深化了与中国的关系，与周边国家关系也有所改善。

【关键词】

伊朗　抗议　通胀　伊核谈判

2022年的伊朗形势波谲云诡，貌似存在一些机遇但是又稍纵即逝，与机遇相比挑战与困难更多。2022年是莱希政府执政的第二年，但是面临的内外形势异常严峻，老问题未解决新问题又出现，内外交困导致其政局动荡不安成为备受世界瞩目的问题。伊朗问题也逐渐上升为中东地区问题的核心。

[①] 韩建伟，上海外国语大学中东研究所副研究员；张惠淼，上海外国语大学国际关系与公共事务学院、中东研究所2021级硕士生。本文系上海市哲学社会科学规划课题"合规治理视域下伊朗及关联中企反制裁模式与政策优化研究"（项目编号：2022BGJ002）及上海外国语大学校级规划项目（项目编号：2020114094）的阶段性成果。

一、动荡不安的国内政治

2022年，伊朗国内政治的主要特征是动荡。近几年，伊朗国内几乎每年都会发生规模不等的抗议活动，大部分都跟民生问题直接相关，同时也反映出民众希冀政治变革的诉求，但是都被政府压制下去。因此，政府与民众的矛盾并未得到解决。

莱希执政之后，保守派全面控制局势而改革派式微，使得派系斗争暂告一段落。但伊朗国内政治更多地受到外部因素的影响，如伊核谈判进程。莱希政府取消食品补贴制度的改革，被视为是因伊核谈判陷入僵局后向西方强硬显示其推动本国经济改革决心的行动。[1] 伊朗补贴制度是在伊斯兰革命之后建立的对基本消费品给予政府补贴的制度，最初目的是保障低收入群体的基本生活，但是在两伊战争结束之后，这项制度被维持下来。长期以来，补贴管理制度存在很多漏洞，使得燃料、主要食品的市场价格被扭曲，并导致了大量腐败行为的发生。因此，历任总统都希望对补贴制度进行改革，其中影响最大的是2010年内贾德政府的补贴改革，但主要限于取消能源补贴。由于食品补贴关系到民众的基本生活，鲁哈尼政府虽然一直想实施改革但是未敢轻易采取行动，最终取消食品补贴的任务落到了莱希政府身上。

2022年5月10日，伊朗总统莱希宣布，正式结束向包括玉米、豆粕、未加工的油、油籽、大麦、小麦、面粉和药品在内的必需品进口商分配廉价美元（在当地被称为优惠外汇）。与此同时，政府将根据不同群体的收入情况定期发放现金补贴。[2] 莱希政府此举是为了节约短缺的外汇，同时改变扭曲已久的国内主要粮食及食品价格体系。莱希的食品

---

[1] Maziar Motamedi, "Nuclear Talks: Iran's Raisi Launches Major Economic Reform," ALJazeera, May 12, 2022, https://www.aljazeera.com/news/2022/5/12/nuclear-talks-irans-raisi-engages-in-major-economic-reform.

[2] "Government Changes Import Subsidy Allocation System," *Financial Tribune*, May 11, 2022, https://www.financialtribune.com/articles/113454/government-changes-import-subsidy-allocation-system.

补贴改革被改革派经济学家萨义德·莱拉兹描述为"必要的、痛苦的手术"①。长期以来,伊朗政府一直在为面粉、食用油、鸡肉、鸡蛋和糖等基本商品和服务拨出数 10 亿美元的补贴。考虑到这些主食大部分是从国外进口,政府不得不提供急需的硬通货,以确保普通民众能够获得所需的食物。

莱希政府选择在这个节点推动取消补贴的改革,是受到了国内外因素的共同影响。首先,俄乌冲突使全球的粮食供应链受到极大的冲击。乌克兰和俄罗斯提供了全球约 30% 的小麦和 62% 的葵花籽油。伊朗有一半的食用油是从乌克兰进口,接近一半的小麦是从俄罗斯进口。② 俄乌冲突的爆发严重影响到伊朗从俄乌两国的粮食进口。莱希政府认为,取消补贴能有效减少国内粮食浪费问题并减轻对粮食进口的依赖。其次,腐败现象异常严重。伊朗受补贴面粉的走私情况越来越猖獗。政府给予面包店的补贴面粉一袋平均价格在 4 万吐曼(约合 60 元人民币)左右,而其正常市场价格在部分地区已经上升到了 70 万吐曼(约合 1100 元人民币)。2021 年,伊朗走私补贴小麦大约在 25 万吨,相比 2021 年同期增长 200%。③ 受俄乌冲突的影响,政府花费了石油美元的很大一部分用于购置小麦,但遗憾的是部分受补贴的小麦一经发放就通过走私流向了土耳其、阿富汗和伊拉克等地。④ 再次,长期制裁造成的外汇短缺也是莱希政府此时进行改革的重要因素。2021 年,由于水资源短缺造成粮食产量下降,粮食进口大幅度增长;与此同时,受制裁影响,石油出口无法获取足够的外汇,使得伊朗外汇储备产生了巨大的缺口。这对以优惠汇率价格购买国外粮食造成了很大的压力。

根据新的改革方案,除了收入最高的人之外,不同阶层的民众将每月获得食品券以购买基本商品。伊朗政府试图将补贴制度变得更有针对性。

---

① Najmeh Bozorgmehr, "Iran's Raisi Cuts Back on Bread Subsidies," *Financial Times*, May 10, 2022, https://www.ft.com/content/15c77929-395a-4f28-a09e-c74c7c46a2ab.

② Crispian Balmer, "U.N. Agency Warns Ukraine War Could Trigger 20% Food Price Rise," *Reuters*, March 12, 2022, https://www.reuters.com/world/un-agency-warns-ukraine-war-could-trigger-20-food-price-rise-2022-03-11/.

③ 《伊朗政府改革食品补贴制度》,伊朗国家通讯社,2022 年 5 月 10 日,https://www.zh.irna.ir/news/84748244/.

④ "What Iran New Economic Reforms Mean for Vienna Talks?" *Tehran Times*, May 11, 2022, https://www.tehrantimes.com/news/472505/What-Iran-new-economic-reforms-mean-for-Vienna-talks.

莱希访问德黑兰市中心的一家杂货店时表示:"所有的努力都是为了让价格保持稳定。"① 不过,尽管莱希总统保证食品价格不会上涨,但在改革之后一些食品的价格仍然上涨了300%以上。之后的月通胀率更是达到了惊人的54%。② 在伊朗国内食品总体短缺及高通胀的大背景下,取消补贴的改革必然引起人们的不满。尽管有经济学家指出,从长期来看,下层民众将从取消补贴中受益。但短期内民众仍然把高通胀的原因归咎于改革本身。③ 在改革宣布后的一周内,伊朗不少城市发生了民众抗议活动。但这次抗议规模总体不大,持续时间也不长,没有对伊朗政治稳定造成实质性的影响。然而,伊朗民众的不满是普遍存在的,政府与社会的紧张关系持续,这似乎是更大规模社会抗议的前奏。

2022年9月,22岁的库尔德女子玛莎·阿米尼因戴头巾不规范问题而被"道德警察"逮捕,随后在拘留期间神秘死亡。这一事件迅速发酵并引发了全国性的抗议。抗议活动首先从去世女子阿米尼的家乡——西北部的库尔德斯坦省开始,然后迅速蔓延到全国80多个城市,在首都德黑兰也爆发了抗议活动。部分妇女开始在公共场合和社交媒体上焚烧头巾和剪头发,以此作为声援阿米尼的一种方式。妇女与年轻人是抗议活动的主体,但是各个阶层的民众都很快参与到抗议活动中来。其诉求也不仅仅是针对阿米尼事件本身,而是借此表达对多年来的制裁,政府治理失效、严厉管控,而民生艰难等方面的不满。因此,这是伊朗长期累积的政治、经济、社会危机的总爆发。

抗议活动爆发后,伊朗政府一开始采取安抚措施。莱希称伊朗有言论自由,但是非法抗议是无法接受的。④ 他希望民众能够将抗议活动限制在一定范围内。伊朗最高领袖哈梅内伊也向阿米尼家属表示了慰问,并责令相关部门调查阿米尼的真正死因。根据官方法医的说法,阿米尼的死因是

---

① Farnaz Fassihi, "Protests Triggered by Rising Food Prices Spread in Iran," *New York Times*, May 13, 2022, https://www.nytimes.com/2022/05/13/world/iran-protests-food-prices.html.

② "Soaring Bread Prices Spark Protests and Shop Fires in Iran – IRNA," *Reuters*, May 13, 2022, https://www.reuters.com/article/us-iran-protests-idAFKCN2MZ0SM.

③ "Iran Food Subsidy Reform Impacts Living Standards," *Financial Tribune*, May 24, 2022, https://www.financialtribune.com/articles/economy/113642/iran-food-subsidy-reform-impacts-living-standards.

④ Parisa Hafezi, "Iran's Raisi Warns Against 'Acts of Chaos' Over Mahsa Amini's Death," *Reuters*, September 23, 2022, https://www.reuters.com/world/middle-east/iranian-protesters-set-fire-police-station-unrest-over-womans-death-spreads-2022-09-22/.

由于心源性晕厥,并没有受到任何形式的外伤。① 但是,由于伊朗官方是在阿米尼去世后的一个多月才公布的调查结果,因此并没有获得民众的信任,因此抗议活动也没有平息。

抗议活动的持续也令伊朗政府逐渐丧失了安抚的耐心,转而采取暴力方式对付抗议者,特别是严厉对待抗议活动的组织者与积极参与者。2022年10月,伊朗内政部宣布,一个多月的骚乱已造成超过4000万美元的损失,包括公共基础设施及个人财产的损失。另外,抗议已造成200人死亡,其中既有安全部队人员,也有普通公民及抗议者。②

此次伊朗抗议活动的主要特征有:第一,抗议表现出明显的政治诉求,即反政府色彩更加浓厚。通过社交平台公布的一些视频来看,伊朗民众明显是想借此事件改变现政权,这跟此前主要以民生诉求为目标的抗议活动有很大区别。第二,抗议暴露了伊朗长期存在的民族矛盾及因地区发展差异导致的不平等。这次抗议首先是从阿米尼家乡库尔德斯坦省开始的,库尔德人跟伊朗政府之间一直存在争取自治与加强控制之间的矛盾;抗议蔓延到其他省份后,东南部的俾路支斯坦省抗议活动最为持久。该省是伊朗最贫穷落后的省份之一,民众的抗议反映了伊朗严重分化的地区发展差异。第三,抗议体现为内外联动的特征,并对伊朗外部环境造成不容忽视的消极影响,从而对国内政治稳定带来极大的压力。

抗议活动爆发后,西方国家迅速卷入到这场伊朗国内事务之中。西方抨击伊朗政府违反人权,并支持伊朗民众的抗议活动。美国对伊朗抗议活动尤为关注,公开支持抗议者,对伊核协议的谈判更加不积极。③ 与此同时,美国以违反人权为由向伊朗追加了更多制裁。随着伊朗压制国内抗议活动的升级,欧洲方面也对伊朗施加更大的压力。2022年10月17日,欧

---

① Fatemeh Saberi, "Mahsa Story: Reality vs Disinformation," *Tehran Times*, October 19, 2022, https://www.tehrantimes.com/news/477756/Mahsa-story-Reality-vs-disinformation.
② "Unrest Cost Over $40 Million in Damages: Interior Ministry," *Tehran Times*, December 04, 2022, https://www.tehrantimes.com/news/479370/Unrest-cost-over-40-million-in-damages-Interior-Ministry.
③ "U. S. Says Iran Nuclear Deal is 'Not Our Focus Right Now'," Reuters, October 13, 2022, https://www.reuters.com/world/middle-east/us-says-iran-nuclear-deal-is-not-our-focus-right-now-2022-10-12/.

盟对 11 名伊朗个人及 4 个实体机构实施了制裁。① 法国总统马克龙将伊朗的抗议活动描述为一场"革命"，并表示伊朗领导人的压制行为将使恢复 2015 年核协议变得更加困难。② 2022 年 11 月，欧洲议会的一份声明表明了其强硬立场，"在伊朗对（欧洲）议会制裁做出反应之前，欧洲议会代表团和委员会与伊朗议员之间不应有直接互动，直到另行通知"③。德国与伊朗的关系也迅速恶化。德国领导人不仅是公开谴责伊朗的行为人，还是欧盟对伊朗制裁的积极推动者。据《德黑兰时报》报道，德国对伊朗的敌对行为不限于制裁和外交言论，还包括直接参与伊朗抗议活动。如德国驻德黑兰大使馆向居住在伊朗的外国人提供资金，鼓励他们参与抗议活动。④ 2022 年底，伊朗对数名参与抗议活动的人实施了绞刑，这更引起了欧洲方面的指责，并导致欧盟进一步追加制裁。伊朗与欧盟关系的恶化也导致伊核谈判无法继续下去而陷入僵局。除了美国、欧洲方面的压力，2022 年 11 月，联合国人权理事会决定对伊朗的行为进行调查，表达了对伊朗逮捕抗议者及造成人员死亡等人权问题的关注。⑤

面对抗议和国际制裁的巨大压力，伊朗的"道德警察"被悄然解散，甚至一度有消息称伊朗会修改"头巾法"。但伊朗官方很快予以否认，头巾作为伊斯兰教法的象征，被潜意识地跟伊斯兰革命及当前政权的合法性联系在一起，因此伊朗政府不太可能取消强制佩戴头巾的法令。不过，抗议运动已经对伊朗社会造成长期的、不可逆转的影响。越来越多的妇女敢于不佩戴头巾出现在公共场合，而伊朗政府对此也表现出更加容忍的态度。但是由头巾问题引发的抗议迄今也没有完全停息，在伊朗各地还有零

---

① "Iran：EU Sanctions Perpetrators of Serious Human Rights Violations," *Council of the EU*, October 17, 2022, https：//www.consilium.europa.eu/en/press/press-releases/2022/10/17/iran-eu-sanctions-perpetrators-of-serious-human-rights-violations/.

② John Irish, "As EU Sanctions Come, Macron Says Iran 'Revolution' Harms Nuclear Deal Prospects," *Reuters*, November 14, 2022, https：//www.reuters.com/world/frances-macron-children-irans-revolution-carrying-out-their-own-revolution-2022-11-14/.

③ "European Parliament Lends Weight to Uprising in Iran, Vows to Sever Ties," *Tehran Times*, November 22, 2022, https：//www.tehrantimes.com/news/478954/European-Parliament-lends-weight-to-uprising-in-Iran-vows-to.

④ Mehran Shamsuddin, "Germany Doubles Down on Hostility toward Iran," *Tehran Times*, November 20, 2022, https：//www.tehrantimes.com/news/478897/Germany-doubles-down-on-hostility-toward-Iran.

⑤ "UN Rights Body Launches Iran Human Rights Investigation," *UN News*, November 24, 2022, https：//www.news.un.org/en/story/2022/11/1131022.

星的抗议活动发生。伊朗国内抗议活动越来越呈现出常态化趋势,这跟伊朗政府长期无法解决的内外危机深刻交织在一起。

二、停滞不前的经济与艰难民生

2022年,伊朗经济的主要特征是低增长、高通胀及高度的不稳定性。伊朗经济数据发布的迟滞导致当前几乎所有国际机构都没有其确切的经济增长数据。国际货币基金组织对伊朗2022年的经济增长率预测为3%。①但根据伊朗全年的经济表现来看,实际经济增长率应该低于这个数值。事实是,自2010年之后,伊朗经济陷入长期停滞状态。2020/2021年度的实际GDP几乎与2010/2011年度持平,2020/2021年度的实际人均GDP降至2004/2005年度水平。② 从2020年下半年始,伊朗经济开始缓慢复苏,这得益于新冠病毒感染疫情的缓解、伊朗对美国极限施压制裁的适应、石油出口量的上升及本国制造业的发展等几方面因素。但是伊朗经济复苏的势头在2022年难以保持下去。

2022年,伊朗的石油产量及出口量都有所增长。根据欧佩克月度报告,伊朗2022年原油产量平均为255.4万桶/日,其中重质原油均价为85.59美元/桶。③ 由于伊朗方面自2018年起就不再公布石油出口数据,这几年的石油出口量都是西方机构在油轮跟踪基础上的估算。华盛顿研究所在几家独立的油轮跟踪及能源市场分析公司提供的数据基础上,估计在2022年9—11月,伊朗平均每天出口81万至120万桶原油和凝析油。④ 而根据路透社的消息,伊朗在2022年最后两个月的石油平均日出

---

① "World Economic Outlook: Countering the Cost - of - Living Crisis, October, 2022," IMF, p. 45, https://www.imf.org/external/datamapper/PPPGDP@WEO/OEMDC/ADVEC/WEOWORLD/IRN.

② "Iran, Islamic Republic, April 2022," World Bank, https://www.thedocs.worldbank.org/en/doc/65cf93926fdb3ea23b72f277fc249a72 - 0500042021/related/mpo - irn.pdf.

③ "Monthly Oil Market Report, February 2023," OPEC, https://www.opec.org/opec_web/en/publications/338.htm.

④ Henry Rome, "Iran's Oil Exports Are Vulnerable to Sanctions," *Washington Institute*, November 9, 2022, https://www.washingtoninstitute.org/policy - analysis/irans - oil - exports - are - vulnerable - sanctions.

口量为113.7万桶。① 伊朗石油出口量的增加有助于减轻财政支出压力，但是对消除赤字是远远不够的。实际上，石油部门多年被制裁导致产能下降，使其对伊朗的GDP贡献率越来越低。与此同时，伊朗经济多元化特征明显强化。截至2022年3月20日，石油部门对GDP的贡献率低于8%，而服务业贡献了58%的GDP，另外工业和采矿业贡献了20%。②

由此看来，长期的制裁虽然给伊朗经济造成沉重的压力，但是也带来了一些潜在的益处，即伊朗在无法充分利用石油资源获得高额地租收入的背景下，被迫在经济多元化上更加努力且取得了一定的成效。

2022年，伊朗经济最主要的问题是高通胀。伊朗通胀居高不下已经是旧疾沉疴，粮食及基本食品无法自给使得伊朗在2022年面临通胀新挑战。在上一个波斯年（2021年3月至2022年3月），伊朗进口了大约近190亿美元的3000万吨基本商品，主要是小麦、玉米、大麦、油籽、食用油和豆粕。这在该国520亿美元的总进口额中占了很大比例。③ 其中很大一部分进口来源于乌克兰与俄罗斯。俄乌冲突造成全球供应链中断，引发了全球粮食安全危机，也导致伊朗粮食短缺与基本食品价格的上涨。从伊朗统计中心发布的月度消费价格指数（CPI）发现，伊朗的通胀率在2021年底有所缓和，但是在2022年4月之后明显走高且呈不断上升趋势。④ 英国一家专事报道伊朗、伊拉克及阿拉伯半岛新闻的媒体（Amwaj），根据伊朗统计中心颁布的数据整理了其主要的通胀指数。表1显示，2022年伊朗的年通胀率高达44%，其中食品相关通胀率为67.7%，是伊朗通胀升高的主要推手。

---

① Alex Lawler, Bozorgmehr Sharafedin and Chen Aizhu, "Iranian Oil Exports End 2022 at a High, Despite No Nuclear Deal," *Reuters*, January 16, 2023, https://www.reuters.com/business/energy/iranian – oil – exports – end – 2022 – high – despite – no – nuclear – deal – 2023 – 01 – 15/.

② "Deep Data, The Trajectory of Iran's Economy," *Amwaj*, December 7, 2022, https://www.amwaj.media/article/deep – data – the – trajectory – of – iran – s – economy.

③ Fardin Eftekhari, "Russia – Ukraine War: Could Iran Benefit from Shifting Food Markets?" *Middle East Eye*, April 12, 2022, https://www.middleeasteye.net/opinion/russia – ukraine – iran – shifting – food – markets – benefit.

④ "National Consumer Price Index by Expenditure Deciles in the Month of Bahman of the Year 1401," *Statistical Center of Iran*, https://www.amar.org.ir/LinkClick.aspx?fileticket = 3hflHThhi84%3d&portalid = 1.

表1　2022年伊朗主要通胀指数（截至2022年11月21日）（单位:%）

指数	全国	城市	乡村
年通胀率	44	43.3	47.4
月通胀率	2.1	2.1	2.1
点对点年通胀率①	48.1	47.3	52.3
点对点食品、饮料、烟草通胀率	67.7		
点对点非食品及服务通胀率	36.9		

数据来源："Deep Data: The Trajectory of Iran's Economy," *Amwaj*, Dec. 7, 2022, https://amwaj.media/article/deep-data-the-trajectory-of-iran-s-economy。

2022年见证了伊朗货币的继续贬值。伊朗货币里亚尔自美国特朗普政府对伊朗实施极限制裁以来币值不断刷新下限。货币是最政治化的经济风向标。伊朗里亚尔币值的下跌，在本质上，反映了民众对政府信心的严重不足。因此，每当重大外交及国内政治事件发生，其效应首先传递到里亚尔身上。2022年2月9日，伊朗里亚尔兑美元还能维持263500∶1;② 但是到了5月13日，里亚尔贬值加剧，兑美元跌至299000∶1。③ 1美元兑30万里亚尔通常被视为一道重要的心理关口。但从下半年开始，美元兑里亚尔基本都在30万以上。2023年以来，伊朗里亚尔更是呈现崩盘下跌趋势，连续突破40万、50万关口；至3月1日，1美元兑579700里亚尔。④ 纵观2022年至2023年初的伊朗货币走势，上半年主要受到伊核谈判进程的影响，里亚尔币值起落成为谈判是否顺利的晴雨表；而从9月份开始，新的影响因素出现——伊朗国内的抗议活动。这一事件严重影响了伊朗政治的稳定，民众对现政权执政前景产生担忧，导致里亚尔失控以至于不断贬值。虽然央行试图推出加密货币，但总体上缺乏有效手段应对货币贬值的趋势。从根源上讲，这是由伊朗内外交困的不利形势所导致的。货币不断贬值成为伊朗经济困境与政治动荡的缩影。

---

① "点对点通货膨胀率"指的是该年度与上一年同期相比的通胀指数。
② "Rial Picks Up as Forex, Gold Dip," *Financial Tribune*, February 9, 2022, https://www.financialtribune.com/articles/business-and-markets/112458/rial-picks-up-as-forex-gold-dip.
③ "Currency and Gold Move Higher, Rial at New Lows," *Financial Tribune*, May 13, 2022, https://www.financialtribune.com/articles/business-and-markets/113471/currency-and-gold-move-higher-rial-at-new-lows.
④ "Rial Pares Losses," *Financial Tribune*, March 1, 2023, https://www.financialtribune.com/articles/business-and-markets/117337/rial-pares-losses.

跟伊朗动荡的政治环境与迟滞的经济发展相应的是，2022年伊朗就业状况跟往年相比没有起色，即总体上维持高失业率及性别失调的特征。根据伊朗统计中心发布的2021年12月至2022年3月的就业数据，全国总的劳动参与率为40.4%，失业率为9.4%，男性失业率（8.4%）明显低于女性（14.9%），15—24岁的年轻人失业率最高，拥有高等教育学历的人口失业率明显高于低技能人口，且女性失业率十分突出。[1]

虽然经济表现总体上令人担忧，但是伊朗的对外贸易在2022年却出现较大的增长，表明伊朗经济依然具有很强的韧性。一方面，伊朗近几年十分重视非石油产业的发展并鼓励其出口以换取外汇；另一方面，寻找替代性贸易对象，特别是积极发展跟中国、印度、中亚及周边国家的经贸关系，同时稳定扩大与西方国家的经贸关系。根据伊朗海关总署的数据，伊历1401年前9个月（2022年3月21日至12月21日），伊朗非石油贸易额达788.4亿美元，同比增长9.4%，其中出口额为362.4亿美元，同比增长3.24%，进口额为426亿美元，同比增长15.2%。中国维持伊朗最大贸易伙伴地位，当期双边贸易额为227.2亿美元。伊朗其他主要贸易伙伴依次为阿联酋、土耳其和印度。[2] 另外，伊朗跟俄罗斯在共同被制裁的背景下加强了双边经贸关系。根据俄罗斯联邦海关总署提供的数据，2022年前10个月，俄罗斯和伊朗之间的贸易额超过了2021年全年的贸易额，达到40亿美元。[3]

伊朗的外贸关系日益呈现多元化特征。虽然跟美欧政治关系恶化，但是依然维持经贸关系。欧盟统计局发布数据显示，在2022年前10个月，伊朗和欧盟间贸易额为43.6亿欧元，同比增长14%。德国是此期间伊朗在欧盟地区的最大贸易伙伴，两国贸易额为16亿欧元，同比增长15%。意大利、荷兰和西班牙紧随其后。[4] 甚至美国与伊朗的贸易额都有所增长。2022年，美国和伊朗的贸易额达5670万美元，比2021年增长40%。其

---

[1] "A Selection of Labor Force Survey Results Winter, the Year 1400 (22 December 2021 – 20 March 2022)," *Statistical Center of Iran*, https://www.amar.org.ir/Portals/1/releases/LFS_Winter_1400.pdf?ver=EBavE4SwIXBNKKTnD9jgaA%3d%3d.

[2] 中华人民共和国驻伊朗伊斯兰共和国大使馆经济商务处：《伊朗非石油贸易额突破780亿美元》，http://ir.mofcom.gov.cn/article/jmxw/202301/20230103377424.shtml.

[3] "Iran - Russia Trade at $4 Billion," *Financial Tribune*, December 11, 2022, https://financialtribune.com/articles/domestic-economy/116385/iran-russia-trade-at-4-billion.

[4] 中华人民共和国驻伊朗伊斯兰共和国大使馆经济商务处：《伊朗和欧盟今年前10个月贸易额43.6亿欧元》，http://ir.mofcom.gov.cn/article/jmxw/202212/20221203374381.shtml.

中，美国向伊朗出口额为 4550 万美元，增长 16%；美国自伊朗进口额为 1120 万美元，增长 9 倍。①

伊朗积极发展与中亚国家的经济关系，跟中亚国家的经济一体化进程也在推进。伊朗《金融论坛报》报道，2023 年 1 月，一列装有硫磺产品的火车经过印柴棚（Incheh Borun）口岸入境伊朗并开往土耳其与欧洲，标志着哈萨克斯坦—土库曼斯坦—伊朗—土耳其陆上运输走廊开通。② 这条线路的开通进一步增强了伊朗在连接欧亚大陆交通中的枢纽地位，也为其与"一带一路"的对接创造了条件。

三、伊朗外交在核谈判阴影下继续"向东看"

2022 年，伊朗外交的主线是围绕伊核谈判展开努力，目标是突破制裁。虽然在此期间出现了一些有利于伊朗的因素，但机会稍纵即逝，特别是下半年伊朗的国内抗议活动爆发后，美欧相继对伊朗实施制裁使得核谈判失去了基础，伊朗也失去了让伊核协议"复活"的最后机会。与此同时，伊朗"向东看"战略稳步发展，不仅正式加入了上合组织，而且实现了与中国的高层互访。莱希政府奉行睦邻外交政策，继续缓和与阿拉伯国家的关系，积极调停地区冲突，在地区层面发挥了一定作用。

（一）一波三折的伊核谈判

2021 年底，伊核谈判在维也纳进行到第八轮，虽然没有达成最后协议，但是已经取得了积极进展。伊朗的关键诉求是美国需要保证永久解除所有制裁，伊朗参加维也纳谈判的顾问穆罕默德·马兰迪强调，第八轮会谈争论的焦点是美国解除制裁的范围、如何验证西方是否履行其在任何可能协议中的义务，以及获得协议将得到充分执行的保证。③ 由于谈判进行

---

① 中华人民共和国驻伊朗伊斯兰共和国大使馆经济商务处：《伊朗和美国的贸易额增长 40%》，2023 年 2 月 20 日，http：//ir.mofcom.gov.cn/article/jmxw/202302/20230203392137.shtml。
② 中华人民共和国驻伊朗伊斯兰共和国大使馆经济商务处：《哈萨克斯坦—土库曼斯坦—伊朗—土耳其陆上运输走廊开通》，2023 年 2 月 6 日，http：//ir.mofcom.gov.cn/article/jmxw/202302/20230203383015.shtml。
③ 《伊朗核协议：维也纳谈判中的棘手问题和达成一致的文件》，2022 年 1 月 17 日，https：//www.chinese.aljazeera.net/news/2022/1/17。

到高级阶段，第八轮会谈于 2022 年 1 月 28 日暂停，各国外交官返回各自国家进行商讨。时隔一周后谈判恢复，伊朗依旧表示除非美国解除所有制裁并提供政治、经济和法律的保证，否则协议将无法达成。伊朗外长阿卜杜拉希扬表示，美国至少应该让其议会以政治声明的形式宣布他们对协议的承诺，并重返伊核协议。① 但是，美国拜登政府无法在国内达成解除制裁伊朗的政治决定，更无力让议会以法律的形式进行保证，因此难以满足伊朗的诉求。

俄乌冲突爆发之后，国际油价的飙升使得拜登政府将降低油价放在考虑的首位。由于缺乏替代性原油，美国拜登政府被迫考虑让伊朗石油重回国际油市。美国拜登政府甚至一度考虑将伊斯兰革命卫队从其恐怖组织名单中除名，以换取与伊朗达成协议。② 这也是伊朗让核协议"复活"的最佳时机，但是形势很快发生变化。一方面，美国拜登政府面临国内巨大的反对压力，不论共和党还是民主党都反对将伊斯兰革命卫队从恐怖组织名单中除名的决定；另一方面，俄罗斯在伊核协议的谈判中起到了阻碍作用。俄罗斯外长拉夫罗夫突然要求由俄乌冲突导致的美国制裁不会以任何方式损害俄罗斯与伊朗的贸易、投资及军事合作。③ 这令本来对达成协议持勉强态度的美国拜登政府难以接受，使得达成伊核协议的难度加大。

美国拜登政府最终决定不将伊斯兰革命卫队从恐怖组织名单中除名，使得谈判重新陷入停滞。为了显示强硬立场，伊朗增加了一系列 IR－6 级联离心机，浓缩铀的纯度也达到了 60% 左右。2022 年 6 月，国际原子能机构理事会通过一项由美国、法国、英国和德国起草的决议，谴责伊朗未能解释在未申报地点发现的铀痕迹，只有俄罗斯和中国投了反对票。伊朗则认为该决议会破坏伊核协议的达成。此后国际原子能机构总干事格罗西表示，伊朗已开始从该国的核设施中移除 27 个监控摄像头，摄像机被移除的

---

① "Iranian FM Calls for U. S. 'Political Statement' on Commitment to Nuclear Deal," *Tehran Times*, February 16, 2022, https: //www.tehrantimes.com/news/470213/Iranian－FM－calls－for－U－S－political－statement－on－commitment.

② Barak Ravid, "Scoop: U. S. Weighs Deal to Remove Iran's IRGC from Terror Blacklist," *Axios*, March 17, 2022, https: //www.axios.com/2022/03/16/us－weighs－deal－remove－irans－irgc－from－blacklist.

③ "Foreign Ministry: Russia's Demand Not Mentioned in Vienna," *Tehran Times*, March 7, 2022, https: //www.tehrantimes.com/news/470814/Foreign－Ministry－Russia－s－demand－not－mentioned－in－Vienna.

地点包括地下纳坦兹核浓缩设施,以及其在伊斯法罕的核设施。① 这意味着国际原子能机构将不能随时掌握伊朗的核信息。对此,美国拜登政府官员表示:如果不能达成协议,将对伊朗石化行业实施新的制裁。②

从 2022 年 8 月起,欧盟推动了新一轮的维也纳谈判,特别是提出了解决伊核协议的"最终文本",一度被外界视为谈判将要取得突破。③ 伊朗表示这份"最终文本"必须保证其关键诉求,并要求国际原子能机构放弃对其核设施的"出于政治动机的调查"。不过,伊朗也做出了让步,例如撤回了让美国将伊朗伊斯兰革命卫队从恐怖组织名单中移除等条件。但与伊朗让步形成对比的是,美国在针对欧盟"最终文本"的回复中拒绝了伊朗提出的所有附加条件。此外,美国要求伊朗浓缩铀浓度的上限为 4%。美国还要求国际原子能机构核查人员能不受阻碍地进入伊朗核设施进行检查。与此同时,2022 年 8 月 23 日,美军在拜登的指示下,在叙利亚对伊朗支持的武装组织发动空袭,使得伊核谈判再次陷入僵局。④ 直至此时,欧盟并没有放弃继续推动伊核谈判的努力,在欧盟对外政策负责人博雷尔的推动下,伊朗与美国在卡塔尔首都多哈继续展开间接会谈。⑤ 多哈谈判一度拉近了双方的立场,但是谈判进程又被伊朗国内突发的抗议活动打断。如前文所述,美国、欧盟相继对伊朗施加制裁,伊朗与西方关系全面恶化,伊核谈判也失去了继续展开的基础与动力。

总体来说,2022 年,伊核谈判虽然取得了一定进展,但不断地受到外部因素的影响导致谈判时谈时停,美伊始终没有达成恢复履行伊核协议的共识,暴露了美伊之间深刻的不信任关系。而欧盟从积极调停者变为美国

---

① "Iran Removing 27 Surveillance Cameras at Nuclear Sites: IAEA," ALJazeera, January 9, 2022, https://www.aljazeera.com/news/2022/6/9/iaea-says-fatal-blow-to-nuclear-deal-as-iran-removes-cameras.

② "US Targets Chinese, UAE Companies in New Iran Sanctions," ALJazeera, January 16, 2022, https://www.aljazeera.com/news/2022/6/16/us-targets-chinese-uae-companies-in-fresh-iran-sanctions.

③ Parisa Hafezi and Arshad Mohammed, "EU Puts forward 'Final' Text to Resurrect Iran Nuclear Deal," *Reuters*, August 9, 2022, https://www.reuters.com/world/middle-east/irans-nuclear-negotiators-return-tehran-vienna-irna-2022-08-08/.

④ 《伊核协议谈判僵局难破》,人民网,2022 年 9 月 2 日,http://military.people.com.cn/n1/2022/0902/c1011-32518097.html。

⑤ "Round of Talks in Doha... Breaking Deadlock in Iranian Nuclear File, Supporting UN Tasks / Report/," *Qatar News Agency*, September 20, 2022, https://www.qna.org.qa/en/News-Area/Special-News/2022-09/20/0053-united-nations-round-of-talks-in-doha--breaking-deadlock-in-iranian-nuclear-file,-supporting-un-tasks-report.

的追随者，且在伊朗国内发生抗议活动后向其施加制裁，使得美伊之间失去了最重要的沟通桥梁。这些结构性矛盾及突发因素，导致各方恢复伊核协议的努力最终化为泡影。

（二）伊朗继续"向东看"，中伊关系迈向新台阶

2022年，是伊朗加速"向东看"的一年。对伊朗来说，2022年最重要的外交成果是正式成为上海合作组织会员国。2022年9月，上海合作组织第21届峰会在塔吉克斯坦首都杜尚别举行，上合组织八个主要成员国的领导人同意将伊朗由观察员身份升级为正式成员，由此伊朗被正式接纳为该组织的第九个成员国。[1] 2022年11月，伊朗议会通过了批准伊朗成为上合组织正式成员国的法案。[2] 伊朗正式加入上合组织标志着其进入与亚洲国家区域一体化发展的新阶段，对伊朗突破美国制裁有着重大意义。

2022年，中伊关系稳定发展并迈向新台阶。在2021年中伊两国签署25年合作协议后，伊朗方面一直希望深化细化双边合作。但是中伊关系一度受到了中国与阿拉伯国家深化关系的影响，不过在中方的推动下，中伊两国的矛盾很快被化解。2022年12月10日，中国国务院副总理胡春华与伊朗第一副总统穆罕默德·莫赫贝尔在德黑兰举行会议，就落实中伊全面合作计划、推进两国务实合作交换了意见。[3] 2023年2月14日，伊朗总统莱希率领高级代表团对中国进行了为期3天的国事访问。在此期间，两国签署了农业、贸易、旅游、环保、卫生、救灾、文化、体育等领域的多项合作文件，同时在共同关心的地区问题上交换了意见。特别是中国敦促伊朗与国际原子能机构保持合作、不退出《不扩散核武器条约》等努力对伊朗外交调整发挥了重要的作用。[4]

---

[1] "Iran Signs Memorandum to Join Shanghai Cooperation Organisation," ALJazeera, September 15, 2022, https://www.aljazeera.com/news/2022/9/15/iran-signs-memorandum-join-shanghai-cooperation-organisation.

[2] "Iran Parliament Passes SCO Membership Bill," *Tehran Times*, November 27, 2022, https://www.tehrantimes.com/news/479125/Iran-parliament-passes-SCO-membership-bill.

[3] "China Voices Support for Iran's Territorial Integrity," *Tehran Times*, December 13, 2022, https://www.tehrantimes.com/news/479704/China-voices-support-for-Iran-s-territorial-integrity.

[4] 《中华人民共和国和伊朗伊斯兰共和国联合声明》，中华人民共和国外交部，2023年2月16日，http://switzerlandemb.fmprc.gov.cn/web/zyxw/202302/t20230216_11025836.shtml。

(三) 伊朗努力改善与周边国家关系

伊朗总统莱希自执政之后实施"睦邻外交"策略，积极与周边国家沟通互动。首先是与海湾阿拉伯国家的关系有所缓和，特别是与沙特、阿联酋、阿曼等国家；其次是强化了与中亚国家的关系。

伊朗和沙特的关系一直是中东地区的焦点，但是两国自2021年起就不断接触互动。2022年4月，两国在伊拉克首都巴格达举行了第五轮直接会谈。这次会谈原定于3月举行，但是由于沙特处决了一些什叶派教徒，导致会晤被推迟。① 第五轮会谈最终能够举行离不开伊拉克和阿曼的斡旋努力。② 而沙特与胡塞武装停火也为伊朗与沙特克服障碍、缓和两国矛盾做出了贡献。伊拉克外长福阿德·侯赛因会后表示，沙特和伊朗在第五轮会谈中就10点谅解备忘录达成了一致。③ 第五轮会谈为伊朗与沙特的继续接触奠定了基础，但第六轮会谈由于伊拉克面临的政治危机而被推迟。至9月中旬，伊朗国内发生的抗议活动令伊朗与沙特的关系一度陷入僵局，因此第六轮会谈迟迟未能举行。不过在2022年底，沙特外长与伊朗外长在约旦会晤后依然表示希望恢复谈判并有更多的对话。④ 伊拉克外长福阿德·侯赛因在2023年2月表示，伊朗和沙特关系比过去更加积极，希望两国在巴格达恢复谈判以弥合分歧。⑤ 伊拉克在两国缓和关系的过程中发挥了重要的桥梁作用，但两国关系的正常化还需双方在彼此关切问题上做出重大让步，如地区代理人问题及伊核问题等。

伊朗与阿曼的关系也得到了加强。伊朗总统莱希时隔6年访问阿曼，

---

① "Iran, S. Arabia Hold Fifth Round of Talks in 'Positive Atmosphere'," *Tehran Times*, April 23, 2022, https://www.tehrantimes.com/news/471982/Iran-S-Arabia-hold-fifth-round-of-talks-in-positive-atmosphere.

② Maziar Motamedi, "Iran, Saudi Arabia Hold Fifth Round of Talks in Baghdad," *ALJazeera*, April 23, 2022, https://www.aljazeera.com/news/2022/4/23/iran-and-saudi-arabia-hold-stalled-5th-round-of-talks-in-baghdad.

③ "Tehran, Riyadh Reach 10-point MoU in Fifth Round of Talks-Iraq," *Iranintl*, April 25, 2022, https://www.iranintl.com/en/202204251672.

④ Maziar Motamedi, "Saudi Arabia Wants Dialogue After Jordan Meeting: Iran Minister," *Aljazeera*, December 21, 2022, https://www.aljazeera.com/news/2022/12/21/saudi-wants-dialogue-after-jordan-conference-irans-minister.

⑤ "Iran-Saudi Relations More Positive than in the Past: Iraqi FM," *Tehran Times*, February 13, 2023, https://www.tehrantimes.com/news/481919/Iran-Saudi-relations-more-positive-than-in-the-past-Iraqi-FM.

会见了阿曼苏丹及高级官员，讨论加强双边合作。在此之前，两国石油部长讨论重启因美国制裁搁浅的海上天然气管道项目。① 伊朗与阿联酋的关系也有重大进展。2022年8月，阿联酋驻伊朗大使赛义夫·穆罕默德·扎比时隔6年返回伊朗。② 伊朗与海湾阿拉伯国家的关系有了进一步提升。

2022年，伊朗与中亚国家的关系也得到了进一步的加强。哈萨克斯坦总统卡瑟姆若马尔特·托卡耶夫时隔6年访问伊朗，两国签署了9项谅解备忘录。③ 莱希还在托卡耶夫连任后表示希望德黑兰—阿斯塔纳联合委员会第18次会议尽快召开，进一步落实协议和提升合作成果。④ 塔吉克斯坦总统埃莫马利·拉赫曼时隔9年访问伊朗，两国签署了包括贸易、运输和能源等领域在内的17份文件，并制订了2023—2030年贸易和经济合作计划。⑤ 另外，土库曼斯坦总统谢尔达尔·别尔德穆哈梅多夫时隔6年访问伊朗，两国元首签署了包括经济、贸易、水电和天然气等领域在内的9项合作文件。⑥ 伊朗与中亚国家政治经济关系的加强，有利于其摆脱被制裁孤立的处境。

（四）伊朗在俄乌冲突中保持中立的同时加强与俄罗斯合作

俄乌冲突爆发后，伊朗坚持自身中立立场，如在几次联大谴责俄罗斯的投票中都投了弃权票。但是伊朗被西方国家一再指责亲俄。在伊朗与俄罗斯都面临美西方大规模制裁的背景下，两国关系的走近是不可避免的。

无人机事件彻底暴露了伊朗与西方在俄乌问题上的矛盾。从2022年9月起，西方国家根据乌克兰提供的信息指责伊朗向俄罗斯提供无人机。伊

---

① "Iran's President Raisi Arrives in Oman to Meet Sultan Bin Tariq," *Iranintl*, May 23, 2022, https://www.iranintl.com/en/202205239615.

② "UAE Ambassador to Iran to Return, 6 Years After Relations Severed," Aljazeera, August 21, 2022, https://www.aljazeera.com/news/2022/8/21/uae-says-ambassador-to-iran-to-return-to-tehran-in-coming-days.

③ "Raisi: I Will Travel to Nur-Sultan," *Tehran Times*, June 19, 2022, https://www.tehrantimes.com/news/473831/Raisi-I-will-travel-to-Nur-Sultan.

④ "Raisi Advocates Strengthening Tehran-Astana Ties," *Tehran Times*, November 22, 2022, https://www.tehrantimes.com/news/478967/Raisi-advocates-strengthening-Tehran-Astana-ties.

⑤ "17 Cooperation Documents: Tehran Bent on Regional Diplomacy," *Tehran Times*, May 30, 2022, https://www.tehrantimes.com/news/473189/17-cooperation-documents-Tehran-bent-on-regional-diplomacy.

⑥ "Iran, Turkmenistan Sign 9 Cooperation Documents," *Tehran Times*, June 15, 2022, https://www.tehrantimes.com/news/473665/Iran-Turkmenistan-sign-9-cooperation-documents.

朗一开始坚决否认,但在 11 月初,伊朗外长阿卜杜拉希扬证实,在俄对乌开战之前,伊朗已经向俄出售了数量有限的无人机。① 伊朗在无人机事件上坚持强硬立场,为此伊朗外交部表示,伊朗奉行基于"国家利益"的独立外交政策,与俄罗斯在不同领域的合作不用寻求"任何人的许可"。② 而后,伊朗国防部长穆罕默德·礼萨·阿什蒂亚尼在与乌克兰专家的技术会议后表示,乌克兰方面没有提供任何证据表明俄罗斯在战斗中部署了伊朗无人机。③ 但是乌克兰一直批评和指责伊朗,甚至呼吁清理伊朗的军事设施。这使得伊朗与乌克兰的矛盾日趋尖锐化。与此同时,伊朗全方面加强了与俄罗斯的关系,使其难以保持完全超脱的中立立场。伊朗在俄乌冲突中的矛盾态度与亲俄立场,也是促使欧盟借伊朗国内问题发难,对伊朗实施制裁的背后影响因素。

四、结语

2022 年,从旷日持久的伊核谈判,到加入上合组织及国内的抗议活动等,都将伊朗放在世界的聚光灯下。伊朗问题成为一个牵一发而动全身的地区问题,其政治稳定及未来走向也备受瞩目。而伊朗的外交动向,特别是其"向东看"的政策,也使其成为世界格局转型中的重要一环。伊朗进一步融入亚洲国家区域一体化的建设进程,使其战略地位与重要性进一步提升。伊朗在未来较长一段时期里仍然是大国博弈中一个不可忽视的角色。

---

① "Iranian, Ukrainian Specialists Meet to Clear Up Drone Ambiguities," *Tehran Times*, November 23, 2022, https://www.tehrantimes.com/news/479010/Iranian-Ukrainian-specialists-meet-to-clear-up-drone-ambiguities.

② "CIA Chief's Remarks Are Part of 'Propaganda War' Against Tehran: Foreign Ministry," *Tehran Times*, December 18, 2022, https://www.tehrantimes.com/news/479871/CIA-chief-s-remarks-are-part-of-propaganda-war-against-Tehran.

③ "Kiev Fails to Provide Evidence Iranian Drones Used in Ukraine: Defense Chief," *Tehran Times*, December 13, 2022, https://www.tehrantimes.com/news/479678/Kiev-fails-to-provide-evidence-Iranian-drones-used-in-Ukraine.

2022 年以色列的政治、经济和对外关系

钮 松 甄 诚[①]

【摘　要】

2022 年，以色列总体政局依旧呈现出持续动荡、复杂多变的特点，4 年内第五次议会选举后，内塔尼亚胡重返总理宝座。此次议会选举诞生的"史上最右"政府，使以色列的政治右倾化程度进一步加深，司法改革所引起的抗议运动成为当前以色列政治稳定性的主要挑战。在安全形势方面，2022 年，以色列国内发生恐怖袭击的次数与 2021 年相比有所增加，8 月巴以双方发生了为期 3 天的激烈武装冲突。2022 年，以色列国内生产总值继续上升，但通胀率攀升，以色列 4 次上调利率。内塔尼亚胡新政府上台以来，以色列对巴勒斯坦采取了更加强硬的政策。2022 年，以色列与阿拉伯国家关系转暖，继续大力发展与沙特的关系。美以仍互为重要盟友，但在诸多问题上存在分歧。2022 年是中以建交 30 周年，以色列与中国在多个领域的合作稳健推进。

【关键词】

以色列　政治形势　经济形势　对外关系

2022 年，以色列经济和外交关系总体发展有所改观，在经历 4 年内第五次议会选举后，内塔尼亚胡领导的利库德集团及其盟友再度赢得了大选的胜利并最终成功组阁，以色列政治继续向右倾化发展。以色列国内反对

[①] 钮松，上海外国语大学中东研究所研究员；甄诚，上海外国语大学中东研究所 2022 级博士生。本文是第三届上海外国语大学青年教师科研创新团队"百年未有大变局之下的中东政治变迁研究"（项目编号：2020114046）的成果。

司法改革的抗议运动不断发酵，这为内塔尼亚胡领导的六党联盟政府的执政前景蒙上一层阴影。以色列国内遭遇恐袭次数较2021年有所增加。2022年，以色列经济形势良好，GDP增速增长强劲，出口额创历史新高。以色列在外交方面继续与传统外交伙伴保持良好关系。以色列虽历经政府更迭，但与美国关系平稳发展。2022年7月14日，美国总统拜登和以色列总理拉皮德在耶路撒冷会晤，并通过了《美以战略伙伴关系耶路撒冷联合声明》。以色列加大力度推动与相关阿拉伯国家的合作，以阿关系继续转暖，但约旦河西岸的犹太人定居点建设问题仍是诱发巴以持续冲突的主要矛盾点。2022年是中以建交30周年，以色列与中国在多个领域展开合作。

一、以色列的政治形势

（一）以色列的政局情况

2022年以来，以色列政局依旧呈现出持续动荡、复杂多变的特点。一方面，内塔尼亚胡领导的利库德集团依旧牢牢把控着议会的大多数席位，其领导的右翼阵营最终赢得了11月新一轮议会选举的胜利，在国内政局演变中占据巨大的优势；另一方面，这种优势又不足以确保内塔尼亚胡能够顺利组阁，为避免重蹈"赢了选票，输了选举"的覆辙，他在首先获得组阁权的前提下，最终通过组建"史上最右"政府的方式再度上台，在组阁问题上没有给对手组建政府的机会。尽管内塔尼亚胡新政府在2022年年底正式上台，但是针对内塔尼亚胡本人的贪腐调查依旧在继续，以色列国内反对司法改革的抗议运动正不断发酵，使利库德集团的执政前景蒙上一层阴影。值得注意的是，这个被称为"史上最右"的新政府在巴以问题上采取了更加强硬的政策，进而使巴以冲突持续升温，和伊朗的关系充满更多变数，地区和平前景变得更加扑朔迷离。

右翼政党和极右翼政党组建的联合政府，使得以色列政治右倾化程度持续加深。2022年6月，在纳夫塔利·贝内特总理领导的八党联盟政府组建一周年之际，国会议员马坦·卡哈纳在约旦河西岸犹太人定居点的一所高中发表争议性言论。[①] 随后，贝内特的长期盟友尼尔·奥尔巴赫宣布退

---

① "Was MK Matan Kahana Right about His Comments on Arabs?" *Jerusalem Post*, June 14, 2022, https：//www.jpost.com/opinion/article-709398.

出执政联盟，八党联盟在总数120个席位的议会中的议席数由61席减少为59席，丧失绝对多数的优势，成为议会少数派。① 2022年6月30日，一项旨在延长约旦河西岸犹太人定居点相关法律效力法案的表决，最终成了贝内特政府倒台的直接因素。贝内特政府在执政仅一年之后，旋即宣布解散议会，候任总理兼外长拉皮德于7月1日起担任看守政府总理。②

贝内特—拉皮德的八党联盟政府由意识形态各异的8个政党组成，其中包括2个左翼政党、3个右翼政党、2个中间派政党和1个阿拉伯政党。促使这些立场差异明显的政党走到一起的主要原因，是基于反对内塔尼亚胡这一共同目标，即试图终结内塔尼亚胡总理在以色列连续12年的执政生涯。尽管贝内特和拉皮德宣布解散八党联盟政府，主要是出于为下次议会选举蓄势的目的，但以色列最终重返选举"怪圈"，这清晰地表明了这些政党对内塔尼亚胡的反对并不足以让它们真正紧密团结在一起。③

2022年11月1日，以色列举行第25届议会选举，这是以色列4年内的第五次议会选举。共有40个政党和党派联盟角逐议会120个席位，支持内塔尼亚胡领导的右翼阵营的议席数达到64个（满足组建新政府的席位数至少达到61个的要求）。其中：内塔尼亚胡所在的利库德集团获得32个议席；极右翼宗教犹太复国主义者党获得14个议席；沙司党获得11个议席；哈瑞迪的联合托拉犹太教党获得7个议席；4个右翼政党累计获得议会席位64席，比看守政府总理拉皮德为首的中左派阵营获得的席位多出13席。④

2022年11月11日，以色列总统赫尔佐格根据选举结果，首先授权利库德集团领导人内塔尼亚胡牵头组阁，内塔尼亚胡则于21日晚在社交媒体发文宣布成功组建新一届政府，利库德集团当晚也发表声明，称内塔尼亚胡已正式通知总统赫尔佐格完成新政府组建。内塔尼亚胡任总理的新政府由利库德集团、沙斯党、宗教犹太复国主义者党等6个右翼和极右翼政党

---

① "Nir Orbach Nearing Deal to Bring down Bennett," *Jerusalem Post*, June 15, 2022, https://www.jpost.com/israel-news/article-709502.

② "Naftali Bennett Resigns from Position of Alternate Prime Ministers," *Jerusalem Post*, November 6, 2022, https://www.jpost.com/breaking-news/article-721594.

③ "Rating Bennett's Premiership after 100 Days in Power – Opinion," *Jerusalem Post*, September 30, 2021, https://www.jpost.com/opinion/rating-bennetts-premiership-after-100-days-in-power-opinion-680745.

④ "Israel Elections: Are We Barreling Toward A Sixth Election Round? – Analysis," *Jerusalem Post*, September 11, 2022, https://www.jpost.com/israel-elections/article-716900.

组成，因而被称为以色列"史上最右"的政府。以色列新政府对巴勒斯坦的态度相当强硬，带有鲜明的极端民族主义的特点，并将犹太人定居点扩张作为政府工作的重要事项。① 以色列政治右倾化是一个长期态势，有历史、社会和国际环境等多重因素的影响，并且与以色列特色的政党政治有着密切关联。以色列政治派别林立，包括了右翼、左翼和中间派政党，由于多党制之下权力分散，难有任何一个党派具备绝对优势而单独执政，往往需要争取其他党派进行联合执政，这使得一些看似无足轻重的小党的重要性得以凸显，往往成为决定以色列政局走向的"造王者"。因此，以色列政府的诸多决策往往会被这些有着各种利益诉求的小党所左右，这种结构性矛盾使得以色列政局更加脆弱，执政党联盟往往会被束缚住手脚，难以施展。内塔尼亚胡此番组阁的成功在于同右翼和极右翼政党的联合，因而在其执政后以色列政府整体的右倾化发展会是一个必然的过程。②

司法改革所引起的抗议运动成为当前以色列政治稳定性的主要挑战。2023年1月4日，以色列司法部长亚里夫·莱文宣布，将对以色列司法系统进行全面改革。相关计划包括加强内塔尼亚胡政府对司法任命的控制、削弱最高法院推翻立法或行政部门决定的能力等内容。此次司法改革计划大致包括五个方面：法官任免、司法审查、议会否决权、政府部门法律顾问、司法审查行政决策的"合理性"问题，其中最引人注目的便是法官任免机制改革。③

改革司法系统并非突如其来的决定，早在2022年11月议会选举期间，内塔尼亚胡及其极右翼和宗教政党盟友便毫不掩饰其司法改革目标，尤其是宗教锡安主义党领袖、后来出任财政部长的比撒列·斯莫特里奇早就发起了司法全面改革计划。④ 在此之前，法官选拔委员会由9名成员组成，包括3名最高法院法官、2名律师协会成员、2名议员和2名政府部长，任

---

① "Israel Elections: With Primary Elections over, Focus Returns to Mergers," *Jerusalem Post*, August 24, 2022, https://www.jpost.com/israel-elections/article-715497.
② "Israel Elections: Netanyahu Vows There Won't Be A Fifth Election," *Jerusalem Post*, November 16, 2022, https://www.jpost.com/opinion/article-722473.
③ "Western Wall Compromise: Israel's High Court to Hold Hearing," *Jerusalem Post*, February 28, 2023, https://www.jpost.com/israel-news/article-732902.
④ "Israeli Politicians Prioritize Power over People - Opinion," *Jerusalem Post*, March 7, 2023, https://www.jpost.com/opinion/article-733532.

免普通法官需要 9 人中的多数同意，而最高法院法官的任免更是需要 7 人同意。这就意味着没有委员会中专业法官或律协代表的支持，政治人物无法选择中意的法官，尤其是作为权力要害部门的最高法院成员。① 2023 年 1 月 7 日起，以色列国内已发起了多轮抗议示威活动，几乎每周都会发生大规模的抗议示威，认为这一司法改革旨在削弱司法机构的权力，减少其对政府施政的制衡。许多以色列民众担忧此举将削弱以色列的民主制度，甚至动摇国家体制。② 以色列新政府态度十分坚决，下定决心要改变建国以来的司法制度，其目的并非只是改革司法本身，而是认为摆脱司法掣肘后要实现的政策目标，才是事关以色列国家发展方向的关键问题。③ 2023 年 2 月 21 日，以色列议会正式通过内塔尼亚胡政府全面司法改革计划中第一项法案的一读。这项争议法案将改变法官的遴选程序，使执政联盟自动获得司法任命委员会多数席位，将司法任命置于政府的全面控制之下，还将阻止高等法院对以色列基本法进行监督。3 月 2 日，特拉维夫的抗议活动还一度升级为暴力冲突。

（二）以色列的安全形势

2022 年，以色列发生恐怖袭击次数总体比 2021 年增加。据辛贝特的报告统计，2022 年，以色列遭遇的恐袭次数为：1 月 251 次，其中加沙地带 3 次，约旦河西岸 187 次，比 2021 年 12 月的恐袭次数增加 37 次④；2 月 187 次，其中加沙地带 1 次，约旦河西岸 171 次⑤；3 月 190 次，其中加沙地带未发生恐怖袭击，约旦河西岸 161 次⑥；4 月 268 次，其中加沙地带

---

① "Netanyahu Trial: Filber Loves to Take Netanyahu's Side – Prosecutor," *Jerusalem Post*, April 27, 2022, https://www.jpost.com/israel-news/article-705281.

② "Protesters Prepare as Knesset Readies to Bring Judicial Reform to Vote," *Jerusalem Post*, February 19, 2023, https://www.jpost.com/israel-news/politics-and-diplomacy/article-732056.

③ "Netanyahu: Judicial Reform Protesters Are 'Dangerous', Just Want Chaos," *Jerusalem Post*, March 5, 2023, https://www.jpost.com/israel-news/politics-and-diplomacy/article-733400.

④ "Monthly Summary – January 2022," *Israeli Security Agency*, https://www.shabak.gov.il/SiteCollectionDocuments/Monthly%20Summary%20EN/Monthly%20Summary/אנגלית%20ינואר.pdf.

⑤ "Monthly Summary – February 2022," *Israeli Security Agency*, https://www.shabak.gov.il/SiteCollectionDocuments/Monthly%20Summary%20EN/Monthly%20Summary/דוח%20חודשי%20פברואר%20אנגלית2022.pdf.

⑥ "Monthly Summary – March 2022," *Israeli Security Agency*, https://www.shabak.gov.il/SiteCollectionDocuments/Monthly%20Summary%20EN/Monthly%20Summary/דוח%20חודשי%20אנגלית%20מרץ%20-%202022.pdf.

9次，约旦河西岸217次①；5月208次，其中加沙地带未发生恐怖袭击，约旦河西岸171次；6月189次，其中加沙地带1次，约旦河西岸171次；7月235次，其中加沙地带2次，约旦河西岸113次②；8月209次，其中加沙地带未发生恐怖袭击，约旦河西岸172次；9月254次，其中加沙地带未发生恐怖袭击，约旦河西岸42次；10月401次，其中加沙地带未发生恐怖袭击，约旦河西岸326次③；11月196次，其中加沙地带3次，约旦河西岸158次；12月214次，其中加沙地带2次，约旦河西岸188次。其中，2022年4月巴勒斯坦民众与以色列警察在耶路撒冷老城的圣殿山发生冲突，当月恐怖袭击次数显著增加。2022年10月，以色列军队和巴勒斯坦人在约旦河西岸发生冲突，当月约旦河西岸遭遇恐袭次数大幅度增加，由9月的42次增至10月的326次。

2022年8月，巴勒斯坦伊斯兰圣战组织（杰哈德）和以色列之间发生了为期3天的武装冲突。2022年8月5日，杰哈德向以色列发射火箭弹。以色列国防军对加沙的杰哈德相关目标进行新的大规模空袭，主要锁定武器生产基地、仓库和火箭发射阵地等，以军击中杰哈德多处目标，造成多名巴勒斯坦人死亡。据以方的说法，此举是回应加沙边境以色列平民和士兵遭遇持续"具体"的威胁。④ 8月7日，在埃及的调解下，杰哈德和以色列达成停火协议。在此次冲突中，杰哈德发射了大约1100枚火箭弹，其中200枚落在加沙。在穿越边境的990枚火箭弹中，380枚被"铁穹"拦截，拦截成功率为95%，另外，610枚落在海上和空地上。巴勒斯坦方面称共有35人死亡，其中26人是平民。26个平民中的11人在以色列空袭中丧生，另外15人则被落在加沙的杰哈德发射的火箭弹炸死。⑤

巴以紧张关系不可避免地波及以色列的安全。自2023年年初到3月，

---

① "Monthly Summary – April 2022," *Israeli Security Agency*, https：//www.shabak.gov.il/SiteCollectionDocuments/Monthly%20Summary%20EN/Monthly%20Summary/דוח%20חודשי%20אנגלית%20אפריל%202022.pdf.
② "Monthly Summary – July 2022," *Israeli Security Agency*, https：//www.shabak.gov.il/SiteCollectionDocuments/Monthly%20Summary%20EN/Monthly%20Summary/יולי%202022.pdf.
③ "Monthly Summary – October 2022," *Israeli Security Agency*, https：//www.shabak.gov.il/SiteCollectionDocuments/Monthly%20Summary%20EN/Monthly%20Summary/אוק%20אנגלית%202022.pdf.
④ "Islamic Jihad Fires Dozens of Rockets at Israel as IDF Hits Its Assets Across Gaza," *Times of Israel*, August 5, 2022, https：//www.timesofisrael.com/gaza-terrorists-fire-dozens-of-rockets-at-israel-as-idf-continues-to-strike-strip/.
⑤ "Islamic Jihad Rockets Killed More Civilians in Gaza than IDF Airstrikes Did," *Jerusalem Post*, August 8, 2022, https：//www.jpost.com/breaking-news/article-714165.

巴勒斯坦人在耶路撒冷和约旦河西岸发动的袭击引发以色列的反制，这导致至少有 64 名巴勒斯坦人丧生，其中大部分是在发动袭击或与以安全部队发生冲突时遇难。2023 年 3 月，1 名以色列男子在约旦河西岸南部遭到巴勒斯坦人枪击，此后胡瓦拉和附近城镇发生骚乱，导致 1 名巴勒斯坦人死亡、数人重伤，一些房屋和汽车被烧毁。①

2023 年 2 月 23 日，以色列总理、财政部长、国防部长和国防军参谋长在一份联合声明中商定并宣布了在国家预算框架内建立安全系统和国防军的计划。该协议规定强制服役、加强和武装以色列国防军、永久服役模式、固定人员工资和养老金等相关问题。②

2022 年 3 月，以色列发生有史以来最大规模网络攻击事件，内政部、卫生部、司法部和福利部网站均因遭受攻击而关闭，总理办公室的网站也因此关闭。以色列网络部门确认这是一次分布式拒绝服务（DDoS）③攻击，阻止了对政府网站的访问，而目前所有这些网站都已恢复在线。④ 2022 年 6 月 28 日，以色列国家网络理事会总干事加比·波特诺伊表示，以色列在 2021 年阻止了约 1500 起网络攻击，其中伊朗是发动网络攻击的主要参与者。以色列将与各国政府、学术机构、安全机构和网络防御公司合作建立一个广泛的网络防御铁穹。⑤

二、以色列的经济形势

尽管以色列政局持续波动，特别是 2022 年 7 月看守政府的诞生，使得以色列人不得不在不到 4 年的时间里第五次进行议会选举投票，但是该国

---

① "Man Lightly Wounded in West Bank Terror Shooting," *Times of Israel*, March 4, 2023, https://www.timesofisrael.com/man-shot-lightly-wounded-in-west-bank-terror-shooting/.
② "Multi-year Plan for IDF, Security System Announced," *Jerusalem Post*, February 23, 2023, https://www.jpost.com/breaking-news/article-732453.
③ 俗称"洪水攻击"。
④ "Israeli Government Sites Crash in Cyberattack," *Haaretz*, March 14, 2022, https://www.haaretz.com/israel-news/2022-03-14/ty-article/.premium/israeli-government-sites-crash-in-cyberattack/00000180-5b8b-d615-a9bf-dfdbecd30000.
⑤ "Israel Foiled 1,500 Hacking Attempts This Year, Cyber Chief Says," *Haaretz*, June 28, 2022, https://www.haaretz.com/middle-east-news/2022-06-28/ty-article/.premium/israel-foiled-1-500-hacking-attempts-this-year-cyber-chief-says/00000181-a95b-d1f6-aff9-bb5bf53c0001?v=1678021161110.

2022年的经济状况总体表现良好。2022年，以色列出口额创历史新高，逾1600亿美元。《经济学人》基于国内债务总额（GDD）、通胀、通胀幅度、股市表现、政府债务和金融指标等总分排名指出，2022年，以色列在经合组织国家名单中排名第4位。在调查中提到的34个富裕的经合组织国家中，以色列的经济与西班牙并列排第4位。由于不依赖俄罗斯石油和天然气供应，以色列经济表现好于经合组织国家的平均水平。[1]

2022年，以色列经济增长强劲，GDP增速为6.3%，消费支出、出口和投资稳步增长。虽然2022年第三季度GDP增长放缓至2.1%。私人消费略有收缩，但投资强劲增长。对商业部门的信心依然积极。劳动力市场紧张，就业率高于新冠病毒感染疫情危机前的水平。2022年10月，以色列消费者通胀指数为5.1%，低于大多数经合组织国家，但高于以色列央行1%—3%的目标范围。[2] 经合组织预计以色列GDP未来两年将增速放缓，2023年将放缓至2.8%，2024年将为3.4%。从长远来看，全球经济放缓将削弱以色列贸易伙伴的需求；高通胀将减缓可支配收入和私人消费；利率上升和股市估值下降将对投资造成压力。[3]

2022年，以色列的通胀率偏高。2021年和2022年的平均通胀率为5.5%，与2020年和2021年的平均通胀率（0.7%）相比，高出4.8个百分点。[4] 消费者物价指数（CPI）是衡量通胀的指标，跟踪食品、服装和交通等家庭用品的平均成本，但不包括单独追踪的房价。根据以色列中央统计局的最新数据，与2021年7月的CPI增长率5.2%相比，2022年7月的CPI增长率在此基础上增长了1.1%。中央统计局表示，尽管高于预计，但以色列的通胀率低于经合组织2022年7月9.1%的平均水平。[5] 目前以色

---

[1] "Israel ranked 4th – best – performing Economy among OECD countries in 2022," *Times of Israel*, December 26, 2022, https://www.timesofisrael.com/israel-ranked-4th-best-performing-economy-among-oecd-countries-in-2022/.

[2] "Israel Economy Grew 6.5% in 2022, Seen Near 3% in 2023," *Reuters*, February 16, 2023, https://www.reuters.com/world/middle-east/israel-economy-grew-65-2022-seen-near-3-2023-2023-02-16/.

[3] "Israel Economic Snapshot, November," OECD, 2022, https://www.oecd.org/economy/israel-economic-snapshot/.

[4] "CPI Reports December 2022," *Central Bureau of Statistics of Israel*, December 5, 2022, https://www.cbs.aw/wp/wp-content/uploads/2022/05/12-December-2022-1.pdf.

[5] "Bank of Israel Raises Interest Rate to 2% as Inflation Continues to Climb," *Times of Israel*, August 17, 2022, https://www.timesofisrael.com/bank-of-israel-raises-interest-rate-to-2-as-inflation-continues-to-climb/.

列通货膨胀已经变得越来越广泛，CPI 的增长速度超过了央行的标准。

为抑制通胀率持续攀升，以色列银行逐步上调利率。2022 年第一次加息在 4 月，当时以色列央行将基准利率从历史最低的 0.1% 上调至 0.35%，随后又上调至 0.75%。2022 年 7 月，以色列央行将利率上调至 1.25% 后的一个多月，利率出现了大幅上涨。2022 年 8 月，以色列央行将基准利率上调至 20 年来的最大幅度，即提升至 2.0%，提高了 0.75 个百分点，以控制过去 12 个月以 5.2% 增长的通胀，这是以色列 2022 年的第 4 次加息。因为以色列面临着 14 年来最快的年通胀率，而住房市场的价格年增长率为17.8%，涨幅明显高于往年，达到了以色列房价 10 年来增速巅峰。以色列不断上涨的生活和住房成本是 2022 年 11 月议会选举前的重要议程。根据以色列民主研究所（IDI）2022 年 8 月的一项调查来看，44% 的以色列受访者表示，某一政党的经济纲领及其解决生活成本上升的计划，是影响 11 月 1 日投票的主要因素。①

以色列失业率在 2022 年 7 月和 12 月有小幅上升。根据以色列中央统计局统计，2022 年，以色列的总体失业率在 7 月小幅上升至 6.6%，约有 15300 名以色列人登记为失业人员。以色列政府表示，失业率上涨可能是季节性的。② 2022 年 11 月，以色列失业人数为 18.11 万人，占劳动力总数的 4.1%。2022 年 12 月，以色列失业率略有上升，失业人数为 18.93 万人，上升至劳动力总数的 4.2%。③

三、以色列的对外关系

（一）巴以关系

2022 年，巴以关系依旧在持续不断的冲突中举步维艰，其中主要以犹太人定居点的扩张为主要矛盾的爆发点，这是巴以关系难以缓和的一个重

---

① "Bank of Israel Raises Interest Rate to 2% as Inflation Continues to Climb," *Times of Israel*, August 17, 2022, https://www.timesofisrael.com/bank-of-israel-raises-interest-rate-to-2-as-inflation-continues-to-climb/.

② "Unemployment rate edges up to 6.6%," *Times of Israel*, August 17, 2022, https://www.timesofisrael.com/liveblog_entry/unemployment-rate-edges-up-to-6-6/.

③ "Unemployment in Israel Rose Slightly in December 22," *Jerusalem Post*, January 23, 2023, https://www.jpost.com/breaking-news/article-729328.

要症结所在。为了保障自身的生存权,巴勒斯坦人不得不和掌握绝对实力的以色列"以卵击石"。巴以局势继续呈现以色列、巴解组织与哈马斯之间错综复杂的博弈局面,巴以关系的前景更加晦涩难明。

2022年3月12日,加沙地带成立"国家和伊斯兰力量后续委员会"(FCNIF),杰哈德高级领导人哈立德·巴什任协调员,该委员会主要负责对以色列阿拉伯人提供支持,以达成"所有人在巴勒斯坦解放事业中的联合"①。这表明巴勒斯坦方面也充分认识到在巴以关系中仅凭暴力斗争,会存在效能低和可持续性差等特点,转而寻求路径上的突破。

2022年8月7日,杰哈德高级成员巴塞姆·萨迪的被捕使巴以冲突再度爆发。以色列国防军称该组织有具体计划来袭击边界附近的以色列人,并对加沙地带附近的社区实施了严格的行动限制,虽然双方在埃及的斡旋下达成停火协议②,但是暂时性停火并不能解决持续性的问题,巴以双方尤为需要注意的是如何管控各自内部的不同意见,从而避免局势再次恶化。③

2023年1月3日,以色列首任国家安全部部长、极右翼代表人物伊塔马尔·本-格维尔强行访问位于耶路撒冷老城的阿克萨清真寺广场,引发了巴勒斯坦各派别的强烈谴责和不满。④ 这表明以色列新政府中的极右翼势力力推对巴勒斯坦施行更为强硬的政策,且不惜在敏感地区制造热点,以谋求自身在国内政局中的优势地位,此举已受到广泛关注并引起国际社会的普遍担忧。2023年1月26日,巴解组织执行委员会成员瓦塞尔·阿布·优素福宣布立即暂停与以色列的安全协调关系,并将此作为对以色列在杰宁难民营的军事行动中杀死9名巴勒斯坦人的回应。就在优素福和巴勒斯坦人民党秘书长巴萨姆·萨利希等人发表讲话之前,巴勒斯坦领导人阿巴斯在拉马拉再次举行会议,讨论约旦河西岸和耶路撒冷最近的紧张局势和暴力事件,会议最终决定拒绝美欧等国要求其改变决定、暂停与以色

---

① Khaled Abu Toameh, "Gaza Factions Form Body to 'Support' Israeli Arabs," *Jerusalem Post*, March 12, 2022, https://www.jpost.com/middle-east/article-701074.

② "The Many Faces of Democracy in Jerusalem – Opinion," *Jerusalem Post*, March 2, 2023, https://www.jpost.com/opinion/article-733117.

③ Gershon Baskin, "Confronting the Extremists on Both Sides – Opinion," June 1, 2022, *Jerusalem Post*, https://www.jpost.com/opinion/article-708315.

④ "Ben Gvir Visits Temple Mount for 1st Time as Minister, Despite Indicating He'd Delay," January 3, 2023, *Times of Israel*, https://www.timesofisrael.com/despite-report-hed-delay-ben-gvir-visits-temple-mount-for-1st-time-as-minister/.

列的安全协调，并在国际舞台上对以色列展开外交攻势的压力。①

2023年2月25日，以色列和巴勒斯坦官员在约旦红海港口亚喀巴开始谈判，试图缓和两国关系，此前以色列国家安全部部长进入阿克萨清真寺广场的举动使得巴以双方冲突激增，引发了人们对巴以双方产生更广泛冲突的担忧；会议期间，以色列和巴勒斯坦共同讨论了"缓解巴勒斯坦人民痛苦的安全和经济措施"②。随着以色列新政府的上台，对巴强硬的基本策略难有改变，对于巴以关系是否能进一步平稳向好发展受到普遍质疑。

（二）阿以关系

2022年，以色列与阿拉伯国家关系的正常化不断加深和扩大，同时加大了发展对沙特关系的力度。以色列与已实现关系正常化的阿联酋、巴林和摩洛哥等国家继续开展高级官员的互访，并签署经济协议来增加双边贸易，启动新的民事合作倡议。此外，安全合作和武器贸易也得到加强。以色列与阿拉伯国家之间的安全合作在不断扩大，如"内盖夫论坛"，以及包括以色列、阿联酋、美国和印度在内的I2U2③四边框架。以色列新政府表示，将继续加强对沙外交，推进双边关系朝着正常化迈进。④

2022年3月，以色列总理贝内特在埃及参加了以色列、埃及和阿联酋领导人的首次三方峰会。三方峰会标志着《亚伯拉罕协议》取得的最新进展，有助于进一步推进以色列在该协议框架下与阿联酋、巴林和摩洛哥等阿拉伯国家的关系正常化。⑤

以色列与埃及进一步开展能源合作。2022年6月，以色列、埃及和欧盟签署天然气协议。以色列的天然气将通过管道输送到埃及的液化设施，

---

① "Palestinian Leadership 'Rebuffs' Pressure to Resume Security Coordination," *Jerusalem Post*, February 4, 2023, https://www.jpost.com/israel-news/article-730575.

② "Security Summit between Palestinian Authority, Israel in Jordan Today," *Jerusalem Post*, February 25, 2023, https：//www.jpost.com/middle-east/article-732693.

③ I2U2是指两个以字母I开头的国家（印度、以色列）和两个以字母U开头的国家（美国、阿联酋）。

④ "Semi-Annual Trends in Israel's Regional Foreign Policy July-December 2022," *MITVIM*, 2002, https://mitvim.org.il/en/semi-annual-trends-in-israels-regional-foreign-policy-july-december-2022/.

⑤ "Bennett in Egypt for First-ever Trilateral Summit with Sissi and UAE Crown Prince," *Times of Israel*, March 21, 2022, https://www.timesofisrael.com/bennett-in-egypt-for-first-ever-trilateral-summit-with-sissi-and-uae-crown-prince/.

最后运往欧洲。该协议是以色列与埃及之间的又一新合作。①

以色列继续加强与约旦的联系。2022年11月，以色列与约旦签署了关于约旦河生态恢复和可持续发展合作的《联合意向声明》。污染和水量减少是治理约旦河所面临的首要问题，以约两国都将恢复约旦河生态作为重要环境治理目标。在《联合意向声明》中，双方同意约旦河的水生态修复需要采取跨界行动，并认为修复河流有望为两国的合作创造新的机会，有助于改善河流两岸人民的生活质量，并增加就业潜力。作为《联合意向声明》规定的措施的一部分，以色列和约旦将努力消除各自领土上的污染源，建设废水处理设施，将沿河社区与先进的污水基础设施连接起来，并处理其他污染源。此外，它们将根据各自的计划改善河水质量。双方也认识到科学和学术合作的重要性，并推动建立约旦河沿岸河流修复区域研究中心。除此之外，两国还将致力于促进区域旅游业，以期在该地区创造更多的就业机会，并促进可持续农业，包括控制农业排水和减少化学农药的使用。②

（三）美以关系

美以关系继续成为以色列政府的工作重心。拜登政府上台后，内塔尼亚胡总理与特朗普总统之间的亲密互动瞬间成为美以关系的某种"负资产"。拜登就任总统后，在诸多涉外议题上刻意表现出与特朗普的不同，并与其国际政坛"朋友圈"拉开一定距离，其中便包括内塔尼亚胡。即便如此，拜登政府的中东政策与其前任政府并没有根本的立场不同。

2022年7月14日，美国总统拜登和以色列看守政府总理拉皮德在耶路撒冷会晤，并发表了《美以战略伙伴关系耶路撒冷联合声明》，重申美国对以色列的安全承诺，并进一步确认美以战略伙伴关系建立在共同的价值观、共同的利益和真正的友谊基础之上。此外，美国和以色列确认两国共同的价值观之一是坚定不移地在全球推广"自由民主"。③

---

① Sarah El Safty and Ari Rabinovitch, "EU, Israel and Egypt Sign Deal to Boost East Med Gas Exports to Europe," *Reuters*, June 15, 2022, https://www.reuters.com/business/energy/eu-israel-egypt-sign-deal-boost-east-med-gas-exports-europe-2022-06-15/.

② "Joining Forces to Address Climate Change Impact: Israel and Jordan to Cooperate on Jordan River Restoration," *Ministry of Environmental Protection of Israel*, November 17, 2022, https://www.gov.il/en/departments/news/israel_jordan_environmental_cooperation.

③ "The Jerusalem US-Israel Strategic Partnership Joint Declaration," *The White House*, July 14, 2022, https://www.whitehouse.gov/briefing-room/statements-releases/2022/07/14/the-jerusalem-u-s-israel-strategic-partnership-joint-declaration/.

2022年，美国与以色列之间的经济合作关系紧密。2022年11月15日，美国和以色列在耶路撒冷召开了美国—以色列联合经济发展集团第37届论坛，这是两国间年度经济政策对话。论坛期间，美以进一步密切了双方的经济联系，共同强调深化各领域的政策协调，并讨论了潜在的合作领域。① 美国和以色列还通过两国的科学基金会、农业研究与发展基金会等合作机制促进双方的科学文化交流。

2022年，美国继续推动以色列与阿拉伯国家关系正常化，不仅积极落实《亚伯拉罕协议》，还游说以色列成立了"内盖夫论坛"。2022年9月18日，以色列总理办公室发表声明，决定正式建立名为"内盖夫论坛"的区域合作机制，用来推动以色列与阿拉伯国家的合作。该论坛目前由美国、以色列、巴林、埃及、摩洛哥和阿联酋等国家组成。按照美方的说法，"内盖夫论坛"为以色列和阿拉伯国家之间的对话提供了一个新的平台，并建立了一个合作网络来促进中东地区的稳定和繁荣；除此之外，"内盖夫论坛"还可以作为谈判解决巴以冲突的桥梁，为推动巴以关系正常化提供了一个契机。②

为了将美以合作提升到新的高度，两国领导人启动了新的美以技术战略高级别对话。在科技合作上，美以仍保持密切联系。2022年7月，美国和以色列举行了技术问题高级别战略对话，就应对全球问题和新兴技术开展合作。近年来，美以不仅在经贸往来和技术合作上深化了关系，还在反恐和情报共享方面加深了合作。根据2016年两国签署的《谅解备忘录》来看，美国继续向以色列提供大量的援助。美以两国政府和企业之间的高层交往和技术部门之间的配合仍在继续。这一对话机制将在新兴技术和其他重要领域建立"美国—以色列技术伙伴关系"，其中涵盖了气候变化、人工智能、流行病防治等。③ 这一新的技术伙伴关系将挖掘美以两国的创新潜力，共同应对地缘政治挑战。在能源技术合作方面，美国—以色列能

---

① "Joint Statement on the US – Israel Joint Economic Development Group," *US Embassy in Israel*, November 18, 2022, https://www.il.usembassy.gov/joint-statement-on-the-u-s-israel-joint-economic-development-group/.

② "The Negev Forum Working Groups and Regional Cooperation Framework," *US Department of State*, January 10, 2023, https://www.state.gov/the-negev-forum-working-groups-and-regional-cooperation-framework/.

③ "US, Israel Announce New Tech Partnership in Health, Climate," Reuters, July 13, 2022, https://www.reuters.com/world/middle-east/us-israel-announce-new-tech-partnership-health-climate-2022-07-13/.

源合作计划支持两国在能源效率和替代能源方面的联合研发,包括生物燃料、储能、新的太阳能和风能项目、电动汽车以及提高电网效率等。①

除此之外,美国和以色列在许多关键领域还开展了广泛的双边合作和对话,从开创性的科技合作,到独特的情报共享和联合军事演习,再到共同应对气候变化、粮食安全和医疗保健等紧迫的非传统安全问题。

在地区合作上,美国有意整合印太与中东盟友。2022年7月,美国、以色列、印度和阿联酋参加了首届I2U2峰会。I2U2旨在运用四国的力量来应对共同的挑战,尤其注重在水资源、能源、交通、卫生和粮食安全方面的投资和联合倡议。美国期望借由印度的"桥梁"作用,将中东和印太这两个独立的战略板块联结起来。通过I2U2这一合作平台,还可以帮助以色列在相关领域开发像印度这样的新市场。②

(四)中以关系

2022年是中以建交30周年。中以关系在过去30年中迅速升温,并在经贸、投资、外交、反恐等多个领域展开合作。

在经贸往来方面,2022年,尽管仍受到新冠病毒感染疫情的影响,但中以经贸合作仍保持上升势头。据统计,2021年,中以双边贸易额为228亿美元,同比增长30.2%,其中中方出口额为153亿美元,同比增长36%,进口额为75.35亿美元,同比增长19.9%;而进入2022年,中以双边贸易额达到255亿美元,同比增长11.6%,其中中方出口额为165亿美元,同比增长7.9%,进口额为90亿美元,同比增长19%。目前中国已经是以色列在亚洲第一大和全球第二大贸易伙伴。③ 中以经贸合作仍然具有较大的韧性和潜力。

在人文交流方面,2022年9月5—9日,由中国科技部、以色列经济与产业部、江苏省人民政府、以色列驻华使馆共同主办的"中国—以色列

---

① "DOE Announces Call For Joint US – Israel Clean Energy Technology Proposals," US Embassy in Israel, May 16, 2022, https://www.il.usembassy.gov/doe-announces-call-for-joint-u-s-israel-clean-energy-technology-proposals/.

② "Joint Statement of the Leaders of India, Israel, United Arab Emirates, and the United States (I2U2)," The White House, July 14, 2022, https://www.whitehouse.gov/briefing-room/statements-releases/2022/07/14/joint-statement-of-the-leaders-of-india-israel-united-arab-emirates-and-the-united-states-i2u2/.

③ 《中国同以色列的关系》,中国外交部,2023年1月,https://www.fmprc.gov.cn/web/gjhdq_676201/gj_676203/yz_676205/1206_677196/sbgx_677200/.

创新合作周"在江苏省常州市举行并取得丰硕成果。在平台载体方面，中以创新园区合作联盟成立。中以常州创新园等中方6个创新园区与以方6家孵化器首批加入；位于中以常州创新园的中以国际创新村开村，一期8万平方米的以色列特色国际社区已经投入使用，二期13万平方米的中以数字谷也将开工建设。① 在项目合作方面，本次活动共促成3项战略合作协议签约，29个项目签约落户园区。其中，9个中以技术合作与平台项目签约，总技术合作标的超300万美元，涵盖生命健康、自动驾驶、能源环保、现代农业等领域；9个以色列项目签约落户园区，总投资约1000万美元，涉及智能制造、生命健康、数字藏品等领域；11个数字经济和人才项目签约落户园区，总投资额近1.2亿元，涵盖"双碳"、芯片半导体、工业互联网、新材料等高端产业领域。② "中国—以色列创新合作周"不仅提供了创新成果的交流展示平台，更体现出中以常州创新园对国际合作新趋势的引领力，还直观展示出国内外最新技术、最新应用场景和最新商业业态等，广泛的人文交流推动中以合作迈上了一个新的台阶。

　　创新合作也是2022年中以双方关系的亮点之一。以色列在现代农业、生命健康、信息通信、绿色环保等领域处于世界领先水平，中国近年来也在大力提升自主创新能力。自2017年中以宣布建立创新全面伙伴关系以来，两国的创新合作不断迈向新的台阶。2022年1月24日，两国成功召开中以创新合作联合委员会第五次会议，并签署了《中以创新合作行动计划（2022—2024）》，双方决定深化在医疗保健、应急准备、医务人员培训等领域的合作，为两国关系注入新的动力。中以之间的创新合作已经开始跨越现代农业、医疗设备、网络安全和智慧城市等领域。③

　　然而，美国因素仍然是以色列对华关系的重要考量。2022年，美国《国家安全战略》报告提出，美国要保持对于中国长期的竞争优势，这导致以色列在对华关系上面临着地缘政治和商业利益的双重考量。2022年9月28日，美国国家安全顾问沙利文和以色列国家安全顾问埃亚尔·胡拉塔在华盛顿举行了美国—以色列技术战略高级别对话第一次会议，决定利用

---

① 《2022中国—以色列创新合作周取得一批成果》，江苏省人民政府，2022年9月20日，http://www.jiangsu.gov.cn/art/2022/9/20/art_84323_10623021.html。
② 《2022中国—以色列创新合作周闭幕"中以创新汇"路演特拉维夫站启动》，常州市武进区人民政府，2022年9月13日，http://www.wj.gov.cn/html/czwj/2022/FAOHPMEF_0913/426715.html。
③ 《王岐山主持中以创新合作联合委员会第五次会议》，新华社，2022年1月24日。

现有的合作机制或根据需要建立新的双边渠道,以推进双方的科技合作,号称对于人工智能技术达成了共识,以防止中国获得这类敏感技术。① 中以高新技术合作受到美国因素的干扰。

四、结语

2022年,以色列国内政治局势复杂且脆弱。内塔尼亚胡新政府内部仍存在不稳定因素。以色列政界和民间围绕司法改革和安全等关键问题正展开激烈斗争。在国内安全形势上,2022年以色列国内恐袭事件时有发生,尤其是巴以双方在8月中旬爆发了激烈的武装冲突,严重影响了以色列国内安全局势。在经济局势上,以色列经济发展增速稳定,各项经济数据指标有正面改善,但通货膨胀不容忽视。在对外关系上,巴以问题仍然是以色列融入国际社会的主要挑战。虽然以色列在《亚伯拉罕协议》后与诸多阿拉伯国家关系持续转暖,但是2022年约旦河西岸犹太人定居点问题引起以色列国内外诸多动荡。以色列与中美等国关系相对稳定。2022年年底,内塔尼亚胡新政府的最终上台,既是2022年以色列政治、经济和对外关系态势综合作用的结果,也是以色列的政治、经济与对外关系走势产生深远影响的因素。

---

① "US – Israel Strategic High – Level Dialogue on Technology," The White House, September 30, 2022, https://www.whitehouse.gov/briefing – room/statements – releases/2022/09/30/fact – sheet – u – s – israel – strategic – high – level – dialogue – on – technology/.

2022年土耳其的政治、经济和对外关系

邹志强[①]

【摘　要】

2022年，土耳其执政联盟与反对派之间的政治角力逐步加剧，国内政治阵营化对峙格局更为突出。面对国内政治压力，埃尔多安政府重点强调执政20年来的整体政绩，提出"土耳其世纪"愿景，努力重塑政府信心。土耳其实现了出口和经济增长，但深陷通胀危机，里拉继续贬值，脆弱性依旧突出。经济形势恶化让土耳其政府面临更大的政治压力，特别是严重的通胀削弱了埃尔多安的支持基础。俄乌冲突成为影响2022年土耳其对外关系的首要因素，俄土关系面临调整压力，与西方关系得以改善但依然矛盾重重，与中东多国关系实现正常化，地区国际环境明显改善。

【关键词】

土耳其　2023年愿景　"土耳其世纪"　俄乌冲突

在2023年迎来大选和建国100周年的背景下，土耳其国内政治格局加快了演变步伐，执政联盟与反对派之间的政治角力逐步加剧，同时国内经济遭遇严重通胀危机，埃尔多安政府面临的国内压力持续上升，2023年大选的不确定性日益增大。

---

① 邹志强，复旦大学中东研究中心研究员。

一、土耳其的政治形势

（一）国内政治阵营化对峙加剧

从国内基本政治格局来看，土耳其总统埃尔多安依旧大权独揽，反对党加快联合抱团，政治两极分化和两大阵营博弈态势更为显著。政治极化和经济问题凸显扩大了国内关于总统制与议会制孰优孰劣、埃尔多安威权主义的争议，进而影响到国家发展道路的认知与选择。在此背景下，埃尔多安政府面临着前所未有的严峻考验，争取选民支持和赢得下届大选成为其首要任务，经济、社会与外交政策也深受政治压力的塑造。正发党及其主要盟友民族行动党组成"人民联盟"，2022年6月，埃尔多安正式宣布作为"人民联盟"候选人参加2023年总统竞选。针对民调支持率下降的挑战，3月31日，正发党联合盟友民族行动党通过了选举法修改法案，降低了政党的议会准入门槛（从10%降为7%），以使民族行动党能够进入议会。

反对党以反埃尔多安为共同诉求联合起来，酝酿推出统一的总统候选人和采取共同的选举策略，组成反对派阵营"民族联盟"。2022年2月之后，共和人民党、好党、民主进步党、未来党、民主党、幸福党等6个反对党领导人举行了多次会议，发表了共同声明和政策主张，直指土耳其政治和经济危机的根源就是总统制，希望在2023年大选中击败埃尔多安，结束其20年的"一人统治"。[1] 但反对党联盟内部矛盾重重，迟迟未能推出统一的总统候选人，没有提出系统的经济社会政策，也无力解决库尔德问题，能否对埃尔多安形成重大挑战存在疑问。正发党的民意支持率依然领先于其他政党，但领先幅度不断缩小，且执政党阵营的总体支持率已落后于反对党阵营，很可能失去议会多数席位。近年来的经济问题导致正发党

---

[1] "Turkey's Opposition Unites in Advance of 2023 Elections," *Al-Monitor*, March 1, 2022, https://www.al-monitor.com/originals/2022/03/turkeys-opposition-unites-advance-2023-elections; "Opposition Bloc to Rule Turkey with de facto Parliamentary System if It Unseats Erdoğan in 2023," *Turkish Minute*, December 1, 2022, https://www.turkishminute.com/2022/12/01/osition-bloc-to-rule-turkey-with-de-facto-parliamentary-system-if-it-unseats-erdogan-in-2023/.

与埃尔多安的支持率下滑,领先反对党的幅度已经明显缩小。①

总体来看,埃尔多安掌握着执政优势与主动权,其最大挑战并不是来自反对党,而取决于国内经济社会的稳定和选民支持基础的巩固。从2022年的多次民调来看,执政党阵营的民意支持率依然领先于反对党阵营,正发党以33.4%领先于排名第二的共和人民党(25.8%),正发党及其盟友民族行动党合计支持率为40.8%,6大反对党合计为46.4%。② 埃尔多安能否在2023年总统大选获胜存在很大不确定性。

(二) 埃尔多安努力重塑政府信心

面对国内政治压力,埃尔多安政府重点强调从2002年执政以来的整体政绩,以淡化近年来经济方面的欠佳表现。从2022年新年致辞开始,埃尔多安多次满怀信心地展望未来,在各种场合反复宣示土耳其将实现2023年愿景目标,数十次提到土耳其将成为全球十大经济体之一,宣称土耳其正在逐步接近实现发展目标。他强调土耳其在基础设施、教育、医疗、城建、国防、法律等各领域取得的成绩,开创了土耳其发展的新时代。埃尔多安宣称,在过去20年里土耳其实现了共和国成立以来民主和发展的最大飞跃,现在土耳其比以往任何时候都更接近于在两个世纪以来所追求的民主与繁荣的成功目标。③ 在前往凡省、萨卡里亚、马拉蒂亚等地视察和出席相关活动中,埃尔多安反复展示促进当地发展繁荣的心愿和行动,通过数字和行动来展现20年来对当地的公共投资与发展贡献,表示竭力为全体土耳其民众服务,号召统一与团结。在发布2023年财政预算时,埃尔多安强调20年来土耳其的教育预算增长了58倍,从2002年的103亿里拉增长

---

① "Halka'Türkiye'nin en önemli sorunu nedir?'diye soruldu!'Ekonomi ve hayat pahalılığı'bütün sıkıntıların başını çekiyor!" *Sondakika*,1 Şubat 2022,https://www.sondakika.com/politika/haber-halka-turkiye-nin-en-onemli-sorunu-nedir-diye-1470540 4/;"Turkey's Economic Woes Are Hurting Erdogan-Polls," *US News*,January 11,2022,https://www.usnews.com/news/world/articles/2022-01-11/turkeys-economic-woes-are-hurting-erdogan-polls.

② "Election Trends and Current Polls for Turkey," *PolitiPro*,https://politpro.eu/en/turkey/.

③ "The Greatest Leap Forward in Democracy and Development in Türkiye after the Foundation of the Republic Has Taken Place over the Past 20 Years," Presidency of the Republic of Turkey (TCCB), April 27,2022. 文中引用的埃尔多安讲话均来自土耳其总统府网站(https://www.tccb.gov.tr/),下文不再列出网址。

至2023年的6500亿里拉；社会援助预算从20亿里拉增加到2580亿里拉。① 他也多次表示，在全球动荡不安的局势下，土耳其保持了稳定与发展，并变得更加强大，跻身世界先进国家之列。在世界正经历战争、冲突、政治和经济危机以及社会动荡之际，土耳其朝着既定目标全速前进，一步步建设伟大而强大的土耳其。②

埃尔多安多次表示，"我们已经让全世界认识到土耳其的政治、经济和外交实力"。③ 凭借过去20年在土耳其建立的强大基础和信心，土耳其正在朝着新的愿景和目标迈进；土耳其是一个在本地区和世界上越来越强大的国家，已经超越了地区领导地位，在全球范围内都拥有发言权。④ 通过安塔利亚外交论坛、斡旋俄乌冲突等努力，土耳其巩固了作为外交斡旋中心的地位；提高了在地区和全球舞台上的政治影响力；土耳其在国内外打击恐怖主义的成效显著，土耳其是世界最大的人道主义援助国之一。2022年6月，土耳其将英文国名在联合国等国际舞台上正式改为土耳其语拼写，被视为土耳其新时代的象征之一。埃尔多安表示，土耳其现在更加民主自由、更加和平繁荣，外交卓有成效，在包括联合国和北约在内的每个平台上无惧地捍卫国家利益，并以其发展和人道主义援助为世界树立了榜样。⑤ 8月29日和10月29日，埃尔多安在参加国家胜利日、国庆节相关活动时表示，土耳其坚定地走上了建设光明繁荣未来的道路，在新的世界体系中获得了应有的地位。过去20年内弥补了土耳其长达两个世纪的国家发展不足，消除了发展障碍，在各领域都将国家提升到了当代文明水平之上。⑥ "我们翻开了土耳其政治的新篇章，以服务、投资、项目和改革书

---

① "We Have Prepared a Budget Whereby We Allocate Resources to Every Sector and Area in Keeping with Our Goals for 2023," TCCB, October 19, 2022.
② "Türkiye Is Progressing towards Its Goals without Deviating from Its Route at a Time When the World Is Going through a Painful Period," TCCB, May 9, 2022; "Our Country Determinedly Marches towards Its Goal of the Great and Powerful Türkiye," TCCB, August 22, 2022.
③ "We Have Made the Whole World Acknowledge Türkiye's Political and Diplomatic Strength," TCCB, July 23, 2022; "We Have Made All Acknowledge Türkiye's Political, Economic and Diplomatic Strength," TCCB, August 1, 2022.
④ "Türkiye Now Has a Say on a Global Scale," TCCB, November 22, 2022.
⑤ "Türkiye Now Fearlessly Defends Its National Interests on Every Platform," TCCB, August 15, 2022.
⑥ "Türkiye Determinedly Advances on the Path to Building a Bright and Prosperous Future for Itself," TCCB, August 29, 2022; "We Have Raised Our Country above the Level of Contemporary Civilization in Every Area," TCCB, August 29, 2022; "We Are Working round the Clock to Elevate the Republic of Türkiye 'even above the Level of Contemporary Civilizations'," TCCB, October 29, 2022.

写了土耳其的民主发展历史",而土耳其的政治、外交、经济和军事力量确保了所有国民的和平与繁荣未来。①

埃尔多安提出"土耳其世纪"重大倡议来迎接建国百年的到来。② 土耳其政府宣称在新的百年中将引入更多的投资与项目,以"土耳其世纪"愿景带来更大的成功。"2023 年将是土耳其历史上的一个里程碑,我们的人民将在回到过去的旧时代和迈向民主与发展的光明未来之间做出选择。"③ 在 8 月 15 日的正发党成立 21 周年纪念仪式上,埃尔多安宣称正发党开启了土耳其的新时代,2023 年愿景建立在成为世界上政治和经济规模最大的国家之一的目标之上,必将赢得 2023 年选举胜利。④ 2022 年 10 月国庆节前后,埃尔多安表示正以极大的热情为共和国百年诞辰做准备,"土耳其世纪"倡议不仅旨在提升国家繁荣,也使之成为一个地区和全球强国,将为共和国的新百年打造一个强有力的开端,土耳其将迎来一个拥抱可持续发展、科学、和平、稳定、生产、青年、价值观、巨大成就、独立与未来的新世纪。⑤ 从埃尔多安的讲话来看,医疗卫生、人民与国家安全等都成为"土耳其世纪"倡议的优先事项与重要内容,并决心实现这一宏伟计划。"土耳其世纪"计划"为国家提供了希望的灯塔,将带着更大的梦想和激情进入共和国的新世纪"⑥。

此外,埃尔多安继续呼吁制定一部新宪法。在肯定 2002 年以来对既有宪法进行了最全面、最根本的必要修正的同时,他指出 1982 年宪法成为政治僵局的根源,再次暗示有必要制定一部新宪法。⑦ 在 2022 年 10 月 1 日的新一届大国民会议开幕式上,埃尔多安表示本届议会进行了共和国历史上

---

① "We Have Turned a New Page in the Turkish Politics and Filled It with Reforms," TCCB, November 5, 2022; "Türkiye's Political, Diplomatic, Economic and Military Power Ensures the Peaceful and Prosperous Future of Millions of Our Brothers and Sisters," TCCB, November 28, 2022.

② "We Are Preparing to Welcome Our Republic's Centenary with the 'Century of Türkiye' Initiative," TCCB, October 11, 2022; "With Our Century of Türkiye Programme, We Aim to Make a Strong Beginning to Our Republic's New Century," TCCB, October 28, 2022.

③ "The Sun of a Great and Powerful Türkiye Will Rise Very Soon," TCCB, February 17, 2022.

④ "Türkiye Builds Its 2023 Vision on the Goal of Being One of the Biggest in the World in Terms of Politics and Economy," TCCB, August 15, 2022.

⑤ "With Our Century of Türkiye Programme, We Aim to Make a Strong Beginning to Our Republic's New Century," TCCB, October 28, 2022.

⑥ "With the Century of Türkiye Programme, We Have Offered Our Nation a Beacon of Hope," TCCB, November 30, 2022.

⑦ "The Circle of Justice, Which Had Guided Our Ancestors throughout Centuries, Has Been Our Reference Point in Legal Arrangements since 2002," TCCB, April 25, 2022.

最根本性的改革，未来希望能够完成新宪法的工作。"引入一部新宪法是我们对土耳其百年愿景的主要目标之一"①。

二、土耳其的经济形势

经济形势恶化让埃尔多安阵营面临更大的政治压力，严重的通胀和持续的经济危机无疑削弱了埃尔多安的支持基础，对其权力地位构成重大考验。2022年初，土耳其多个机构的调查显示，当前土耳其人最关心的是经济问题，有超过2/3的被调查者认为经济和生活成本是最大的问题，对政府的经济政策表示质疑。②为此，土耳其政府继续推行新经济措施，实行低利率政策，积极吸引投资和扩大出口，同时以保增长与就业外加多种补贴来对抗严重的通胀问题，服务于政治目标，经济问题政治化、经济政策工具化特征日益突出。

在2022年新年致辞中，埃尔多安表示在投资、就业、生产、出口和经常账户盈余的基础上启动了增长进程，"开始了一场历史性的经济转型"。③埃尔多安数十次表示将实现2023年愿景发展目标，土耳其要走上投资、生产和出口、就业增长为基础的发展之路，但具体方案并不清晰。他表示，得益于过去20年建立的强大教育、医疗、交通、通信、能源、工业和技术基础设施，土耳其正走在成为世界领先的生产和出口中心之一的道路上。④埃尔多安经常宣扬2021年经济和出口实现的高增长率，以及2022年第一季度的经济与出口增长表现，强调土耳其经济政策的有效性与正确性。2022年9月，土耳其政府公布了3年经济规划（2023—2025），将继续坚持低利率政策，优先考虑生产、增长和出口，争取稳定汇率、降低通胀、实现经常账户盈余，计划将3年的经济增长率维持

---

① "With our Century of Türkiye Programme, We Aim to Make a Strong Beginning to Our Republic's New Century," TCCB, October 28, 2022.

② "'Türkiye'nin en önemli sorunu nedir?' anketi! Ekonomi ve hayat pahalılığı diğer seçenekleri ezdi geçti," *Haberler*, 1 Şubat 2022, https://www.haberler.com/ekonomi/turkiye-nin-en-onemli-sorunu-nedir-anketi-14705389-haberi/.

③ "We Have Started a Historic Transformation in Economy by Launching a Process of Growth Based on Production and Exportation," TCCB, December 31, 2021.

④ "We Are Advancing on the Path to Becoming One of the World's Leading Production and Export Hubs," TCCB, June 13, 2022.

在5%以上；通胀率和失业率逐渐降至10%以下。① 在2022年底的致辞中，埃尔多安表示全球性新冠病毒感染疫情以及随之而来的俄乌冲突带来了土耳其的经济动荡，但土耳其独特的政治经济模式依然表现不俗，坚持为实现2023年愿景目标而努力。②

埃尔多安将国内通胀问题归咎于外部因素，认为成本和外汇上涨无法解释国内价格飞涨，而是由全球性危机和反土耳其势力引发的。③ 土耳其希望经济摆脱高利率、高通胀的恶性循环。埃尔多安表示，经济领域面临的最大挑战是利率、汇率、通胀螺旋上升，强调不需要提高利率，而是通过投资、就业、生产、出口和经常盈余实现增长。④ 埃尔多安多次强调首要任务是通过增加就业来保障民生。某种程度上，能否提高工资收入和增加就业成为决定大选成败的关键，为此，政府进一步提高最低工资人群、公务员和退休人员的工资，并向贫困家庭发放补贴，向企业发放生产就业补贴和低成本贷款。埃尔多安承认经济面临挑战、民众承受着通胀之苦，表示政府将逐步"采取措施保护我们的人民免受高通胀和高生活成本的影响，包括提高最低工资、公务员工资和养老金"⑤。1月31日，埃尔多安宣布将农业补贴预算增加至290亿里拉；2月12日，宣布将基本食品的增值税税率从8%降至1%；7月1日起将最低工资提高至5500里拉；12月22日宣布将最低工资进一步提升至8500里拉；12月28日宣布取消退休年龄限制，使更多人可以立即获得退休收入。埃尔多安强调实行以就业为导向的经济计划，确保人民的就业、生计和未来，包括推出"百万就业岗位工程"，⑥通过资助培训和创新增加就业机会，启动"我的第一个家、我的第一项事业"大型住房搬迁项目等。

2022年，土耳其实现了出口和经济中速增长，但深陷通胀危机，里拉贬值压力持续增大，脆弱性更为突出。2022年，俄乌冲突带来的能源、粮食等大宗商品价格上涨对于土耳其经济来说伤害很大，恶化了经常账户赤

---

① 《土耳其发布三年经济规划促增长降通胀》，载《人民日报》，2022年9月6日，第17版。
② "I Wish Every Member of Our Nation as well as the Whole Humanity a Year Full of Peace and Welfare in 2023," TCCB, December 31, 2022.
③ "With the Century of Türkiye, We Want to Make Sure that Our Children Enjoy the Level of Security and Prosperity Longed for by Generations," TCCB, December 12, 2022.
④ "Our Country Determinedly Marches towards Its Goal of the Great and Powerful Türkiye," TCCB, August 22, 2022.
⑤ "We Are Taking Steps to Protect Our People from High Inflation," TCCB, January 31, 2022.
⑥ "President Erdoğan attends debut of '1 Million Jobs Project'," TCCB, December 29, 2022.

字和本已高企的通胀水平,加剧了金融脆弱性风险。从现实来看,土耳其将重点放在出口与投资上,以保增长与就业外加多种补贴来对抗通胀,稳定民众支持。2021年11月之后,土耳其央行维持14%的银行基准利率8个月未变,国内通胀并没有企稳,土耳其政府再次酝酿降息。2022年8月至11月,土耳其央行再次连续4次降息,至11月24日基准利率降至9%的低位,时隔约两年再次下降至个位数。① 在美元政策紧缩、全球加息抗通胀的大背景下,土耳其政府继续反其道而行之的非传统经济政策增大了其经济脆弱性。

根据土耳其国家统计局的数据,2022年,土耳其经济增长率为5.6%,GDP总量达到17.6万亿里拉(约10655亿美元)。② 分季度来看,2022年一至四季度的增长率分别为7.6%、7.8%、4%和3.5%,下半年经济增长率明显下滑。2022年,土耳其对外贸易出现显著增长,总额达到6179亿美元。其中出口为2542亿美元,增长了12.9%,但进口增长了34%,达到3637亿美元,这导致土耳其贸易逆差升高至1095亿美元的高位,大幅增长了137%。③ 埃尔多安多次表示,出口是土耳其经济计划的主要支柱之一,高调宣扬土耳其出口取得的快速增长成绩。

土耳其的通胀率快速攀升,从2022年1月的48.69%一路飙升至10月份的85.51%的峰值,8月份之后连续处于80%以上的高通胀状态,④ 创下24年来的历史最高纪录,土耳其也成为全球通胀最严重的主要经济体。高通胀之下,面包等食品和生活用品价格上涨了1倍以上,能源进口和交通运输成本飙升,国内房产价格也大幅上涨,民众购买力严重削弱。土耳其经济信心指数一直徘徊在100以下;工业生产指数一路下滑,从2月份的

---

① "Press Release on Interest Rates(2022-47),"The Central Bank of Turkey(TCMB), November 24, 2022, https://www.tcmb.gov.tr/wps/wcm/connect/EN/TCMB+EN/Main+Menu/Announcements/Press+Releases/2022/ANO2022-47.

② "Quarterly Gross Domestic Product, Quarter IV: October-December, 2022," TUIK, February 28, 2023, https://data.tuik.gov.tr/Bulten/Index?p=Quarterly-Gross-Domestic-Product-Quarter-IV:-October-December,-2022-49664&dil=2.

③ "Foreign Trade Statistics, December 2022," TUIK, January 31, 2023, https://data.tuik.gov.tr/Bulten/Index?p=Foreign-Trade-Statistics-December-2022-49633.

④ "Consumer Prices," TCMB, https://www.tcmb.gov.tr/wps/wcm/connect/EN/TCMB+EN/Main+Menu/Statistics/Inflation+Data/. 2022年1—12月通胀率分别为48.69%、54.44%、61.14%、69.97%、73.5%、78.62%、79.6%、80.21%、83.45%、85.51%、84.39%和64.27%。

14.1%降为11月的-1.1%。① 消费者信心指数从1月的73.2下降至6月的63.4，创下历史低位，下半年才逐步回升。② 为应对高通胀和获取民众支持，土耳其政府连续提高最低工资标准和增加补贴，但这既赶不上通胀速度，又可能进一步推高国内通胀水平。面对居高不下的通胀率，11月之后，埃尔多安表示，通过努力，通胀率将在2023年进入显著下降趋势，持续降至30%以下甚至更低。埃尔多安宣称土耳其"建立了独特的经济模式"，将反击在利率、汇率和通胀的控制下摧毁土耳其经济的任何企图，并会采取措施帮助民众应对通胀、补偿损失。③ 他表示，政府不会让民众在通胀下崩溃，将根据工薪阶层的实际情况补偿他们的损失。④ 2022年年底和2023年年初，土耳其的通胀的确有所放缓，2023年1月通胀率降至57.68%，但依然高于内外预期。

土耳其里拉汇率2022年上半年保持相对稳定，下半年再次呈现快速贬值。2022年年中之后里拉出现持续贬值趋势，特别是8月开启新一轮降息之后，里拉兑美元汇率再次跌破18∶1大关。到2022年12月，里拉兑美元汇率短期稳定在18.6∶1左右，年度贬值幅度接近40%。⑤ 里拉贬值增大了国内私营部门的还债压力，外资融资压力和债务压力相互联动，经济脆弱性和外部环境动荡要求土耳其政府艰难维持资本流入和还债能力的平衡。截至2022年12月底，土耳其的短期外债为1456亿美元，相对于2021年年末大幅增加了22.1%；其中私营部门短期外债为839亿美元；45.2%为美元计价外债，26%为欧元计价外债，二者合计占到71.2%。⑥ 而同期

---

① "Industrial Production Index, January 2023," TUIK, March 10, 2023, https：//www.data.tuik.gov.tr/Bulten/Index? p=Industrial-Production-Index-January-2023-49700&dil=2.

② "Consumer Confidence Index, December 2022," TUIK, December 20, 2022, https：//data.tuik.gov.tr/Bulten/Index? p=Consumer-Confidence-Index-December-2022-45812.

③ "Our Resilience in the Face of the Global Economic Crisis Proves that We Have Been Following the Right Path," TCCB, September 30, 2022. "We Are Determined to Ensure that Türkiye Takes Steps to Achieve Its Goals as an Island of Stability in the Midst of Global Political, Economic and Military Power Struggles," TCCB, October 1, 2022.

④ "We Are Determined to Ensure that Türkiye Takes Steps to Achieve Its Goals as an Island of Stability in the midst of Global Political, Economic and Military Power Struggles," TCCB, October 1, 2022.

⑤ "Indicative Change Rates," TCMB, https：//www.tcmb.gov.tr/wps/wcm/connect/EN/TCMB+EN/Main+Menu/Statistics/Exchange+Rates/Indicative+Exchange+Rates.

⑥ "Short Term External Debt Statistics Developments," TCMB, https：//www.tcmb.gov.tr/wps/wcm/connect/EN/TCMB+EN/Main+Menu/Statistics/Balance+of+Payments+and+Related+Statistics/Short+Term+External+Debt+Statisticss/.

土耳其的官方储备资产总额为 1253 亿美元，其中外汇储备只有 672 亿美元。① 由于里拉贬值带来外债风险上升，土耳其主权债务信用面临更大降级威胁，对金融市场稳定造成冲击，增大了系统性金融风险。2022 年 8 月，穆迪将土耳其的主权信用评级下调至有史以来最低的 B3，7 月和 9 月惠誉和标准普尔都将其下调至 B。② 世界银行也建议，土耳其经济政策应进行调整，以提振市场信心，缓解宏观金融风险，特别是收紧货币政策有助于恢复投资者信心和锚定通胀预期，而进一步放松货币政策可能会继续扩大内外失衡。③ 2022 年以来，俄乌冲突、美国的加息进程均未结束，这都为土耳其经济前景蒙上了阴影。

三、土耳其的对外关系

2022 年，骤然爆发的俄乌冲突深刻影响了土耳其的对外关系，俄土关系面临调整压力，与西方关系得以改善但依然矛盾重重。同时，土耳其与中东主要国家关系实现正常化，追求战略自主的步伐加快，地区国际环境有明显改善。

（一）俄乌冲突成为影响土耳其对外关系的首要因素

2022 年，俄乌冲突是影响国际格局的关键因素，美欧与俄罗斯的对抗影响到全球地缘政治格局，土耳其的战略地位受到双方重视，其国际环境及与大国关系得以改善。俄乌冲突的爆发导致俄罗斯与西方的关系破裂，双方在乌克兰"撕破脸"甚至兵戎相见，这极大地压缩了土耳其的战略回旋余地，多元平衡外交遭遇重大挑战。有评论认为，土耳其在很大程度上已达到了其过去在俄罗斯与西方之间的地缘政治平衡政策的极限，俄乌战争可能会迫使土耳其放弃"地缘政治平衡"战略，全面回

---

① "International Reserves and Foreign Currency Liquidity Developments," TCMB, https://www.tcmb.gov.tr/wps/wcm/connect/EN/TCMB + EN/Main + Menu/Statistics/Balance + of + Payments + and + Related + Statistics/International + Reserves + and + Foreign + Currency + Liquidity/.

② "Turkey – Credit Rating," *Trading Economics*, https://www.tradingeconomics.com/turkey/rating.

③ "Turkey Economic Monitor: Sailing Against the Tide," World Bank, February 2022, https://www.worldbank.org/en/country/turkey/publication/economic – monitor.

归其作为北约盟友的角色。① 然而，土耳其继续追求战略自主和多元平衡外交政策，试图通过积极斡旋摆脱顾此失彼的不利态势。土耳其既站在西方立场上支持乌克兰，又与俄罗斯开展务实合作，包括扩大从俄罗斯的能源进口，商谈建设俄罗斯天然气输欧的新枢纽，协调俄乌黑海粮食外运走廊等。

由于土耳其与俄乌两国地缘上临近、经济上关系密切、安全上相互影响，土耳其成为受俄乌冲突影响最大的国家之一。一方面，俄乌冲突对土耳其经济造成重大影响，对外贸易、农产品进口、能源进口、旅游业均受到直接冲击，这对于经济困顿的土耳其来说无异于雪上加霜。俄乌冲突恰逢土耳其经济疲软时期，政府正在使用非常规工具来促进出口导向型增长和稳定就业，冲突完全打乱了土耳其稳定经济的计划。② 俄乌冲突也恶化了土耳其周边安全环境，土耳其与俄乌两国的国防合作也受到冲击。另一方面，西方与俄罗斯因俄乌冲突摊牌，土耳其面临更大的选边站队的压力，但又不愿也无法与俄罗斯完全切割，借俄罗斯来平衡美国与西方压力的策略不再那么有效。当然，俄乌冲突为土耳其提供了发挥地区影响力和凸显大国地位的新机会。土耳其的政策受到其长期野心、与西方盟友关系、与俄乌的紧密经济关系、自身经济困境以及对战争扩大可能会带来毁灭性代价等认知的共同影响。从某种意义上说，当前土耳其采取了类似于其二战时期的"积极中立"政策，在野心和脆弱性之间取得了平衡。③

土耳其是俄乌冲突中表现最为高调积极的国家之一，是少有的深度介入而又保持平衡立场的国家。土耳其高调支持乌克兰，但注意避免刺激俄罗斯，并一直试图居中斡旋，与冲突双方同时保持了密切沟通，秉持谨慎平衡立场。一方面，土耳其明确支持乌克兰的主权和领土完整，表现出亲乌克兰立场。俄乌冲突爆发后，埃尔多安立即表示俄罗斯的行为是"不可

---

① Galip Dalay, "Ukraine's Wider Impact on Turkey's International Future," Chatham House, March 10, 2022, https://www.chathamhouse.org/2022/03/ukraines-wider-impact-turkeys-international-future.

② "The Ukraine War Has Upended Turkey's Plans to Stabilize the Economy," Middle East Institute, March 23, 2022, https://www.mei.edu/publications/ukraine-war-has-upended-turkeys-plans-stabilize-economy.

③ "Neither East nor West: Turkey's Calculations in the Ukraine Crisis," Middle East Institute, February 25, 2022, https://www.mei.edu/publications/neither-east-nor-west-turkeys-calculations-ukraine-crisis.

接受的"。① 土耳其一度呼吁北约和欧盟采取更为实质性的措施支持乌克兰。3月2日的联合国大会特别会议要求"俄罗斯立即从乌克兰撤军",土耳其投了赞成票。埃尔多安多次强调,土耳其自2014年以来一直坚定支持乌克兰的领土完整和主权,重申对乌克兰的支持。② 另一方面,土耳其在俄乌之间保持实质上的战略模糊和谨慎平衡政策,同时积极进行外交斡旋,努力化危为机。冲突爆发后,埃尔多安与普京通话,强调战争造成的人道主义危机,呼吁俄罗斯"紧急停火",但同时批评了西方对俄罗斯的无差别制裁。经过反复沟通协调,3月10日,土耳其邀请俄乌两国外长在安塔利亚外交论坛上举行三方外长会谈,撮合俄乌两国高层举行了首次直接对话。之后,土耳其力邀俄乌两国到土耳其进行和谈,为此进行了密集的外交努力。3月29日,俄乌两国代表团在伊斯坦布尔开展了第五轮正式谈判,并取得了一定进展。土耳其俨然成为斡旋俄乌冲突的中心舞台与领导者,埃尔多安称土耳其是"唯一为通过对话解决危机而作出真诚努力的国家",③ 相信可以在维护乌克兰领土完整的基础上达成和平解决方案。

土耳其希望扮演更为独立和更具影响力的大国角色,不放弃与俄罗斯的战略与务实合作。2022年7月,在拜登访问中东后,俄罗斯总统普京随即访问伊朗,举行俄土伊德黑兰峰会,就叙利亚阿斯塔纳进程举行第七次会谈。鉴于俄乌冲突带来的国际粮食运输和贸易中断,土耳其积极与联合国协调俄乌开辟黑海粮食外运走廊。7月22日,土耳其与联合国、俄罗斯、乌克兰四方在伊斯坦布尔共同签署了黑海粮食外运协议,有效期120天,为缓解长期困扰世界的全球粮食危机发挥了重要作用,受到世界各国高度称赞。在土耳其斡旋之下,11月17日,黑海粮食外运协议延长120天。8月5日,埃尔多安前往俄罗斯索契与普京会谈,讨论了叙利亚问题和俄罗斯援建的阿库尤核电站等问题。10月,普京提议在土耳其建立天然气运输枢纽,将之作为"北溪"替代方案向欧洲供应天然气。埃尔多安对此持积极态度,同意两国共建一个国际天然气枢纽,两国就此达成一致,

---

① "The Military Operation Russia Has Launched against Ukraine is Unacceptable," TCCB, February 24, 2022.

② "A New Global Security Architecture Must Be Established," TCCB, March 11, 2022; "We Are in Close Contact with Russia and Ukraine with a View to Putting an Immediate End to the War," TCCB, March 24, 2022.

③ "In the Russia – Ukraine War, We Are the Only Country Exerting Sincere Efforts in order for the Crisis to Be Solved through Dialogue," TCCB, March 28, 2022.

宣布将通过"土耳其溪"向欧洲输送俄罗斯天然气。

（二）土耳其与西方关系改善但矛盾难以消除

俄乌冲突为土耳其与西方关系缓和带来新的契机。土耳其认识到这是一次展现自身战略地位的良机，希望抓住机会缓和与西方的关系，特别是改善对美关系。2月25日，埃尔多安与北约国家领导人举行视频会议，呼吁北约立即采取更具决定性的举措制止冲突。在俄乌冲突中，土耳其无人机的作用受到北约的高度重视，美国也对土耳其寄予很大希望。这场危机是土耳其与欧洲和美国重新接触的机会，北约已经认识到土耳其在地区动荡中的中心地位。[①] 土耳其对乌克兰危机的处理方式赢得了西方国家的赞誉，西方国家没有要求土耳其参加对俄制裁，且与土耳其加强了沟通协调。3月14日德国总理朔尔茨上任后首访土耳其，3月16日波兰总统杜达访问土耳其，3月22日荷兰首相吕特四年来首访土耳其，纷纷就乌克兰问题交换意见，表示重视土耳其的重要作用。在3月24日的北约特别峰会上，埃尔多安与欧洲多国领导人举行双边会晤，强调土耳其在北约中以及沟通俄乌两国的重要作用，利用土耳其无人机在乌克兰的表现，敦促北约取消对土耳其国防工业和军售的限制与制裁，并表示愿意将本国国防产品向北约伙伴开放。3月17日，美国国务院致函国会，要求向土耳其出售F-16战斗机；4月4日，访问土耳其的美国副国务卿纽兰使用"新动力"来形容美土关系。[②] 埃尔多安强调在北约内部展现了团结，很高兴与美国建立的战略机制已经发挥作用。[③] 土耳其与西方国家关系出现近年来罕见的缓和局面。

土耳其不放弃改善与美欧关系的机会。埃尔多安再次表示，土耳其在地理、历史和社会上都是欧洲的一部分，致力于实现成为欧盟成员国的目标。欧盟仍是土耳其的战略重点，呼吁欧盟真诚、公平和忠实地对待土耳

[①] Dimitar Bechev, "Turkey's Response to the War in Ukraine," MAPLE Institute, March 30, 2022, https://mapleinstitute.org/turkeys-response-to-the-war-in-ukraine/.

[②] Burhanettin Duran, "New Energy in Turkey-US Ties," SETA, April 11, 2022, https://www.setav.org/en/new-energy-in-turkey-us-ties/.

[③] "The Ukraine War Has once again Shown How Accurate Our Quest for a Fair World Order Is," TCCB, April 18, 2022.

其加入的进程。① 在俄乌冲突背景下，欧洲国家领导人纷纷强调土耳其是一个对北约具有重大政治和军事意义的国家，也是欧盟的重要伙伴。在3月会见德国总理朔尔茨时，埃尔多安表示高度重视与德国在地区事务中的密切合作，希望将两国贸易额尽快提升至500亿美元②；在会见波兰总统杜达时埃尔多安表示，希望将两国贸易额提升至100亿美元；在会见荷兰首相吕特时埃尔多安强调，荷兰投资对土耳其的重要性，希望将两国贸易额提升至200亿美元；在访问西班牙时，埃尔多安希望将两国贸易额提升至200亿美元。7月，意大利总理德拉吉访问土耳其，强调土欧要开展反恐与国防合作，双方决定提升贸易额至250亿美元。9月，埃尔多安前往纽约参加77届联合国大会期间，会见了十余个国家的领导人以及多位美国议员，强调土美是70年的盟友，不存在"作为两个战略伙伴无法解决的问题"；土耳其将继续加强与美国的经贸关系，希望吸引更多美国投资。③ 10月6日，埃尔多安至捷克布拉格参加欧洲政治共同体会议，与欧洲多国领导人及欧盟委员会主席冯德莱恩会面，强调土耳其对于欧洲安全、国防、反恐、移民、能源安全、供应链以及俄乌冲突等方面的重要性，希望以加入欧盟为目标推进土欧关系。④ 11月中旬，埃尔多安在印尼巴厘岛参加G20峰会期间会见美国总统拜登，拜登肯定了土耳其在黑海粮食外运协议和北约扩大上的重要作用，支持其采购和升级F-16战机。

然而，美欧对土耳其态度的积极变化是重大地缘政治危机下的权宜性措施，双方之间的结构性矛盾并没有解决。埃尔多安继续指责美欧国家向库尔德"恐怖分子"输送武器，认为北约并不可靠。他认为，土耳其一直处于反恐和反对非法移民的最前线，但却没有得到盟友应有的支持。⑤ 芬兰和瑞典紧急加入北约的申请遭到土耳其的强硬阻挠，引发了持续争议。

---

① "Türkiye, Which Is a Part of the Continent of Europe Geographically, Historically and Socially, Surely Is Committed to Its Goal of Full EU Membership," TCCB, January 13, 2022.
② "We Attach Importance to Working in Close Cooperation with Germany on Regional Matters," TCCB, March 14, 2022.
③ "There Is No Problem between Türkiye and the U. S. That They as Two Strategic Partners cannot Resolve," TCCB, September 19, 2022; "We Have Built Our Economic Programme on Our Country's Growth through Investment, Employment, Production, Exports and Current Account Surplus," TCCB, September 22, 2022.
④ "Ongoing Developments Lay Bare the Fact That Türkiye Is a Key Country Both for the Union and Europe," TCCB, October 6, 2022.
⑤ "We Have Realized Many Projects That Will Render Our Navy Stronger," TCCB, May 23, 2022.

土耳其反对瑞典和芬兰加入北约的主要理由包括两个方面：一是两国支持和包庇"居伦运动"和库尔德"恐怖分子"；二是两国高调指责土耳其的民主人权问题，并对土耳其施加了武器出口制裁，却向库尔德武装输送武器。埃尔多安表示："只有在尊重我们的敏感性情况下，北约扩大对我们才有意义。"[1] 除非瑞典和芬兰明确表明和采取实际步骤将与土耳其团结一致打击恐怖主义，否则土耳其不会支持它们加入北约。其实土耳其针对的不只是瑞典、芬兰，而是要求北约盟友公开谴责库尔德工人党及其附属组织，解除对土武器禁运。实质上，这反映了土耳其与西方之间长期持续的安全冲突，这种结构性矛盾并没有因为关系缓和而解决。在6月28日的马德里北约领导人峰会上，埃尔多安与芬兰和瑞典领导人、北约秘书长斯托尔滕贝格举行四方峰会，土、瑞、芬签署了三方协议，达成了土耳其同意两国加入北约的原则共识。埃尔多安表示，土耳其不会放弃自身立场，"如果瑞典和芬兰要成为北约成员国，他们必须尊重土耳其的安全关切"[2]。"北约必须展现在打击恐怖主义上的可靠性和信誉，采取更明确、更一致和更真诚的步骤，而瑞典和芬兰必须履行其职责。"[3] 虽然土耳其最终在瑞、芬两国加入北约问题上松口，但年内一直没有完成批准程序。埃尔多安多次重申，土耳其是有条件地同意瑞典和芬兰加入北约，如果两国不采取必要步骤来满足土耳其的条件，就将冻结这一进程。[4] 11月8日，瑞典首相克里斯滕森访问土耳其，继续协商加入北约问题，埃尔多安表示理解瑞典加入北约的诉求，但不应庇护恐怖分子。[5]

（三）土耳其与中东主要国家的关系显著改善

在海湾地区，埃尔多安时隔多年分别访问阿联酋和沙特。2月，埃尔多安访问阿联酋并出席迪拜世博会期间，双方签署了13项合作协议，并表

---

[1] "NATO's Enlargement Is Meaningful to Us Only to the Extent That Our Sensitivities Are Respected," TCCB, May 18, 2022.

[2] "If Sweden and Finland Are to Become NATO Members, They Have to Respect Türkiye's Security Concerns," TCCB, June 28, 2022.

[3] "It Has Become Clear once again That Türkiye Will Have a Say in NATO's Future," TCCB, June 30, 2022.

[4] "Let Me Reiterate That We Will Freeze the Process If They Do Not Take the Necessary Steps to Fulfill Our Conditions," TCCB, July 18, 2022.

[5] "We Want to Improve Our Bilateral Relations with Sweden in Every Area," TCCB, November 8, 2022.

示两国的对话与合作对地区和平与稳定至关重要。① 5月17日,埃尔多安专程前往阿联酋吊唁阿总统去世,并与新总统穆罕穆德·本·扎耶德会谈。4月底,埃尔多安访问沙特,在吉达与沙特国王及王储会谈,并到麦加朝觐。他表示将努力开启两国关系的新时代;海湾地区的稳定与安全与土耳其的安全与稳定同样重要,再次谴责针对沙特的无人机和导弹袭击。② 6月22日,沙特王储穆罕默德·本·萨勒曼访问土耳其,这是沙方领导人在2018年两国关系恶化后首次访土。双方在联合声明中表示,将就地区问题进行磋商与合作,促进稳定与和平,将放宽双边贸易限制、增加航班数量等。沙土领导人实现互访标志着两国关系的全面恢复。12月,在卡塔尔埃米尔塔米姆的斡旋下,埃尔多安与埃及总统塞西在卡塔尔世界杯开幕期间实现直接会晤,这或许是土埃关系正常化进程的一个重要转折点。③

在土以关系上,3月9日,以色列总统赫尔佐格访问土耳其,这是以色列领导人时隔14年后首访土耳其。埃尔多安表示,这次历史性访问将成为土以关系的新里程碑,两国将在共同利益和尊重相互敏感性议题的基础上恢复政治对话,在旅游、科学、农业、卫生和国防工业等领域拥有重大合作潜力。④ 5月,恰武什奥卢访问以色列,这是15年以来土耳其外长首次访以,双边关系持续回暖。8月17日,土以两国宣布全面恢复外交关系,随后重新互派大使,两国关系实现完全正常化。9月,埃尔多安与以色列总理拉皮德在联合国会晤。10月27日,以色列国防部长甘茨访问土耳其,土以两国防长10年来首次会谈,重启国防合作。然而,土耳其强调和以色列关系的改善与对巴勒斯坦的支持是两个问题,土耳其对巴以4月在耶路撒冷发生的流血冲突表示高度关注,对巴勒斯坦继续表达支持,誓言维护宗教圣地的地位。

叙利亚和伊拉克依然是土耳其周边外交的重点。为应对反对党在难民问题上的指责和推进叙北"安全区"建设,土耳其更为主动地推动叙利亚

---

① "Türkiye – UAE Dialogue and Cooperation Is Important for Our Entire Region's Peace and Stability," TCCB, February 14, 2022.
② "My Visit to Saudi Arabia Reflects Our Joint Will to Start a New Era of Cooperation as the Two Brotherly Countries," TCCB, April 28, 2022.
③ Muhittin Ataman, "The Middle East in 2022: A Fly in Amber," Daily Sabah, January 4, 2023.
④ "It Is in Our Hands to Contribute to Making Peace, Serenity and the Culture of Co – existence Prevail once again in Our Region," TCCB, March 9, 2022.

难民回归，近年来陆续有约50万叙利亚人返回叙利亚。土耳其多次强调在叙北建立"安全区"的重要意义，表示一定要完成30千米宽的"安全区"建设。7月18—19日，埃尔多安访问伊朗并出席俄土伊三方峰会期间表示，将继续在叙利亚打击恐怖组织，铲除对国家安全造成威胁的任何团体，并保障叙利亚难民返回家园。[①] 土耳其持续在伊拉克和叙利亚北部开展"爪锁"等越境军事行动，打击库尔德工人党武装分子，埃尔多安表示土耳其的安全始于边界之外，将继续开展相关行动。[②] 11月13日，伊斯坦布尔独立大街发生爆炸袭击事件，造成6人死亡81人受伤。埃尔多安表示，"妄图通过恐怖袭击使土耳其屈服的企图永远不会成功"[③]。不久，土耳其在叙利亚和伊拉克北部发动了一系列空袭行动作为报复。此后埃尔多安多次强调反对恐怖主义及其在国内外开展反恐行动的必要性、正当性，指责西方支持库尔德"恐怖分子"；表示将继续在伊拉克开展跨境军事行动，在叙北建立"安全地带"，保护边境的决心更加坚定。

在巴尔干方向，埃尔多安访问阿尔巴尼亚、波黑、塞尔维亚、克罗地亚、保加利亚等国协商加强合作，但土耳其与希腊的关系再现紧张。土耳其对希腊在爱琴海岛屿的军事部署以及侵犯领空行为十分不满，表示"将继续采取一切必要步骤捍卫我们在地中海和爱琴海的权利"[④]。

土耳其继续重视对非洲外交。2022年2月，埃尔多安访问刚果（金）、塞内加尔和几内亚比绍，还在达喀尔和非洲多国领导人一起参加由土耳其公司建设的奥林匹克体育馆落成仪式等，表示土耳其将继续在真诚和团结的基础上加强与非洲国家的关系，希望与非洲国家之间的贸易额提高至750亿美元。

在亚洲方向，土耳其与中亚国家的互动明显增强。2022年，埃尔多安5次到访中亚国家，加强了双边合作、"突厥国家组织"内合作，并出席"突厥国家组织"峰会、上合组织峰会、亚信峰会、土耳其—阿塞拜疆—

---

① "We Are Determined to Eradicate from Syria the Malicious Groups That Threaten Our National Security," TCCB, July 19, 2022.

② "Türkiye Has One of the Most Comprehensive Social Support Systems in the World," TCCB, April 25, 2022.

③ "Attempts to Make Türkiye Surrender through Terror Will Never Succeed," TCCB, November 13, 2022.

④ "We Have Never Refrained from Taking All the Necessary Steps to Defend Our Rights in the Mediterranean and Aegean," TCCB, June 27, 2022.

土库曼斯坦领导人峰会等。

总体来看，土耳其外交在俄乌冲突背景下获得更多施展机会，赢得了更为有利的外部环境。俄乌冲突爆发后，埃尔多安再次强调周边地区发生的任何事件和危机都与土耳其密切相关，土耳其必须在经济、军事和社会结构方面保持强大。① 在 8 月 8 日的驻外使节会议上，埃尔多安阐述了在俄乌冲突、高加索、中东、巴尔干、亚洲等地的外交政策，重申了在反恐、联合国改革等领域的政策，强调土耳其需要与西方和东方均保持牢固的关系。② 在 12 月 9 日的 TRT 世界论坛上，埃尔多安再次广泛地谈及土耳其的外交政策，反映了当前的主要关注方向。他以斡旋俄乌冲突为例，称土耳其开展了"为全世界树立榜样的和平外交"；欧洲应根据联盟和伙伴关系精神在外交、经济、反恐等每一项议题上改变对土态度；虽然在欧洲和地中海等地面临紧张关系，但土耳其不会放弃对话；没有土耳其的参与就无法有效地解决地区和全球问题，埃尔多安强调将会继续推动"土耳其世纪"为世界和平稳定做出贡献。③

---

① "Türkiye Must Be Strong with Its Economy and Military," TCCB, March 3, 2022.
② "We Act in a Spirit of Building a Zone of Peace and Cooperation in Our Environment," TCCB, August 8, 2022.
③ "We Work to Fulfil Our Responsibilities Regarding Regional and Global Issues," TCCB, December 9, 2022.

2022 年海湾五国的政治、经济和对外关系

余 泳[①]

【摘 要】

2022 年，科威特、巴林、卡塔尔、阿联酋和阿曼五个海湾国家在政治、经济和对外关系方面都展现出了一些重要的变化和趋势。政治方面，五国大多数都处于政治稳定状态，但卡塔尔和阿联酋之间的紧张关系仍然存在。经济方面，五国积极配合"欧佩克+"的石油减产决定，并都试图通过发展其他领域来减少对石油的依赖性，特别是在积极探索数字货币和绿色能源领域，以推动经济的数字化和可持续性发展。对外关系方面，五国都在积极参与地区和全球事务，试图扩大其影响力，并与中国举行了峰会。五国内部，除了卡塔尔和阿联酋之间的紧张关系外，这些国家与其他国家之间的关系密切。阿曼通过保持中立来维护其在该地区的独立性，而科威特则积极促进在海湾地区的稳定和安全。总体来说，在 2022 年，五国都在政治、经济和对外关系方面取得了一些成就和进步，也正在努力克服一些挑战，加强内部稳定和促进地区和平与繁荣。

【关键词】

海湾五国 国家转型 绿色发展 中海峰会

[①] 余泳，上海外国语大学中东研究所副研究员。本文为上海外国语大学规划基金一般项目"'一带一路'沿线小国群体研究——以中东地区海湾五国为例"（项目编号：2020114067）的阶段性成果。

一、五国继续推进国家治理和转型发展

（一）科威特

长期以来，科威特内阁和议会关系紧张。2022年以来，这类关系并无改善。5月10日，王储米沙勒颁布埃米尔令[①]，批准内阁集体辞职，同时要求内阁继续处理紧急事务直至新内阁产生。7月24日，王储米沙勒签署埃米尔令，任命艾哈迈德·纳瓦夫·艾哈迈德·萨巴赫为首相，并责成其组建新内阁。8月1日，科威特宣布组建由首相艾哈迈德领导的12人内阁。8月2日，王储米沙勒签署埃米尔令，正式解散国民议会。而早在6月22日，米沙勒代表科威特埃米尔纳瓦夫对议会发表讲话说，因立法机关对行政机关工作不断干预，且行政机关未能正确履行其职责，双方关系破裂已经威胁国家统一，也违背了人民意愿，根据宪法规定，决定解散国民议会并将重新举行议会选举。[②] 科威特第十七届国民议会经9月29日选举产生。科威特议会实行一院制，由选举产生的50名议员和15名内阁大臣组成，每届任期4年。自从唯一的女性议员于2020年12月失去席位以来，科威特国民议会曾一直由男性组成。本届议员包括2名女性，参加本届选举的79万投票者当中有51.2%是女性。10月16日，科威特组建第四十一届政府，纳瓦夫埃米尔长子艾哈迈德重新获任首相，国内还短暂出现协商而非对立的良好气氛。然而，对拟议的私人债务减免和公共支出措施的分歧使行政和立法机构重新陷入僵局。2023年1月，艾哈迈德首相代表内阁向王储米沙勒提出集体辞职并获批后担任看守内阁首相。

科威特的"府院"之争由来已久，且在2022年并无转圜，深刻反映了其特有的政治传承和现状。牢牢掌控国家政治生活的萨巴赫家族，确保了家族成员能够占据内阁职位，因为他是内阁的任命者，而当反对派占据议会多数席位时就会联合民间社会向当局提出任务，于是便在海湾地区产生这种较为独特的政治现象。尽管科威特埃米尔已经85岁、王储已经81

[①] 2021年11月15日，科威特埃米尔纳瓦夫签署埃米尔令，宣布王储米沙勒可协助其行使部分宪法职权。

[②] "Kuwait Crown Prince announces Parliament dissolution in coming months," Kuwait News Agency (KUNA), https://www.kuna.net.kw/ArticleDetails.aspx? id = 3042824&language = en.

岁是较典型的老人政治，但由于议会对内阁的不断叫板，科威特却也成为海湾地区政治生活充满活力的国家①。就积极意义而言，这一现象在不断地推动国家向现代化转型，对整治传统的政治腐败也有推进作用。科威特极易受到全球气候变化的预期影响，包括海平面上升和平均气温升高，而且受影响程度一直是海湾地区最高的。全球能源从化石燃料的消费转型也会影响科威特的财政前景。但2022年11月，科威特做出了"坚定而严肃的承诺"，即到2050年实现石油和天然气业务的碳中和，到2060年实现全国范围内的碳中和。② 在国家治理特别是吏治领域，12月8日，科威特监督与反腐败局组织召开"第二届廉政论坛"，主题为"数字化转型及其在促进廉政和打击腐败方面的作用"，该局主席阿卜杜勒·阿齐兹·易卜拉欣在开幕致辞中强调，论坛是在"2035年愿景"、政府行动计划目标以及科威特促进廉政和打击腐败的战略背景下进行的，以便为提高公共服务的效率和治理以及改革政府绩效体系创造环境。这些努力还将帮助当局将政府交易转变为数字交易，并在2026年之前改善腐败感知指数。③

（二）巴林

2022年，哈马德国王专注于巩固其直系后裔的权力，加速巴林的经济多元化，并将年轻的巴林人纳入政治体系。他的长子、53岁的王储萨勒曼·本·哈马德·阿勒哈利法是首相，也是该国试图实现机构现代化的实际代言人。哈马德国王改组了内阁，王储则表示希望此次内阁"带来新思路和新动力，继续推进公共部门建设"④。但是巴林社会中一些固有的紧张关系在2022年的舒缓进展不明显，比如有关什叶派的社会地位问题，根据《经济学人》的说法是，"自1979年伊斯兰革命震撼伊朗并威胁海湾地区

---

① "Kuwait crisis deepens as Parliament dissolved，" https：//www.straitstimes.com/world/middle-east/kuwait-crisis-deepens-as-parliament-dissolved.

② "Kuwait says to become carbon neutral in oil and gas by 2050，" Reuters, https：//www.reuters.com/business/cop/kuwait-says-become-carbon-neutral-oil-gas-by-2050-2022-11-07/.

③ Majd Othman，"Digital transformation holds key to combating corruption：Nazaha chief，" *Kuwait Times*，https：//www.kuwaittimes.com/digital-transformation-holds-key-to-combating-corruption-nazaha-chief/.

④ "Bahrain's king orders cabinet reshuffle，names new oil minister-state media，" Reuters，June 13，2022，https：//www.reuters.com/world/middle-east/bahrains-king-orders-cabinet-reshuffle-appoints-new-oil-minister-state-media-2022-06-13/.

逊尼派阿拉伯君主的王位以来,巴林一直处于逊尼派和什叶派分裂的断层线"①。而到了2022年,"巴林的逊尼派和什叶派还是一如既往地分道扬镳"。② 宪政方面,巴林宪法规定由众议院和协商会议组成两院制国民议会,两院享有同等立法监督权,但通过的法律草案需呈国王批准,本届议会于2022年12月选举产生。据称在11月的投票过程中,选民投票率达到创纪录的73%,最终选出了40名众议院成员,其中8名是女性。但也有报告分析,由于2022年的合格选民人数实际上比往届少(尽管人口有所增加),因此大量巴林公民被认为没有投票资格,且候选人普遍缺乏热情,其中很少有人在第一轮投票中获得其选区所需的50%选票,这反映出人们对众议院的有限权力(因为协商会议40名议员由国王任命而非选举)和压抑的政治气候普遍感到失望。③

2022年,巴林的政治社会生活取得了一些显著的改进。世界银行《2022年妇女、商业和法律》报告显示,巴林的女性地位得到改善,其中列出的改革成果包括:规定同工同酬;取消对妇女夜间工作能力的限制;废除赋予有关当局禁止或限制妇女从事某些工作或行业的权力的规定。④根据德国组织联盟与非营利组织合作发布的《2022年世界风险报告》,巴林跻身世界上最安全的国家之列,同时在为灾害风险管理做准备方面排名前十位。在全球风险指数中,巴林在192个国家中排名第184位(该指数的排名越低,说明该国及其管理灾害的能力越强),巴林位列风险最小的10个国家之一。⑤ 根据2022年8月全球知名商业杂志 *Ceoworld Magazine* 发布的排名统计,巴林以平均月薪1728.74美元,在全球105个国家和地区

---

① "Can Bahrain's division between Sunnis and Shias be healed?" *The Economist*, November 24, 2022, https://www.economist.com/middle-east-and-africa/2022/11/24/can-bahrains-division-between-sunnis-and-shias-be-healed.

② "Sunnis and Shias in Bahrain remain as far apart as ever," *The Economist*, January 22, 2022, https://www.economist.com/middle-east-and-africa/2022/01/22/sunnis-and-shias-in-bahrain-remain-as-far-apart-as-ever.

③ Refer to Dominic Dudley, "The Curious Case Of Bahrain's Disappearing Voters," https://www.forbes.com/sites/dominicdudley/2022/11/19/the-curious-case-of-bahrains-disappearing-voters/?sh=1e19cd794d42.

④ *Women, Business and the Law 2022*, Washington, DC: World Bank, https://openknowledge.worldbank.org/entities/publication/b187725b-29ff-5c61-91e7-5110ab3c4a71, p.47.

⑤ 中华人民共和国驻巴林王国大使馆经济商务处编译:《巴林是世界上最安全的国家之一》,http://bh.mofcom.gov.cn/article/sqfb/202210/20221003361461.shtml。

中排名第 28 位。① 另据瑞士信贷银行的全球财富报告消息来看，巴林人均财富 98000 美元，在阿拉伯世界排名第 4 位。②

（三）卡塔尔

2022 年，举办国际足联世界杯为卡塔尔提供了绝佳的品牌推广机会，也成功地提升了其公民自豪感，吸引了游客，展示了当地遗产、文化和身份。在整个比赛过程中，卡塔尔试图反映当地的阿拉伯文化和伊斯兰文明。比如，球星梅西所在的阿根廷队赢得了国际足联世界杯冠军，卡塔尔埃米尔在闭幕式上为其披上了黑色的当地传统服饰"bisht"，这一现象受到世界特别是西方媒体的强烈关注，卡塔尔成功地将大型体育赛事作为有力工具提升了国家形象并展示了当地文化。而世界杯给卡塔尔带来的效应还不止于此。本届世界杯开幕式上，长期不睦的土耳其和埃及两国总统愉快握手——这张照片被广泛转发，既表明了两国关系即将解冻，更昭示了卡塔尔埃米尔借机斡旋获得成功，这不言而喻是抬升卡塔尔国家形象和国际地位的加分项。在整个世界杯举办期间，卡塔尔都努力让非穆斯林了解当地文化，因为比赛场地与清真寺等场所离得很近。扫描清真寺外的二维码，观众们就可以以他们喜欢的语言收听到有关伊斯兰教和《古兰经》的各种主题知识，一种后世界杯效应也因此产生，即卡塔尔可以通过国际大型比赛等活动来吸引更多的游客，因为他们有可供展示的特色文化和基础设施。③

劳工和移民权利问题长期以来一直引起公众和官方的关注，因为卡塔尔实施了大规模的基础设施项目，包括为举办 2022 年国际足联世界杯所做的准备。卡塔尔人口（包括外籍人士）在 2000—2022 年期间翻了两番多，

---

① Alexandra Dimitropoulou,"These are the countries with the Highest Average Salaries, 2022,"https：//www.ceoworld.biz/2022/08/15/these－are－the－countries－with－the－highest－average－salaries－2022/.

② 转引自中华人民共和国驻巴林王国大使馆经济商务处编译：《巴林人均财富在阿拉伯世界排名第四》，http：//bh.mofcom.gov.cn/article/ztdy/202210/20221003361320.shtml。

③ Refer to Sinem Cengiz, "Post－World Cup 2022：What Potential Legacies Qatar Can Build On," Gulf Studies Center, *Gulf Insights No. 69*, January 2023. http：//www.qu.edu.qa/static_file/qu/research/Gulf%20Studies/documents/Gulf%20Insight%2069.pdf.

到2022年将超过270万。① 而根据全球城市数据库NUMBEO《2022年犯罪指数排行》显示，卡塔尔的犯罪指数为13.8，安全指数为86.2，在142个国家（地区）中排名第142位（排名越靠后，社会安全状况越好），是参加评比的国家和地区中最安全的。② 2022年，卡塔尔以平均月薪3168.05美元，排名阿拉伯国家第2位，全球排名第11位。③ 而在2022年，卡塔尔以人均财富183100美元，排名阿拉伯国家第1位。④ 以上各种排名或各项数据在一定程度上破解了人们对2022年卡塔尔劳工、移民状况的担忧。

（四）阿联酋

2022年5月13日，61岁的穆罕默德·本·扎耶德·阿勒纳哈扬在前总统哈利法病逝后继任阿布扎比酋长，次日被联邦最高委员会推选为总统。两个月后，在向全国发表电视讲话时他阐述了自己的愿景，敦促阿联酋全体人民抓住眼前的机遇，实现繁荣。他认为阿联酋至少具备七大优势支撑其继续稳定发展：一是拥有先进、综合和可持续的发展模式；二是全球最强劲、增长最快的经济体之一；三是拥有杰出的年轻劳动者；四是在地区和全球享有良好声誉；五是官方发展和人道主义援助的最大提供者和慈善活动的全球参与者之一；六是可靠的能源供应商，支持全球能源安全；七是支持地区和世界的和平与稳定。⑤ 2022年，阿联酋增加了社会福利计划的支付，为公民提供住房补贴、失业补助、食品、燃料、水和电，许多在公共和私营部门工作过的公民在达到退休资格后有权领取养老金。阿联酋的人口主要由外籍人士组成，所以联邦政府一直在寻求吸引和留住熟练劳动力，以帮助其经济具有全球竞争力，并为此努力改革和放宽了一些法律。2022年3月，中东地区首届世博会也使得阿联酋学到了不少使用外籍劳工的做法和制度性安排。

---

① *World Population Prospects*: *The 2022 Revision*, Population Division of the Department of Economic and Social Affairs of the United Nations Secretariat, https：//population.un.org/wpp/. 根据中国外交部网站的数据，2022年11月卡塔尔的人口数为289万，其中卡塔尔公民约占15%。

② *Crime Index by Country 2022*, https：//www.numbeo.com/crime/rankings_by_country.jsp?title=2022.

③ Alexandra Dimitropoulou, "These are the countries with the Highest Average Salaries, 2022".

④ 中华人民共和国驻巴林王国大使馆经济商务处：《巴林人均财富在阿拉伯世界排名第四》，http：//bh.mofcom.gov.cn/article/ztdy/202210/20221003361320.shtml.

⑤ Ebtesam Al-Ketbi, "UAE's Leadership Model and the Soft Power Index 2023," https：//www.epc.ae/en/details/brief/uae-s-leadership-model-in-the-soft-power-index-2023.

阿联酋的国家财富不仅能够为其公民提供慷慨的所得税免税福利和社会服务，而且还赋予这个小国超大的全球影响力。阿布扎比投资局管理着世界第三大主权财富基金，管理的资产估计达 8000 亿美元（阿联酋的基金管理的总资产超过 1 万亿美元）。阿联酋的道路质量位居世界前列，拥有全球最大的人造港和中东地区最大的港口迪拜杰拜勒·阿里港；两条铁路之一的连接阿联酋东西两端的联邦铁路，集客、货运功能于一体，二期总长 650 千米，于 2022 年 10 月全线贯通。根据全球城市数据库 NUMBEO《2022 年犯罪指数排行》显示，阿联酋的犯罪指数为 15.1，安全指数为 84.9，在 142 个国家（地区）中排名第 141 位，是参加评比对象中最安全的国家之一。[①] 2022 年，阿联酋平均月薪为 3663.27 美元，位列阿拉伯国家榜首，全球排名第 5 位，是该地区唯一进入前 10 名的国家。[②] 2022 年，阿联酋以人均财富 122800 美元，排名阿拉伯国家第 3 位。[③]

（五）阿曼

2022 年，阿曼进一步扩大了公民的参与度。自 2011 年以来，阿曼政府采取了一系列措施，包括建立议会和选举等机制，为公民提供更多的政治参与空间。阿曼拥有立法权有限的两院制议会，成员可以质询部长，选择自己的领导，审查政府起草的立法，但立法权牢牢掌握在苏丹手中。备受关注的提升女性权益领域在阿曼社会生活中有了实质的改进。在阿曼2021—2022 学年，女性占阿曼高等教育机构所有注册学生的 62%，而十年前这一比例仅为 39%。[④] 另外，在国家统计和信息中心发布的数据显示，截至 2022 年 9 月底，经阿曼各机场起降的国际和国内航班增至 55814 架次（2021 年同期为 26636 架次）。通过机场入境的人数大幅增加 168%，出境人数增加 120%。马斯喀特国际机场、萨拉拉、苏哈尔和杜库姆机场的入境、离境和过境旅客总数达约 697 万人次。[⑤] 以上数据从一个侧面映射了

---

① Crime Index by Country 2022，https：//www.numbeo.com/crime/rankings_by_country.jsp?title=2022.

② Alexandra Dimitropoulou，"These are the countries with the Highest Average Salaries，2022".

③ http：//bh.mofcom.gov.cn/article/ztdy/202210/20221003361320.shtml。

④ "Oman women demand 'equal partnership' as divorce rates rise," Al Jazeera, January 27, 2022.

⑤ 转引自中华人民共和国驻阿曼苏丹国大使馆经济商务处编译：《截至 2022 年 9 月底，阿曼机场入境人数增加 168%》，http：//om.mofcom.gov.cn/article/jmxw/202212/20221203373242.shtml。

2022年的阿曼有着良好的政治环境和经济社会境况。根据全球城市数据库NUMBEO《2022年犯罪指数排行》显示，阿曼的犯罪指数为20.0，安全指数为80.0，在142个国家（地区）中排名第138位，是参加评比对象中最安全的国家之一。[1]

2022年，阿曼以平均月薪1626.64美元在阿拉伯国家中排名第6位，在全球105个国家中排名第30位。[2] 2022年10月，国际信用评级机构穆迪发布的一份报告中，将阿曼苏丹国的未来展望从稳定上调至正面，评级固定为Ba3。该机构在报告中表示，对未来展望的修正反映了阿曼政府对实施政府措施以控制金融状况的承诺程度，以及受益于油价上涨以履行在2022年减少公共债务的承诺，从而恢复了一些财务灵活性，以应对地缘政治变化和低油价等外部风险的冲击。[3]

二、五国数字经济和绿色发展特色显著

（一）科威特

2022年3月20日，科威特与沙特终于就共同开发多拉油气田发表政府声明。多拉油气田位于科威特—沙特中立区，两国的产量平分秋色。两国早在2000年就同意共同开发，但双方在如何分配输送到陆地的天然气问题上发生严重分歧，该项目已被搁置多年。声明称，根据已签署的协议，油田由两国共享，天然气产量将平均分配，预计每天可生产10亿标准立方英尺的天然气和8.4万桶凝析油。[4] 科威特的石油储量占全球已探明储量的7%以上，按照目前的生产率，可以持续到21世纪末。科威特拥有可观的天然气储量，但其天然气生产基础设施欠发达。科威特进口天然气供国内消费，同时继续燃烧石油生产中的伴生气。作为传统产油国，科威特仍需在一些重大油气项目上继续努力。科威特计划扩大石油产能，但目前闲

---

[1] *Crime Index by Country* 2022, https://www.numbeo.com/crime/rankings_by_country.jsp?title=2022.

[2] Alexandra Dimitropoulou, "These are the countries with the Highest Average Salaries, 2022".

[3] 参见中华人民共和国驻阿曼苏丹国大使馆经济商务处编译：《穆迪上调阿曼未来展望信用等级》，http://om.mofcom.gov.cn/article/jmxw/202210/20221003361634.shtml.

[4] "Kuwait, Saudi Arabia agree to develop Durra gas field," *Kuwait Times*, https://www.kuwaittimes.com/kuwait-saudi-arabia-agree-to-develop-durra-gas-field/.

置产能有限。根据 2022 年 10 月"欧佩克+"每天减产 200 万桶的决定,科威特同意每天减产 13.5 万桶。11 月,科威特启动将其阿尔祖尔炼油厂的产能从每天 80 万桶提高到每天 140 万桶的第一阶段商业运营。①

在用好油气资源的基础上,开发利用绿色清洁能源是科威特正在追求的目标。增加太阳能在国家能源结构中的占比就是贡献之一。根据科威特政府制定的目标,到 2030 年可再生能源发电量将占科威特国家电力需求的 15%。科威特科学研究所作为可再生能源的牵头研究机构,正与科威特水电部在沙加亚可再生能源园区合作开展项目。其中,一期工程已于 2018 年完工,设计发电能力为 70 兆瓦,包括聚光太阳能发电(50 兆瓦)、光伏发电(10 兆瓦)和风力发电(10 兆瓦)。计划中的二期和三期工程设计发电能力分别为 1500 兆瓦和 2000 兆瓦,由于新冠病毒感染疫情一直被搁置,但据《中东经济文摘》披露,国际咨询公司安永已获得科威特可再生能源计划下一阶段的交易咨询合同。该咨询合同将涵盖包括迪卜迪拜太阳能项目在内的 SREP 二期和三期发电项目,预计包括一个 720 兆瓦的光伏太阳能发电站、一个 1150 兆瓦的聚光太阳能发电站和一个风力发电站。②

探索氢能也是科威特能源转型计划的一部分。2022 年 2 月 20 日,时任科威特石油大臣穆罕默德·法里斯宣布了一项蓝绿氢试点项目。非营利性科威特科学促进基金会进行的研究表明,科威特在绿色氢方面具有竞争优势,与传统能源相比,绿色氢仍然昂贵。碳税可能有助于刺激该行业早期阶段的增长。③ 6 月,主要负责燃油产品国内销售业务并监管清洁燃油项目的科威特国家石油公司宣布,该公司已有能力提供一种含硫量低且符合最新国际标准(欧 5)的柴油产品,其数量可满足当地市场的需求。公司在该产品的规格上已实现质的飞跃,含硫量不超过百万分之十(10ppm)。该项成就将对科威特的环境和可持续发展产生积极影响,这也是已完成的

---

① Elshan Aliyev, "Kuwait's al‐Zour refinery starts commercial operations," *Argus Media*, November 6, 2022, https://www.argusmedia.com/en/news/2388230‐kuwaits‐alzour‐refinery‐starts‐commercial‐operations.

② Jennifer Aguinaldo, "EY to advise Kuwait renewable project," *MEED*, August 29, 2022, https://www.meed.com/ey‐to‐advise‐kuwait‐renewable‐project.

③ "Kuwait investing in clean energy projects," https://www.oxfordbusinessgroup.com/reports/kuwait/2022‐report/energy‐utilities/powering‐the‐future‐incentive‐driven‐solar‐wind‐and‐hydrogen‐development‐plans‐are‐steering‐the‐uptake‐of‐cleaner‐energy‐sources/.

清洁燃油项目中最重要的产品之一。①

在数字支付方面，据科通社消息，科威特中央银行3月13日宣布正式加入阿拉伯湾金融快速支付转账系统（AFAQ）。该系统于2020年底投入运营，旨在短时间内以低成本实现海合会国家本地货币和其他货币的汇款，也可以立即执行成员国之间包括总结算在内的各种转账。据悉，AFAQ系统由位于利雅得的海湾支付公司运营，该公司由海合会六国央行共同拥有和管理。沙特和巴林已于2021年率先加入AFAQ系统。

（二）巴林

巴林的财政资源比现在大多数其他海合会国家都少且长期存在高预算赤字，公共债务占国内生产总值的100%，也是海合会国家中债务水平最高的国家。尽管巴林的整体经济已经多元化，不再依赖碳氢化合物生产，但政府收入的70%—80%仍依赖于石油和天然气，其石油收入主要来自沙特油田。但在2022年，全球油价上涨和国内税收增加导致巴林王国出现适度的预算盈余，石油和非石油出口（主要是铁和铝产品）的收入有所增加，2022年的游客人数比2021年高出75%。② 据统计，截至2022年9月底，巴林登记的游客人数为690万，酒店业记录的游客平均在巴林停留5.9晚，上半年旅游总收入达17亿美元，前9个月吸引旅游业投资2.91亿美元，这些投资预计将在未来3年内创造超过1090个就业机会。③ 在绿色能源建设领域，巴林招标局于8月17日发布了一项招标公告，巴林电力和水务部邀请投标人以建设、所有、运营、维护（BOOM）的方式参与最低容量72兆瓦太阳能光伏电站，项目位于巴林南部Sakhir地区的多座建筑物，项目合同期20年。④

金融服务业是继石油业之后对巴林国内生产总值贡献最大的行业之一，也是该地区最成熟和最具开拓性的行业之一。该行业占巴林国内生

---

① 参见中华人民共和国驻科威特大使馆经济商务处编译：《科威特低硫柴油生产实现质的飞跃》，http：//kw. mofcom. gov. cn/article/ztdy/202206/20220603319379. shtml。
② Economist Intelligence Unit, "Bahrain's Current - Account Surplus Surges in First Half," September 12, 2022, http：//country. eiu. com/article. aspx? articleid = 1692411552.
③ 参见中华人民共和国驻巴林王国大使馆经济商务处编译：《巴林1—9月旅游业新增投资2.91亿美元》，http：//bh. mofcom. gov. cn/article/ztdy/202211/20221103369695. shtml。
④ 参见中华人民共和国驻巴林王国大使馆经济商务处编译：《巴林招标建设72兆瓦太阳能发电厂》，http：//bh. mofcom. gov. cn/article/sqfb/202208/20220803342564. shtml。

产总值的17%以上，拥有超过13600名员工，其中巴林人占近70%。巴林经济发展委员会在2022年前9个月通过在巴林设立或扩展业务的9家金融服务公司吸引了7270万美元的直接投资。预计将在3年内创造840个就业岗位。这些金融服务企业包括全球领先的区块链交易服务提供商Binance、本地发展的开放银行公司Spire Technologies，以及海湾保险集团的新区域总部。[①] 根据巴林经济复苏计划，到2026年金融服务业对GDP的贡献力争提高到20%。全球领先的区块链服务提供商币安10月27日宣布推出binance.bh——一个全新且完全受监管的平台，用户可以访问币安的所有产品和服务，包括直接存款和取款，以当地货币计算。新客户能够注册新监管平台并获得一系列产品和服务。[②] 标准普尔全球评级将巴林的展望从"稳定"上调至"正面"，同时确认其长期和短期外币和本币主权信用评级为B+/B。标普表示，此次上调是因为政府将继续实施财政改革以减少预算赤字，从而使债务标普巴林经济将在2022年增长4.8%。[③]

（三）卡塔尔

卡塔尔"2030愿景"目标之一就是绿色发展。2022年8月31日，卡塔尔能源公司的两家子公司卡塔尔能源可再生能源解决方案公司和卡塔尔化肥公司签署了氨-7工厂建设协议，预计2026年第一季度建成投产后将成为全球最大蓝氨生产工厂。对蓝氨工厂的投资和对碳捕获及封存设施的扩建是卡塔尔能源公司为实现其可持续发展战略的一项重要举措，该战略强调卡塔尔能源公司作为全球主要能源生产商致力于生产可靠、清洁和可负担的能源，以促进能源转型。[④] 数字经济也是当前海湾国家大力推进的方向。2022年卡塔尔国际足联世界杯是进一步推动国家银行系统数字化转型的绝佳机会，并以Covid-19大流行期间取得的成就为基础，标志着数

[①] 参见中华人民共和国驻巴林王国大使馆经济商务处编译：《巴林前9个月在金融领域吸引了7270万美元的外资》，http：//bh.mofcom.gov.cn/article/sqfb/202211/20221103364540.shtml。

[②] "Binance.bh goes live in Bahrain," Bahrain News Agency, October 27, 2022, https：//www.bna.bh/en/news?cms=q8FmFJgiscL2fwIzON1%2bDvZxBzdxJR1hpC%2bNPFXyF7I%3d.

[③] "S&PGR raises Bahrain outlook to positive," Bahrain News Agency, November 26, 2022, https：//www.bna.bh/en/ArchiveDetails.aspx?archiveId=687309.

[④] "World's largest blue ammonia plant in Qatar to open by 2026," *Gulf Times*, August 31, 2022, https：//www.gulf-times.com/story/723511/worlds-largest-blue-ammonia-plant-in-qatar-to-open-by-2026.

字银行服务领域的重大转变，有利于在服务快速数字化的过程中，银行可以使用足够的基础设施。在此背景下，卡塔尔中央银行推出了一系列举措，旨在为世界杯提供安全、快速和负担得起的数字支付。其中最突出的举措是8月推出了移动支付服务Google Pay，并于30日向Ooredoo Money和iPay颁发了该国首批数字支付服务许可证。[1] 从而将提供数字支付服务的公司正式纳入卡塔尔中央银行监管，以促进卡塔尔金融技术部门发展并增强本国金融服务包容性。

2022年，卡塔尔转型发展科技环境以及吸引投资和对外投资等方面亮点纷呈，并获得了国际权威信用评级的肯定。全球网速测试权威机构Ookla报告显示，2022年11月，卡塔尔的移动互联网速排名全球第1，当月的下载速度为176.18Mbps，几乎是2021年同期98.10Mbps的两倍。[2] 投资分析公司FDI Intelligence发布的报告指出，卡塔尔位列全球外国直接投资首选目的地第1名。报告称，2019—2022年，卡塔尔外国直接投资项目年增长率达70%，除油气产业外，商业金融服务以及信息和通信技术产业也吸引了大量投资。[3] 10月，卡塔尔主权财富基金卡塔尔投资局将向德国电力供应商莱茵集团投资24.28亿欧元（约合23.8亿美元），支持其加速"绿色发展"战略。[4] 11月，卡塔尔能源公司和雪佛龙菲利普斯化工公司宣布，将在美国德克萨斯州投资85亿美元，建设世界最大的集成聚合物设施——金三角集成聚合物工厂。据悉，该项目可帮助卡塔尔能源公司成为世界上最大的石油化工产品生产商之一，也能为当地创造大约500个全职工作岗位和4500个临时建筑工作岗位。[5] 2022年11月，标准普尔将卡塔尔的主权信用评级上调至AA级，维持"稳定"前景展望，穆迪则将其

---

[1] "Qatar's high – tech banking system seen capable of absorbing pressure during World Cup," *Gulf Times*, November 13, 2022, https://www.gulf – times.com/story/728757/qatars – high – tech – banking – system – seen – capable – of – absorbing – pressure – during – world – cup.

[2] Josh Fomon, "The Speedtest Global Index Shows These Countries Sped Forward for Internet Experience in 2022," January 4, 2023, https://www.ookla.com/articles/global – index – internet – speed – growth – 2022.

[3] 参见中华人民共和国驻卡塔尔国大使馆经济商务处：《卡塔尔吸引外国直接投资有关排名居全球之首》，http://qa.mofcom.gov.cn/article/jmxw/202301/20230103378046.shtml。

[4] 转引自中华人民共和国驻卡塔尔国大使馆经济商务处：《卡塔尔投资局将投资德国电力供应商莱茵集团》，http://qa.mofcom.gov.cn/article/jmxw/202210/20221003361006.shtml。

[5] "QatarEnergy takes final investment decision on world's largest integrated polymers facility," *Gulf Times*, November 17, 2022, https://www.gulf – times.com/article/650176/business/qatarenergy – takes – final – investment – decision – on – worlds – largest – integrated – polymers – facility.

前景展望由"稳定"调升至"积极",信贷评级保持 Aa3,使其成为海合会信用评级最高的国家之一。标普认为,卡塔尔成功实施归还到期债务的政府战略,将能够实现大量预算盈余并持续降低偿债成本,而液化天然气设施产能增加、非石油部门强劲增长、"2030 年愿景"框架内经济持续多元化、充裕的政府净资产以及灵活有效的宏观经济政策等诸多利好因素,在全球能源价格上涨的大背景下,卡塔尔财政收入将持续增加。①

(四) 阿联酋

2022 年,阿联酋的市场总体上朝着两个主要领域发展:清洁能源和数字化转型,或者说要实现经济发展与维护清洁、健康、安全环境之间的平衡。通过其战略和投资,阿联酋在可再生能源和清洁能源领域引领全球。阿联酋"能源战略 2050"旨在实现结合可再生能源和清洁能源的能源组合,以平衡经济需求和环境目标。阿联酋将在 2050 年之前投资 1633 亿美元,以满足日益增长的能源需求并确保经济的可持续增长。阿联酋正在尽一切努力塑造未来的政府,在坚实的科学基础上与战略部门的最新发展保持同步,并确定和规划未来的挑战,将其转化为有前途的机会。这将实现阿联酋未来远见战略和阿联酋百年计划,使阿联酋到 2071 年成为世界领先国家。尽管阿联酋通过经济多元化在减少对碳氢化合物出口的依赖方面取得了长足进步,但阿联酋的经济和金融状况仍随着世界能源前景而波动,它已开始计划清洁能源多元化。部分出于对全球气候变化的担忧,阿联酋一直致力于发展企业,例如清洁能源和自动驾驶汽车展示项目"马斯达尔城",以提供就业机会并吸引旅游和宣传。阿联酋在全球范围内捐款,以减轻气候变化对发展中国家的影响。截至 2022 年 5 月,阿联酋政府声称已在全球范围内投资了总价值 170 亿美元的可再生能源企业。从英国到印度再到乌兹别克斯坦。阿联酋向 40 多个国家提供 10 亿美元的可再生能源援助,特别关注岛屿国家和最不发达国家。2022 年 11 月 1 日,美国和阿联酋签署了美国—阿联酋加速清洁能源伙伴关系协议,旨在刺激"1000 亿美元的融资、投资和其他支持,并在 2035 年之前在全球部署 100 吉瓦的清洁

---

① "S&P raises Qatar's rating to AA with stable outlook," *Gulf Times*, November 5, 2022, https://www.gulf-times.com/story/728244/sp-raises-qatars-rating-to-aa-with-stable-outlook.

能源"①。

阿联酋面临来自沙特和其他同样寻求成为全球商业中心的海湾邻国的竞争。阿联酋外籍劳动力中很大一部分（约89%）包括低薪、非熟练和半熟练工人以及主要来自南亚的家政工人。阿联酋法律禁止所有形式的强制劳动，但执法不一致。外国劳工有时会举行罢工，抗议恶劣的工作条件、拖欠工资和狭窄的住房条件。据报道，工人有时仍会被扣留护照，被拒发工资或迟发工资，并因投诉而被驱逐出境。联邦政府已经建立了一个电子工资支付系统，适用于超过100名员工的公司，方便及时支付约定的工资。2022年9月15日，阿联酋政府通过了关于家政工人的2022年第9号联邦法令，旨在通过为他们确立权利和保护，为阿联酋的家政工人创造更好的工作条件。法律还规定了雇主和招聘机构必须履行的责任。阿联酋近90%的人口是外国人，其中许多人从事家庭佣工。该法律于2022年12月15日生效。该法第4条禁止任何人雇用未经人力资源和酋长国部许可的家政工人。它还禁止雇用任何18岁以下的人作为家政工人。②

全球网速测试权威机构Ookla报告显示，2022年11月，阿联酋的移动互联网速排名全球第2位，当月的下载速度为139.41Mbps；而最快固定宽带指数则跃居全球第8位，取代了西班牙的位置。③

（五）阿曼

与其他海合会国家一样，阿曼的大部分国家收入来自油气生产和出口。2022年，石油和天然气占政府收入的78%。④ 石油探明储量为52亿桶（截至2022年6月，全球排名第23位），目前的产量为每天105万桶。但是，阿曼以碳氢化合物为中心的经济规模小于其较富裕的邻国。阿曼不

---

① "Fact Sheet: U. S. - UAE Partnership to Accelerate Transition to Clean Energy (PACE)," https://www.whitehouse.gov/briefing-room/statements-releases/2022/11/01/fact-sheet-u-s-uae-partnership-to-accelerate-transition-to-clean-energy-pace/.

② "United Arab Emirates: New Law Regulating Work of Foreign Domestic Workers Adopted," *Global Legal Monitor*, The Law Library, Library of Congress, January 5, 2023. https://www.loc.gov/item/global-legal-monitor/2023-01-04/united-arab-emirates-new-law-regulating-work-of-foreign-domestic-workers-adopted/.

③ Josh Fomon, "The Speedtest Global Index Shows These Countries Sped Forward for Internet Experience in 2022".

④ Kate Dourian, "Oman Has Cause To Celebrate Record High Oil Production And New Partners," *Middle East Economic Survey*, February 1, 2023.

是石油输出国组织（OPEC）的成员，但通过由23个成员国组成的更广泛的"OPEC+"安排与其他产油国进行协调。2022年，由于油价上涨和政府偿还主权债务，财政部的压力有所缓解，阿曼的根本挑战是如何向后石油时代私营部门主导的经济转型。① 在过去两年中，政府整合了国有企业，合并了重复的投资机构，同时任命年轻的技术官僚和部长领导政府机构。② 为了吸引外国投资者，阿曼正在提供税收优惠，降低政府收费、扩大土地使用和增加符合条件的公司，如增加制造业、物流业、旅游业、采矿业和渔业等行业获得资本的机会。阿曼经济增长的成功部分取决于修订劳工政策。当地或区域经验有限或没有经验的小公司面临官僚主义的困难，包括要求雇用一定比例的阿曼人作为他们的劳动力以及解雇表现不佳或多余员工的问题。政府认识到这些挑战，并正在努力应对这些挑战，作为改善投资环境和实现阿曼"2040愿景"发展计划下的经济发展目标的努力的一部分。③

2022年，阿曼在全球50个外国直接投资目的地中排名第4位。④ 在能源价格上涨、石油和天然气产量扩大以及广泛的结构改革的推动下，阿曼经济正在从新冠病毒感染疫情的破坏中强劲复苏。随着该国加紧努力使其经济多样化，非石油部门收入预计将在商业友好政策、增加外国直接投资流入、提高工业能力和旅游业复苏的支持下进一步增长。经济特区和自由区在吸引外国直接投资、促进出口和创造就业方面发挥了重要作用，并在更广泛的经济领域产生积极的溢出效应。

三、五国的对外关系和内部联系产生积极变化

（一）科威特

科威特奉行温和平衡外交政策，致力于维护阿拉伯国家团结和海合会国家间协调合作，同时高度重视平衡发展同世界主要大国的关系。2022

---

① Hassan Jivraj, "Oman's economy surges with higher oil prices, fiscal reform," *Al Monitor*, September 1, 2022.
② Jonathan Campbell-James, "Oman's Economic Success Is Driven by Accountability as Much as Oil," *Policy Watch* #3639, Washington Institute for Near East Policy, August 11, 2022.
③ U. S. Department of Commerce, International Trade Administration, *Oman Country Commercial Guide*, September 14, 2022.
④ 参见中华人民共和国驻卡塔尔国大使馆经济商务处：《卡塔尔吸引外国直接投资有关排名居全球之首》，http://qa.mofcom.gov.cn/article/jmxw/202301/20230103378046.shtml。

年，科威特继续致力于加强与其邻国的合作关系，包括以沙特、伊拉克和伊朗等国为代表的地区主要国家。8月15日，伊朗外交部发言人卡纳尼说，科威特时隔6年重新派驻大使到任伊朗，两国关系被提升至大使级。①此外，科威特通过海合会促进地区内部稳定和安全，包括解决也门危机和其他政治紧张局势等。科威特还寻求加强与欧美等西方国家之间的联系和合作，以促进科威特与全球其他国家之间的贸易和投资，加强反恐合作等。科威特继续支持并参与全球应对气候变化问题的努力。2022年11月8日，科威特外交大臣萨利姆·阿卜杜拉·贾比尔·萨巴赫在《联合国气候变化框架公约》第27次缔约方会议和在埃及沙姆沙伊赫举行的中东绿色倡议峰会期间表示，科威特致力于到2050年在油气部门实现碳中和，到2060年在其他部门实现碳中和，并为全球应对气候变化做出自己的贡献。②

在过去几年中，科威特已经逐渐扩大了与中国和俄罗斯之间的贸易和投资合作，这对于其经济发展来说有着重要的意义。2022年，科威特进一步加强与这些国家之间的联系，以增加出口市场并追求更好的贸易协议。12月8日，首届中阿峰会、中海峰会召开。前一天，习近平主席会见科威特王储米沙勒时强调，中方支持科方实施"2035愿景"，加强两国发展战略对接。科威特高度重视此次中阿峰会、中海峰会，当地媒体对峰会进行了广泛报道。据中国驻科威特大使张卫健介绍，科威特在中国设有4个使领馆，中国是科威特在国外设立外交机构数量最多的国家；在经贸合作领域，中国已成为科威特第一大贸易伙伴，科威特是中国第七大原油进口来源国；海湾地区第一个中国文化中心即将在科威特建成，有望在近期投入运营。③

（二）巴林

鉴于伊朗曾对巴林主权的争夺长达数世纪之久，巴林的武装力量是所有海湾国家中最小的，巴林领导人一直担心伊朗试图破坏王国的稳定。2022年2月，巴林与以色列签署安全合作协议。两周后，以色列时任总理

---

① 高文成：《科威特与伊朗恢复大使级外交关系》，新华网，http://www.news.cn/world/2022-08/15/c_1128917396.htm。
② Refer to "Kuwait to achieve carbon neutrality in energy sector by 2050: Minister," Sharm El Sheikh, November 8, 2022, http://www.tradearabia.com/news/OGN_402947.html.
③ 参见焦莹、刘乐：《这个海湾国家将如何推动中海关系取得更大发展？——专访中国驻科威特大使张建卫》，央广网，2022年12月11日，https://china.cnr.cn/qqhygbw/20221211/t20221211_526091641.shtml。

纳夫塔利·贝内特成为首位访问巴林的以色列领导人。巴林也证实，以色列海军军官将作为美国海军第五舰队的联络官永久驻扎在巴林。尽管长期存在这些紧张局势，但巴林与其他海合会国家一样，支持海湾阿拉伯国家与伊朗之间的对话。巴林驻美国大使谢赫·阿卜杜拉·本·拉希德·本·阿卜杜拉·阿勒哈利法2022年9月在纽约发表讲话时指出，防御态势旨在应对来自伊朗的直接和间接威胁，"确保与伊朗进行某种形式的对话"①。2022年9月，以色列宣布它已开始与巴林谈判自由贸易协定。也许是对以色列与巴林关系更加密切的回应，伊朗官方媒体再次重申了伊朗对巴林的领土要求。② 巴林大约85%的军事装备来自美国。2022年10月，美国中央司令部司令、将军迈克尔·库里拉年内第三次访问了巴林，与巴林同行讨论了各种问题，包括美国对外军售计划的进展情况，例如F-16、"爱国者"导弹系统和AH-1眼镜蛇直升机。随着拜登政府致力于整合美国与海合会伙伴海军的海上能力，巴林已成为美国海军新技术的运营中心，旨在提高波斯湾的领域意识。2022年，美国与巴林双边贸易总额为28亿美元，美国对巴林的贸易逆差略低于10亿美元。③ 巴林的其他主要贸易伙伴包括中国、沙特和阿联酋等国家。

（三）卡塔尔

2022年卡塔尔世界杯给世人留下了深刻印象。这场中东地区首次举行的赛事，精彩程度、赛场内外的观赛人数规模都可傲人地载入史册。而围绕该赛事，卡塔尔精彩地演绎了"小国大外交"。卡塔尔需要与沙特密切合作，以确保比赛期间人员和货物的顺畅流动。2021年与沙特关系的改善对于确保2022年世界杯的成功举办至关重要。卡塔尔还一直在寻求沙特的支持，促进世界杯作为中东文化和体育精神庆典的宣传。卡塔尔与中国的关系尤其重要，因为卡塔尔是全球最大的液化天然气出口商之一。中国是液化天然气的主要消费国之一，卡塔尔一直在努力扩大对中国的出口。此

---

① Lahav Harkov, "Middle East nations must strengthen defense against Iran, Bahraini envoy says," *Jerusalem Post*, September 18, 2022, http://www.jpost.com/middle-east/article-717003.
② Hussein Ibish, "Iran's New Ploy to Disrupt the Mideast: Laying Claim to Bahrain," Bloomberg, September 21, 2022, https://www.bloomberg.com/opinion/articles/2022-09-21/iran-claims-bahrain-to-shake-up-nuclear-talks-and-rebuff-israel?srnd=opinion&sref=tp95wk9l.
③ "U.S. trade in goods with Bahrain," U.S. Census Bureau, 2022, https://www.census.gov/foreign-trade/balance/c5250.html.

外，卡塔尔一直在寻求中国投资，以开发其基础设施，包括道路、港口和机场，为世界杯的举行做好准备。卡塔尔一直与德国合作，在贸易、投资和技术等方面在向德国初创企业投资，特别是在技术领域，有助于卡塔尔发展自己的技术产业，并为世界杯的举行做好准备。除了经济联系，卡塔尔还与德国在文化和教育方面开展合作宣传世界杯，增强其形象和吸引力。对于2022年世界杯来说，卡塔尔与美国的安全合作至关重要。随着数百万游客的到来，卡塔尔需要确保安全局势稳定、没有恐怖袭击或其他威胁事件发生。美国国土安全部与卡塔尔签署了与世界杯相关的安全协议，并于2022年7月签署了边境和网络安全合作备忘录。① 2022年，卡塔尔还与其他周边国家保持着密切的外交关系。卡塔尔与伊朗建立了经济和贸易合作关系，并在多个领域进行合作，包括运输、能源和科技等领域；与土耳其建立了紧密的经济和安全合作关系，以及与印度、巴基斯坦等亚洲国家开展了贸易、投资和旅游合作。

卡塔尔的对外关系和对外政策是多方面的、战略性的，且与2022年世界杯的成功密切相关。通过与沙特、中国、德国、美国和周边国家建立紧密的合作关系，卡塔尔力图确保比赛的安全和顺利。同时，这些合作也有助于提高卡塔尔的形象和吸引力，促进卡塔尔的经济和社会发展。自2021年起，中东地区出现难得的缓和潮，卡塔尔借本次盛会再次助推了这一趋势。开幕式上，地区各国领导人纷纷亮相，为本地区举办的首届世界杯捧场。沙特王储小萨勒曼为出席开幕式特意取消访日行程，观赛时又与卡塔尔埃米尔塔米姆分别披上对方国旗为其国家队助威，进一步修补断交事件留下的裂痕，彰显海湾国家内部"兄弟情义"。世界杯期间，卡塔尔还多次呼吁阿拉伯世界加强团结，增进合作，让世界重新认识阿拉伯世界与阿拉伯国家。

（四）阿联酋

随着大力投资于各种技术以逐步实现经济多元化，不再只生产碳氢化合物，阿联酋扩大了与中国的商业联系，成为中国在中东和北非地区最大的非石油贸易伙伴，双边贸易额超过500亿美元。中国电信公司华为为阿联酋提供了国内网络服务。2022年10月，阿联酋负责人工智能、数字经

---

① U. S. Department of Homeland Security, "DHS to Expand Security Cooperation with Qatar and the United Arab Emirates," July 12, 2022, https：//www.dhs.gov/news/2022/07/12/dhs - expand - security - cooperation - qatar - and - united - arab - emirates.

济和远程工作应用的国务部长奥马尔·本·苏丹·阿尔·奥拉马在接受采访时表示，阿联酋对使用源自中国的技术持开放态度，并指出，"只要它有利经济发展，我们就会使用它"。

从俄乌冲突一开始，阿联酋就基本上拒绝与美国和欧洲国家"站在一起"，悄悄地从冲突的一些影响中获益——最显著的是全球油价上涨和俄罗斯资本从西方转移到迪拜。阿联酋（当时是联合国安理会非常任理事国）对2022年2月25日谴责俄罗斯行动的联合国安理会决议草案投了弃权票。两天后，它再次在召开紧急特别会议的投票中投了弃权票。2022年10月5日，"欧佩克+"决定从11月开始将削减石油产量配额。就其本身而言，阿联酋似乎在平衡对"欧佩克+"的持续承诺，同时试图与美国保持友好关系。尽管阿联酋正在平衡其对"欧佩克+"的承诺以及对美国政策的敏感性，但阿联酋尚未对俄罗斯政府或俄罗斯官员实施经济制裁；相反，有报道称，阿联酋从俄罗斯资本流向迪拜中获益匪浅。根据一家伦敦咨询公司2022年6月的估计显示，到2022年，阿联酋有可能吸引4000名百万富翁净流入，其中许多人来自俄罗斯。① 俄乌冲突爆发以来，阿联酋政府也试图改善与乌克兰的双边关系，向乌克兰运送医疗用品和食品，并为在波兰和摩尔多瓦的乌克兰难民提供救济。两国之间的贸易谈判已经恢复，因为阿联酋每年从乌克兰进口的小麦数量位居第2位。

在地区层面，阿联酋奉行与伊朗进行有限接触的政策，保持与美国的战略防御合作。阿联酋谨慎支持拜登政府重新与伊朗进行核谈判。在2022年7月的"海合会+3"峰会上，阿联酋签署声明，支持确保伊朗和阿拉伯海湾地区没有任何大规模杀伤性武器。而自2020年签署与以色列外交正常化协议（《亚伯拉罕协议》）以来，以色列与阿联酋的贸易、军事和外交关系显著扩大。2022年5月，双方签署了自由贸易协定。该协议一旦获得批准，将放宽对双边贸易的限制。据报道称，以色列与阿联酋的年度贸易额在5年内从大约10亿美元增加到100亿美元。②

---

① Ben Bartenstein, "World's Wealthy Flock to UAE as War Spurs Russian Capital Flight," Bloomberg, June 14, 2022. https：//www.bnnbloomberg.ca/world-s-wealthy-flock-to-uae-as-war-spurs-russian-capital-flight-1.1778528#:~:text=%E2%80%9CAffluent%20Russians%20seeking%20to%20escape%20the%20impact%20of, Britain%2C%20where%20they%20had%20previously%20made%20their%20homes.%E2%80%9D.

② Patrick Kingsley, "Trade Accord with U.A.E. Would Be Israel's Broadest Yet with an Arab Country," New York Times, June 1, 2022.

（五）阿曼

被称为"中东的瑞士"的阿曼尽管并未正式将中立作为其外交政策的原则，但通常总是寻求调解地区冲突而避免直接军事介入。2022年5月下旬，伊朗总统莱希访问阿曼，讨论地区问题并签署一系列协议，扩大双边贸易，推进拖延已久的联合能源开发项目，包括开发波斯湾亨厄姆油田。2022年11月，美阿战略对话期间，美国官员会见了阿曼外交部长，讨论阿曼领空向以色列航空公司开放的可能性。2023年2月，阿曼民航局确认阿曼的领空对所有符合条件的航空公司开放。除了与海合会国家和西方国家关系密切外，阿曼还一直在培育和加强与中国的关系，其85%的石油出口到了中国。早在2018年5月，中阿双方就签署了政府间共建"一带一路"谅解备忘录，两国经贸合作发展顺利。中国是阿曼第一大贸易伙伴，2022年双边贸易额高达404亿美元，远超2021年的322亿美元。中方出口主要是机电产品、钢铁及其制品、高新技术产品、纺织品等，进口主要是原油。中国也是阿曼第一大原油出口对象国，阿曼则是中国全球第四大原油进口来源国。

2021年、2022年中国与海湾五国贸易额对比一览表

单位：百万美元

海湾国家名称		科威特	巴林	卡塔尔	阿联酋	阿曼	合计
进口金额（到岸价）	2022年	26509.9	251.2	22557.8	45407.5	36239.8	130966.2
	2021年	17755.3	399.5	13210.1	28567.9	28587.5	88520.3
出口金额（离岸价）	2022年	4969.9	1772.2	3988.9	53861.7	4205.5	68798.2
	2021年	4368.5	1380.1	3960.8	43818.2	3565.2	57092.8
合计金额	2022年	31479.8	2023.4	26546.7	99269.2	40445.3	199764.4
	2021年	22123.8	1779.6	17170.9	72386.1	32152.7	145613.1
总计金额	2022年	199764.4					
	2021年	145613.1					

数据来源：ChinaMed Middle East, https://www.chinamed.it/chinamed-data/middle-east。表格由作者自制。

四、结语

海湾五国政治体系各不相同，经济正在努力实现多元化，对外关系受区域政治影响明显，在 2022 年受到了一定的挑战但也迎来了一些重要的发展机会。政治上，一些国家正在经历政治改革，以扩大公民参与和提高政府的透明度，这些改革往往遭遇到来自传统势力和保守派的阻力。石油价格波动、经济多元化、就业和外籍劳工问题，特别是全球经济持续放缓和新冠病毒感染疫情的影响一直在考验着这些国家。五国都在积极参与区域和国际事务，但发力点各不相同，"五国三组"的对外行事风格依然持续。但在 2022 年，五国仍然奉献了令世人侧目的重大关注点。首先是它们在俄乌冲突中表现出极强的独立性；其次是阿联酋完美地收官了世界博览会，卡塔尔历史性地成功举办了男足世界杯；最后是 12 月召开的中海峰会、中阿峰会再次凸显五国在地区的作用，两个峰会为海湾地区、阿拉伯地区乃至中东地区和国际形势带来深远影响。

2022年伊拉克的政治、经济和对外关系

潜旭明　姜　楠[①]

【摘　要】

伊拉克国内复杂的政治生态，尤其是什叶派内部斗争以及混乱安全局面，仍是2022年伊拉克国内政治的主线，经过一年多时间的政治僵局，最终在协调各方势力利益的基础上，伊拉克新政府成立。伊拉克国内复杂的宗派斗争和紧张的宗派关系严重影响着政府治理的有效性，库尔德分离问题也考验着当政者的能力。在经济发展方面，由于新冠病毒感染疫情管控措施放松以及油价和产量上升，2022年伊拉克的经济持续恢复。全球需求低迷、国内政治安全局势动荡、经济结构性改革、持续的通胀压力等因素都使伊拉克面临经济下行的风险。在外交方面，新政府与伊朗的关系进一步走近，保持与美国的安全合作，遵循务实外交，加强与沙特等中东国家的经贸关系，努力扩大在中东地区的话语权。此外，伊拉克与中国坚持互利共赢，两国"一带一路"合作的进一步加深为伊拉克国家可持续发展提供了机会。

【关键词】

伊拉克　政治选举　经济形势　对外关系

[①] 潜旭明，上海外国语大学中东研究所副研究员；姜楠，上海外国语大学国际关系与公共事务学院博士研究生。本文系上海市社科规划一般项目"中东能源地缘政治与中国能源安全研究"（项目编号：2020BGJ008）的阶段性成果。

一、2022年伊拉克的政治形势

2021年10月,伊拉克举行第五次议会选举,经过多方利益博弈,选举结果最终于12月获得伊拉克最高法院的批准。2022年1月9日,伊拉克新一届国民议会举行首次会议,上届议长穆罕默德·哈布希再次当选议长。[①] 哈布希获得了议会中大多数逊尼派和库尔德斯坦民主党(简称"库民党")的支持。由于什叶派主要政治派别以及库尔德阵营内部分歧严重,总统选举被数次推迟。

萨德尔联合哈布希领导的逊尼派进步联盟、决心党、库民党及其他小党派,掌握议会过半议席,试图把前总理马利基领导的什叶派团体法治联盟和亲伊朗的法塔赫联盟排除在政府之外。马利基领导的法治联盟与法塔赫联盟及其盟友一起组成什叶派协调框架,包括正义联盟、国家智慧联盟、胜利联盟和阿塔联盟,[②] 通过民众抗议、诉诸法律手段等反对选举结果和"多数政府"。马利基任内提拔的法官在这次组建新政府中发挥了作用,做出了不利于萨德尔的裁决,规定了选举总统时议会人数必须达到2/3。[③] 马利基联盟掌握议会约四成席位,使马利基在选举总统时具有否决权。此外,伊拉克最高法院裁定库尔德自治区管理本地区油田的相关法律不符合伊拉克宪法。这就损害了萨德尔盟友库民党的利益,在萨德尔和库民党之间打入了一个楔子。

库尔德地区的两大政党关于总统候选人的斗争也阻碍了新政府的组建。伊拉克北部库尔德地区两大政党库民党和库爱盟之间存在权力分配默契,由库民党人士出任伊拉克库尔德自治区领导人,由库爱盟人士出任伊拉克总统。不过这一次,库民党试图打破常规,有意与库爱盟争夺总统权力,萨德尔也支持库民党的兹巴里出任总统。[④] 2022年4月和5月,萨德尔多次尝试组建政府,始终没有达到议会2/3的人数。什叶派协调框架也

[①] 毕振山:《伊拉克政治僵局持续》,载《工人日报》,2022年8月5日,第8版。
[②] European Union Agency for Asylum (EUAA), *Iraq Security Situation Country of Origin Information Report*, Luxembourg, January 2022, p. 29.
[③] 唐恬波:《伊拉克乱局中,萨德尔究竟在下什么棋》,载《世界知识》,2022年第20期,第42页。
[④] 毕振山:《伊拉克政治僵局持续》,载《工人日报》,2022年8月5日,第8版。

有意推举新总统，但是同样达不到议会 2/3 人数的门槛。伊拉克政治僵局始终难以打破。

2022 年 6 月 12 日，萨德尔运动 73 名议员集体退出议会。按照规定，空缺的席位将由所在选区得票第二高的候选人递补。① 递补之后，法塔赫联盟的席位从 17 个增加到 29 个。马利基领导的什叶派协调框架在议会中的席位上升至 130 个，成为议会中最大的团体。7 月 25 日，什叶派协调框架宣布推举前劳工与社会事务部长苏丹尼为新总理候选人。② 7 月 27 日，萨德尔的支持者闯入巴格达议会大厦，反对苏丹尼担任总理，议员们无法开会，也无法推进组阁。

8 月，萨德尔继续呼吁抗议运动，呼吁解散议会并尽早选举。这一呼吁得到了其他什叶派一些政治领导人的支持。鉴于近几次选举出现的问题，各方势力均认为需要提前进行选举并修改《选举法》，但是如何修改并没有达成共识。8 月 29 日，萨德尔宣布"永久退出政坛"，③ 此后抗议活动陡然升级，至少有 23 人在抗议活动中死亡，另有大约 380 人受伤。④ 8 月 30 日，萨德尔下令支持者"一小时内"撤退，巴格达随即迅速恢复平静。

2022 年 10 月 13 日，在伊拉克国民议会选举中，前水资源部长阿卜杜勒·拉蒂夫·拉希德当选新一任总统，⑤ 拉希德提名苏丹尼为新一任总理人选，授权其在 30 天内组建新政府。10 月 27 日，伊拉克国民议会通过了新一届内阁成员名单和新政府工作计划，候任总理苏丹尼及 21 名部长宣誓就职。⑥ 苏丹尼的就职意味着伊拉克持续一年多的政治僵局终于结束。

苏丹尼所在政党于 2021 年 10 月选举中仅获取一个席位，苏丹尼被提名总理是伊拉克多方势力妥协的产物，需要依赖协调框架的支持来执政。从目前来看，新政府调和了各方势力的利益，执政根基较为稳固，有利于

---

① 毕振山：《伊拉克政治僵局持续》，载《工人日报》，2022 年 8 月 5 日，第 8 版。
② 毕振山：《伊拉克政治僵局持续》，载《工人日报》，2022 年 8 月 5 日，第 8 版。
③ 黄培昭：《伊拉克局势持续动荡，政治分析人士指出——"美国在伊拉克强推西式民主是极大错误"》，载《人民日报》，2022 年 9 月 6 日，第 17 版。
④ 陈宪忠等：《组阁僵局引发激烈抗议 政治走向牵动周边地区 巴格达"绿区"冲突令外界忧心》，载《环球时报》，2022 年 8 月 31 日，第 16 版。
⑤ 安峥：《火箭弹"洗礼"下，伊拉克迎来新总统、提名新总理，一年僵局要打破了？》，https://www.shobserver.com/news/detail? id＝538851。
⑥ 南博一：《伊拉克议会批准新政府成立，结束持续一年多的政治僵局》，https：//www.thepaper.cn/newsDetail_forward_20509468。

新政府的治理和相关政策的执行。

二、2022年伊拉克的经济形势

由于新冠病毒感染疫情管控措施放松以及石油经济的迅猛发展，伊拉克的经济持续恢复，外汇储备状况良好，财政实现盈余。但全球需求低迷、国内政治安全局势动荡、经济结构性改革成效有限、持续的通胀压力、气候变化等因素都使伊拉克面临经济下行的风险。

（一）在国家内部经济发展方面

由于石油产量的上升和新冠病毒感染疫情过后国内经济活动的复苏，伊拉克整体经济开始反弹。国际信用评级机构惠誉表示，2022年，伊拉克经济增速超过8.1%，是海湾石油出口国中预计增速最高的国家。[①] 根据世界银行数据显示，2022年，伊拉克GDP为2802亿美元，2022年上半年GDP实际增长率为10.5%，2022年全年经济增长率为8.7%，与2021年2.8%的实际GDP变化相比大幅提升。根据国际货币基金组织数据显示，伊拉克2022年实际GDP将增长至10%，达到新冠病毒感染疫情前水平。[②] 人口每年2.4%的快速增长意味着其经济增长会转化为比较温和的人均GDP增长，2022年，人均GDP增长为6.2%。[③] 伊拉克石油部门的增长率超过12%，是经济复苏的主要动力。非石油工业、服务业、农业等部门强劲增长，2022年上半年非石油经济增长了8.4%。[④] 在全球需求低迷的影响下，经济增速逐步放缓。在新冠病毒感染疫情的影响下政府的投资效应未能充分释放。此外，之前计划中的项目在2022年政府预算没有拨款，石油产能提高也会受到约束。虽然宗教旅游业有所恢复，但因水电短缺、国内需求疲软、挖掘非石油产业潜能政策的缺乏，预计2022—2024年非石油

[①] 中华人民共和国驻伊拉克共和国大使馆经济商务处：《伊拉克2022年将成为海湾石油出口国中增长率最高的国家》，http://iq.mofcom.gov.cn/article/ztdy/202201/20220103235229.shtml。

[②] 中华人民共和国驻伊拉克共和国大使馆经济商务处：《伊拉克今年经济将因油价上涨而达到疫情前水平》，http://iq.mofcom.gov.cn/article/ztdy/202205/20220503314508.shtml。

[③] World Bank Group, *Iraq Economic Monitor: A New Opportunity to Reform*, Washington D.C., Fall, 2022, p.1.

[④] Ibid.

经济的增长率仅为3.5%。[1]

（二）在国家对外经济交往方面

石油出口价格和数量的双双提高，增加了政府石油收入，明显改善了财政状况，并增加了外汇储备。由于油价上涨和石油产量增加，政府总收入同比飙升约72%[2]，2022年总支出增长20%[3]。2022年前9个月伊拉克总体财政状况表现为盈余，财政盈余占GDP的13%以上，高于2021年同期的5%。[4] 尽管进口同比增长了46%[5]，原油出口收入的飙升改善了伊拉克的外汇状况。外国直接投资较低，但外汇状况改善增加了伊拉克中央银行的外汇储备。巨额的石油出口收入使得财政收支和外汇账户有大量盈余。由于石油价格上涨，2022年前三个季度石油收入占政府总预算收入的96%，远高于2021年的87%。[6] 2022年，政府开支增长比较缓慢，财政盈余创造了占GDP比重13%的历史纪录，经常账户盈余增加到占GDP的18%，伊拉克中央银行的外汇储备达到创记录的985亿美元，这是近几十年来的最高水平。[7] 由于财政盈余，公共债务占GDP的比重持续改善。2022年，伊拉克外汇收入与财政收入双双增长，这为苏丹尼政府积累了较好的财政基础。

（三）在能源生产与价格方面

伊拉克在欧佩克是仅次于沙特的第二大原油生产国。伊拉克的原油储量超过1500亿桶，约占世界石油储量的12%。[8] 原油出口收入占伊拉克经济很大一部分。随着2022年油价上涨以及伊拉克原油产量增加，伊拉克的石油出口收入显著增加，抵消了部分石油产品、其他商品和服务的成本上涨。[9] 根

---

[1] World Bank Group, *Iraq Economic Monitor: A New Opportunity to Reform*, Washington D. C., Fall, 2022, p. 13.

[2] Ibid.

[3] Ibid, p. ix.

[4] Ibid.

[5] Ibid, p. 11.

[6] Ibid, p. 7.

[7] Ibid, p. 13.

[8] 中华人民共和国驻伊拉克共和国大使馆经济商务处：《伊拉克原油储量占世界石油储量的12%》，http：//iq. mofcom. gov. cn/article/ddgk/202201/20220103239955. shtml。

[9] U. S. Energy Information Administration, "*Country Analysis Executive Summary: Iraq*," Washington. D. C, September 28, 2022.

据伊拉克国家石油销售组织 SOMO 数据显示，2022 年伊拉克出口原油 120752 万桶，同比增长 9.56%，出口额为 1156.96 亿美元，同比增长 52.94%，平均每桶价格 95.8 美元。[①] 2022 年，伊拉克加速提升原油产量至 2.2 亿吨，同比增长 5.7%。[②] 2022 年，伊拉克的原油产能约为 450 万桶/日，[③] 伊拉克石油部计划到 2028 年将其原油产能提高到 800 万桶/日。[④] 为了提高国家产能，在伊拉克南部油田，推动一批上游扩建项目，其中一些项目可能会因为诸多因素而推迟，例如伊拉克在组建新政府方面的政治斗争、预算不足和国际石油公司关于投资环境的不确定性等等。

在可再生能源方面，伊拉克正在寻求进口电力来源多样化。伊拉克与海合会国家达成协议，从 2024 年年中开始，海合会国家将通过科威特的电力输送网络向伊拉克提供 500 兆瓦的电力，最终容量将达到 1.8 吉瓦。两条从土耳其到伊拉克的总容量为 500 兆瓦的电力线于 2022 年上半年完成。约旦计划 2023 年开始通过一条新输电线路向伊拉克出口电力，总量为 150 兆瓦。[⑤]

伊拉克经济将受益于持续的高油价，但全球需求的疲软对经济发展起到抑制作用。随着 2022 年第四季度"欧佩克+"生产配额减少，石油经济依旧保持 12% 的强劲增长，2022 年 GDP 增长率预计将增至 8.7%。近年来萎靡的全球需求与国内政治安全局势动荡和通胀压力将会导致伊拉克经济下行风险加大。粮食短缺、失业率上升导致贫困与不平等风险进一步加剧。农业就业人数约占就业总数的 20%。持续升温与严重干旱严重影响了粮食生产与农业就业。俄乌冲突及其导致的全球大宗商品价格飙升加剧了粮食安全危机。尽管经济有所反弹，但是创造的就业岗位不充分，失业率依旧保持在 16.5% 的高位。此外，相当规模的资源被荒废，工作机会和充分服务提供的缺失，加剧了社会紧张局势，弱化了国家的社会资本。伊拉克面临着经济不平等恶化的其他安全和发展困境，通胀的压力与持续的水

---

① 中华人民共和国驻伊拉克共和国大使馆经济商务处：《伊拉克 2022 年石油出口再创新高》，http://iq.mofcom.gov.cn/article/ztdy/202301/20230103380696.shtml。
② 张鹏程：《全球石油产量增长 3.7%，油气储量实现双增长！》，https://new.qq.com/rain/a/20230111A09VAR00。
③ International Energy Agency, "*Oil Market Report*," Paris, October 13, 2022, p.15.
④ U.S. Energy Information Administration, "*Country Analysis Executive Summary: Iraq*," Washington D.C., September 28, 2022, p.3.
⑤ Ibid.

电短缺将会加剧社会动荡。

三、2022 年伊拉克的对外关系

由于苏丹尼政府与伊朗有着千丝万缕的联系，新政府与伊朗的关系进一步走近，同时遵循务实外交，继续保持与美国的安全合作，加强与沙特等海湾国家的经贸关系，努力扩大在中东地区的话语权。此外，伊拉克与中国坚持合作共赢，两国"一带一路"合作的进一步加深将为伊拉克国家可持续发展提供了机会。

（一）伊拉克与美国的关系

安全因素仍然是影响美伊关系的主要因素。伊拉克对于美国具有重要的战略意义。对美国来说，伊拉克的稳定对于维护海湾地区稳定、管控美伊紧张关系具有重要的作用。除了协助伊拉克安全部队打击"伊斯兰国"，驻伊美军及联军部队也可以有效平衡伊拉克北部库尔德地区、土耳其和伊朗的军事存在。在美伊未来的互动中，尽管美国可以在安全领域发挥积极影响，但双边关系不仅仅只有安全合作。双方需要探索在经济、贸易、金融、气变、环境、能源、教育等领域的合作。① 美国在 2022 年伊拉克政治僵局中持观望态度，正如拜登政府的一名高级官员所说，他们打算"让伊拉克人自己来解决"②。由于美国的"印太战略"和国内问题，美国不想将太多资源投入到伊拉克，而是以一种较低成本投入的方式维持美伊关系，运用强大的政治和军事影响力使伊拉克对美国保持友好态度。

2022 年 10 月 13 日，美国国务院新闻发言人内德·普莱斯对伊拉克新政府的成立表示欢迎并期待继续加强两国之间的合作。③ 2022 年 11 月 3

---

① Hollings Center, *U. S. – Iraq Relations: Interests, Expectations, Ways Forward*, Washington, D. C., April 2022.
② "In light of Tehran's concerted efforts to reverse last year's electoral setback, it has become too risky to let Baghdad's nascent democracy simply fend for itself," The Washington Institute, August 24, 2022, https://www.washingtoninstitute.org/policy-analysis/bidens-indifference-has-given-iran-upper-hand-iraq.
③ "Government Formation in Iraq," U. S. Department of State, October 13, 2022, https://www.state.gov/government-formation-in-iraq/.

日，美国国务卿布林肯与伊拉克总理苏丹尼通电话，对苏丹尼表示祝贺。①伊拉克新任总理苏丹尼认为，消灭"伊斯兰国"需要时间，伊拉克仍需要外国部队，美军帮助训练和协助伊拉克部队打击"伊斯兰国"。苏丹尼认为同时与伊朗和美国保持良好关系是可能的，并表示，"伊拉克希望与华盛顿建立与沙特和其他海湾国家类似的关系"，计划派一个高级代表团前往华盛顿与美国官员会谈。苏丹尼会见了美国总统特使、国安会中东北非事务协调官迈格克，双方重点讨论了驻伊美军的可行性。苏丹尼称驻伊美军为"友谊之师"，同时强调加强双边合作提升伊拉克安全部队的反恐和维稳能力。美方向苏丹尼政府施压，要求伊拉克在能源、石油、港口等重要领域给予美国优先权。迈格克重申对苏丹尼的支持以确保其成功执政，并表示美国继续就打击"伊斯兰国"武装向伊拉克安全部队提供协助。②此外，美国还重申对美伊战略框架协议的承诺，支持伊拉克新政府的经济政策，并加强双方在经济、反恐方面的合作。③

（二）伊拉克与伊朗的关系

2022年，两国关系的主线为伊朗干涉伊拉克内政与伊拉克民族主义者萨德尔的反干涉，但结果是一个亲伊朗的伊拉克新政府成立。伊拉克和伊朗在宗教、文化和地理上有着千丝万缕的联系，伊朗担心伊拉克什叶派集团内部的分歧越来越大，可能会削弱伊朗的影响力。2022年，政治僵局期间，伊朗曾试图推动萨德尔接纳协调框架入阁形成新一届政府。2022年1月中旬，伊斯兰革命卫队圣城旅指挥官伊斯梅尔·加尼将军前往伊拉克协调建立一个包容性什叶派联盟。其后，加尼说服库民党领导人马苏德·巴尔扎尼派代表前去劝说萨德尔接受其他什叶派党团。④但是萨德尔派退出议会后，伊朗对伊拉克苏丹尼政府表示满意。2022年10月30日，伊朗驻巴格达大使穆罕默德·卡齐姆·阿勒萨德也迅速访问了苏丹尼政府，表达

---

① "Secretary Blinken's Call with Iraqi Prime Minister Sudani," U. S. Department of State, November 3, 2022, https://www.state.gov/secretary-blinkens-call-with-iraqi-prime-minister-sudani/.
② 《伊拉克总理见美国总统特使 加强双边合作》, https://finance.ifeng.com/c/8MhmHjeRLnb。
③ "Readout of President Biden's Call with Prime Minister Mohammed Shia'al-Sudani of Iraq," https://www.whitehouse.gov/briefing-room/statements-releases/2023/02/02/readout-of-president-bidens-call-with-prime-minister-mohammed-shia-al-sudani-of-iraq/.
④ C. Anthony Pfaf, *Optimizing and Aligning the US-Iraq Relationship*, Washington, D. C.: Atlantic Council, November 2022, pp. 4-5.

了伊朗对苏丹尼本人及其政府的支持，转达了伊朗领导人对苏丹尼的祝贺，表示德黑兰希望加强两国关系。

苏丹尼是伊拉克亲伊朗团体尤其是人民动员部队支持的首选总理候选人。他是前总理努里·马利基和海达尔·阿巴迪的知己，曾在他们执政期间掌舵多个部委。新内阁还包括人民动员部队的数名成员以及与他们关系密切的人物，包括新任高等教育部长阿布迪，他曾是正义联盟的官方发言人，总理新闻办公室主任拉比·纳德是真主党旅成员，劳工和社会事务部长阿萨迪是人民动员部队的前官方发言人。此外，新任总统拉希德是由库爱盟推举的总统候选人，库爱盟与伊朗政府关系密切。① 事实上，包括马利基的政党以及其他什叶派政党和人民动员部队成员在内的亲伊朗势力都支持苏丹尼担任总理，这使得伊朗对伊拉克的影响力上升。② 新政府更有意愿加强与伊朗的关系。这与前任政府不同，前任政府更倾向于与约旦、埃及和沙特等阿拉伯邻国进行互动和联系。苏丹尼和阿勒萨德在会谈中强调，两国之间合作与协调对于促进符合两国利益的可持续发展具有重要意义。他们还检视了双边关系以及两国在各层级、各领域的合作情况。伊朗将推动完成两国之间的铁路连接，伊朗有机会通过伊拉克、叙利亚到达地中海。③ 自2022年10月上台以来，苏丹尼做出重大改变，废除了看守总理卡迪米做出的所有决策，当然包括与伊朗保持距离以平衡地区关系的决策。之前的决策追求对阿拉伯世界的积极开放，通过经济、能源、安全和投资协议加强伊拉克的稳定，并巩固伊拉克的主权。④

由于西方当前的能源危机，美国政府对伊拉克外交转向表现出更多的宽容。苏丹尼在成为总理之前表示，伊拉克不会与"欧佩克+"一起减产，伊拉克需要更多的产量来恢复受损的经济。在维也纳举行的第33次会

---

① "Iraq – Iran ties likely to improve under new Iraqi PM," *AL – MONITOR*, November 1, 2022, https://www.al-monitor.com/originals/2022/10/iraq-iran-ties-likely-improve-under-new-iraqi-pm.

② "Iraq's Foreign Policy Balancing Act Is Likely to Continue," Arab Center Washington DC, November 29, 2022, https://www.arabcenterdc.org/resource/iraqs-foreign-policy-balancing-act-is-likely-to-continue/.

③ "Iraq – Iran ties likely to improve under new Iraqi PM," https://www.al-monitor.com/originals/2022/10/iraq-iran-ties-likely-improve-under-new-iraqi-pm.

④ "What Do Iran's Protests Mean for Iraq and the Kurdistan Region?" Fikra Forum, January 17, 2023, https://www.washingtoninstitute.org/policy-analysis/what-do-irans-protests-mean-iraq-and-kurdistan-region.

议上,"欧佩克+"同意每天减产200万桶,美国担心这将导致全球能源价格上涨,并帮助俄罗斯为俄乌冲突提供资金。如果伊拉克增加石油产量,可能会减少"欧佩克+"决定的负面影响。此外,一个亲伊朗的伊拉克政府可以为伊朗石油走私和规避制裁的方式打开空间,就像卡迪米政府之前发生的那样,伊朗能够通过减少制裁,提供更多石油支撑西方的能源需求。①

经贸方面,伊拉克长期进口伊朗的天然气和电力。两国之间的贸易关系仍然不平衡,伊朗每年对伊拉克的出口超过80亿美元,而伊拉克对伊朗的出口仅为10亿美元。② 2021年,伊拉克约35%的电力供应与伊朗有关系。一方面,伊拉克从伊朗直接进口电力;另一方面,采用自伊朗进口的天然气发电。2022年,伊朗大幅削减了对伊拉克的天然气出口。其中原因包括伊朗国内天然气需求上升,伊拉克的付款问题。此外,由于自身电力短缺,伊朗也减少了对伊拉克的电力出口。③

(三)伊拉克与沙特等阿拉伯国家的关系

2023年2月2日,沙特外交事务大臣费萨尔·本·法汉·阿勒沙特亲王访问了伊拉克,强调了沙特与伊拉克的深厚关系,表示两国之间经济关系正在显著发展。伊拉克外交部长侯赛因表示,伊拉克与沙特的安全合作仍在继续,他们正在努力缓和该地区的紧张局势。④ 自2016年沙特和伊朗之间的关系冻结后,伊拉克在两国之间扮演了调解人的角色。2021年4月以来,伊拉克主持了双方之间的一系列会议,但之后再没新的进展。⑤ 伊朗和沙特有必要解决政治分歧,接受两国无法消除彼此在该地区的影响力的事实。伊拉克长期依赖伊朗的天然气维持生计,但是伊朗国内天然气需

---

① "Iraq – Iran ties likely to improve under new Iraqi PM," *AL – MONITOR*, November 1, 2022, https://www.al-monitor.com/originals/2022/10/iraq-iran-ties-likely-improve-under-new-iraqi-pm.

② "Iran and Iraq: The struggle for tenable relations," Atlantic Council, August 2, 2022, https://www.atlanticcouncil.org/commentary/event-recap/iran-and-iraq-the-struggle-for-tenable-relations/.

③ U. S. Energy Information Administration, "Country Analysis Executive Summary: Iraq," Washington D. C, September 28, 2022.

④ "Saudi Arabia's foreign minister discusses strengthening relations with Iraq," *Arab News*, February 02, 2023, https://www.arabnews.com/node/2245916/saudi-arabia.

⑤ "Saudi Arabia, Iraq To Boost Ties To Counter Iran's Influence," *Iran International Newsroom*, February 2, 2023, https://www.iranintl.com/en/202302020909.

求不断增加，对伊拉克天然气的供应减少。为解决电力短缺问题，2022 年年初，伊拉克与沙特签署了电力互联谅解备忘录，以加强区域电力互联。第一阶段沙特将向伊拉克输入 500 兆瓦的电力，约占伊朗此前向伊拉克出口电力的 50%。此外，两国还在可再生能源项目、石油、天然气、农业、石化和智慧城市领域探讨了合作。① 伊拉克计划与美国哈里伯顿公司和沙特阿美公司合作，在西部沙漠开发石油和天然气。伊拉克还在与阿美公司探讨投资和开发阿卡斯天然气田的可能性。石油部长贾巴尔表示，伊拉克的目标是在国内生产至少 80% 的天然气，到 2025 年实现天然气自给自足。② 美国总统拜登利用约旦国王阿卜杜拉访问白宫的机会邀请苏丹尼总理加入电话会议。阿卜杜拉国王强调了约旦对伊拉克的支持，包括通过联合战略基础设施项目。③

（四）伊拉克与中国的关系

由于伊拉克在中东具有重要的地缘战略意义，因而在中国共建"一带一路"倡议中的地位十分重要。中伊两国之间合作共赢的经贸关系仍是双边关系的主要内容。2021 年，伊拉克是中国"一带一路"建设的最大受益者，获得了中国 105 亿美元的基建项目投资，包括建设电厂、机场等项目。④ 2022 年，中国与伊拉克经贸合作迈上新台阶，贸易总额达到 533.7 亿美元，其中中国出口 139.9 亿美元，进口 393.9 亿美元，同比分别增长 42.9%、30.8% 和 47.8%。⑤ 2022 年，伊拉克向中国出口石油约 5549 万吨，继续保持中国第三大石油进口来源国地位。⑥ 中伊协议为中国进入伊拉克市场打开了大门。预计两国将会持续加强经贸合作。特别是在基建方

---

① 中华人民共和国驻伊拉克共和国大使馆经济商务处：《伊拉克与沙特签署电力互联谅解备忘录》，http://iq.mofcom.gov.cn/article/jmxw/202201/20220103239948.shtml。
② 中华人民共和国驻伊拉克共和国大使馆经济商务处：《伊拉克将与美国、沙特公司合作在西部沙漠开发石油和天然气》，http://iq.mofcom.gov.cn/article/jmxw/202203/20220303289697.shtml。
③ "Readout of President Biden's Call with Prime Minister Mohammed Shia' al – Sudani of Iraq," https://www.whitehouse.gov/briefing-room/statements-releases/2023/02/02/readout-of-president-bidens-call-with-prime-minister-mohammed-shia-al-sudani-of-iraq/.
④ "Iraq doubles down on energy deals with China, Russia," *The Arab Weekly*, November 16, 2022, https://www.thearabweekly.com/iraq-doubles-down-energy-deals-china-russia.
⑤ 《2022 年中国"一带一路"贸易分析》，https://www.sohu.com/a/636916773_99947734。
⑥ "Iraq doubles down on energy deals with China, Russia," *The Arab Weekly*, November 16, 2022, https://www.thearabweekly.com/iraq-doubles-down-energy-deals-china-russia.

面，一方面，中国强大的基础建设能力优势明显，另一方面，伊拉克电力、水资源短缺，亟需加强有关基础设施建设，伊拉克新政府将继续开展与中国企业合作。2022 年中国与伊拉克在石油、能源、基建方面的合作取得了显著成绩，对于推进中国共建"一带一路"倡议，帮助伊拉克重建尤其是伊拉克石油能源工业的重建具有重要意义。

中伊关系中存在美国因素。实际上，美国已经在通过控制美元施压伊拉克政府，给予美国在伊拉克能源石油方面的优先权。美国一直抹黑、妖魔化中国共建"一带一路"倡议，例如称与中国有关的投融资为"债务陷阱"。这恰恰证明了中伊双边经济、贸易、金融等方面合作的成功。2 月 22 日，伊拉克央行表示，伊拉克计划允许与中国的贸易直接以人民币结算，以此改善外汇储备。① 伊拉克政府经济顾问穆迪尔·萨利赫强调，这是伊拉克对华进口贸易首次以人民币结算，此前伊拉克对华进口贸易一直以美元结算。伊拉克央行新举措适用的对象为私营部门的对华进口贸易，不包括石油贸易。② 石油是中国从伊拉克进口的主要大宗商品。2022 年，中国对伊拉克出口 139.9 亿美元，兑换成人民币数目亦不小。不可否认，这是人民币国际化的一小步。毕竟，动摇美元霸权地位一蹴而就不现实。伊拉克目前正面临美元短缺，部分原因是美联储加大了限制，旨在阻止美元从伊拉克向受美国制裁的邻国伊朗转移。资金短缺导致伊拉克第纳尔兑换美元汇率下跌。③ 伊拉克企业兑换美元的压力巨大，新举措在一定程度上可以帮助伊拉克企业摆脱美联储束缚。同时，这种直接结算方式在一定程度上可以促进两国贸易投资的便利化，进一步密切两国经贸联系，从而扩大贸易额度。

四、结语

伊拉克国内复杂的政治生态，尤其是什叶派内部斗争以及混乱的安全

---

① 《外媒：伊拉克计划首次允许与中国的贸易直接以人民币结算》，https：//www.world.huanqiu.com/article/4BoHO7cg0Mb。
② "Iraq's move enhances internationalization of RMB," https：//www.chinadaily.com.cn/a/202302/24/WS63f80f0ea31057c47ebb098d.html.
③ 《伊拉克宣布允许用人民币结算中国商品》，http：//www.henan.china.com.cn/news/2023-02/25/content_42272557.htm。

局面，仍是 2022 年伊拉克国内政治的主线。经过持续一年多的政治僵局，伊拉克最终在协调各方势力利益的基础上成立新政府。伊拉克国内复杂的宗派斗争和紧张的宗派关系严重影响着政府治理的有效性，库尔德分离问题也考验着当政者的能力。伊拉克的国民议会选举、新政府的形成都会影响伊拉克的政治、经济和外交形势。在经济方面，由于新冠病毒感染疫情管控措施放松以及油价和产量上升，2022 年伊拉克的经济持续恢复，但气候变化带来的冲击、全球需求低迷、国内政治安全局势动荡、经济结构性改革成效有限、持续的通胀压力等因素都使伊拉克面临经济下行的风险，新政府需要继续推行经济多元化改革，应对气候变化，从而保障民生。在外交方面，新政府进一步向伊朗靠近，同时遵循务实外交，继续保持与美国的安全合作，加强与沙特等中东国家的经贸关系，努力扩大在中东地区的话语权。此外，伊拉克与中国坚持互利共赢，两国"一带一路"合作的进一步加深，为伊拉克国家可持续发展提供了机会。

2022年叙利亚的政治、经济和对外关系

汪 波 穆春唤[①]

【摘 要】
　　2022年叙利亚的安全局势继续呈现出局部紧张的态势。叙利亚政府军与反对派武装之间的冲突仍持续不断,"伊斯兰国"极端组织则以各种方式在叙利亚频繁制造暴力。俄罗斯因乌克兰危机而转移了部分在叙利亚的军事力量后,伊朗趁机加强在叙利亚的军事存在,从而遭到了美国和以色列的多次空中打击。土耳其在追求自身安全利益的同时,也在谋求对叙利亚更大的影响力。而叙利亚问题的政治和谈,则全面陷入僵局。在安全局势不确定的情况下,叙利亚国内的经济形势恶化趋势进一步加剧,民众生活更加困难。只有在外交方面,巴沙尔政府对土耳其和阿拉伯国家的外交均取得了积极进展。中国和叙利亚则加强了合作,政治、经贸和文化往来都取得了积极成果。特别是"一带一路"合作谅解备忘录的签署,为扩大双方务实合作创造了条件。

【关键词】
　　叙利亚　政治形势　经济形势　外交关系　中叙关系

　　2022年,叙利亚内战进入了第11年,战争共造成了近700万人流离失所,超过30万人死亡。[②] 尽管大规模冲突早已结束,恐怖主义威胁也得

[①] 汪波,上海外国语大学中东研究所研究员;穆春唤,上海市现代管理研究中心公共管理研究所助理研究员。
[②] "19th Astana Talks to Discuss Syria Crisis Commence in Kazakhstan," *Daily Sabah*, November 22, 2022.

到了有效遏制，但局部冲突和暴力对抗并未停止，叙利亚的安全形势仍处于紧张之中。联合国叙利亚问题独立国际调查委员会主席保罗·皮涅罗表示："尽管战斗总体减少，但战争并未结束。敌对行动在多个方面都在加剧。"[①] 各外部势力对叙利亚的干预以及争夺权力的较量，加深了局势的动荡和不安全性，叙利亚问题的最终解决仍遥遥无期。受到国内和国际环境的不良影响，叙利亚经济持续萎缩，民生严重凋敝。在这种背景下，巴沙尔政府试图通过积极的外交政策，来寻求走出国家政治与经济困境的道路。

一、叙利亚复杂多变的安全形势

2022年，叙利亚安全形势主要受三个因素的影响：一是叙利亚内战仍未结束。巴沙尔政府虽然已经控制了全国大部分地区，但反对派力量还在部分地区坚持抵抗。二是恐怖主义依然存在。"伊斯兰国"极端组织残余势力继续在叙利亚境内发动恐怖袭击，各方力量还在不遗余力地进行反恐行动。三是外来势力干预。2022年爆发的俄乌冲突在一定程度上影响了各方在叙利亚的政策和行动，外部势力在叙利亚原来的力量平衡上出现了微妙的变化，新的均衡正在逐步形成之中。总体来看，俄罗斯因减少了对叙利亚的军事投入，土耳其和伊朗趁机增强在叙利亚的影响，美国和以色列则不断打击伊朗在叙利亚的军事存在。

（一）叙利亚国内冲突形势局部恶化

2022年叙利亚境内局部暴力冲突有所加剧，冲突造成的伤亡有所增加。根据《武装冲突地点和事件数据项目》统计，2022年至少有5600多人死于暴力冲突，相较上一年有所增加。[②]

一方面，巴沙尔政权及其支持者与反对派之间的暴力对抗持续不断。2011年，叙利亚各反对派组成了"叙利亚自由军"，武装反抗叙利亚政府，企图将巴沙尔·阿萨德总统赶下台，并得到了土耳其政府的支持。随着

[①] "Statement by Paulo Pinheiro Chair of the Independent International Commission of Inquiry on the Syrian Arab Republic," UN HRC, September 22, 2022.

[②] ACLED, "Bringing Clarity to Crisis," https：//www.acleddata.com/dashboard/#/dashboard.

"叙利亚自由军"在内战中被政府军严重削弱，2017年土耳其将其改编为"叙利亚国民军"，继续进行武装抵抗。目前，这支武装力量主要活跃在叙利亚北部伊德利卜省等地。2022年，叙利亚政府军和俄罗斯军事力量持续对伊德利卜地区的"叙利亚国民军"进行打击。2月12日，政府军对伊德利卜地区发动的炮击中，有6名平民被打死。[1] 11月6日，政府军炮击伊德利卜西北部地区的反对派武装营地，导致降级区的大规模军事冲突升级。双方相互炮击，伤亡人数达到80人。[2] 在遭受政府军打击的同时，反对派武装也以各种暴力方式予以回击。5月13日，反对派武装在阿勒颇西部乡村地区向一辆叙利亚军用大巴发射导弹，造成至少10名亲巴沙尔政府的什叶派民兵被打死。[3]

另一方面，"伊斯兰国"极端组织的威胁也未彻底消除，美国支持的"叙利亚民主军"以及俄罗斯与巴沙尔政府的反恐行动也在持续。2019年"伊斯兰国"极端组织失去全部占领的地盘后，转而通过多种战术在叙利亚继续发动袭击和制造暴力事件。1月20日，大约50名"伊斯兰国"极端组织武装分子袭击了哈塞克省的一所监狱，这所监狱中关押了1000多名"伊斯兰国"极端组织成员。武装分子在袭击中杀死65人，并协助上百名在押囚犯越狱。随后两周，"叙利亚民主军"与"伊斯兰国"武装分子展开激战，造成200多名民主军武装人员伤亡。[4] 这一事件提醒外界，"伊斯兰国"极端组织的威胁并未彻底根除，还有死灰复燃的危险。2021年年底，拜登政府曾对叙利亚政策进行评估。根据评估结果，美国国务院将继续与盟友合作打击"伊斯兰国"作为美国对叙利亚政策的优先事项。[5] 为此，美国2022财年综合拨款法案为国防部打击"伊斯兰国"培训和装备

---

[1] Husam Hezaber, "Syria: Women and Children from Same Family Killed in Assad Government Shelling of Idlib," *Middle East Eye*, February 12, 2022.

[2] "Pedersen Calls for Focus On 'Political Solutions' in Syria," *North Press Agency*, November 9, 2022.

[3] "Largest Death Toll Ever among Regime-Backed Militias in 2022, Ten Militiamen Killed in Attack by Factions in West Aleppo Countryside," The Syria Observatory For Human Rights, May 13, 2022.

[4] *Containing a Resilient ISIS In Central and North-Eastern Syria*, International Crisis Group, July 18, 2022.

[5] State Department as cited in LIG-OIR, Quarterly Report to the United States Congress, October 1, 2021 - December 31, 2021, February 8, 2022, p. 12.

基金提供了5亿美元，其中包括用于叙利亚的1.55亿美元。① 2022年，大约780名"伊斯兰国"武装分子被美军和"叙利亚民主军"击毙或俘虏，包括"伊斯兰国"领导人阿布·哈桑·库雷希。② 与此同时，俄罗斯也继续支持叙利亚政府的反恐行动。9月27日至28日，至少有5名"伊斯兰国"武装分子在俄罗斯的空袭中丧生。③

（二）俄乌冲突导致俄罗斯对叙利亚的军事投入减少

2011年叙利亚内战爆发后，俄罗斯一直向叙利亚政府提供政治和军事支持。2015年，俄罗斯增加了对叙利亚的军事人员、作战飞机和军事装备部署，开始在叙利亚境内实施空袭。在俄罗斯和伊朗的支持下，巴沙尔政府扭转了战场上的不利局面，并在2018年收复了大部分被反对派占领的土地。俄罗斯还先后17次在联合国安理会动用否决权，阻止有关叙利亚决议的通过，为巴沙尔政府提供了最有力的外交支持。2022年2月，俄罗斯对乌克兰采取"特别军事行动"后，由于乌克兰局势陷入僵持状态，俄罗斯被迫转移了在叙利亚的部分军事部署。5月，俄罗斯将多个军事单位从叙利亚各地的军事基地集中到叙利亚地中海沿岸的三个机场，随后又全部转移到乌克兰。④ 8月，俄罗斯又将一个S300防空系统从叙利亚转移到俄罗斯南部，以加强对乌克兰的防空力量。⑤ 此外，为支援乌克兰战场，部分在叙利亚执行任务的瓦格纳集团雇佣军也撤离叙利亚重新部署。

尽管如此，俄罗斯在叙利亚问题上依然扮演着重要角色。俄罗斯在当地继续维持着一个由Mi-8、Ka-52、Mi-35直升机，以及Su-24、Su-34、Su-35飞机混合组成的空军团，并保持对伊德利卜地区反对派的军事压力。在9月一个月时间里，俄罗斯飞机就对该地区至少实施了8次不同强度的空袭。俄罗斯军方还在赫梅米姆基地部署了伊斯坎德尔战术导弹系

---

① Office of the Secretary of Defense, "Justification for FY 2023 Overseas Operations: Counter-Islamic State of Iraq and Syria (ISIS) Train and Equip Fund (CTEF)," April 2022.

② U. S. Central Command, "Centcom - Year in Review 2022: The Fight Against ISIS," December 29, 2022.

③ The Meir Amit Intelligence and Terrorism Information Center (ITIC), "Spotlight on Global Jihad (September 22 - October 6, 2022)," October 09, 2022.

④ The Soufan Center, "Intelbrief: Instability in Syria Returns As Russia Draws Down," September 28, 2022.

⑤ "Russia Shrinks Forces in Syria, a Factor in Israel Strategy There," *New York Times*, October 19, 2022.

统和 TOS-1A 多管火箭炮系统，并在那里保留了 Tu-22M3 核轰炸机。[①] 俄罗斯军方还开展了 2022 年度的叙利亚实战训练。同时，俄罗斯继续充当叙利亚与土耳其对话的调解人，协调巴沙尔政府与库尔德人之间的谈判，并主导着阿斯塔纳会谈。然而，如果俄乌冲突持续深化，势必进一步减少俄罗斯在叙利亚的军事存在。

（三）土耳其伺机扩大在叙利亚的势力

作为叙利亚的近邻，土耳其对叙利亚的影响举足轻重。土耳其武装部队和国家情报组织是拥有数万名武装人员的"叙利亚国民军"以及"沙姆解放组织"的唯一支持者。在叙利亚内战的十余年时间里，土耳其通过多次军事行动在叙利亚北部占据了数十个基地，部署士兵人数达几千人。由于俄罗斯在叙利亚力量的减少，土耳其正谋划通过军事和政治行动，增强其在叙利亚的存在。

近年来，土耳其多次向库尔德人施加军事压力。2016—2019 年，土耳其对叙利亚库尔德人先后发动了 3 次军事打击行动，控制了叙利亚北部横跨阿勒颇省、拉卡省和哈塞克省的部分地区。2022 年 5 月，土耳其总统埃尔多安表示，土耳其正在考虑再次采取军事行动，扩大在叙利亚的控制区，实现在土耳其与叙利亚边界建立 30 千米纵深的安全区的目标，以此来对抗库尔德人的影响。6 月，土耳其开展了针对幼发拉底河以西地区的军事行动计划。自 11 月起，土耳其军队连续袭击了叙利亚阿勒颇、拉卡、哈塞克等地的 40 多个城市和村庄，对重要的军事和民用基础设施发动了数十次打击行动。[②] 土耳其领导人认为，控制叙利亚北部部分地区将有助于提升其影响力，还能够迫使伊朗、俄罗斯和巴沙尔政权等各方对其做出让步。12 月 3 日，埃尔多安声称将继续采取军事行动，以最终实现建立安全区的目标。与此同时，土耳其也在积极酝酿重组叙利亚反对派。土耳其试图整合"叙利亚国民军"内部各派系，将其改造成一个由单一司令部领导的武装组织，以解决其内部派系斗争不断的问题，增强这支武装的战斗力。[③] 此外，土耳其也尝试通过与巴沙尔政府举行政治对话，来进一步提

---

① Anton Mardasov, "Keeping Up Appearances: The Ukraine War's Effect on Russian Deployments in Syria," *The Middle East Institute*, December 16, 2022.

② "Syria Military Brief: North-East Syria," *ETANA Syria*, December 6, 2022.

③ "Turkey Intends to Reorganize Syrian Opposition Factions," *North Press*, October 27, 2022.

升其在叙利亚的影响力。

(四) 伊朗加紧填补俄罗斯留下的力量真空

伊朗是除俄罗斯外，巴沙尔政权最重要的支持者。目前，伊朗也在借机扩张其在叙利亚的势力和影响力。伊朗在叙利亚驻扎了武装民兵两万多人，主要分布在大马士革、阿勒颇和代尔祖尔等关键地带。2022 年，伊朗采取了多项行动来扩大在叙利亚的势力。2 月至 3 月，隶属于伊朗伊斯兰革命卫队的民兵，向叙利亚哈塞克省运输了三批武器和军事装备，以加强其在该省的军事和安全力量。运抵的物资中，包括两批武器和弹药以及一批后勤设备和大约 50 架小型无人机。①哈塞克省不仅石油资源丰富，同时也是叙利亚的农业大省。自 2018 年"叙利亚民主军"将"伊斯兰国"极端组织赶出哈塞克省后，伊朗势力就深入到卡米什利等地，并与泰伊阿拉伯部落合作。2022 年初，伊朗开始采取行动，提升其在哈塞克省的军事和后勤能力。此时，恰逢俄罗斯在当地的影响力开始下降，加之库尔德人与阿拉伯部落之间的矛盾不断加深，伊朗把握住这一时机，通过在当地不断扩张权力来实现对叙利亚和伊拉克边界的控制。这不但有利于伊朗在边界地区运送民兵，还能控制该地区的跨境贸易。此外，伊朗在叙利亚的军事行动还包括将黎巴嫩真主党拥有的导弹从常规导弹发展为精准导弹。2022 年 7 月，伊朗还试图引入防空系统来维护其在叙利亚的军事利益，从而引起了以色列的高度警惕，并开展了空袭行动加以阻挠。

(五) 以色列和美国加强对叙利亚境内伊朗目标的打击

叙利亚内战爆发后，以色列就逐步将对叙利亚境内威胁其安全的伊朗民兵和黎巴嫩真主党目标的空袭行动常态化。在叙利亚国内冲突的最初几年，以色列主要通过空袭来阻止伊朗向黎巴嫩真主党运送武器。其后，随着叙利亚政府军重新获得对国内大部分领土的控制权，以色列的主要目标就转为阻止伊朗在叙利亚建造和运营基地制造先进武器。2022 年俄罗斯部分军队从叙利亚撤出后，伊朗军队及黎巴嫩真主党接管了其中的一些基

---

① Mohammed Hassan, "Iran's Growing Presence in Syria's Al–Hasakah Poses a Direct Threat to US Forces," The Middle East Institute, March 24, 2022.

地，以色列因此增强了对叙利亚的空袭力度。① 在7月针对伊朗布局防控系统进行空袭破坏之前，以色列4月还对大马士革附近的一个弹药库展开了空袭。为应对伊朗利用叙利亚机场进行武器储存和转运，以色列于6月和8月分别对大马士革国际机场和阿勒颇机场的基础设施发动了空袭，导致大马士革机场一度停止运营。此外，11月以色列再次用导弹袭击了霍姆斯省的一个主要空军基地。以色列声称正在努力打击伊朗在叙利亚的防御工事，并采取行动阻止伊朗向黎巴嫩真主党运送致命武器。②

美国在继续与库尔德人开展反恐合作的同时，也试图阻止伊朗在叙利亚势力的进一步扩张，并保护以色列的安全。2022年8月23日，美国在代尔祖尔对隶属于伊朗伊斯兰革命卫队的民兵组织的基础设施实施了空袭。此次行动除直接报复伊朗支持的民兵组织对美国基地的无人机袭击外，还向伊朗发出了信息，警告其不得将势力范围扩大到幼发拉底河以东地区，并阻止其向真主党转移导弹。

二、叙利亚政治和谈停滞不前

2022年，叙利亚国内依然维持着三股主要势力对峙的局面：一是巴沙尔政府，控制着叙利亚领土的2/3，包括全国的大部分城市，总体上主导着叙利亚的局势。二是美国支持的以库尔德人为主的"叙利亚民主军"武装，主要在叙利亚东北部地区维持着叙利亚北部和东部的自治政权。三是土耳其支持的叙利亚反对派力量"叙利亚国民军"，主要活跃在叙利亚西北部地区。对于处于分裂状态的叙利亚而言，各方通过谈判实现政治和解是解决叙利亚问题的根本出路。但2022年无论是日内瓦和谈开启的制宪进程，还是阿斯塔纳和谈试图实现的结束战争目标，都未能出现任何进展。巴沙尔政府与库尔德人的政治对话，也同样无果而终。造成这种情况的原因，主要有以下三个方面。

首先，叙利亚宪法委员会会议已遭悬置，日内瓦进程很难再推进。自

---

① The Soufan Center, "Intelbrief: Hezbollah Threats Hinder Israel – Lebanon Sea Border Deal," September 20, 2022.

② Liad Osmo, "Israeli Attack On Syria's Damascus Kills Three – Syrian State Media," *Ynet*, July 22, 2022.

2012年以来，叙利亚政府与部分反对派成员参加了由联合国斡旋的和平谈判，即日内瓦进程。作为该进程的一部分，联合国安理会第2254号决议（2015年）批准了叙利亚政治解决路线图，包括起草新宪法、建立政府以及在联合国监督下的选举。自2019年以来，联合国为叙利亚宪法委员会提供了各种便利。这个委员会的成立，就是为了按照联合国安理会第2254号决议的要求起草一部新的叙利亚宪法。委员会由150名成员组成，包括50名叙利亚政府代表、50名反对派代表和代表中间力量的50名民间社会代表。2022年3月和5月，叙利亚宪法委员会召开了第七、第八两次会议。其中，第七次会议的重点是讨论国家治理、国家身份、国家象征及公共机构的监管和职能等宪法原则。第八次会议则讨论了军方在权力移交、实施制裁、返回难民权利、人权、战争罪责任、军事组织和等级制度中的作用。然而，两次会谈并未取得任何成果。更令人感到遗憾的是，自6月以后，宪法委员会会议陷入了搁置状态，原定于7月的第九次会议也原因不明地被无限期推迟。

尽管国际社会还在为叙利亚的政治和解做出努力，但相关行动已很难再推进。联合国叙利亚问题特使盖尔·佩德森于2022年11月29日向安理会作的简报中遗憾地声称，"（各方）在政治解决冲突问题上没有做出认真的努力"。12月，他在日内瓦会见了代表政治反对派的叙利亚谈判委员会主席巴德尔·贾穆斯。会后佩德森在社交媒体上声称，他们讨论了"各方可以采取的步骤，以帮助建立信任和信心，结束所有叙利亚人的苦难"。[①]然而，在此前两年多的时间中，谈判各方的分歧就已经不再有任何缩小的迹象。尽管与其他中东和北非地区的阿拉伯政权的关系处于持续改善中，但巴沙尔政府与反对派直接谈判的意愿已经大大降低。

其次，阿斯塔纳进程已无法在落实"结束叙利亚冲突"方面发挥实质性作用。2022年阿斯塔纳进程举行了第18轮和第19轮会谈。会谈主要围绕反恐、政治进程的最新进展和人道主义援助等问题展开。会谈后发表的联合声明宣称，各方重申了要致力于根据联合国安理会第2254号决议，在政治解决叙利亚冲突的进程中取得进展。而事实上，两轮谈判的结果与前几轮相差无几。阿斯坦纳会谈机制由俄罗斯、土耳其和伊朗于2017年倡议启动，其目标是在叙利亚"达成停火"。作为一个动态模式的机制，阿斯

---

① *Security Council Report*, Syria, December 29, 2022.

塔纳进程致力于让所有在叙利亚拥有军事利益的国家之间达成协议，曾促成了四个降级区的建立。然而，随着叙利亚冲突局势的"冻结"，相关谈判与军事动态之间曾经的深度交织关系正在逐渐消失，机制的收效日益递减。因此，短期内寻求在该机制下取得谈判进展和达成解决方案的可能性已经很小。[①] 同时，由于该机制的主要支持者俄罗斯深陷俄乌冲突，该机制的功能也进一步受到了限制。

最后，巴沙尔政权与"叙利亚民主军"的谈判也深陷僵局之中。巴沙尔政权与库尔德人之间的谈判，是叙利亚政治和谈进程的重要组成部分。自内战爆发至今，库尔德人已在叙利亚东北部地区维持了超过十年的自治，他们发展了自己的武装组织"叙利亚民主军"，并建立了自治政权。库尔德人希望，其政治和军事自治的地位能够得到巴沙尔政府的承认。在俄罗斯的主持下，2022年12月5日叙利亚政权与库尔德人在大马士革举行了新一轮对话，但叙利亚政府重申拒绝承认库尔德人建立的自治政权。[②] 巴沙尔政府的态度是，只愿意承认叙利亚库尔德人的部分文化权利，包括接受在国家教育课程中使用库尔德语教学。但坚持要求自治政府解散，只能在国家政权主导下的地方权力机构内行使权力。对于"叙利亚民主军"的地位问题，巴沙尔政府的方案是"将'叙利亚民主军'作为叙利亚东北部的一个地方附属组织，而不承认它是一支拥有自己权利的军事力量"[③]。

三、叙利亚经济恶化趋势加剧

2022年叙利亚的总体经济状况仍处于恶化之中。由于内战冲突的长期破坏以及美欧的持续制裁，叙利亚经济重建困难重重。经过十余年的战争冲击，叙利亚50%以上的基础设施遭到破坏。[④] 俄乌冲突的爆发，使得本

[①] "18th Round of 'Astana Talks' Fizzles as Guarantors Lose Momentum," *COAR*, June 20, 2022.

[②] "Negotiations Between SDF & Regime Fail; Latter Refuses to Recognize Autonomous Administration," *Shaam Network*, December 6, 2022.

[③] Ibid.

[④] "Syria in 2020: The Deadly Legacy of Explosive Violence and Its Impact on Infrastructure and Health," AOAV, December 18, 2019.

已脆弱的叙利亚经济更是雪上加霜。粮食和能源短缺持续加剧，通货膨胀和物价上涨的同时，所获得的国际援助却正在减少。

（一）经济形势严峻，民生更加艰辛

据世界银行估计，继 2021 年萎缩 2.9% 后，叙利亚 2022 年的 GDP 继续下降 3.5%，通胀率上涨 42.8%，经常账户余额赤字 4.5%。① 叙利亚货币从 2021 年的 1 美元兑换 3600 叙利亚镑，贬值到 1 美元兑换 6300 叙利亚镑。据联合国统计，2022 年超过 90% 的叙利亚人生活在贫困线以下，70% 的人依赖人道主义援助，人数高达 1530 万，无家可归的人数达到 680 万。② 与此同时，660 万叙利亚人沦为难民，包括叙利亚境内的 550 万人，加上埃及、约旦、黎巴嫩和土耳其境内的 110 万人。③ 2022 年，叙利亚的橄榄收成不佳。橄榄油是该国最重要的出口产品，橄榄歉收意味着叙利亚农业部门又受到了进一步冲击。

总体来看，叙利亚经济生活中的主要问题异常突出：

一是粮食危机加剧。继 2021 年农作物产量创历史新低后，受干旱条件和农业生产投入不足等因素的影响，2022 年的小麦产量仍然很低。联合国粮农组织驻叙利亚代表称：“叙利亚 2022 年的小麦产量约为 100 万吨，比危机前的产量下降了约 75%。……大麦产量几乎为零。”④ 粮农组织代表还表示：“收成欠佳给受制裁影响的叙利亚政府增加了更多压力，该国也在努力从国际市场获得小麦。”⑤ 然而，俄乌冲突的爆发引发了国际市场大宗商品价格的飙升。同时，尽管叙利亚食品进口并不受国际制裁，但西方对银行业务的限制以及对叙利亚国家资产的冻结使大多数商业银行难以与其开展业务，这些因素更增加了叙利亚从国际市场获得粮食的困难。根据世界粮食计划署 2022 年 6 月的数据，近 950 万叙利亚人处于严重的粮食不安全状态，另有 250 万叙利亚人存在陷入粮食危机的可能。目前，叙利亚已成为全球粮食最不安全的十个国家之一。⑥

二是燃料严重短缺。2022 年叙利亚经历了前所未有的燃料危机，燃料

---

① "Syria Arab Republic," World Bank, October 22, 2022.
② *Syria – Complex Emergency*, USAID, January 13, 2023.
③ Ibid.
④ "Wheat Production in Syria Drops by 75%," Athr Press, September 22, 2022.
⑤ Ibid.
⑥ Ibid.

供应量下降了80%以上。截至2022年年底，叙利亚黑市上的燃料价格已经涨到了每升3美元的天文数字。这意味着，公共部门工作人员每月22美元的平均工资不足以给一辆普通汽车加满一次油。① 燃料危机对弱势群体相对集中的南方地区影响尤甚，引发了当地经济的连锁反应，导致企业主无法运输货物，居民出行不便，工人和雇员无法工作。由于运输成本提高，所有商品的价格都在上涨。在危机高峰期，多达50%的Daraa面包店无法正常生产，而这种面包是当地人的主要食物。此外，政府12月宣布削减对南方的燃料配额后，当地多达95%的公共和私人交通陷入停运状态，超过70%的学校因师生无法到校而被迫停课。②

三是失业问题正在加剧。叙利亚应对协调小组证实，叙利亚西北部的失业率已达到85%。③ 造成失业的主要原因是工作机会少、工作经验不足和缺少职业培训。目前，大多数毕业生缺乏实践经验，相关部门缺少对毕业生的就业指导和支持，大量缺少职业技能的年轻人只能靠寻找临时就业岗位为生。

四是俄乌冲突后，全球基本商品成本上升，叙利亚财政补贴政策更趋于严格。为了应对资金不足的状况，叙利亚政府宣布了对公共开支的限制政策，仅对国家未来几个月的优先事项给予财政支持。受此影响，不仅部分建筑项目已经暂停，政府还减少了基本食品和燃料的供应，将每个家庭的取暖用油和汽油配额也减少了一半，以确保能维持更长时间的供给。2022年，叙利亚民众的生活更加艰辛。

（二）叙利亚政府应对经济困难的措施

2017年，随着巴沙尔政府在内战中扭转了局势，经济重建计划也逐步开始启动。尽管2022年的经济形势严峻，叙利亚政府还是进一步提出和完善了经济发展规划。3月，叙利亚区域规划最高委员会在总理侯赛因·阿尔努斯的主持下，通过了国家区域规划框架最终草案。规划框架将指导叙利亚在2035年前建筑、农业、工业、环境、人文、旅游、基础设施等领域的发展和投资。

然而，目前最为紧迫的任务是遏制住仍在不断恶化的经济形势。为

---

① "Syria's Economic Crisis in 2022 – A Year in Review," *ETANA Syria*.
② "Syria Brief: Economic Crisis," *ETANA Syria*, November 20, 2022.
③ "Unemployment Rates in Northern Syria Rise to 85%," *Zaman Al – Wasl*, November 14, 2022.

此，叙利亚政府采取了一系列措施。

第一，叙利亚政府内部贸易和消费者保护部长阿姆·塞勒姆宣布成立一个经济小型委员会，其任务是寻找为叙利亚中央银行融资的解决方案。①该委员会的任务是向中央银行提交有关进口融资的建议，同时也在研究减少管理费用从而降低价格的解决方案。

第二，重视农业生产和发展。2022年叙利亚继续将农业和粮食生产作为国家经济生活中的首要任务。4月26日，叙利亚总理侯赛因主持内阁会议，将2022年工作计划中的农业生产支持基金预算提升至500亿叙利亚镑，旨在帮助和振兴叙利亚农产品及农业生产相关的企业。为提振农业，叙利亚还多方开展国际合作。2月，叙利亚参与了伊拉克、黎巴嫩和约旦等国农业部长共同出席的巴格达四方会议，签署了农业领域的全面谅解备忘录，以促进各国间的农业一体化。10月，叙利亚农业部长又与国际农业发展基金代表团讨论了畜牧业发展项目，并希望农业发展基金能够帮助叙利亚引进新的农业管理技术，资助专门的农产品销售公司，在促进叙利亚农业发展方面发挥积极作用。同时，叙利亚还寻求俄罗斯支持其发展农业科技的可能，强调要激活双方已签署的协议，引进新技术和培训高素质技术人员，实现农业部的可持续发展。此外，叙利亚在与白俄罗斯等国家的双边会谈中也都探讨了农业合作的问题。

第三，鼓励中小微企业发展。2022年3月16日，国家小额信贷银行与叙利亚全国学生会签署合作谅解备忘录，承诺将通过一系列综合措施帮助和支持叙利亚青年开展小型创业项目。6月15日，叙利亚储蓄银行又推出一项新计划，为中小微企业提供贷款。其中微型企业贷款上限为500万叙利亚镑，小型企业为5000万叙利亚镑，中型企业为5亿叙利亚镑。此外，叙利亚还寻求通过与阿曼和伊拉克的合作，来鼓励和支持本国私营部门的发展。

第四，努力扩大出口。叙利亚经济部长会议主席团于2022年12月5日批准了经济委员会的提议，即向"友好国家"市场开放出口剩余商品和本地生产商品。叙利亚政府还批准了经济和对外贸易部的建议，其中包括与农工商联合会合作，在"友好国家"扩大设立农产品和工业产品直销展览会以增加出口量。另外，叙利亚政府还宣布启动专项计划，支持叙利亚向俄罗斯出口工业和农业产品。叙利亚还计划通过增加运输船只等措施，

---

① "Government Announces 'Mini-committee' to Finance Central Bank," *Al-Souria Net*, December 14, 2022.

降低出口产品的运输成本。叙利亚经济部部长强调，促进出口生产盈余有助于确保外汇，以保障持续进口本国急需的基本材料和商品。①

第五，利用积极的外交行动服务于经济目标，将外交的主要目的之一定位于支持经济发展。2022年3月，巴沙尔总统与到访的伊朗高级代表团会谈时，表达了"两国长期合作"以及继续执行双边协议的决心，并特别强调了经济和商业领域合作的重要性。目前，叙利亚政府已争取到印度提供的2.8亿美元的信用贷款，用于建设发电厂和钢铁厂。还分别与澳大利亚、阿曼以及伊拉克建立了双边商业委员会，以促进在贸易、投资和工业等领域的双边合作。② 10月，叙利亚与约旦两国商会在大马士革共同举办了叙利亚—约旦经济论坛。双方不仅讨论了航运、物流、农业和食品等传统行业合作的可能，并展望在可再生能源和信息与通信技术等新兴领域合作的前景。另外，叙利亚推动的对外经济合作还包括与塞尔维亚签署的技术合作谅解备忘录，以及与巴基斯坦签署的关于加强旅游合作和投资的谅解备忘录等。

尽管在恢复经济方面做了一些努力和尝试，但鉴于国际和国内安全形势仍处于紧张状态，叙利亚很难在短期内找到走出经济困境的有效办法，经济和民生状况的恶化还将持续下去。

四、叙利亚外交关系有所发展

2022年叙利亚的安全形势和经济状况虽然未见起色，但在外交方面却取得了一些积极进展。在继续保持和俄罗斯以及伊朗的密切联系的同时，叙利亚与土耳其之间恢复了对话，两国关系出现了正常化的明显迹象。同时，叙利亚与其他阿拉伯国家也开始和解，双方之间关系出现了明显的回暖趋势。

（一）巩固与俄罗斯和伊朗等盟国的关系

2022年叙利亚政府外交的重点，还是继续推进与俄罗斯以及伊朗之间

---

① Enab Baladi, "Syrian Regime Tends To 'Barter Economy' As Money Does Not Exist," *Enab Baladi*, December 26, 2022.

② "Iranian Foreign Minister to Damascus, Welcoming Arab Normalisation or Reminding of Tehran Influence?" *COAR*, March 28, 2022.

的密切联系。在叙利亚内战中,俄罗斯一直是叙利亚政府打击反对派和"伊斯兰国"极端组织的坚定支持者。在2022年爆发的俄乌冲突中,叙利亚也给予了俄罗斯坚定的外交支持。2月,叙利亚表态支持俄罗斯,承认乌克兰东部卢甘斯克和顿涅茨克两地"独立"。3月,在联合国大会表决有关谴责俄罗斯并要求俄罗斯军队全面撤军的决议时,叙利亚投了反对票。

与伊朗方面,2022年叙利亚政府进一步增强了提高两国之间政治互信的意愿。由于俄乌冲突引发的地缘政治格局变动,叙利亚政府更加重视发展与伊朗的关系。与此同时,叙利亚与其他阿拉伯国家接触和对话逐步恢复的过程中,也需要与伊朗加强协调来避免损害两国之间的密切关系。俄乌冲突爆发第三天,叙利亚国家安全部门负责人就出访德黑兰,强调两国在各领域中战略关系的重要性。3月,巴沙尔总统对阿联酋进行历史性访问一周后,伊朗外交部长也率领伊朗高级代表团访问了叙利亚。双方会谈的内容不仅涉及两国的长期合作,而且还强调要为推进双边协议的执行做出努力。双方还讨论了如何加强合作,来巩固叙利亚和伊朗两国人民的友好关系和增强双方的利益,并指出要提高双方关系的韧性。[①] 5月,巴沙尔总统亲自出访伊朗,这也是他自叙利亚内战爆发以来对伊朗的第二次访问。访问期间,巴沙尔与伊朗最高领袖哈梅内伊以及总统易卜拉欣·莱西分别举行了会晤。会谈中,双方再次强调了两国关系在地区政治中的重要性,哈梅内伊还表示要继续加强双边关系。同时,两国在经济领域的合作也出现了新的动向,双方都强调经济合作的重要性。9月,伊朗媒体报道称,伊朗正在与叙利亚讨论"油气领域相互合作"的前景,并暗示两国正考虑组建一家联合石油公司。此外,叙利亚和伊朗2月份还在德黑兰签署了行政事务和就业领域双边合作的谅解备忘录,就加强行政管理、行政改革、培训人才、行政绩效、信息技术运用等领域的合作展开了讨论。

(二) 与土耳其关系出现了正常化的迹象

2022年,叙利亚在外交领域取得的重要突破之一,就是与土耳其政府之间恢复了对话。叙利亚内战爆发后,土耳其一直对巴沙尔政府持敌对态度,积极支持叙利亚反对派将巴沙尔总统赶下台。但目前,巴沙尔政府在内战中取胜的局面已经难以改变,土耳其也开始寻求巴沙尔政府在库尔德

---

① Hala Zain, "President al‑Assad Receives Iranian Foreign Minister, Talks Deal With Files Of Standing Cooperation Between Two Countries," *SANA*, March, 23, 2022.

问题上做出有利于土耳其的让步。同时，随着2023年土耳其大选的临近，叙利亚问题已经成为反对派挑战并向其施压的重要筹码。在这些因素的影响下，埃尔多安不得不转变对巴沙尔政府的强硬姿态。2022年8月索契峰会后，埃尔多安就表达了与巴沙尔政府政治对话的可能性。经过了几个月的酝酿，2022年12月，土耳其和叙利亚两国的国防部长在莫斯科进行了会晤。会谈中，双方就叙利亚危机、难民问题以及共同打击叙利亚极端主义组织等问题展开了讨论。这是自2011年叙利亚内战爆发以来，两国首次举行此类会谈。土耳其外长称这次会议是"建设性的"，"为了进一步稳定叙利亚和该地区的局势"需要"继续进行"。① 叙利亚国防部在声明中也表示："会谈是积极的。"② 作为中东地区唯一在实际上支持叙利亚反对派的国家，同时也是叙利亚北部部分领土的实际控制者，土耳其对于解决叙利亚问题具有关键性作用。然而，尽管叙利亚和土耳其两国之间的对话已经开始，但取得实质性成果的障碍依然较大。一方面，两国会谈期间土耳其并未表态要断绝与叙利亚反对派的关系，也没有提出从叙利亚北部撤军的可行方案；另一方面，巴沙尔政府也不愿意在埃尔多安选情尚未明确的情况下，采取有利于埃尔多安的政治行动。因此，双方的政治和解进程仍然充满了不确定性。

（三）稳步推进与阿拉伯国家的和解

2022年，叙利亚与其他阿拉伯国家关系回暖的趋势日益明显。叙利亚内战爆发后不久，作为阿拉伯联盟创始成员国的叙利亚就被阿盟停止了成员资格，阿联酋等海湾阿拉伯国家也带头与叙利亚断交。但随着叙利亚政府在内战中扭转了局势，阿拉伯国家也开始改变原来的敌对态度。自2018年以来，叙利亚已与多个阿拉伯国家达成谅解。2022年3月18日，巴沙尔总统对阿联酋进行了叙利亚内战爆发后的首次访问，这也是他在内战爆发后对阿拉伯国家的首次出访。访问期间，巴沙尔与阿联酋阿布扎比王储穆罕默德举行了会晤。在会谈中，穆罕默德王储强调"叙利亚是维护阿拉伯安全的关键支柱"，并强调阿联酋希望"加强与叙利亚的合作关系"。③

---

① "Turkey, Syria, Russia Defence Ministers Meet for First Talks Since 2011," *Agence France Presse*, December 28, 2022.
② Ibid.
③ 陈慧璋：《叙利亚内战以来，阿萨德首访阿联酋》，载《联合早报》，2022年3月19日。

尽管直到2022年年底阿盟内部关于叙利亚重返阿盟的意见尚未统一，叙利亚也表示暂时不重回阿盟，但阿尔及利亚等国已经表明了对恢复叙利亚在阿盟席位的支持态度。

（四）努力争取更多国家的外交支持

除了着力巩固和发展与俄罗斯、伊朗以及其他中东地区国家的关系外，叙利亚还努力拓展外交舞台，扩大对外交往的范围，为叙利亚营造更有利的外部环境。2022年，叙利亚与印度关系的发展也是叙利亚外交的一个亮点。2022年11月17日，叙利亚外长费萨尔·梅克达德出访了印度，与印度外长及多位高级官员会面。梅克达德在会晤中表示，叙利亚与印度的关系友好而牢固，双方在各个领域都有展开合作的强烈意愿。在政治领域，作为联合国安理会成员国的印度，也以各种方式支持叙利亚打击恐怖主义，并要求外部国家结束强加给叙利亚的非正义战争。

五、中国与叙利亚关系的新发展

2022年中国与叙利亚在政治、经济和文化等方面的互动、合作和交流都有所增进，两国签署的文件涉及各个领域，展现了双方关系的最新发展：

第一，中叙两国保持着密切的政治交往，相互尊重、相互支持。2022年7月16日，中国国务委员兼外长王毅同叙利亚外长梅克达德举行了视频会晤。王毅表示，中方愿同叙利业共同落实好两国元首的重要共识，推动中叙关系持续稳定健康发展，继续为叙利亚维护主权独立、领土完整和民族尊严仗义执言，支持叙利亚与邻国改善关系，祝愿叙利亚早日恢复和平稳定。[①] 8月，美国众议院议长佩洛西窜访台湾地区之际，叙利亚政府发表公开声明，强烈谴责美国对中国前所未有的挑衅升级行动，并重申坚持一个中国原则。同时，叙利亚还支持习近平主席在博鳌亚洲论坛2022年年会开幕式上发表的重要讲话中提出的全球安全倡议，强调该倡议有助于应对日益严峻的国际挑战，有利于为所有人创造一个更安全、更稳定的世界，

---

① 郭轶凡：《王毅同叙利亚外长梅克达德视频会晤》，http://www.gov.cn/guowuyuan/2022-07/16/content_5701279.htm。

并为人类建设更美好的共同未来。①

第二，中叙两国的经济合作关系2022年也得到了新的提升，经贸领域保持密切互动。1月12日，中国与叙利亚在大马士革签署了"一带一路"合作谅解备忘录。中国驻叙利亚大使冯飚在签字仪式上指出，中叙两国签署的"一带一路"合作谅解备忘录，推动了双方在新的历史条件下深化务实合作，实现了共建"一带一路"倡议与叙利亚总统巴沙尔提出的"东向"战略对接，为中方未来参与叙利亚经济重建提供了行动目标、指南和纲领。② 4月，中国商务部副部长钱克明与叙利亚经济官员共同主持召开了第五届中叙经贸联委会，会后双方签署了联委会会议纪要。8月末至9月初，叙利亚参加了在北京举办的中国国际服务贸易交易会。此外，叙利亚还参加了第五届中国国际进口博览会，展出了食品和医疗用品等商品。中叙两国在经济和贸易等方面关系的推进，对提升两国关系和促进叙利亚战后重建具有重要意义。

第三，中国积极对叙利亚提供援助。由于长期的战争破坏，叙利亚面临着严重的物资短缺。2022年中国继续向叙利亚提供经济和医疗援助。1月，中国向叙利亚提供了第三批100万剂新冠疫苗。自新冠病毒感染疫情暴发后，中国已经多批次向叙利亚提供包括疫苗在内的抗疫物资和人道主义援助。同时，为了帮助叙利亚缓解交通、通信和粮食短缺等问题，中国还援助了第二批次的30辆公交车，并同意再提供总价值约3000万元的通信设备以及一定数量的粮食援助。

第四，中叙双方还共同努力增进文化教育交流。2022年9月，中叙签署了《关于协同开展"亚洲文化遗产保护行动"的联合声明》。"亚洲文化遗产保护行动"倡议由习近平主席2019年在亚洲文明对话大会上提出，为共同保护好亚洲文化遗产提供了全新的思路。中叙两国都有着丰富的历史文化遗产，但叙利亚内战已经造成了该国严重的文化遗产损失。联合声明的签署表明，双方愿意在文化遗产保护方面开展务实合作，共建亚洲命运共同体，推动人类文明交流互鉴，积蓄更强的人文动力。③ 11月22日，

---

① "Syria Affirms Support for China Initiative on Global Security," *SANA*, May 10, 2022.
② 《中国和叙利亚签署"一带一路"合作谅解备忘录》，http://www.gov.cn/xinwen/2022-01/13/content_5667931.htm。
③ 应妮：《中国与叙利亚签署联合声明协同开展"亚洲文化遗产保护行动"》，http://www.chinanews.com.cn/gn/2022/09-26/9861049.shtml。

叙利亚大马士革大学与叙利亚—中国商业委员会签署了谅解备忘录，支持汉语教学，并促进双方在科学、语言、知识和社区发展等领域的合作。双方将共同举办研讨会和讲习班，并为教师、研究人员和学生提供访问项目。

六、结语

总体来说，2022年叙利亚的政治和经济形势仍处于恶化之中：第一，叙利亚国内的安全局势仍然紧张。尽管没有发生大规模的武装冲突，但局部冲突造成的死伤人数较上一年有所上升。巴沙尔政府及其支持者与伊德利卜地区的反对派武装之间的冲突持续不断，"伊斯兰国"极端组织则以小规模零散袭击的方式在叙利亚各地制造暴力和恐怖事件。第二，外部势力在叙利亚的力量平衡上出现了复杂的变化。当俄罗斯因深陷俄乌冲突而调整在叙利亚的军事部署时，土耳其、伊朗和以色列都在以不同方式尝试扩大对叙利亚的干预和影响。第三，经济困难继续加剧。2022年叙利亚经济发展持续萎缩，通货膨胀和货币贬值问题严峻，粮食和能源短缺而造成价格飞涨，失业问题加剧，政府补贴减少，居民生活更加艰辛。第四，外交方面，叙利亚政府在继续巩固与俄罗斯以及伊朗关系的同时，与土耳其展开了具有标志性意义的政治对话，并继续推进与阿拉伯国家的和解。第五，中国与叙利亚在多个领域开展了交流、合作与互动。中叙共建"一带一路"合作谅解备忘录的签署，对推动双方务实合作和实现两国发展倡议的对接具有重要意义。

2022 年黎巴嫩的政治、经济和对外关系

张菡文[①]

【摘　要】

2022 年黎巴嫩政治陷入权力真空，议会选举受阻，总统和总理双双空缺。在社会安全方面，2022 年黎巴嫩民众面临粮食燃料短缺、饮用水供给不足等方面的多重民生问题，霍乱疫情造成了严重的公共卫生危机。黎巴嫩的经济形势因新冠病毒感染疫情形势缓解后旅游业的恢复有所增长，然而本国货币持续贬值，恶性通胀造成物价飞涨，失业率居高不下，由于缺少新政府领导，经济改革仍未得到推进。黎巴嫩对外关系有所突破，与周边阿拉伯国家保持友好关系，与海湾国家缓和外交危机，与以色列达成海上划界协议，与中国加强了合作伙伴关系。

【关键词】

黎巴嫩　政治形势　经济形势　对外关系

一、2022 年黎巴嫩的政治

2022 年 5 月 15 日，黎巴嫩举行议会选举，这是黎巴嫩自 2019 年陷入经济危机及 2020 年发生贝鲁特港口大爆炸后举行的首次议会选举。纳比·贝里第六次成功连任议长[②]，以"未来阵线"为首的多数派赢得多数议席，

[①] 张菡文，上海外国语大学中东研究所 2022 级博士研究生、实习研究员。
[②] 中华人民共和国外交部：《黎巴嫩国家概况》，https://www.fmprc.gov.cn/web/wjb_673085/gbclc_603848/gjhdq_676201/gj_676203/yz_676205/1206_676668/1206x0_676670/。

2018年大获全胜的真主党及其政治盟友此次取得128个议席中的61席，未能超过半数，失去多数席位，其主要竞争对手——基督教政党"黎巴嫩力量"获得19个议席，取代了"自由爱国运动"，成为议会最大党。此外，改革派独立人士在议会选举中首次获得超过10个议席，取得亮眼成绩。议会选举的最终结果是没有一个主要政治阵营拥有多数席位，政治僵局依旧没有被打破。

首先，从民众参与度来看，此次议会选举境外选民投票率比较高。黎巴嫩外交部公布此次议会选举近13万海外侨民参加了投票，接近60%，较2018年的议会选举增长了165%，这与黎巴嫩的政治形势相吻合。近年来的经济危机以及2020年的大爆炸事件迫使许多中产阶级到国外谋求生存，背井离乡加大了境外民众对国内政权更迭的关注，海外选民的投票率因此显著上升。其次，这次投票体现出了民众对传统宗派政党的抵触情绪不断加深。此次真主党未能获得超过半数席位，其反对者成功赢得了52个席位。真主党失利的一个主要原因是黎巴嫩民众对传统宗派主义政党的抵触情绪日益加深。精英领导人长期控制国家权力并垄断其经济利益，主张的极端政策造成了严重的经济社会危机和金融危机，加上俄乌冲突造成的粮食危机，使民众生活陷入困境。真主党无视不断攀升的高额债务和政治瘫痪给民众造成的民生问题，将精力投入敌对派系争斗，政府与国际货币基金组织达成的救助协议迟迟得不到推进，民众对老牌政党的信任度骤降，选民中有不少人拒绝投票，或者将票投给其敌对党。[①] 再次，前总理萨阿德·哈里的缺席导致许多选民投了弃权票，或者将票投给了逊尼派政党"未来阵线"的合作伙伴。

议会选举结果公布后，由于真主党的支持者和反对者两派所获席位没有明显差距，议会依旧呈现两大阵营对立的局面。新一届议会的首要任务是组建新政府，以及投票选出新的总统。自2022年9月29日至12月15日，黎巴嫩议会已经进行了10次总统选举投票，然而依然没有候选人获得绝对多数选票，凸显了黎巴嫩议会的分裂和功能失调。产生这一局面的主要原因是因为议会对立党派席位相差无几，双方分歧过大，难以就总统人选达成一致。前总统米歇尔·奥恩于2022年10月31日任期届满卸任，这

[①] "Lebanon vote seen as last chance in crisis – plagued nation," *Local SKY*, May 13, 2022, https：//www.localsyr.com/news/national/lebanon – vote – seen – as – last – chance – in – crisis – plagued – nation.

也意味着11月1日之后，黎巴嫩事实上已处于双行政首长空缺的情况。①新总统迟迟未定使新政府的建立成了空壳，民众期待的新领导人挽救经济困境成为空想。

黎巴嫩历史上曾经出现过长期总统职位空缺的情况，2016年黎巴嫩连续45次推迟举行总统选举投票，在经历了29个月"总统真空"后，第46次议会投票选出米歇尔·奥恩接任总统。他的前任米歇尔·斯莱曼于2008年当选，当时该职位空缺了18个月。但在2022年10月31日之后，黎巴嫩首次面临总统、总理领导人双空缺，陷入前所未有的政治僵局。

黎巴嫩的政治危机直接影响黎巴嫩经济危机恢复的脚步，国际货币基金组织与其签订的协议中包含的各项整改条款无人推进，总统选举历经10次投票仍没有结果预示着黎巴嫩当前以及未来一段时间政治得不到稳定发展。同时，黎巴嫩国内政治继续面临经济危机引发的多重民生问题带来的挑战。

从2019年开始，黎巴嫩深陷经济危机，政府没有控制住持续下行的经济形势，金融货币体系崩溃导致4/5的居民陷入贫困，难以维持日常生活支出。②自综合危机爆发以来，由于外汇储备枯竭，黎巴嫩的基本服务急剧崩溃。俄乌冲突给黎巴嫩民众的生活带来了更大的冲击，黎巴嫩大约96%的小麦从俄罗斯和乌克兰进口，自俄乌冲突爆发以来，黎巴嫩小麦的价格上涨了209%。③ 2022年1月28日，黎巴嫩农业部长在第14届全球粮食农业论坛上表示，在黎巴嫩当前的经济危机中，由于无法获得基本的粮食需求，大约一半的人口面临粮食不安全的风险。世界银行、欧盟和其他国家人道主义组织多次向黎巴嫩提供经济和粮食上的援助，截至8月已向黎巴嫩提供人道主义救济累计超过1.6亿美元，仅土耳其提供的粮食援助已经超过1000吨。然而国际援助未能缓解黎巴嫩的民生危机，根据政府官方数据，6月黎巴嫩的食品饮料通胀率飙升至332%，10月水、电、气和其他燃料的价格较2021年同期上涨了约3.5倍，运输费用和通信费用增加

---

① 《黎巴嫩总统选举第十次投票仍无候选人获得绝对多数选票》，http://society.sohu.com/a/617662800_121106687。

② "Just how bad is Lebanon's economic crisis?" *Yalibnan*, September 14, 2022, https://www.yalibnan.com/2022/09/14/just-how-bad-is-lebanons-economic-crisis/.

③ "Lebanon's economic crisis applies pressure to wheat prices," *Yalibnan*, July 31, 2022, https://www.yalibnan.com/2022/07/31/lebanons-economic-crisis-applies-pressure-to-wheat-prices/.

了 3 倍。① 联合国儿童基金会报告显示，84%的家庭没有足够的钱购买生活必需品，70%的家庭不得不借钱或贷款购买食品。② 燃料的严重短缺导致国家电网经历了超过 8 次轮流停电，公共电力供应平均每天一个到两个小时。白天民众在面包店门口大排长队，支付远高于以前的价格来获得仅能维持温饱的食物。晚上依赖于公共供电的家庭没电可用，依靠私人电力的家庭则因高额电费而减少用电。高额的生活用品支出使家庭不得不削减医疗卫生等其他方面的开支，燃料短缺也阻碍了医疗保健和安全用水的获取，加剧了黎巴嫩安全卫生系统的脆弱性。一年前黎巴嫩的供水系统就已经处于崩溃边缘，由于电力危机，政府无力提供足够的公共用水，民众只能依赖水质没有保证的运水车和私人供水公司，安全饮用水供应不足加剧了黎巴嫩的卫生安全危机。③ 早在 2021 年 9 月，世界卫生组织就发出警告称黎巴嫩卫生部门面临崩溃危险。经济危机造成医疗人员大量流失，能源危机导致疫苗运输成本大幅上升、药物和医用设备进口受限，医疗卫生机构的应对能力大幅削弱，新冠病毒感染疫情持久冲击下黎巴嫩的卫生系统运转十分艰难。④ 10 月爆发的霍乱使黎巴嫩公共卫生系统濒临崩溃。自黎巴嫩报告首例霍乱确诊病例以来，仅一个月，已在多地确诊病例共 2700 多例，1400 余例疑似病例，其中 18 人死亡，疫情已蔓延至整个国家。这次疫情是对黎巴嫩卫生安全系统的挑战。黎巴嫩水电系统难以正常运转是此次霍乱疫情扩散速度快、感染范围广的主要原因之一，再次凸显经济危机下人们应对疫情的脆弱性。⑤ 黎巴嫩不得不通过间歇性封锁和其他措施来应对疫情，以减轻病毒对人民和本已薄弱的卫生系统的影响，最终借助世

---

① "Lebanon's inflation rate surged 186.4% in the first 10 months of 2022," *Yalibnan*, December 5, 2022, https://www.yalibnan.com/2022/12/05/lebanons-inflation-rate-surged-186-4-in-the-first-10-months-of-2022/.

② "Deprived of the basics, robbed of their dreams, children in Lebanon lose trust in their parents," UNICEF, August 25, 2022, https://www.unicef.org/press-releases/deprived-basics-robbed-their-dreams-children-lebanon-lose-trust-their-parents.

③ "Lebanon's water infrastructure struggles on, but remains on the brink," UNICEF, July 21, 2022, https://www.unicef.org/press-releases/lebanons-water-infrastructure-struggles-remains-brink.

④ "Lebanon's crisis threatening children's health," UNICEF, April 20, 2022, https://www.unicef.org/press-releases/lebanons-crisis-threatening-childrens-health.

⑤ 《世卫组织总干事在 2022 年 11 月 9 日媒体通报会上的开幕讲话》，https://www.who.int/zh/director-general/speeches/detail/who-director-general-s-opening-remarks-at-the-media-briefing---9-november-2022。

界卫生组织的帮助控制住疫情。

二、2022年黎巴嫩的经济

2022年黎巴嫩经济发展陷入停顿，债务负担加重，经济复苏计划受挫。年初，黎巴嫩旅游业收入的增加和侨汇的增加给经济带来了短暂的增长，然而经济恢复未能持续，4月黎巴嫩宣布中央银行和政府破产，金融体系已然崩溃，以商业和服务业为首的精英治国出现混乱局面。黎巴嫩想要通过与国际基金货币组织达成的协议获得经济援助，但走出经济危机的关键在于黎巴嫩政府要切实履行与国际基金货币组织商定的协议内容，通过经济改革计划实现经济复苏。

黎巴嫩政府长久以来忽视农工业，农业GDP占比仅有6%，工业GDP占比不足13%，GDP主要依靠服务业。农业的衰退导致黎巴嫩70%的原材料和粮食依赖进口。除了粮食，黎巴嫩80%以上的商品都依靠进口，出口与进口严重失衡（参见表1），外汇平衡主要依靠旅游业、国际援助以及数百万在国外务工黎巴嫩人的美元汇款来维系。

表1 黎巴嫩主要产业结构（2019—2022年）[①]

年度	2019	2020	2021	2022
农业（占GDP百分比%）	5	6	6	6
工业（占GDP百分比%）	10.7	12.8	12.8	12.8
服务业（占GDP百分比%）	74.1	76.9	78.6	78.8
商品出口（占GDP百分比%）	9.3	12.9	20.1	19.7
商品进口（占GDP百分比%）	35.1	33.4	55.5	57.7

外向型经济结构导致国家经济极容易受到外部影响。2011年叙利亚战争造成大量难民涌入黎巴嫩寻求庇护，黎巴嫩国内政治经济形势发生混乱，旅游业和金融业也开始出现颓势。为缓解经济疲势，黎巴嫩中央银行以15%—20%的高存款利率吸纳全世界的美元流入，用"以债养债"的方

[①] 数据来源：World Bank Group, *Lebanon Economic Monitor: Time for an Equitable Banking Resolution*, Washington D. C., Fall 2022, p. 19。

式维持住了经济恢复的虚假局面。① 2020 年初，新冠病毒感染疫情的暴发再次重创了黎巴嫩旅游业，外汇平衡难以维系，国内物价持续上涨，本国货币持续贬值，贫困人口不断增加。俄乌冲突进一步推高黎巴嫩粮食的价格，由于外汇储备不足，政府无力寻找替代进口来源，3 月初黎巴嫩的粮食价格暴涨 10 倍，造成了大规模的粮食危机。紧接着的债务违约成为压倒黎巴嫩经济的最后一根稻草，黎镑在黑市上兑美元贬值超过 90%，国家经济崩溃。8 月贝鲁特港大爆炸造成的直接经济损失达 46 亿美元，间接损失超过 100 亿美元，金融、住房、旅游和商业等对经济增长至关重要的关键行业受到严重影响，据世界银行估测，恢复和重建的成本预计将达到 18 亿—22 亿美元。

在过去三年中，主权债务违约、疫情暴发、贝鲁特港大爆炸等灾难性事件加速了黎巴嫩经济的衰退，国家 GDP 和人均 GDP 持续呈负增长，通胀率飙升，政府债务居高不下。2022 年 7 月，世界银行将黎巴嫩从中上收入国家重新归类为中低收入国家。② 12 月黎镑兑美元黑市汇率跌破 45000∶1，贬值近 96%，创历史新低。③ 货币大幅贬值首先直接减少了黎巴嫩人民的可用资金，严重影响了日常生活。黎巴嫩人现在一般持有三张银行卡，一张存储黎镑，另外两张分别是"旧美元"和"新美元"，当地银行为限制储户兑换冻结了"旧美元"账户，"旧美元"存款不能提取、不能使用、不能汇出，只有"新美元"，即 2019 年之后存入或者转入银行的美元才能够正常使用。黎镑的持续大幅贬值加剧了通胀压力，截至年底恶性通胀已经持续 30 个月，通胀率高达 171.2%，位于世界第二位，造成金融损失超过 720 亿美元，相当于其 2021 年国内生产总值的三倍多。④ 黎巴嫩经济监测部门表示，自 2018 年以来，黎巴嫩实际国内生产总值总收缩 37.3%，直接抵消了过去 15 年的经济增长。另外，黎镑汇率暴跌意味着居民购买力

---

① "Lebanon close to a deal with World Bank on food security," *Yalibnan*, April 20, 2022, https://www.yalibnan.com/2022/04/20/lebanon-close-to-a-deal-with-world-bank-on-food-security/.

② "Lebanon's Economic Update—April 2022," World Bank, April 14, 2022, https://www.worldbank.org/en/country/lebanon/overview.

③ 《黎巴嫩镑兑美元黑市汇率跌破 45000 创历史新低》, https://m.gmw.cn/2022-12/21/content_1303230147.htm.

④ "Lebanon: Time for an Equitable Banking Resolution," World Bank, November 23, 2022, https://www.worldbank.org/en/news/press-release/2022/11/23/lebanon-time-for-an-equitable-banking-resolution.

下降，最终导致失业率激增。多数黎巴嫩人的工资没有根据物价上涨进行相对调整，实际收入急剧下降，加剧了经济萧条。居民购买力下降导致其对市场商品的需求下降，超过40%的商铺和超过35%的旅游业机构关闭，剩余企业通过裁员来降低运营成本。据黎巴嫩劳工部估计，2022年黎巴嫩失业率从2018年的11.3%上升至29.6%，非失业群体中有55%以上没有稳定的收入来源。① 由于可用资金减少，物价持续上升，稳定收入锐减，2022年黎巴嫩的贫困率持续上升。当前，超过80%的黎巴嫩人口陷入多维贫困，粮食、燃料等重要物资严重短缺，物价持续攀高，经济活动率从8.48%下降到4.43%。②

表2　黎巴嫩部分重要经济、财政指标（2019—2022年）③

	实际	实际	实际	预估
	2019	2020	2021	2022
实际GDP（十亿美元）	51.95	31.71	23.13	21.31
实际GDP（百分比变化）	-7.2	-21.4	-7	-5.4
人均GDP（美元）	8985.6	5600	4136.1	3892.1
人均GDP（百分比变化）	-7.2	-21.8	-7.5	-5.9
通胀率	5.1	84.3	150	171.2
预算财政平衡（占GDP百分比）	-10.5	-3.3	0.7	0.5
汇率（黎镑/美元；期平均）	1554	3688	11755	26713
政府债务（GDP百分比）	171.1	179.2	172.5	180.7
消费者价格指数（百分比变化）	1.3	2.4	6.12	7.59

造成黎巴嫩经济危机的根本原因是新自由资本主义教派分权制下经济部门发展畸形造成的经济寡头和政治腐败。教派治理体系下的黎巴嫩经济部门形成大量的庇护关系和裙带关系，经济政策的制定优先考虑教派利益，缺乏科学性和可持续性，经济利益被垄断，社会财富分配不公。不合

---

① 《北大中东研究评论|第十五期：黎巴嫩的经济危机和大面积贫困》，https://www.arabic.pku.edu.cn/kyjx/ky/zdyj/1354383.htm。
② "The World Bank In Lebanon," *World Bank*, Nov. 2, 2022, https://www.worldbank.org/en/country/lebanon/publication/economic-update-april-2022.
③ 数据来源：World Bank Group, *Lebanon Economic Monitor: Time for an Equitable Banking Resolution*, Washington D.C., Fall 2022, p.19。

理的经济政策使政府外债高筑，2022 年黎巴嫩外债高达 350 亿美元。教派林立导致的政府分裂与腐败，是黎巴嫩经济危机发生的根源，而教派势力对改革的抵制是经济恢复的最大阻力。即使面临"过去 150 年来世界经历的三大金融危机之一"，黎巴嫩各政治派别仍不能将解决国家危难置于首位，企图依靠教派力量解决危机。在黎巴嫩经济重建过程中，法国曾在国际援助黎巴嫩视频会议上提出"黎巴嫩新政府执政计划"（以下简称"法国倡议"）以帮助其获得国际援助，实现经济复苏。然而，改革将损害教派经济利益，作为现行制度的利益获得方，大多数精英政治力量抵制制度上的改革，拒绝将反腐作为获得援助的前提条件，最终，教派分权制下的派系斗争导致"法国倡议"的夭折。①

黎巴嫩延续了以往向国际社会寻求援助以实现经济重建的方法。贝鲁特港大爆炸发生后的第二天，黎巴嫩就主动向国际社会寻求救援和资金帮助。国际社会为黎巴嫩提供超过 2.5 亿欧元的紧急援助，然而，两年过去了，黎巴嫩经济持续衰退，重建项目仍未启动，国际援助资金不知去向，大爆炸事件无人被追责。2022 年年初，黎巴嫩公共财政报告指出黎巴嫩必须立刻采取并有效实施宏观经济、金融和部门改革的综合方案，优先考虑治理、问责制和包容性，要以满足民众需求为主进行中长期经济改革，确保基本服务的可持续性和可负担性，提高公共支出的公平性，提高全领域财政支出效率，最终达到提高公共服务绩效、可持续性和弹性的目的。②黎巴嫩政府与国际货币基金组织在 2022 年 4 月达成初步协议，国际货币基金组织将在 4 年内向黎巴嫩提供 30 亿美元的资金，前提是黎巴嫩必须推动包括预算改革、银行业重组、外债重组、国有企业改革、打击腐败等多项重大改革措施。③ 5 月，黎巴嫩内阁批准通过经济复苏计划，预计将预算赤字控制在国民生产总值的 9%—10%，联合国开发计划署提供 7500 万美元的拨款用以支持黎巴嫩实施改革方案，然而直至 9 月，黎巴嫩承诺的多个项目仍没有启动，政府对外表示没能有效推进改革是因为议会始终没有投

---

① 丁隆、刘国熙：《黎巴嫩治理困境的根源探析》，载《西亚非洲》，2022 年第 1 期，第 134—155 页。

② "Was Lebanon the world's biggest Ponzi scheme? Analysis," *Yalibnan*, August 11, 2022, https：//www.yalibnan.com/2022/08/11/was－lebanon－the－worlds－biggest－ponzi－scheme－analysis/.

③ 《黎巴嫩与 IMF 初步达成 30 亿美元救助协议》，https：//m.gmw.cn/2022－04/08/content_1302889565.htm。

票选出总统，同时财政部宣布将在10月底采用新的固定汇率，将本币黎镑兑美元官方固定汇率从1507.5∶1调整为15000∶1，这被视作牺牲本币来获取援助资金的方式。

黎巴嫩经济难以恢复的另一主要原因是其国内生产力不足，对进口商品高度依赖。黎巴嫩海关数据显示，该国2022年国外进口额为190.53亿美元，而同期出口额仅为34.92亿美元，贸易逆差高达155.61亿美元。黎巴嫩实施重点发展服务业的经济政策，对进口商品的高度依赖使该国长期忽视发展现代化工农业，造成了国内生产部门的脆弱性，也是造成金融危机的主要因素之一。黎巴嫩经济主要依赖侨汇，银行业、旅游业带来的收入和国际援助，2022年黎巴嫩GDP中服务业占比78.3%，制造业、农业等产品依赖国外进口。① 很长一段时间内，繁荣的旅游业吸引了海外国家的大量投资，稳定的侨汇收入为黎巴嫩经济发展提供资金基础。内战后，黎巴嫩经济下滑，政府开始通过发行国债解决财政赤字问题。被用来进行战后重建的债券发行被银行和政治精英运作成"钱生钱"的盈利手段，募集的大部分资金被用于偿还贷款及利息，公共基础服务一度停滞，民众生活用电和燃料无法保障。2022年年初黎巴嫩旅游业的短暂恢复带来了微弱的经济涨幅，但黎以冲突及安全形势不稳再次影响其旅游业的振兴。伴随俄乌冲突爆发，国际粮食和能源价格飞速上涨，黎巴嫩国内物价飙升，本币汇率暴跌，货币贬值激发了高通胀，物价再次攀高，形成了恶性循环。随着中央银行宣布破产，银行协会宣布举行无限期罢工，居民的生活难以获得保障，国家经济的脆弱性和对外依赖的不可持续性暴露无遗。

黎巴嫩在过去三年的经济危机期间陆续获得高额国际援助，社会重建已具备一定的经济基础，急需的是财政、金融、社会和治理层面的改革。② 然而，黎巴嫩政府尚未启动全面的改革和复苏计划，社会公共服务大幅削弱，政府以牺牲黎巴嫩人民利益的方式减少资金流出，维持国家运转，这加速了黎巴嫩经济的崩塌和社会结构的崩溃。由于黎巴嫩过去数次未能如期偿还国际债务，国际货币基金组织已通知黎政府，在经济改革没有任何推动的情况下，不再向它提供贷款。

---

① World Bank Group, *Lebanon Economic Monitor: Time for an Equitable Banking Resolution*, Washington D. C., Fall 2022, p. 19.
② "The World Bank In Lebanon," World Bank, November 2, 2022, https://www.worldbank.org/en/country/lebanon/publication/economic-update-april-2022.

三、2022 年黎巴嫩的对外关系

寻求外交上的政治和经济支持是黎巴嫩打破国内社会和经济危机的必然选择。2022 年，黎巴嫩继续坚持实行中立不结盟的外交政策，积极发展同其他阿拉伯国家的关系，与海湾国家和以色列关系有所突破，重视维系与美国、法国等西方国家的关系。

（一）持续发展与阿拉伯国家的关系

发展同阿拉伯国家友好关系是黎巴嫩政府对外关系中的重心，黎巴嫩与阿拉伯国家的关系在 2022 年取得了新的外交成就。黎巴嫩前总统米歇尔·奥恩在与科威特外交大臣的会谈中表示，黎巴嫩致力于维护与阿拉伯国家的最佳关系。2022 年 1 月，埃及外交部长萨迈赫·舒克利与黎巴嫩外交部长阿卜杜拉·布哈比卜就完成埃及和阿拉伯支持黎巴嫩发展进行了会谈，双方一致同意要继续保持两国间的牢固关系。科威特外交大臣穆罕默德·萨巴赫向黎巴嫩前总统米歇尔·奥恩提交了一份备忘录，提倡"重建黎巴嫩与海湾国家信任"。在科威特提出倡议后，2022 年 4 月，海湾国家先后将其大使送回黎巴嫩，黎巴嫩和海湾国家一致认为，大使的回归将导致双方关系进一步的和解与合作。真主党集团 2022 年失去对政权的绝对掌控，也为改善海湾国家和黎巴嫩关系开辟了道路。真主党对海湾国家的敌对行动使其对海湾国家的利益和安全造成了明显威胁，这是黎巴嫩与海湾国家关系紧张的主要原因。除阿曼外，所有海湾国家将真主党定为"恐怖组织"，该党政治角逐的失败是缓解海湾国家和黎巴嫩关系的另一原因。

黎巴嫩与阿拉伯国家的友好关系建设还体现在阿拉伯国家对黎巴嫩的援助方面。据《阿拉伯新闻报》报道，沙特驻黎巴嫩大使瓦利德·布哈里在与黎巴嫩前总统米歇尔·奥恩的会谈中表示，沙特将支持黎巴嫩渡过困难时期，并希望在其特使返回贝鲁特后加强两国关系。4 月 26 日，沙特和法国承诺向黎巴嫩提供首笔价值 3200 万美元的人道主义援助资金，以支持黎巴嫩启动一系列重建项目，帮助黎巴嫩缓解经济危机，建立稳定的发展机制。6 月 21 日，黎巴嫩与埃及、叙利亚签署为期十年的"埃气叙输"三方协议，埃及将通过阿拉伯天然气管道向黎巴嫩出口天然气，帮助黎巴嫩缓解能源危机。阿拉伯外长7月2日承诺支持黎巴嫩与国际货币基金组织的协议谈判和改革进程。

（二）与以色列关系有所突破

黎巴嫩与以色列关系长期敌对，2022年10月，在美国的积极推动下，两国达成关于地中海东部海域的划界协议，帮助缓解两国在经济和安全方面的担忧，为东地中海地区合作和稳定创造了必要条件。以色列总理办公室声称，该协议为"历史性成果"，既有助于维护以色列的地缘政治安全，又能获得经济收益。以色列总理亚伊尔·拉皮德在政府批准协议后宣布，海上边界划定协议的签署消除了与真主党发生军事对抗的可能性。[1] 黎巴嫩议会副主席萨博称，协议的达成为双方创造了双赢局面。黎官方表示，以黎海上划界协议的达成有助于黎巴嫩避免外部势力利用以黎海上争端来干扰其内政，维护其领海安全，并有利于以黎拓展合作领域。

然而，黎巴嫩与以色列达成海上划界协议并不意味着两国关系正常化。民众层面，黎巴嫩人对以色列依旧持对立态度。在2022年4月29日"世界古都斯日"的演讲中，真主党领导人哈桑·纳斯鲁拉严厉抨击以色列非法占领巴勒斯坦，该党派坚持反对以色列的强硬立场获得了众多民众的支持，也反映出民众没有改变对以色列的敌对态度。尽管绝大多数黎巴嫩人对达成海上划界协议持相对乐观的看法，但在其他与以色列有关的问题上，91%的黎巴嫩受访者认为该协议并不会改变两国的敌对关系。政治层面，真主党不承认签署协议是对以色列的妥协，对外坚持反对以色列的政策。海上划界协议商定期间，真主党一度对谈判进行干预，导致协议延迟达成。两国正式签署协议后，真主党面临来自其强硬派支持者的批评，部分支持者认为真主党批准协议是实用主义压倒意识形态的妥协。10月27日，真主党领导人哈桑·纳斯鲁拉对外宣布，此次签订协议是该党反对以色列的"例外"动员。

（三）加强深化与西方国家的关系

2022年黎巴嫩积极寻求西方国家的帮助，西方社会十分关注黎巴嫩政治经济改革，双方关系愈发紧密。影响黎巴嫩与西方关系的一个重要因素

---

[1] 《以色列庆祝与黎巴嫩的海上划界协议，并表示避免与真主党对抗》，半岛电视台中文网，2022年10月13日，https://chinese.aljazeera.net/news/political/2022/10/13/。

是真主党与美国的关系。2022年美国延续其施压黎巴嫩疏远伊朗的方式，通过但不仅限于经济制裁的方法施压真主党领导人及其党派成员。美国针对性的制裁激起真主党的强烈反对。真主党领导人哈桑·纳斯鲁拉公然抨击美国的黎巴嫩政策，对美国阻止其他国家向黎巴嫩提供援助的霸权行为进行声讨，呼吁黎巴嫩民众要不畏西方强权，并表达对下一任总统能够勇敢地对抗美国的期许。[①] 随后，美国国会呼吁拜登政府对阻止组建新政府和财政改革的黎巴嫩议员实施制裁，其中的黎巴嫩议员实指真主党议员。在美国的制裁下，真主党的经济和武装支持不断被压制，而伊朗已经没有多余财力支持真主党，真主党的力量被削弱。早期由于真主党一再干预谈判进程，黎巴嫩和以色列的海上划界协议陷入长期争执，期间美国积极斡旋于两国之间，主动起草协议草案，真主党最终同意批准了该项协议。真主党的这项决定是黎巴嫩经济发展的机遇，也是其与美国关系缓和的契机。

黎巴嫩长期依赖外部援助缓解国内危机，以法国为代表的西方国家一直对黎巴嫩进行援助，并关注黎巴嫩改革进程。法国总统马克龙在黎镑贬值导致大部分人口陷入贫困后，带头努力救助黎巴嫩，领导国际社会推动黎巴嫩改革以摆脱危机。2022年4月，法国和沙特承诺向黎巴嫩提供3200万美元的人道主义援助资金，以支持黎巴嫩缓解粮食危机和卫生安全危机。4月，欧盟向黎巴嫩追加2000万欧元紧急人道主义援助，缓解黎巴嫩难民危机。据欧盟统计，11年间欧盟已向黎巴嫩提供7.4亿欧元人道主义援助。11月，黎武装部队与德国驻黎大使签署协议，德国将为黎巴嫩军事机构提供财政捐助。西方援助国对黎巴嫩提出了包括组建新政府、经济改革、整治腐败的要求，马克龙总统表示黎巴嫩必须更换那些一直阻挠政府实施重要经济改革的领导人，[②] 黎巴嫩未来发展将取决于改革进程的推动，其与西方国家关系变得更加紧密。

（四）与中国关系平稳发展

2022年中黎两国关系稳步发展，双方继续深化务实合作，携手推动中

[①] 《法媒：黎巴嫩真主党称新总统应"勇敢对抗美国"》，https：//www.cankaoxiaoxi.com/world/20221113/2495373.shtml。

[②] "Macron urges Lebanon to get rid of its leadership," *Yalibnan*, December 24, 2022, https：//www.yalibnan.com/2022/12/24/macron-urges-lebanon-to-get-rid-of-its-leadership/.

黎友好合作关系深入发展。中国高度重视中黎关系发展，为帮助黎巴嫩度过危机，中国为黎巴嫩提供了不限于经济、医疗物资、安全保障方面的支持和帮助。黎巴嫩同中国发展关系的意愿强烈，愿与中国发展更紧密、更牢固、更友好的关系。两国相互理解、相互支持，建立了坚实的政治互信，努力实现发展战略对接，促进共同发展。

中国在对黎关系上充分发挥人道主义精神，为黎巴嫩缓和经济危机持续贡献中国力量。中国第20批赴黎维和医疗分队自2021年8月部署到位以来，在履行维和职责的同时，通过义诊和捐赠物资等形式向驻地群众积极开展人道主义援助，较大程度上缓解了当地医疗运转困难的问题。8月4日，中国赴黎维和部队顺利完成第20次轮换交接，联合国驻黎巴嫩临时部队司令拉萨罗少将高度肯定中国维和部队为黎地区和平稳定做出的重要贡献。[1]

黎巴嫩对中国的帮助表示感谢，积极推动共建"一带一路"倡议，与中国共同推进各领域合作，加强文化互鉴。在共建"一带一路"的框架下，黎巴嫩与中国共同拓展各领域合作。3月17日，驻黎使馆与中国新疆维吾尔自治区共同举办"新疆是个好地方"视频交流会，增进两国人民文化互通。3月30日，中国经济联络中心与黎巴嫩共产党国际关系委员会经济局共同举办"政党交流与务实合作"中国—黎巴嫩工商界对话会（视频会议），以机制化合作加强中黎工商界务实合作，推动中黎共建"一带一路"迈向新台阶。10月6日，黎巴嫩总理米卡提参观中国援助黎巴嫩国家高等音乐学院项目，表达了对中国帮助黎巴嫩的感谢。中国援助黎巴嫩国家高等音乐学院项目是中国援建黎巴嫩的第一个成套项目，也是中黎民心互通、文化互鉴的标志性成果。该项目建设的稳步推进，体现了中黎双方增进文化交流、促进民心相通的共同意愿。

中黎两国领导人对两国关系友好发展有着共同美好期许。中阿峰会期间，中国国家主席习近平与黎巴嫩总理米卡提进行了会晤，习近平主席表达了与黎深化共建"一带一路"合作，加强全方位、多层次、宽领域合作的意愿，米卡提表示，黎方始终恪守一个中国原则，十分愿意同中国开展更多合作，并表达欢迎中国企业参与黎巴嫩经济社会建设。[2] 此次会晤是

---

[1]《中国赴黎巴嫩维和部队完成第20次轮换交接》，http://www.gov.cn/xinwen/2022-08/04/content_5704269.htm。

[2]《习近平会见黎巴嫩总理米卡提》，http://www.81.cn/yw_208727/10204586.html。

近年来中黎领导人最重要的会晤,为中黎两国关系友好发展指明了方向。

四、结语

综合来看,2022 年黎巴嫩陷入无人领导的"政治真空"局面,社会动荡不断,经济危机未得到缓和,发展对外关系以打破国内政治危机和经济危机是黎巴嫩对外关系的主要内容。2022 年黎巴嫩经历 10 次议会选举仍未选出新任总统,由于缺乏新政府的领导,各项改革措施陷入暂停。10 月爆发的霍乱疫情严重影响了黎巴嫩国内安全局势。2022 年黎巴嫩经济形势持续衰退,各项经济指标不理想,失业率一再上升。政治不稳定和经济危机影响黎巴嫩对外交往政策。2022 年黎巴嫩巩固与阿拉伯国家的友好关系,发展同中国的友好合作关系。海湾国家派回驻黎大使缓和了黎巴嫩与海湾国家的外交僵局。黎巴嫩与以色列达成海上划界协议为稳定地区安全形势和缓解能源危机带来契机,在同西方国家交往方面,黎巴嫩寻求与西方国家改善关系的新机遇以缓解国内政治经济危机。

2022年约旦的政治、经济和对外关系

章 远 侯欣瑞[①]

【摘 要】

2022年2月开始的俄乌冲突迅速改变了全球政治经济格局。随着俄乌冲突长期化，外界普遍认为中东国家在急剧变动的全球秩序面前，正在获得更多的自主权，因而被视为外交意义上的获益方。政治上，2022年约旦继续在以国王为主的政治力量指导下推进政治现代化，然而进展迂回缓慢。议会和政党在国家政治生活中的重要性都与政治现代化改革理想有差距。约旦是能源进口国，因俄乌冲突导致的国际能源价格高涨，不利于约旦恢复经济。相比于新冠病毒感染疫情严重的2020年和2021年，约旦2022年的预算赤字有所下降，然而外债总额有所增长。外交上，凭借与美国的亲密盟友关系，约旦在解决以色列和巴勒斯坦之间发生的具体冲突事件时能起到重要的斡旋作用。拜登政府承认约旦在耶路撒冷的圣地监护权。难民仍然是困扰约旦财政支出的重大负担，却也是约旦赢得国际声望的持续来源。2022年，中约两国在巴勒斯坦问题等中东事务上有所共识，并在重大项目、经贸、文化、旅游等多领域合作取得新进展。

【关键词】

约旦 王室稳定 经济复苏 外部援助 中东版北约

[①] 章远，上海外国语大学中东研究所研究员；侯欣瑞，上海外国语大学国际关系与公共事务学院、中东研究所研究生。本文为上海外国语大学校级重大项目"中东格局巨变与中国'一带一路'倡议在中东实践的风险与应对"（项目编号：202114006）以及上海外国语大学青年教师科研创新团队项目"百年未有大变局之下的中东政治变迁研究"（项目编号：2020114046）的阶段性成果。

尽管疫情对约旦发展产生众多不利影响，但2022年约旦局势总体平稳。政治安全方面，国家在持续推动政治现代化改革，积极缓解国内社会压力，努力稳定政治局势，国王阿卜杜拉二世对美国的"中东版北约"倡议做出积极响应。经济方面，侨汇、援助和旅游业基础承担国民经济的三大支柱，2022年因政府货币和财政政策支持、对外贸易逐步开放，约旦服务业尤其是旅游业远好于预期地强劲复苏，侨汇开始小幅增长，旅游和援助经济数据向好。外交方面，约旦坚持采取符合国力的平衡外交政策，重视强化国家在世界舞台上的国际声望。在巴勒斯坦问题上约旦强调"两国方案"的重要性，与以色列在冲突中寻求合作。约旦非常重视发展与发达国家和重要新兴发展体国家的友好关系。

一、约旦的政治与安全

随着新冠病毒感染疫情病例数急剧下降，约旦停止发布新型冠状病毒死亡和感染的每日统计数据，政府仅提供每周一次的综述，[①] 官方数据显示，自疫情开始以来，约旦累计新冠病毒感染死亡病例14122人。[②] 在疫情影响下的约旦开始稳步发展，继续推动政治现代化，具体通过修正政党相关法律提高公民参与国家治理的效度，推动国家参政群体多元化，重点改善妇女和青年人群的参政比例。尽管有政治改进措施，但由于社会矛盾频出，民众对政府的不满情绪高涨，政府随之出台了严厉的社会管控措施。

（一）推动参政群体多元化

约旦一直致力于实现政治体制现代化。从2007年开始，约旦认识到政党法律不足问题，此后将规范政党运作视作国家立法框架中的薄弱点。2021年4月约旦"政变风波"后，国王阿卜杜拉二世再一次提出政治改革，6月10日，国王阿卜杜拉二世下令任命前首相萨米尔·里法伊成立皇

[①] "Jordan Records Second Day without a COVID – 19 Death for the First Time," *Arab News*, April 7, 2022, https://www.arabnews.com/node/2058761/middle – east.
[②] 《约旦新冠疫情舆情动态 第336期》，中华人民共和国驻约旦哈希姆王国大使馆经济商务处，2022年9月26日，http://jo.mofcom.gov.cn/article/xgyq/202209/20220903352678.shtml.

家政治制度现代化委员会，意在规范地方行政立法、扩大参与决策基础以及保障青年和妇女在公共生活中立法和政治地位方面提出建议。① 而此番组成专门委员会已经是约旦致力于政治现代化改革以来第四次成立政治改革委员会。这一届皇家委员会包含选举、政党、青年、妇女、地方行政和宪法在内6个委员会，每个委员会将同时举行不同会议。② 6月15日，约旦国王会见皇家委员会相关人员，呼吁约旦人民充分参与政治生活，强调应创造青年和妇女积极参与公共生活的政治环境。皇家委员会主席表示，国王保证委员会的成果将在不受干涉或影响的情况下被采纳并提交给议会，尽最大努力实现王室对进步和现代化的愿景，推动约旦走向强有力的政治、议会和党派生活。③

2022年3月8日，约旦众议院通过2022年政党法修正案。该法案禁止约旦国民因党派关系而受到起诉，允许加入政党的大学生在校园内从事党派活动而其权利不受侵犯；建立新政党要求创始成员不应少于1000人，其中至少10%应是18—35岁的妇女和青年，并且在该党成立后三年内其所占比例应至少提高到20%。法案明确规定，满足要求的政党必须在一年内举行一次基金会会议，出席人数不得少于该党1000名创始人的1/3，必须至少代表6个省。对于现存政党，要求其在修正案全面生效后18个月内修正法律地位，从而与规定的新条例保持一致。④ 4月15日，新政党法在官方公报上公布。据约旦通讯社佩特拉报道，这项法律允许政党组建政府，鼓励政治参与。同时，该法案给予各政党一年的宽限期进行纠正，为下一次议会选举做准备。⑤ 2022年的政党法与2007年以来所有相关法律大相径庭，政党权力移交给独立选举委员会，减少政府对政党的干预，此举

---

① "Royal Decree Assigns Former PM Samir Al – Rifai to Form Royal Committee to Modernize Political System," *Roya News*, January 10, 2021, https：//www. en. royanews. tv/news/28664/28664.

② "Royal Committee to Modernize Jordan's Political System to Begin Meetings Next Week," *Roya News*, January 15, 2021, https：//www. en. royanews. tv/news/28823/2021 – 06 – 15.

③ "King Abdullah II Meets Royal Committee to Modernize Political System Chair, Members," *Roya News*, January 15, 2021, https：//www. en. royanews. tv/news/28817/28817.

④ "Lower House Passes 2022 Draft Political Parties Law," *Jordan Times*, March 8, 2022, https：//www. jordantimes. com/news/local/lower – house – passes – 2022 – draft – political – parties – law.

⑤ "New Political Parties' Law to Come into Effect After One Month," *Jordan Times*, April 15, 2022, https：//www. jordantimes. com/news/local/new – political – parties%E2%80%99 – law – come – effect – after – one – month.

被理解为国家为推动参政群体多元化做出了极大努力。①

政党和选举法的改革有望推动新政党的形成,然而政治参与度的提高并不能仅依靠建立新政党。政党能否反映支持者愿景,能否设计有针对性的制度改造方案,都会影响政党制度的真实效用。在促进青年和妇女的政治参与方面,约旦国家和市政机构中的女性比例仍然不高。《约旦时报》报道,2021 年约旦妇女经济参与率仅占 14%,2021 年 15 岁以上的女性中只有约 1/7 从事经济活动。② 约旦女性识字率接近 98%,是中东和北非地区女性受教育程度最高的国家之一,约旦妇女经济参与率却位序倒置。约旦妇女失业率达 25%,是男性失业率的两倍。是否接受过大学教育显著影响约旦妇女经济参与程度。具有高中或以下文凭的妇女劳动力参与率特别低,分别为 4.2% 和 3.5%,拥有大学学位的妇女参与率超过 55%,但都面临高失业率。工资差距、社会观念、文化限制以及安全保障问题都是造成约旦目前妇女经济参与率持续下降、失业率急剧上升的原因。③ 面对困境,约旦致力于在取消工作限制、解决工作场所和公共场所的性骚扰问题以及雇主提供儿童保育等方面有所作为。中国驻约旦大使陈传东积极评价巴斯玛公主及其领导的组织为推动约旦妇女、青年、社会事业发展以及中国与阿拉伯国家妇女领域交流所做的重要贡献,赞赏约旦官方的努力。④

(二) 稳固王室内部架构

2022 年王室内部的变化使王室再次获得广泛关注,但在可控范围内,整体而言,王室架构依旧稳定。

其一,约旦前王储哈姆扎在社交媒体上发布信息放弃王子头衔。作为

---

① Karim Merhej, "Latest Political Reforms in Jordan: Systemic Changes on the Horizon?" *The Tahrir Institute for Middle East Policy*, May 25, 2022, https://www.timep.org/commentary/analysis/latest-political-reforms-in-jordan-systemic-changes-on-the-horizon/.

② "Female Economic Participation Still at 14% in 2021—DoS," *Jordan Times*, April 27, 2022, https://www.jordantimes.com/news/local/female-economic-participation-still-14-2021-%E2%80%94-dos.

③ Zoe H. Robbin, "Women's Labor Force Participation and COVID-19 in Jordan," *Middle East Journal*, February 1, 2022, https://www.mei.edu/publications/womens-labor-force-participation-and-covid-19-jordan.

④ 《驻约旦大使陈传东拜会巴斯玛公主》,中华人民共和国驻约旦哈希姆王国大使馆,2022年4月21日,http://jo.china-embassy.gov.cn/chn/zygxyw/202204/t20220421_10670807.htm。

国王阿卜杜拉二世同父异母的弟弟，国王阿卜杜拉二世在 2004 年突然废除了哈姆扎的王储头衔，并在 2009 年任命其 15 岁的长子侯赛因·阿卜杜拉为王储。[1] 随着 2021 年王室内斗的政变风波落下帷幕，2022 年 3 月 6 日哈姆扎王子写信给国王阿卜杜拉二世，为自己的不当行为道歉，并为自己卷入煽动叛乱案件寻求宽恕。[2] 4 月 3 日，哈姆扎在 Twitter 上发布声明放弃王子头衔。同时，他表示很荣幸能以此前的头衔为国家和人民服务，将继续忠于约旦，在私人生活中为"国家、人民、父亲和祖先"服务。[3]

其二，约旦廉政和反腐败委员会在一份声明中表示，瓦利德·库尔迪在 4 月 27 日被判处 18 年苦役，并因腐败和滥用职权被罚款 1.91 亿第纳尔（2.69 亿美元）。[4] 库尔迪是约旦国王阿卜杜拉二世的叔叔，是国王姑姑巴斯玛·宾特·塔拉尔公主的丈夫，巧合的是，在审判库尔迪的同一日，巴斯玛公主被任命为联合国粮农组织近东和北非亲善大使。[5] 近年约旦曝出多桩腐败案，频频登上媒体头条，招致民众愤慨，腐败问题已经导致公众对政府部门的信任度降低，打击腐败成为政府工作的重中之重。

最后，核心王室成员的动向也备受关注。国王阿卜杜拉二世和王后拉尼娅王室家庭成员喜讯频出。7 月 6 日，皇家正式宣布长女伊曼·本·阿卜杜拉公主与纽约金融家贾米尔·亚历山大·塞米奥蒂斯的订婚公告。紧接着 8 月 17 日，长子侯赛因·本·阿卜杜拉王储与沙特富商之女拉杰瓦·赛义夫在利雅得（沙特首都）举办了订婚仪式。侯赛因王储和伊曼公主各自的伴侣背景不容小觑。7 月 5 日，伊曼公主在父母和其他兄弟姐妹以及瑟米奥蒂斯家族的几名成员的见证下订婚，次日，约旦皇家正式发布伊曼公主的订婚公告并表示诚挚祝贺。其未婚夫出生于委内瑞拉，目前是纽约

---

[1] "Jordan's Prince Hamzah bin Hussein Renounces Title of Prince," *BBC News*, April 3, 2022, https://www.bbc.com/news/world-middle-east-60976314.

[2] "Prince Hamzah Pens Letter of Apology to Jordan's King Abdullah for Involvement in Sedition Case," *Arab News*, March 8, 2022, https://www.arabnews.com/node/2038681/middle-east.

[3] "Jordan's Prince Hamzah Relinquishes Title," *Arab News*, April 3, 2022, https://www.arabnews.com/node/2056086/middle-east.

[4] "Jordanian Businessman, The King's Uncle, Sentenced for Corruption," *OCCRP*, April 28, 2022, https://www.occrp.org/en/daily/16257-jordanian-businessman-the-king-s-uncle-sentenced-for-corruption.

[5] "Princess Basma Bint Ali Named FAO Goodwill Ambassador for Near East and North Africa," *Jordan Times*, April 27, 2022, https://www.jordantimes.com/news/local/princess-basma-bint-ali-named-fao-goodwill-ambassador-near-east-and-north-africa.

一家风险投资基金的管理合伙人。① 伊曼公主订婚后, 侯赛因王储订婚的消息相继宣布。其未婚妻拉杰瓦出生于沙特首都利雅得一个赫赫有名的家族, 其家族担任着苏代尔地区某镇的世袭酋长。其父亲是沙特—英国联合商业理事会的董事会成员, 也是当地 Cos EI Saif 集团的首席执行官。8月17日, 国王阿卜杜拉二世、王后拉尼娅和侯赛因王储一同前往利雅得, 在双方家人见证下举办了订婚仪式, 皇家哈希姆宫廷在公告中向这对年轻夫妇表示祝愿与支持。在订婚仪式中除家人外, 约旦其他多位王室成员也一并出席, 包括阿卜杜拉国王的叔叔哈桑·本·塔拉勒亲王、弟弟阿里·本·侯赛因亲王和哈希姆·本·侯赛因亲王以及堂兄弟加齐·本·穆罕默德亲王和拉希德·本·哈桑亲王。除此之外, 沙特王储穆罕默德·本·萨勒曼和阿联酋总统谢赫·穆罕默德分别致电侯赛因王储和阿卜杜拉国王表示祝贺。②

（三）社会矛盾问题

言论自由是现代社会可持续发展的要素, 保护媒体自由是共同的责任。《约旦时报》报道,"中东媒体和政策研究所"发布的"2021年约旦新闻和媒体自由量表"认为约旦的新闻自由属于"公平范围", 即相对自由。该研究所是一家位于安曼的 NGO, 通过评估政府实体与各媒体机构之间的关系, 分析约旦新闻自由的现实情况。研究所主任萨拉赫·阿巴迪指出, 约旦新闻自由度达到 42.1%, 媒体机构的编辑和负责人对约旦新闻自由度评估达到 67.5%。报告提出加强约旦新闻自由的若干建议, 如改革相关法律, 制定资金政策以及加强媒体独立性, 推测只要媒体和政府采取适当措施, 约旦新闻自由将逐年改善。③

约旦对抗议采取严厉手段的情况很常见。而对言论和媒体的严格控制这从侧面导致社会矛盾愈加尖锐化, 民众对政府的信任度受损。10月10

---

① "Princess Iman, Daughter of Jordan's King Abdullah and Queen Rania, Gets Engaged," Al*arabiya News*, July 6, 2022, https：//www.english.alarabiya.net/life – style/2022/07/06/Princess – Iman – daughter – of – Jordan – s – King – Abdullah – Queen – Rania – gets – engaged.

② "Jordan's Crown Prince Announces Engagement to Saudi National," *Arab News*, August 17, 2022, https：//www.arabnews.com/node/2145061/lifestyle.

③ "Media Freedoms in Jordan Fall Within 'Fair Range'—Report," *Jordan Times*, March 29, 2022, https：//www.jordantimes.com/news/local/media – freedoms – jordan – fall – within – %E2%80%98fair – range%E2%80%99 – %E2%80%94 – report.

日，美国战略与国际问题研究中心公布了一项关于约旦人对成立两年的哈苏奈政府看法的民调，结果显示，只有33%的约旦人信任哈苏奈政府。约旦人对哈苏奈政府的乐观情绪从成立时的55%下降到只有29%，79%的约旦人不认可约旦是一个幸福社会。①

（四）趋于严厉的社会管控

约旦在疫情冲击下经济增长缓慢，失业率居高不下。约旦统计部数据显示，2022年第二季度15—24岁年龄组青年失业率为46.1%，其中男性失业率占比为42.2%，女性为63.3%，15岁及以上年龄组的就业率为26.0%。②

失业已经成为引起自杀行为的主要原因。约旦统计数据表明，2020年自杀率达到近10年最高水平，比前一年高出45%。2022年4月25日，约旦众议院通过了一项修改刑法的法律草案。该草案规定，任何人试图在公共场所做出任何导致死亡的自杀行为，应处以不超过6个月的监禁和不超过100第纳尔（141美元）的罚款，或两种处罚中的一种，集体自杀的处罚将加倍。③将自杀未遂定为刑事犯罪并不会真正阻止自杀或降低自杀率，人们不满的真实需求并没有被重视。④

（五）积极加入美国的"中东版北约"倡议

美国组建"中东版北约"的目的是服务于美国中东战略。7月13—16日，美国总统拜登完成上任以来的首次中东之行。拜登此行除了安抚中东盟友、要求能源国家扩大石油产量以缓解因俄乌冲突而导致的欧洲能源危机外，在军事上的重要目的是重申针对伊朗的"中东防空联盟"，即所谓"中东版北约"。在中东地区，以色列无疑是美国最可靠的支持力量，但其

---

① "Two in Three Jordanians Do Not Trust Khasawneh's Government," *Roya News*, October 10, 2022, https://www.en.royanews.tv/news/37852/Two%20in%20three%20Jordanians%20do%20not%20trust%20Khasawneh's%20government.

② "22.6% Unemployment Rate during the Second Quarter of 2022," *Department of Statistics*, August 31, 2022, http://www.dos.gov.jo/dos_home_e/main/archive/Unemp/2022/Emp_Q2_2022.pdf.

③ "Jordan Criminalises Suicide, Threatens Prison Terms and Fines," *Middle East Monitor*, April 26, 2022, https://www.middleeastmonitor.com/20220426-jordan-criminalises-suicide-threatens-prison-terms-and-fines/.

④ "Lower House Decision to Penalise Suicide Attempts Draws Criticism," *Jordan Times*, April 27, 2022, https://www.jordantimes.com/news/local/lower-house-decision-penalise-suicide-attempts-draws-criticism%C2%A0.

他国家的加入是这一计划成型必不可少的条件。面对美国的"中东版北约"倡议,约旦率先表示支持。6月24日,美国全国广播公司报道,约旦国王阿卜杜拉二世表示,几十年来约旦一直与北约部队"肩并肩"作战,积极与北约合作。他支持建立一个类似于北约的中东军事联盟,认为自己"将是第一批支持中东北约的人之一",期待该地区其他志同道合的国家一起完成。在约旦国王看来,中东国家只有加强军事团结和合作才能应对俄乌冲突带来的挑战。①

二、约旦的经济发展

约旦作为发展中国家,国内大部分物资主要依靠进口,资源匮乏造成经济基础薄弱。侨汇、援助和旅游业是国民经济的三大支柱,2021年除了侨汇略有下降,旅游和援助都比上一年有所增长。列格坦繁荣指数2021年报告显示,约旦在全球167个国家的繁荣指数排名中排名第81位,在19个中东国家中排名第8位。② 与十年前相比,约旦最大的改善来自企业状况。③ 2022年开始,因政府货币和财政政策支持、对外贸易逐步开放,约旦服务业尤其是旅游业出人意料地强劲复苏。约旦侨汇开始小幅增长,旅游和援助经济数据一路向好。据约旦央行统计,上半年约旦侨汇收入达14.2亿美元,同比增长0.4亿美元。④ 政府出台多项举措以大力促进旅游业恢复,例如,取消马尔卡和亚喀巴机场签证费,将旅游行业税收从16%减至8%,所有旅游建设项目减免税费。2022年上半年约旦旅游收入达到21.96亿美元,同比增长242.7%。⑤ 约旦特拉古城和杰拉什古城是国际知名的旅游

---

① "Jordan's King Says He Would Support a Middle East Version of NATO," *CNBC*, Junuary 24, 2022, https://www.cnbc.com/2022/06/24/jordans - king - says - he - would - support - a - middle - east - version - of - nato.html.

② 全球繁荣指数是列格坦研究所基于多种因素编制的年度排名,涵盖167个国家,排名越高代表国家繁荣程度越高, https://www.li.com/research/legatum - prosperity - index/。

③ "Jordan Ranks 81st on Global Prosperity Index," *Jordan Times*, April 5, 2022, https://www.jordantimes.com/news/local/jordan - ranks - 81st - global - prosperity - index.

④ 《约旦前5个月侨汇收入达14.2亿美元》,中华人民共和国驻约旦哈希姆王国大使馆经济商务处,2022年7月有12日, http://jo.mofcom.gov.cn/article/jmxw/202207/20220703333017.shtml。

⑤ 《约旦上半年旅游收入达21.96亿美元》,中华人民共和国驻约旦哈希姆王国大使馆经济商务处,2022年7月25日, http://jo.mofcom.gov.cn/article/jmxw/202207/20220703335857.shtml。

胜地，2022 年前 8 个月杰拉什遗址游客数达到 16.55 万人，同比增长 217%①，8 月佩特拉古城的游客人数同比增加 153%，② 旅游业强劲恢复。约旦获得的外国援助相比 2021 年同期增长 5.9%。③

（一）弥补疫情造成的经济损失

世界银行称，在新型冠状病毒暴发的高峰期，政府出台了一系列控制病毒和保护受全国封锁影响的工人的规定，采取相应措施以保障就业稳定。2020 年 3 月 17 日，约旦国王发布敕令，授权奥马尔·拉扎兹首相实施 1992 年第 13 号《国防法》，赋予首相广泛的权力来对抗新冠病毒感染疫情。4 月 8 日，拉扎兹宣布 2020 年第 6 号国防令。该命令规定，自 2020 年 4 月起，在工作场所工作的工人有权获得全额工资，除非工人同意减少工资，但减少的数额不得超过工人正常工资的 30%。④ 公司虽不能裁员，但可以根据约旦社会保障公司制定的规则降低工资。根据规定，约旦社会保障公司支付员工工资的 70%，其余部分由公司承担，除此之外，约旦社会保障公司还会定期为受疫情影响最严重的经济部门提供激励。政府为社会保障公司的计划项目拨款 2000 万第纳尔（约合 2820 万美元），旨在保障受疫情影响最严重的部门正常运行。拉扎兹强调，按照国王的指示，约旦的首要任务是保障公民的健康，在疫情高峰期的经济目标是保持尽可能多的就业机会，继续私营部门的工作，同时坚持卫生措施。

哈苏奈总理指出，政府的措施是帮助保护各个部门至少 10 万个工作岗位，通过一系列贷款和激励机会，确保受影响行业的可持续性发展。但据阿拉伯新闻报道，部分在约旦的国际公司已经向政府递交了请愿书，要求政府允许它们解雇员工。一项世界银行的调查显示，约旦 94% 的企业声称在疫情期间遭遇了流动性危机，多数企业不得不解雇所有员工以应对疫情

---

① 《前 8 月杰拉什遗址游客数同比增长 217%》，中华人民共和国驻约旦哈希姆王国大使馆经济商务处，2022 年 9 月 6 日，http://jo.mofcom.gov.cn/article/ztdy/202209/20220903346009.shtml。
② 《8 月佩特拉古城游客同比增加 153%》，中华人民共和国驻约旦哈希姆王国大使馆经济商务处，2022 年 9 月 6 日，http://jo.mofcom.gov.cn/article/ztdy/202209/20220903346008.shtml。
③ 《2022 年上半年约旦获得外国援助 8170 万约第》，中华人民共和国驻约旦哈希姆王国大使馆经济商务处，2022 年 9 月 13 日，http://jo.mofcom.gov.cn/article/jmxw/202209/20220903348035.shtml。
④ "PM Issues Defence Order No. 6 Stipulating Labour Rights Under Defence Law," *Jordan Times*, April 8, 2020, https://www.jordantimes.com/news/local/pm-issues-defence-order-no-6-stipulating-labour-rights-under-defence-law.

期间经历的"巨额现金冲击"。[1] 遗憾的是,约旦的就业保障措施未能阻止企业裁员,自《国防法》和其他一些政府封锁措施的执行,约旦经济实质遭受巨大损失。

(二) 约旦的国际贸易

约旦国际贸易额获得较大幅度增长,有持续走高趋势。2021年约旦的对外贸易额(进出口)达到219.89亿第纳尔,比2020年的178.75亿第纳尔增长了23%。进口额同比增长25.4%,达到153.45亿第纳尔,其进口增长的来源国集中于瑞士、阿联酋、沙特和意大利,分别上涨307%、126%、50%、25.4%;出口额同比增长19.7%,达到60.4亿约旦第纳尔,其出口增长的对象国主要集中于埃及、印度、印尼、美国和沙特,分别上涨48.1%、47.8%、33.6%、30%、27.3%。[2] 从出口方面来看,约旦出口产品市场主要集中在发展中国家,尤其是周边阿拉伯国家、南亚和东南亚地区,而进口方向恰恰相反,主要集中于发达国家,尤其是欧洲和中东地区。

虽然约旦国际贸易前景向好,但过度依靠进口导致贸易逆差不断拉大,不利于国家经济持续发展。约旦统计局表示,2022年1—8月出口总额增长43.6%,达到59.26亿第纳尔;进口总额增长37.8%,达130.14亿第纳尔,约旦的贸易逆差增加33.2%。[3] 据约旦财政部数据,从年初到7月底,约旦公共债务增加13.71亿第纳尔,约旦公共债务总额占GDP的比重达到112.1%。[4] 为助力经济发展,约旦不断加深与欧盟和海合会国家的贸易。约旦对欧盟的出口额同比上涨103.2%,进口额小幅上涨5.2%。约旦在欧盟主要的出口国为罗马尼亚,而约旦在欧盟最大的进口国则为德国。[5] 约旦与包括沙特、阿联酋、卡塔尔、科威特、阿曼、巴

---

[1] "Jordan Jobs Safeguards Fail to Stop Companies Laying Off Staff, World Bank Claims," *Arab News*, April 13, 2022, https://www.arabnews.com/node/2061936/middle-east.

[2] "Kingdom's GDP up by 3.5% in 2021, Reaching JD32.12b—ACC," *Jordan Times*, May 15, 2022, https://www.jordantimes.com/news/local/kingdoms-gdp-35-2021-reaching-jd3212b-%E2%80%94-acc.

[3] 《1—8月约旦贸易赤字高达33.2%》,中华人民共和国驻约旦哈希姆王国大使馆经济商务处,2022年11月3日,http://jo.mofcom.gov.cn/article/jmxw/202211/20221103364620.shtml。

[4] 《1—7月约旦公共债务增加13.71亿约第》,中华人民共和国驻约旦哈希姆王国大使馆经济商务处,2022年10月24日,http://jo.mofcom.gov.cn/article/jmxw/202211/20221103364440.shtml。

[5] 《今年上半年约旦对欧盟出口额达1.74亿约第》,中华人民共和国驻约旦哈希姆王国大使馆经济商务处,2022年9月26日,http://jo.mofcom.gov.cn/article/jmxw/202209/20220903352686.shtml。巴

林在内的海合会成员国的贸易总额同比增长37%。①

（三）约旦的国际经济援助

2022年9月16日，美国国务卿安东尼·布林肯和约旦外长阿伊曼·萨法迪签署了第四份战略伙伴关系谅解备忘录，主要内容是从2023年到2029年7年间美国将每年向约旦提供至少14.5亿美元援助。美国长期重视与约旦的友谊与合作，作为约旦最大的双边援助提供国，约美第一份备忘录于2008年签署，截至2021年，美国总计向约旦提供126.75亿美元援助，2022年签署的第四份备忘录被认为是对约旦提供金额最大、时间最长的一份援助。② 4月21日，约旦计划和国际合作代理部长优素福·沙麦利与沙特驻约旦大使签署一项价值5000万美元的赠款协议，旨在支持约旦经济发展，沙特此前已向约旦提供12.5亿美元（沙特在2018—2022年每年援助约旦2.5亿美元），此次赠款也是海湾国家对约旦赠款的一部分，作为对约旦收容叙利亚难民的支持。沙麦利强调，沙特作为约旦在政治、经济和社会层面的战略伙伴，其援助对约旦发展具有重要意义，将帮助约旦政府实施优先发展项目并应对经济挑战。③ 9月19日，约旦计划与国际合作大臣纳赛尔·沙里达和欧盟驻约旦大使玛丽亚·哈迪索多西奥签署一项联合声明，其中欧盟承诺在2021—2024年，将以赠款的形式平均每年向约旦提供9100万欧元、总额共计3.64亿欧元的援款。纳赛尔还与欧盟签署了"支持约旦绿色经济"计划的赠款协议，欧盟将在5年内向约旦提供价值4000万欧元的援款，支持约旦实现2021—2025绿色增长国家行动计划。④

---

① 《今年上半年约旦与海合会成员国贸易往来情况》，中华人民共和国驻约旦哈希姆王国大使馆经济商务处，2022年9月26日，http://jo.mofcom.gov.cn/article/ztdy/202209/20220903352691.shtml。
② 《约美签署第四份战略伙伴关系谅解备忘录》，中华人民共和国驻约旦哈希姆王国大使馆经济商务处，2022年9月26日，http://jo.mofcom.gov.cn/article/jmxw/202209/20220903352683.shtml。
③ "Saudi Arabia Transfers 4th Tranche of Budget Support to Jordan Worth $50m," *Jordan Times*, April 21, 2022, https://www.jordantimes.com/news/local/saudi-arabia-transfers-4th-tranche-budget-support-jordan-worth-50m.
④ 《欧盟将向约旦提供3.64亿欧元赠款》，中华人民共和国驻约旦哈希姆王国大使馆经济商务处，2022年9月26日，http://jo.mofcom.gov.cn/article/jmxw/202209/20220903352688.shtml。

三、约旦的外交

约旦的外交政策主要关注政权的稳定和安全,而不是意识形态目标。自约旦独立以来,结交朋友一直是约旦的长期策略,国王阿卜杜拉二世也一直致力于建立平衡的国际和地区关系。①《宪章报》刊文肯定约旦政府奉行的平衡外交政策,认为温和冷静地坚持在阿拉伯国家和国际关系中走平衡道路,能够避免约旦被地区动荡所波及。随着国际体系及阿拉伯地区政治、经济、安全形势不确定性增加,约旦不仅需要继续与美国、欧盟和英国的联盟,还要与中国、俄罗斯、日本和南美洲加强沟通和协作。约旦在地区的重要作用源于其以平衡和智慧为特征的外交政策。约旦一贯采取多元化的政治经济联盟方式,坚持积极中立,主张减少冲突,视巴勒斯坦问题为实现约旦地区影响力最大化的最有利途径。②

(一) 国际声望

约旦新闻自由程度小幅上涨,但整体排名依旧靠后。2022 年"世界新闻自由指数"报告显示,180 个国家地区排名中约旦位居第 120 位,高于 2021 年第 129 位。③ 与周边邻国不同的是约旦以政治稳定著称,其媒体专业人员会进行自我审查,并尊重某些话题隐含的红线。根据 2015 年《网络犯罪法》,当局可以起诉记者使其面对巨额罚款,广播委员会对广播媒体机构的许可证收取过高费用……这些现象造成私营媒体由于缺乏财政资源难以生存,于是会选择不批评某些事件以换得资金。④

约旦皇室夫妇获得 2022 年和平之路奖,国际声望得到有效加强。5 月

---

① "Jordan's Foreign Policy and National Security," *Jordan Times*, June 6, 2020, https://www.jordantimes.com/opinion/shehab-al-makakleh/jordans-foreign-policy-and-national-security.
② 《约媒体撰文阐释约旦外交政策》,中华人民共和国驻约旦哈希姆王国大使馆经济商务处,2022 年 8 月 9 日, http://jo.mofcom.gov.cn/article/sh/202208/20220803339248.shtml。
③ "世界新闻自由指数"是无国界记者组织根据记者可获得的自由程度对各国和各地区进行评估,2022 年涵盖 180 个国家和地区,排名越高代表新闻自由度越高, https://reliefweb.int/report/world/rsf-s-2022-world-press-freedom-index-new-era-polarisation-enru。
④ "Jordan Ranks 120th on World Press Freedom Index," *Jordan Times*, May 8, 2022, https://www.jordannews.jo/Section-109/News/Jordan-ranks-120th-on-World-Press-Freedom-index-16380。

9日,梵蒂冈和平之路基金会在纽约曼哈顿举行了第29届年度庆祝活动,为约旦国王阿卜杜拉二世和王后拉尼娅颁发了2022年和平之路奖,以表彰他们促进宗教间和谐与对话、收容难民的人道主义努力以及支持和平所发挥的作用。约旦王国接纳了逃离冲突之地相当数量的难民,皇室夫妇多年致力于促进中东地区和平与跨信仰合作。其中,国王阿卜杜拉二世努力保护宗教圣地。2004年约旦发起"安曼消息"① 以确保恐怖主义在伊斯兰世界没有立足之地,并提出在2010年联合国大会通过的"世界不同信仰间和谐周"建议。王后拉尼娅在教育、跨文化对话、可持续性、环境问题以及优先考虑年轻人方面受到表扬。② 国王敦促国际社会努力实现公正和持久的和平,通过"两国方案""建立一个独立、主权和可行的巴勒斯坦国,以东耶路撒冷为首都,与以色列和平、安全地毗邻共存"。

国王阿卜杜拉二世强调相互尊重、合作和共享人性以建设美好世界,包括帮助世界各地的难民返回家园。由于四次区域战争造成难民的大量涌入,数百万难民目前在缺乏水资源和其他资源的情况下居住在约旦。联合国难民署发布的数据显示,约旦大多数难民仍处于贫困状态。64%的难民目前每天生活费低于3第纳尔,90%的难民家庭每天至少会采取一种消极策略,如减少食物摄入量或赊购家庭用品。联合国难民署2022年脆弱性评估框架首次审查了约旦难民营中的难民状况,与营地外人口相比,营地居民在保健和教育等领域的情况较好,但由于缺乏就业机会,更加依赖人道主义援助。③ 工作收入仍然是约旦家庭的主要收入来源,但人道主义援助是非约旦家庭的主要收入来源。难民的平均家庭支出超过收入50第纳尔,这意味着难民对债务的依赖增加。然而,难民就业率稳定在23%,女性就业率仅为6%。几乎有1/3的家庭受到被驱逐的威胁。20%的难民家庭无法获得保健服务。④

---

① 即"Amman Message",为穆斯林提供了团结和解决内斗的基础,促使有效平衡伊斯兰问题。
② "Jordan's King, Queen Receive Vatican Award," *Arab News*, May 12, 2022, https://www.arabnews.com/node/2080711/middle-east.
③ "64 Percent of Refugees in Jordan Survive on Less than 3 Dinar a Day," *United Nations*, March 30, 2022, https://www.jordan.un.org/en/176259-64-percent-refugees-jordan-survive-less-3-dinar-day.
④ "UNHCR Situation of Refugees in Jordan-Quarterly Analysis Q2 2022," *UNHCR*, September 4, 2022, https://www.reliefweb.int/report/jordan/unhcr-situation-refugees-jordan-quarterly-analysis-q2-2022.

（二）约旦与以色列冲突与合作并行

1. 约旦对"两国方案"的支持

2021年5月，耶路撒冷东部阿克萨清真寺的抗议运动和北部谢赫·贾拉赫居民区的驱逐行动引发大规模暴力事件，直接导致巴勒斯坦地区和以色列之间爆发第四次冲突，也是巴勒斯坦和以色列2014年以来最大的军事冲突。为加强约旦河西岸和加沙地带的安全保障以避免紧张局势重演，2022年3月28日，埃及、阿联酋、巴林、摩洛哥、以色列和美国的外长在以色列举行峰会，旨在讨论巴勒斯坦问题和其他地区事务，提出在以色列和阿拉伯邻国之间建立联合防空网络的想法。美国、以色列和4个阿拉伯国家都同意加强合作以进一步落实《亚伯拉罕协议》，中东战略自主的趋势将继续保持。[①]

约旦对其在包括阿克萨清真寺在内的伊斯兰圣地中的地位表示担忧，如果为预防冲突升级而允许犹太人在斋月期间进入圣地，将削弱约旦作为耶路撒冷伊斯兰圣地保管人的地位。因此，为防止在斋月期间约旦河西岸和耶路撒冷的安全局势失衡，在峰会举行的同一天，约旦国王阿卜杜拉二世访问约旦河西岸城市拉马拉并会见巴勒斯坦总统马哈茂德·阿巴斯，此次访问距穆斯林斋月不到一周的时间。国王阿卜杜拉二世指出，约旦和巴勒斯坦人彼此更为亲近，而且站在同一条战线，表示希望通过与以色列和巴勒斯坦权力机构等有关方面合作，能在不允许犹太人斋月期间进入圣地的情况下缓和因暴力冲突造成的紧张局势。约旦国家电视台表示，约旦正在努力支持巴勒斯坦人，"在'两国方案'的基础上寻找到一种政治路径以实现其合法权利"。[②] 同时，约旦民众抗议呼声高涨，据阿纳多卢通讯社报道，4月1日，周五祈祷后约旦人聚集在安曼市中心的侯赛尼人清真寺前，数千名抗议者在安曼开始示威游行。约旦伊斯兰行动阵线秘书长穆拉德·阿代莱赫和前国会议员阿里·阿布·苏卡尔走在此次游行队伍前列。游行人员高呼口号支持巴勒斯坦人的抵抗，反对阿拉伯国家与以色列实现关系正常化，呼吁巴勒斯坦人继续采取行动反对以色列的占领，要求约旦

[①] "Israeli Security Fears Heightened in Wake of Daesh Killing of 2 Policemen," *Arab News*, March 28, 2022, https://www.arabnews.com/node/2052266/middle-east.

[②] "Jordan's King Abdullah Meets President Abbas in Signal of Support for Palestinians," *The National*, March 28, 2022, https://www.thenationalnews.com/mena/2022/03/28/jordans-king-abdullah-meets-palestinian-president-in-ramallah-for-first-time-since-2017/.

驱逐以色列大使，并表示拒绝接受约旦和以色列在 1994 年签署的和平条约。①

2. 圣城监护权

耶路撒冷被誉为世界三大宗教的圣城，自 20 世纪 20 年代以来，约旦一直自视为耶路撒冷伊斯兰和基督教圣地的守护者。1999 年国王阿卜杜拉二世继承王位后，一再重申保护圣地及其设施的重要性，并依法成立了一个恢复阿克萨清真寺和圆顶清真寺的委员会。保护耶路撒冷伊斯兰教和基督教圣地一直是国王指定约旦政府工作计划的一部分。2013 年国王阿卜杜拉二世和巴勒斯坦总统阿巴斯在安曼签署了一项历史性协议，重申国王对耶路撒冷圣地的监护权，并表示其有权采取一切法律措施保护圣地。②

阿克萨清真寺是巴以冲突的核心之一。双方的持续争端不仅导致了地区暴力事件的升级，还引起中东各政治势力和外部大国势力的深度介入。2022 年 4 月，巴勒斯坦人与全副武装的以色列警察在阿克萨清真寺大院发生冲突，激起了阿拉伯人和穆斯林的愤怒，也引发了国际社会对于巴以冲突再度激化的强烈担忧。约旦表示将努力敦促以色列尊重耶路撒冷阿克萨清真寺的历史现状，避免可能引发更广泛冲突的暴力对抗。约旦坚称，自 2000 年以色列破坏了非穆斯林不在清真寺内做礼拜的悠久传统，限制穆斯林礼拜者进入，而对以色列极端民族主义犹太人缺乏限制。以色列否认上述指责。以色列 4 月 22 日开始禁止非穆斯林访问，直到斋月结束。对此，约旦外交大臣表示这是"朝着尊重现状、缓和紧张局势、恢复平静迈出的良好一步"。③ 约旦国王反复重申实现公正和全面的和平，就要在"两国方案"基础上满足巴勒斯坦人民合法权利，建立以东耶路撒冷为首都的独立国家。和平的基石是阿拉伯世界和以色列达成全面解决方案，而该方案正是建立在一个巴勒斯坦国与以色列并存的基础上。④

---

① "Jordan: Thousands March in Support of Palestine," *Middle East Monitor*, April 2, 2022, https://www.middleeastmonitor.com/20220402-jordan-thousands-march-in-support-of-palestine/.

② "Custodianship Over Holy Sites," *King of the Hashemite Kingdom of Jordan*, https://www.kingabdullah.jo/en/page/the-hashemites/custodianship-over-holy-sites.

③ "Jordan 'Pushing to Restore Al-Aqsa Mosque Status Quo'," *Middle East Monitor*, April 28, 2022, https://www.middleeastmonitor.com/20220428-jordan-pushing-to-restore-jerusalem-mosque-status-quo-sources/.

④ "Jordan's King Agreed with US Biden on Need to Defuse Jerusalem Tension," *Arab News*, April 25, 2022, https://www.arabnews.com/node/2070396/middle-east.

（三）约旦对俄乌冲突的态度

2022年，突发的俄乌冲突对全球政治经济格局产生重要影响。关于俄乌冲突，约旦强调"优先考虑对话和外交解决方案的重要性，以及以维护国际安全与稳定的方式加快危机政治解决的努力"。《约旦时报》报道，约旦参议院议长费萨尔·法耶兹表示，由国王阿卜杜拉二世领导的约旦外交是建立在平衡的基础上，"这种平衡让约旦王国在建立地区和国际联盟中能够始终维护自身安全、稳定和利益"。在阿拉伯、国际和侨民事务联合委员会会议上法耶兹指出，俄乌冲突将会对阿拉伯国家持续产生不良影响。[1] 阿盟于2022年3月成立阿拉伯部长级联络小组，致力于解决乌克兰危机。联络小组由不同阿拉伯国家部长级官员组成，由阿盟秘书长阿布勒·盖特率领，包括埃及、约旦、伊拉克、阿尔及利亚和苏丹的代表，其先在莫斯科与俄罗斯外长谢尔盖·拉夫罗夫举行会谈，莫斯科之行结束后前往波兰首都华沙与波方讨论乌克兰局势，之后在华沙会见了乌克兰外长。

4月4日，联络小组在莫斯科与俄罗斯外长谢尔盖·拉夫罗夫举行会晤。联络小组对这场冲突造成的人道主义危机及政治、安全和经济影响表示关切。会谈中，双方回顾了阿拉伯世界与俄罗斯及其友好人民之间牢固的关系，阿盟秘书长盖特表示因小麦进口中断令许多阿拉伯国家深感担忧，尤其是埃及、苏丹、黎巴嫩和突尼斯严重依赖从俄罗斯和乌克兰进口小麦的国家，危机对其造成了毁灭性的财政影响。准备推动俄乌冲突的政治解决。联络小组愿意支持俄罗斯和乌克兰双方的直接谈判，通过调解努力暂停军事行动。相应地，拉夫罗夫谈到正在进行的旨在达成停火协议的会谈，阐述了俄罗斯对这场危机的立场。会议间隙俄方与联络小组成员国分别举行会晤以讨论双边问题，共同表达了对巴勒斯坦以及利比亚、也门和叙利亚局势的关切。[2]

4月5日，波兰外长兹比格涅夫·劳在华沙与联络小组举行会晤，会

---

[1] "Jordan's Diplomacy Based on 'Balance'—Fayez," *Jordan Times*, April 12, 2022, https：// www.jordantimes.com/news/local/jordans-diplomacy-based-％E2％80％98balance％E2％80％99-％E2％80％94-fayez-0.

[2] "Arab League Group Meets with Lavrov to Seek Negotiated Settlement Between Russia and Ukraine," *EIR*, April 5, 2022, https：//www.larouchepub.com/pr/2022/20220405_arab_league.html.

谈集中在俄乌冲突和国际社会尽快结束战争的努力上，除此之外，双方就波兰与阿盟的合作以及波兰与联络小组成员国的双边关系等问题进行深入讨论。① 之后，联络小组与乌克兰外长库莱巴举行会晤，双方就解决危机和减轻危机对安全、政治、人道主义和经济的影响的前景进行广泛讨论。会谈强调了阿拉伯国家与乌克兰之间根深蒂固的关系，呼吁乌克兰和俄罗斯双方通过直接谈判以结束军事行动。联络小组表示，愿意为停止军事行动的进程提供必要的支持，以期达成持久的政治解决危机的方案，在国际合法性、《联合国宪章》以及睦邻友好、主权和各国领土完整原则的基础上，维护各方的合法利益。阿拉伯国家部长们表示，必须加强协调以确保在冲突地带阿拉伯社区的安全，希望为其居民前往邻国提供便利。会谈结束后，约旦副总理兼外交大臣萨法迪与乌克兰外长举行了双边会谈，萨法迪在会谈中重申，约旦愿意向乌克兰提供人道主义援助，并决定免除对乌克兰人的签证要求。② 6月5日，联络小组举行视频会议，讨论俄乌冲突的事态发展及其对阿拉伯国家在能源和粮食安全方面的影响，并根据执行阿盟理事会任务的进展情况，讨论促进解决进程的手段。阿盟秘书长顾问贾迈勒·拉什迪声明，小组同意继续跟踪和监测事态发展，并根据进展情况评估有助于解决问题的手段，继而讨论如何基于阿拉伯和冲突双方之间友好关系达成解决危机的方案，同时强调了在下一阶段启动阿拉伯动员和为解决危机做出国际努力的重要性。③

（四）中约双边关系

1977年中国和约旦正式建立外交关系，2015年两国建立战略伙伴关系，2022年恰逢中约建交45周年。目前，中约持续深化政治互信，在巴勒斯坦问题等地区和国际事务中共同捍卫国际公平正义。2021年中约双边贸易已超过疫情前水平，彰显双方经济上互补、互利共赢，经贸合

---

① "Members of the LAS Contact Group for the Crisis in Ukraine Visited MFA," *Website of The Republic of Poland*, April 5, 2022, https：//www.gov.pl/web/diplomacy/members-of-the-arab-leagues-contact-group-for-the-crisis-in-ukraine-visited-mfa.

② "FM, Arab Ministerial Contact Group Meet with Ukraine's Kuleba," *Jordan Times*, April 5, 2022, https：//www.jordantimes.com/news/local/fm-arab-ministerial-contact-group-meet-ukraines-kuleba.

③ "Arab Ministerial Contact Group On Ukraine Crisis Holds Coordination Meetings," *MENAFN*, Junaury 5, 2022, https：//www.menafn.com/1104326033/Arab-Ministerial-Contact-Group-On-Ukraine-Crisis-Holds-Coordination-Meetings.

作展现出强劲韧性和巨大活力。同时，中约人文交流逐渐恢复，双方青年、文化、体育、教育、新闻、宗教领域团组互访频繁，两国文化、旅游合作进一步深化。①

约方在涉及中国核心利益问题上予中方以宝贵支持，在台湾问题上坚定奉行一个中国政策。8月5日，约旦国家通讯社发布消息，约旦外交与侨务部再次重申约旦坚定奉行一个中国原则，表示约旦一贯坚定支持一个中国原则，遵守所有相关国际决议，维护地区和国际安全与稳定，根据《联合国宪章》和国际法原则尊重各国国家主权。② 在国际地区问题上中约共同捍卫正义、弘扬正道。3月17日，在中国政府中东问题特使翟隽与约旦副首相兼外交大臣萨法迪会谈中，双方就双边关系和巴勒斯坦问题、叙利亚问题等国际地区热点问题交换意见。③ 5月25日，全国人大常委会委员长栗战书在北京人民大会堂以视频方式同约旦参议长法耶兹举行会谈。法耶兹表示，约中友好关系建立在相互尊重的基础之上，具有深厚性和牢固性，约旦反对对中国内政的干涉。④ 中约协同推动叙利亚问题、伊拉克问题等地区热点问题政治解决，为搭建中东安全架构贡献力量。

经济与贸易合作是中约双边关系的重要组成部分，也是推动两国关系发展的重要动力。陈传东大使在《国际商报：中约经贸合作专版》发表文章强调，中约经济互补性强，两国积极探索互利合作新途径新领域。两国相互投资从无到有，已涵盖矿产、能源、电子、制衣、工业园区开发等领域，2021年双边贸易额是1977年的256倍。⑤ 陈传东会见约旦新任投资大臣胡鲁德·萨卡夫时表示，约旦作为中东地区重要门户，近年来吸引不少中国企业投资，近期颁布的新《投资环境法》将为两国投资合作提供新机遇。⑥

---

① 《驻约旦使馆举行国庆73周年线上招待会》，中华人民共和国驻约旦哈希姆王国大使馆，2022年9月26日，http://jo.china-embassy.gov.cn/chn/zygxyw/202209/t20220927_10772117.htm。

② 《约旦外交部重申坚定奉行一个中国原则》，中华人民共和国驻约旦哈希姆王国大使馆，2022年8月5日，http://jo.china-embassy.gov.cn/chn/zygxyw/202208/t20220805_10736061.htm。

③ 《中国政府中东问题特使翟隽访问约旦》，中华人民共和国驻约旦哈希姆王国大使馆，2022年3月18日，http://jo.china-embassy.gov.cn/chn/zygxyw/202203/t20220318_10652864.htm。

④ 《栗战书同约旦参议长举行会谈》，中华人民共和国驻约旦哈希姆王国大使馆，2022年5月25日，http://jo.china-embassy.gov.cn/chn/zygxyw/202205/t20220526_10692754.htm。

⑤ 《赓续传统友谊 深化互利共赢》，中华人民共和国驻约旦哈希姆王国大使馆，2022年4月7日，http://jo.china-embassy.gov.cn/chn/zygxyw/202204/t20220412_10667080.htm。

⑥ 《驻约旦大使陈传东会见约旦投资大臣》，中华人民共和国驻约旦哈希姆王国大使馆，2022年11月23日，http://jo.china-embassy.gov.cn/chn/zygxyw/202211/t20221123_10979446.htm。

中国企业在约旦积极开展投资，承揽大型工程项目，取得明显成效。2022年9月27日，陈传东大使访问金城环球陶瓷厂和阿塔拉特油页岩电站两个重点项目工地。金城环球陶瓷厂项目建设积极助力约旦当地发展，阿塔拉特油页岩电站作为中约高质量共建"一带一路"的重点工程，也是新时代中国企业高质量、高水平"走出去"的代表性项目。[1] 10月20日，中国援助约旦的萨尔特公路升级改造项目奠基仪式在拜勒加省项目现场举行。中国参建和投资的项目将显著提升当地民众福祉，对约旦具有战略性意义。[2]

中国每年在约旦举办各种中国文化活动，包括"汉语桥"世界大学生中文比赛、阿拉伯国家广播电视高级培训班以及阿拉伯知名艺术家访华活动等。中文成为约旦大学规模最大和最受欢迎的外语专业。2022年6月22日，中国驻约旦使馆举办第二十一届"汉语桥"世界大学生中文比赛约旦赛区比赛。正如陈传东大使所说，约旦的青年中文学子将会是中约友好合作的参与者、推动者和贡献者。[3]

四、结语

2022年约旦在疫情下努力维持国内政局安全稳定，经济恢复动态发展，在外交领域坚持实行与地区大国和中东阿拉伯国家的平衡政策，同时积极与外部重要国家进行深入政治经济文化交往，通过强化约旦在国际和地区事务中的协调作用，持续提升国家地位。深化共建"一带一路"正不断造福约旦人民，促进着地区和平与稳定。正如胡萨姆·侯赛尼大使所言，中约建交45周年的2022年成为两国千年友谊道路上的又一块里程碑。[4]

---

[1] 《驻约旦大使陈传东带队巡查在约重点企业项目》，中华人民共和国驻约旦哈希姆王国大使馆，2022年9月29日，http://jo.china-embassy.gov.cn/chn/zygxyw/202209/t20220929_10774160.htm。

[2] 《驻约旦大使陈传东出席中国援助约旦萨尔特公路升级改造项目奠基仪式》，中华人民共和国驻约旦哈希姆王国大使馆，2022年10月23日，http://jo.china-embassy.gov.cn/chn/zygxyw/202210/t20221023_10790591.htm。

[3] 《第二十一届"汉语桥"世界大学生中文比赛约旦赛区比赛圆满落幕》，中华人民共和国驻约旦哈希姆王国大使馆，2022年6月27日，http://jo.china-embassy.gov.cn/chn/zygxyw/202206/t20220624_10709155.htm。

[4] ［约旦］胡萨姆·侯赛尼：《约旦与中国：古老文明之友谊，现代国家之伙伴》，载《中国新闻发布（实务版）》，2022年第7期。

2022年也门的政治、经济和对外关系

文少彪①

【摘　要】

2022年，也门整体局势发生重大的积极变化，4月，哈迪将权力移交给总统委员会，这为也门各方首次达成停火协议创造了积极的政治氛围。也门停火维持了半年的相对和平期，为缓解经济社会危机和改善人道主义救援环境提供了难得的喘息窗口。然而，到10月份，也门停火协议没有再次延长，安全形势急转直下，胡塞武装与政府军重燃战火，围绕马里卜、塔兹等地的争夺加剧。也门各方利益仍没有达到平衡，谋求军事胜利的决心超过了政治和谈，推动也门和平进程的动力不足。持续的冲突进一步恶化也门的经济和人道危机，增加了国际社会的援助负担，这也使得劝和与救援依旧是也门的两大外交主题。

【关键词】

也门停火　总统委员会　人道危机　"萨菲尔号"

自2014年爆发内战以来，也门的冲突已经进入第八个年头。2022年1月，胡塞武装对阿联酋阿布扎比以及沙特发动跨境袭击，并扣押了阿联酋"拉瓦比号"货轮，这些举动遭到联合国安理会的强烈谴责。2022年4月初，也门局势发生转折，哈迪总统将权力移交给"总统委员会"，冲突各方首次达成了停火协议，休战带来了一段相对平静的时期，包括冲突伤亡减少和经济社会的改善，这为各方进行政治谈判创造了积极氛围。但是该

---

① 文少彪，上海外国语大学中东研究所助理研究员。本文为上海外国语大学2021年校级一般项目（项目编号：41004576）的阶段性成果。

协议仅仅延长了半年，尤其是到 10 月份，各方冲突再起并陷入僵局。由于长期的战乱和经济崩溃，再加上频繁的自然灾害，也门人道主义危机仍然难以得到有效遏制。2022 年，联合国、欧盟、美国、中国、海湾国家等在内的各方仍在积极为也门问题开展多边外交，推动也门和平进程，并为也门筹措应对人道主义危机和经济发展所需的基本援助。

一、脆弱的停火：也门和平进程乏力

2022 年第一季度，也门局势十分紧张，胡塞武装与政府军围绕马里卜省的争夺进入白热化，该省是也门石油主产区，也是沙特主导的多国联军指挥部所在地。胡塞武装不断加大攻势，试图清除也门政府在北方最重要的战略据点，2022 年 1—3 月，双方在该省发生激烈交火，至少造成数百人死伤。进入 2022 年 4 月，也门政治和安全形势发生重大变动。

首先，也门冲突各方达成临时性停火协议，哈迪将总统权力移交给新成立的总统委员会，开启也门政治转变的大门。也门冲突各方在联合国斡旋下，于 2022 年 4 月 2 日达成为期两个月的休战协议，若各方同意，两个月后停火可延长。对此，联合国秘书长也门问题特使汉斯·格伦德伯格指出，协议的达成"为也门提供了一个真正的历史性机遇"。2022 年 4 月 7 日，哈迪在沙特首都利雅得宣布结束总统职务，同时罢免副总统阿里·穆赫辛，将总统权力移交给新成立的八人总统委员会，由后者负责与"安萨尔拉"进行和谈，这是哈迪第一次称呼胡塞武装为"安萨尔拉"而非"胡塞民兵"（"安萨尔拉"是胡塞武装的自称）。总统委员会成员也都有较强的政治和军事影响力，由哈迪的顾问拉沙德·穆罕默德·阿里米领导，委员会的另外七名成员包括南方过渡委员会主席祖贝迪和马里卜省长等。

哈迪权力移交事件释放出重大的政治信号，其背后的主要推动者还是沙特。沙特王储穆罕默德·本·萨勒曼接见了新的也门总统委员会主席拉沙德·阿里米和该委员会成员，表达了对也门总统委员会的支持，敦促总统委员会在联合国监督下开始与胡塞武装进行谈判，以达成最终的政治解决方案。对此，也门萨那大学政治学教授阿迪勒·舒贾说，沙特等国因长期介入也门内战承受巨大经济压力，并且因内战导致的人道主义灾难承受巨大舆论压力；同时，沙特等国对哈迪早有不满，认为他很难带领内部矛盾重重的也门政府对抗高度统一的胡塞武装。①

其次，也门各方矛盾尖锐，推动和平进程的动力不足。也门冲突各方的利益难以平衡，尤其是涉及沙特、阿联酋、伊朗等外部力量的干预，政治解决方案就更加难产。当前，也门政府、胡塞武装、南方过渡委员会和"基地"组织形成了割据局面，尤其是南方过渡委员会提出"连省自治"口号，也门政府与胡塞武装在联合政府组成、权力分配等关键问题上也存在巨大分歧，重塑也门国家认同，实现长久和平稳定依然任重而道远。②自从停火协议生效后，反胡塞联盟内部的裂痕反而在扩大，例如，2022年8月，阿联酋支持的南方过渡委员会民兵组织夺取了联军其他部队控制的南部重要油气田，与联军内部其他部队之间的冲突已经造成数十人死亡。与此同时，在停火期内，胡塞武装继续封锁也门第三大城市塔兹，拒绝放开进入该市的道路，而沙特领导的联军也一直包围胡塞武装控制的荷台达港。此外，胡塞武装一直要求也门政府支付其控制区的警察、教师、军事人员和公务员的欠薪，遭到也门政府拒绝。值得注意的是，哈迪新设总统委员会，尽管被也门政府和沙特政府认为是重大的、积极的政治进展，却引起新的政治纷争。也门总统委员会一经成立，胡塞武装就公开表示该委员会不合法，而南方也门人对组建总统委员会也表示担忧，这为此后的和谈埋下隐患。

最后，延长停火的努力终归失败。也门停火协议从2022年4月2日开始，并于6月2日、8月2日两度延长至10月2日。为期半年的休战带来了自2015年冲突加剧以来最长的相对平静期，但是也门交战各方未能就延长全国范围的停火达成协议，该停火协议在10月2日到期。虽然停火协议大大减少了该国的战斗，但也门政府和胡塞武装没有进一步达成正式的政治解决方案。政府军和胡塞武装都希望取得军事上的胜利，停火是为继续战斗争取短暂的休整、补给期。经过七年的冲突，胡塞武装认为自己是更强大的一方，战争不必在这个时候结束，反而利用停火期，进一步加强了自身的军事能力。也门问题专家纳德瓦·达萨里表示，从技术上讲，停火应该会改善人道主义状况，但实际上并没有，国际组织夸大了停火的好

---

① 王尚：《停火又换人 新变化能否打破也门困局》，http://www.news.cn/world/2022-04/10/c_1128547123.htm。
② 李嘉宝：《也门和平进程乍暖还寒》，载《人民日报（海外版）》，2022年4月19日，第10版。

处，"对停火的过度乐观是很有误导性的，人们只是一厢情愿。事实上，每一次停战都是动员和招募战士的机会，包括这次"。① 与此同时，也门政府坚持认为，战斗是打败胡塞武装的唯一途径，例如也门政府军总参谋长萨赫尔·本·阿齐兹表示，"仅凭军事力量就能结束战争，在该国建立和平"。② 实际上，停火协议破裂后，双方重新爆发战斗，马里卜、塔兹等地接连发生武装冲突，杜巴、高纳等输油港口先后遇袭。胡塞武装甚至威胁仍在也门工作的私营石油公司，并要对沙特、阿联酋的石油设施进行跨境打击。

值得注意的是，国际社会可能过度关注停火协议，实际上停火期间也没有实现真正的和平，沙特发动的袭击以及胡塞武装对沙特越境袭击掩盖了地面上发生的小规模冲突，国际组织指控胡塞武装应对停火期间也门93%以上的暴力、炮击、无人机袭击以及95%的死亡人数负责。③ 此外，极端组织利用也门停火期扩张影响力，也门一些地区仍在"阿拉伯半岛基地"组织控制之下，"伊斯兰国"在也门的分支也不断增长，这些安全隐患的滋生对平民和人道主义救援产生威胁。

总之，也门冲突各方并没有利用停火期达成政治解决方案，相反在着手整军备战，这说明也门的和平进程仍十分脆弱，随时出现战和转换的情形。胡塞武装仍不满足已获得的地盘和影响力，对于取得更大的目标充满斗志，与政府军停火反而会束缚其扩大军事行动。而且新成立的也门总统委员会与南方过渡委员会之间存在利益分歧，反胡塞联盟缺乏团结和战斗力，这更加刺激了胡塞武装的军事冒险动机。因此，胡塞武装"提出了各方根本无法接受的极端要求"，打破了联合国支持的停火协议。④

---

① Kaamil Ahmed, "Failure to extend Yemen ceasefire leaves millions at risk, say charities," *The Guardian*, October 4, 2022, https：//www.theguardian.com/global-development/2022/oct/04/yemen-ceasefire-truce-deadline-charities-houthis.

② Al Jazeera Staff, "End of Yemen's truce leaves civilians afraid dark days are back", Aljazeera, October 7, 2022, https：//www.aljazeera.com/news/2022/10/7/end-yemen-truce-leaves-civilians-afraid-dark-days-back.

③ Jacob Kurtzer, Fatima Abo Alasrar, David Gressly, "Adapting Aid and Intervention in Yemen," CSIS, December 12, 2022, https：//www.csis.org/analysis/adapting-aid-and-intervention-yemen.

④ Amjad Tadros, "Yemen's Houthi rebels vow return to military operations as U.S. laments failure of ceasefire talks", CBS News, October 6, 2022, https：//www.cbsnews.com/news/yemen-war-houthi-rebels-return-military-operations-us-laments-ceasefire-collapse/.

二、有限的改善：也门经济与人道危机

根据联合国人道主义事务协调厅的数据，2022 年也门需要人道援助的人数为 2340 万人，有 450 万人流离失所。与 2021 年相比，也门的整体局势有所缓和，经济增长率约 2%，人道主义危机略有改善，但这只是阶段性的有限进展。

其一，2022 年 2 月 15 日，在联合国总部举行的关于也门危机事态发展的安理会会议上，联合国人道主义协议为也门改善人道危机提供了难得的窗口期。联合国人道主义事务副秘书长马丁·格里菲斯表示，"在这场危机中，人道主义合作伙伴正在尽其所能减少人们的痛苦。除了对援助人员施加的限制、安全挑战以及与资金相关的最大挑战，准入障碍仍然是一个主要问题"。[①] 这意味着也门人道援助行动不仅仅要面临募集救援物资的难题，还要破解分发、运送援助物资的阻碍。由于官僚主义、对援助工作者行动的限制以及胡塞武装试图干扰物资的运送，也门当地民众难以获取直接的援助，援助行动被冲突各方高度政治化。

所幸的是，停火协议的达成有利于为援助行动创造更好的环境。停火期间，也门冲突各方、联合国、捐助者和其他利益攸关方通过密切的合作，在改善人道救援环境上取得了阶段进展。停火协议包括一些重要的人道主义措施，如允许燃料船进入荷台达港，每周运营两架商业航班进出萨那机场等。停火协议产生了积极成效，也门全国范围内暴力事件和平民伤亡人数显著减少，其中伤亡人数下降了 60%，荷台达运输的燃料有所增加，国际航班（萨那至安曼和开罗）可以往返胡塞武装控制的萨那机场。[②] 截至 2022 年 8 月初，共有 33 艘船舶获准进入荷台达港，运入了近 100 万吨各种燃料产品；共有 31 趟航班往返萨那，运送乘客超过 1.5 万人。[③] 在 2022 年 4 月 2 日至 10 月 2 日也门全国停火期间，与冲突有关的流离失所减

---

① 《联合国人道主义事务副秘书长向安理会强调：也门危机没有缓和的迹象》，半岛电视台，2022 年 2 月 16 日，https://www.chinese.aljazeera.net/united-nations/2022/2/16/。
② 《联合国特使对也门休战协议未能延长表示遗憾》，联合国新闻，2022 年 10 月 2 日，https://www.news.un.org/zh/story/2022/10/1111022。
③ 《也门：联合国特使强调须结束战争，而非仅仅管理冲突》，联合国新闻，2022 年 8 月 15 日，https://www.news.un.org/zh/story/2022/08/1107752。

少了 76%。① 也门燃料短缺问题得到了较大的缓解，这个问题比 2022 年 1 月到 3 月的情况要好得多，当时也门可以买到的汽油实际上非常少，燃料油和其他基本石油产品的供应极其短缺。总的来说，这对也门北方的积极影响比南部更大，特别是开放机场、允许燃料船只进入荷台达港，以及空袭的停止，改善了北方人民的生活处境。②

其二，也门粮食危机进一步发酵。根据联合国人道主义事务协调厅于 2022 年 11 月 16 日更新的数据，也门近 1700 万人处于高度紧急的粮食不安全状态（IPC，第 3 级+），其中 610 万人处于 IPC 第 4 级，预计超过 53% 的人口将处于严重粮食不安全状态。③ 也门内战是造成饥饿的主要原因，而且由于俄乌冲突，粮食危机进一步恶化。也门约 90% 的粮食是进口的，其中 1/3 的小麦进口来自俄罗斯和乌克兰。俄乌冲突严重影响了乌克兰的粮食生产、运输，刺激国际粮价持续飙升，粮食价格的暴涨削弱了国际社会的援助能力，800 万人的口粮被削减了一半，而且还在进一步减少。

雪上加霜的是，2022 年的极端气候将占也门总人口约 3/4 的农牧民推向崩溃的边缘。2021 年 7 月到 8 月，也门出现持续强降雨，引发洪水、泥石流和山体滑坡等自然灾害，造成大量人员伤亡和财产损失，洪灾对农业带来了毁灭性打击，不但摧毁了庄稼，还使战争遗留的爆炸物顺着水流进入了农业区。极端气候与冲突叠加在一起，摧毁了农牧民的生计，进一步恶化了也门的粮食危机。2021 年也门有 1620 万人无法满足日常的饮食需求，占全国人口的 53%；2022 年这一数字已上升至 1900 万人，所占比重高达 63%。④

其三，外部援助资金缺口巨大。联合国紧急救济协调员马丁·格里菲思指出，根据截至 2022 年 11 月中旬的数据，联合国面临着有史以来最大的资金缺口，到 2022 年人道援助资金到位率只有 47%，与早些年的

---

① 联合国人道主义事务协调厅：《也门三分之二的人口需要人道主义支持和保护》，https://www.ungeneva.org/zh/news-media/news/2023/01/77189。
② Jacob Kurtzer, Fatima Abo Alasrar, and David Gressly, "Adapting Aid and Intervention in Yemen," CSIS, December 12, 2022, https://www.csis.org/analysis/adapting-aid-and-intervention-yemen.
③ OCHA: "Yemen – High levels of food insecurity," November 17, 2022, https://www.reliefweb.int/report/yemen/yemen-high-levels-food-insecurity-dg-echo-dg-echo-partners-ipc-echo-daily-flash-17-november-2022.
④ 《也门：冲突与气候危机将农民推向崩溃的边缘》，红十字国际委员会，2022 年 11 月 16 日，https://www.icrc.org/zh/document/yemen-conflict-and-climate-crises-push-farmers-breaking-point。

60%—65%的资金水平相比大幅下降，从国家和私人捐助者那里获得全部要求的金额将"非常困难"，这些捐助者的慷慨无法跟上不断增长的需求。① 就也门而言，2022年也门有近3/4的人口依赖人道主义援助和保护，联合国及其合作伙伴需要募集近43亿美元才能帮助1720万也门人扭转人道危机螺旋式下降的趋势。然而，截至2022年11月中旬，也门人道主义应急计划的资金到位率仅为54.4%。② 联合国秘书长古特雷斯表示，由于缺乏资金，联合国和合作伙伴不得不缩减或关闭约2/3的拯救生命的项目。③

其四，经济社会秩序受到政治干扰，远未恢复正常。2022年10月初，也门总理本·达格尔指出，也门经济已处在崩溃边缘，根本原因在于"胡塞武装叛乱、国家85%财政资源流失、石油和天然气出口近乎停顿以及其他外汇供应减少"。④ 也门不断恶化的经济和逐步崩溃的基本服务，进一步加剧人道危机。华盛顿中东研究所的非驻地学者纳德瓦·道萨里告诉半岛电视台，能够从停战协议中获益的只有胡塞武装，他们将公共服务转化为政治斗争的工具，重新开放萨那机场原则上是一件好事，但是胡塞武装操纵了协议，并将机场变成了控制也门人的一个窗口，原因是想要离开萨那的人必须得到他们的批准。⑤ 此外，胡塞武装关闭了几条通往政府军控制区的道路，从2015年开始包围塔兹市，拒绝重新开放通往该市的道路，导致人们前往医院或与家人见面的短距离行程变成了6—8个小时的长途跋涉。而也门政府也无力定期支付公务员工资和平民养老金，且海湾联军仍限制运往胡塞武装控制区的物资，尤其是运往荷台达港的燃料。很显然，也门经济社会秩序遭到政治斗争的破坏，导致商品流通和人道救援难度加大，社会治理和公共服务严重匮乏，并加重了国际社会的援助负担。

---

① "UN appeals for record $51.5 billion to help 230 million on the brink in 2023," *UN News*, December 1, 2022, https://www.news.un.org/en/story/2022/12/1131222.
② OCHA, "Yemen – High levels of food insecurity," November 17, 2022, https://www.reliefweb.int/report/yemen/yemen-high-levels-food-insecurity-dg-echo-dg-echo-partners-ipc-echo-daily-flash-17-november-2022.
③ 《联合国为也门发起43亿美元人道主义呼吁》，联合国新闻，2022年3月16日，https://www.news.un.org/zh/story/2022/03/1100592。
④ 《也门总理称也门经济处在崩溃边缘》，https://www.m.thepaper.cn/kuaibao_detail.jsp?contid=2499716&from=kuaibao。
⑤ 《尽管国际社会努力，但也门停战协议无法延长意味着什么？》，半岛电视台，2022年10月3日，https://www.chinese.aljazeera.net/news/political/2022/10/3/。

总体来看，2022年也门的经济形势和人道危机略有改善，这得益于半年的停火期。随着也门各方重新转向战斗，也门人民获得喘息的窗口随即消失。也门人民仍严重缺乏基础设施、公共服务、粮食、经济社会秩序和外部援助，这一艰难的处境在过去一年没有取得实质性改善。

三、劝和与开展援助：也门外交的两大主题

过去的经验表明，如果也门问题没有全面的政治解决方案，任何和平协议都是短暂且脆弱的，那将无法扭转经济恶化和基础设施缺乏的局面，进而导致人道主义需求持续攀升。因此，劝和与开展援助依然是2022年也门外交的两大主题，也门总统委员会和国际社会为此进行了诸多努力。

其一，在多边框架下，各方积极推动也门和平进程和人道救援工作。2022年4月上旬，联合国秘书长也门问题特使汉斯·格伦德贝里访问萨那，与包括胡塞武装在内的各方领导人举行了会谈，斡旋冲突各方达成了人道主义停火协定。同月，联合国也门人道主义国家工作队发布了也门人道主义应对计划，呼吁各方捐助43亿美元，为1730万也门人提供保护和服务，以扭转该国持续恶化的人道局势。在联合国的主导下，2022年前8个月，184个人道主义组织每月向约1000多万人提供援助，包括每月向约840万人提供粮食援助，向360多万人提供水、环境卫生和个人卫生服务，向50多万人提供保健援助，近60多万人获得营养支持。[①]

此外，联合国解决"萨菲尔号"油轮问题行动方案取得进展。因内战爆发，也门"萨菲尔号"油轮被胡塞武装控制，自2015年起停靠在红海荷台达市以北60千米处，船上载有超过100万桶原油。由于缺乏维护资金和政治阻碍，年久失修的油轮遭到严重腐蚀，危在旦夕，一旦漏油、爆炸或发生火灾，将给也门及其周边国家带来灾难性的环境和人道主义后果，威胁也门上百万人的生命、渔业活动和曼德海峡、红海的航道安全。为加快解除这一"定时炸弹"的威胁，2022年2月底，联合国安理会通过第2624（2022）号决议，特别强调"胡塞武装对这一局势和面对这一重大的环境、人道主义和航行风险而不作为负有责任，胡塞武装需继续与联合国

[①] OCHA, "Yemen: Humanitarian Response Snapshot (August 2022)," October 5, 2022, https://www.reliefweb.int/report/yemen/yemen-humanitarian-response-snapshot-august-2022.

密切合作，以期达成紧急解决方案"。① 与此同时，联合国人道主义协调员大卫·格里斯利与也门各方举行了会议，提出将"萨菲尔号"船上的100万桶石油转移到另一艘船上的设想，得到了后者的积极响应。在亚丁当局的支持下，联合国于2022年4月启动了一项计划，这项计划包括同时进行的两大部分：一是在未来18个月内安装一艘长期替代"萨菲尔号"的油轮；二是开展为期4个月的紧急行动，将石油从"萨菲尔号"转移到一艘安全的临时船上。这两部分分别耗资7500万美元和3800万美元。5月初，荷兰和联合国在海牙共同主办了一次认捐活动，为联合国协调应对石油泄漏威胁的计划筹资。② 2022年9月，联合国驻也门人道主义协调员大卫·格里斯利表示来自17个国家伙伴、私营部门和个人众筹的认捐额度已超过7500万美元，"萨菲尔号"油轮问题解决方案已筹集到第一部分行动所需资金。

国际金融组织加大对也门的援助，致力于改善该国的经济和人道主义危机。2022年7月底，世界银行批准为也门紧急人力资本项目第二阶段增拨1.5亿美元赠款，新的资金建立在2021年开始的1.5亿美元母项目的基础上。世界银行也门项目经理塔尼亚·迈耶指出："在冲突期间持续投资于也门的人力资本，保障子孙后代的未来，这是世界银行战略的一个关键特征。"③ 2022年5月31日至6月7日以及9月27日至10月6日，由布雷特·雷纳领导的国际货币基金组织小组前后两次在约旦安曼与也门当局进行会面，讨论内容包括也门最近的经济发展、前景以及关键改革的进展。布雷特·雷纳强调外部支持是维持也门生命线的关键部分，特别是也门需要额外的外部援助来进口基本粮食，满足紧迫的社会支出需求，并解决紧迫的基础设施缺口，而且来自外部的融资帮助还将促进也门的宏观经济稳定和改革势头。④

---

① 《联合国安理会第2624（2022）号决议》，2022年2月28日。
② "UN Yemen team launches campaign to prevent catastrophic oil spill from decaying tanker in the Red Sea," UN, June 13, 2022, https：//www.unsdg.un.org/latest/stories/un-yemen-team-launches-campaign-prevent-catastrophic-oil-spill-decaying-tanker-red.
③ "Additional World Bank Financing Will Support Yemen to Protect and Improve support to Human Capital," World Bank, July 25, 2022, https：//www.worldbank.org/en/news/press-release/2022/07/25/additional-world-bank-financing-will-support-yemen-to-protect-and-improve-support-to-human-capital.
④ "IMF Staff Concludes Visit to Yemen," IMF, June 7, 2022, https：//www.imf.org/en/News/Articles/2022/06/07/pr22185-yemen-imf-staff-concludes-visit-to-yemen；"IMF Staff Concludes Visit to Yemen," IMF, October 5, 2022, https：//www.imf.org/en/News/Articles/2022/10/05/pr22336-yemen-imf-staff-concludes-visit-to-yemen.

其二，阿拉伯国家加大对也门的资助，但是经济效果十分有限。也门金融服务的中断严重影响了经济活动，急需资金来稳定金融秩序和进出口贸易。2022年4月，哈迪宣布将权力移交给八人总统委员会后，沙特和阿联酋决定向也门提供30亿美元的紧急经济支持，同时还宣布提供3亿美元资助联合国宣布的本年度人道主义应急计划。这一利好消息提振了也门的经济发展信心，里亚尔兑美元汇率大幅上涨。在政府控制区汇率从1140里亚尔兑1美元上涨至750里亚尔兑1美元，单日涨幅高达34%；在胡塞武装控制区，汇率从580里亚尔兑1美元上涨至440里亚尔兑1美元，单日涨幅24%。① 但是这种经济刺激作用如昙花一现，人们对新的总统委员会和停火协议缺乏信心，纷纷将里亚尔储蓄换成外汇，导致市场上的美元紧缺，也门政府控制区的里亚尔很快暴跌至约1100里亚尔兑1美元（非官方汇率）。为寻求进一步的经济支持，2022年6月初，也门总统委员会负责人拉沙德·阿里米开始对科威特、巴林、埃及和卡塔尔进行正式访问，但没有取得切实的成果。② 2022年11月27日，在沙特的主持下，也门和阿拉伯货币基金组织签署了一项总金额达10亿美元的协议，用以支持也门的经济、金融和货币改革。沙特与阿联酋提供的一揽子经济计划有助于弥补也门对外账户赤字，稳定汇率，缓解物价上涨压力，虽然这种一次性的意外之财将对也门经济产生相当大的积极影响，但它们不会消除也门经济结构的缺陷。③

其三，美欧仍然是对也门提供人道主义援助的主力。2022年3月，美国国务卿布林肯在也门人道主义危机高级别认捐活动期间，宣布美国将向也门人民提供近5.85亿美元的人道主义援助。④ 2022年8月，美国国际开发署宣布向也门提供4.31亿美元的额外人道主义援助，这使得美国政府在

---

① 《也门里亚尔兑美元汇率大幅上涨》，http：//intl. ce. cn/sjjj/qy/202204/08/t20220408_37471883. shtml。

② Khalid Al‐Karimi, "Yemeni currency devaluation persists, despite new leadership," Aljazeera, Junuary 28, 2022, https：//www. aljazeera. com/economy/2022/6/28/yemeni‐currency‐devaluation‐persists‐unaffected‐by‐new‐leaders.

③ World Bank："The World Bank In Yemen," October 20, 2022, https：//www. worldbank. org/en/country/yemen/overview.

④ "United States Announces Additional Humanitarian Assistance for the People of Yemen," U. S. Department of State, March 16, 2022, https：//www. state. gov/united‐states‐announces‐additional‐humanitarian‐assistance‐for‐the‐people‐of‐yemen‐3/.

2022 财年向也门人道主义救援提供的总金额超过 10 亿美元。[①] 对此，美国也门问题特使蒂姆·兰德金在国会众议院外交委员会作证时指出："美国政府在也门的努力必须包括继续发挥美国领导作用，提供挽救生命的人道主义援助和发展援助，以防止也门机构崩溃，缓解经济不稳定，为也门的复苏奠定基础。"[②] 此外，2022 年 11 月，欧盟宣布再提供 3500 万欧元，使 2022 年欧盟对也门的人道主义拨款总额达到 1.7 亿欧元。[③] 当然，欧洲一些国家在欧盟框架之外，通过双边方式向也门提供援助。尽管美欧主导了对也门的人道主义援助，但是距离联合国呼吁的 40 多亿美元仍存在较大的赤字。

其四，中国主张"也人主导、也人所有"，呼吁国际社会共同化解也门危机。2022 年 4 月，也门各方达成停火协议后，中国常驻联合国大使戴兵在安理会也门问题公开会上指出，也门在经历七年战争后，迎来难得的曙光。过去一个月，也门局势取得重要进展，这是也门人民七年来第一次在没有战火的情况下进入斋月，中方对格伦德伯格特使、也门各方以及沙特、阿曼等地区国家的努力表示赞赏，呼吁也门各方尽最大努力保持、延长停火势头。戴兵大使还指出，也门问题归根结底要通过"也人主导、也人所有"的政治进程来解决。[④] 2022 年 11 月，也门延长停火协议破裂后，中国常驻联合国大使张军在安理会也门问题公开会上发言，呼吁有关方面，特别是胡塞武装积极配合特使工作，在公务人员工资等关键问题上设置合理预期，争取尽快达成解决方案，早日恢复休战并就启动内容更为广泛的政治进程达成一致。与此同时，张军大使呼吁国际社会立即行动起

---

① "United States Providing $431 Million In Additional Humanitarian Assistance for the People of Yemen," USAID, August 4, 2022, https://www.usaid.gov/news-information/press-releases/aug-04-2022-united-states-providing-431-million-additional-humanitarian.

② "U. S. Special Envoy for Yemen House Foreign Affairs Committee Subcommittee on the Middle East, North Africa, and Global Counterterrorism," U. S. Embassy in Yemen, December 6, 2022, https://www.ye.usembassy.gov/u-s-special-envoy-for-yemen-house-foreign-affairs-committee-subcommittee-on-the-middle-east-north-africa-and-global-counterterrorism/.

③ OCHA, "Yemen - High levels of food insecurity," November 17, 2022, https://www.reliefweb.int/report/yemen/yemen-high-levels-food-insecurity-dg-echo-dg-echo-partners-ipc-echo-daily-flash-17-november-2022.

④ 《戴兵大使在安理会也门问题公开会上的发言》，http://un.china-mission.gov.cn/zgylhg/202204/t20220415_10668340.htm。

来，加大对也门的人道和发展投入，为联合国在也门行动提供充足资金保障。[①] 2023 年 1 月，戴兵大使指出，在刚刚过去的 2022 年，休战状态给也门人民带来和平的希望和实际的好处，也给也门问题的解决带来难得的契机，但"不战不和"的局面不会无限期持续，和平的"机会之窗"不会一直敞开，有关各方要有紧迫感，加快对话谈判步伐，国际社会也要加大提供建设性帮助。[②]

四、结语

2022 年 4 月，哈迪将总统权力移交给总统委员会，也门各方首次达成了为期半年的停火，这是也门的重大政治、安全进展，为国际人道救援、经济社会危机创造了难得的喘息机会。但是 10 月份以后，也门整体局势再次急转直下，胡塞武装和政府军谈判破裂，双方重燃战火。这意味着也门内外各方的利益仍无法达到实质性平衡，相对于谋求军事上的胜利，各方对构建包容性政治架构缺乏足够的动力。在这一现实情况下，国际社会很难通过外交斡旋或施压的方式推动也门持久和平进程。当前，也门内部政治势力和外部干预国仍沉迷于激烈的零和博弈，争夺权力和财富，忽视该国人民的未来，致使悲剧难以画上句号。持久的冲突造成大量平民伤亡，继续毁坏所剩不多的公共基础设施，阻碍经济社会秩序的恢复，加剧了人道主义危机，同时增加了国际援助的困难和负担。总之，也门的悲剧仍在继续，但 2022 年的半年停火期为这场残酷、漫长的内战添了一抹亮色，在一定程度上安慰了也门人民和国际社会的普遍心愿，也激励也门各方为达成政治解决方案迈出积极一步。

[①] 《张军大使在安理会也门问题公开会上的发言》，http://un.china-mission.gov.cn/hyyfy/202211/t20221123_10979600.htm。

[②] 《中方呼吁国际社会加大对也门人道和发展投入》，载《人民日报》，2023 年 1 月 19 日，第 17 版。

2022 年埃及的政治、经济和对外关系

李 意 孙伟意[①]

【摘 要】

2022 年，全球疫情未散，冲突此起彼伏，给百年未有之大变局增加了许多不确定性。对于埃及而言，其主要任务是在政治安全和经济发展中保持平衡。在政治方面，埃及着力提升人权水平，加强反腐败斗争并启动国家反腐败战略的第三阶段，消除国家发展的安全隐患。加强气候环境治理工作，积极应对全球气候问题。在经济方面，埃及着力提升本国的数字化转型，迎接新一轮技术革命。充分发挥政府的主导作用，在国际上寻求经济合作，努力拉动经济增长和迎接金融挑战。鼓励私营部门发挥作用，通过参与公私合作的方式促进经济发展。在外交层面，埃及继续采取平衡外交。无论是在地区层面还是在国际层面、是双边外交还是多边外交，努力保持积极的外交态度并维持稳定的外交关系。

【关键词】

埃及 政治形势 经济形势 对外关系

2022 年，快速变化的全球环境和与俄乌冲突有关的溢出效应正在对包括埃及在内的世界各国构成重大挑战。一方面，新冠病毒感染疫情对各国经济的影响依旧存在，各国的重点大多放在抗疫和经济建设上；另一方面，俄乌冲突的爆发加剧了地缘紧张局势，国际秩序和世界经济受到严重

[①] 李意，上海外国语大学中东研究所副研究员；孙伟意，上海外国语大学国际关系与公共事务学院 2022 级博士研究生。

挑战。此外，中美大国博弈、新一轮技术革命也在深刻影响着世界。因此，在这个充满复杂多变的 2022 年，各国既面临着严重的经济发展问题，同时也面临着自身安全和国际立场的选择。

一、2022 年埃及的政治形势

推进国内政治建设是埃及 2022 年的工作重心。首先，埃及努力解决国家人权问题，确保埃及的人权状况得到切实的改善。其次，埃及继续大力打击国内腐败问题，提升政府的清廉水平。最后，埃及着重解决气候和环境问题，加强本国的环境建设。

（一）聚焦人权问题，改善人权状况

一是制定人权战略。塞西政府被指自上任以来对国内言论自由等基本人权采取压制的态度。在国际人权观察组织"自由之家"发布的人权状况调查中，埃及在 100 个国家的国际人权排名中居第 18 位，整体状况为"不自由"的状态。[①] 为此，埃及政府一直致力于改善其国内的人权状况。2021 年 9 月 11 日，埃及总统塞西宣布启动"国家人权战略"。[②] 此举被视为国家重视改善该国人权状况的信号，并得到了联合国人权委员会的赞扬。[③] 随后，埃及国家人权委员会与民间社会组织在 2 月制订了一项工作计划，要求将来由国家人权委员会与民间社会组织合作实施国家人权战略。[④] 此外，埃及还于 3 月进一步通过了一项加强人权和基本自由的综合战略。[⑤] 因此，通过国家层面的一系列战略制定与实施，埃及政府正显示出改善人权问题的决心。

[①] 华为技术有限公司：《全球数字连接指数》，https：//www.huawei.com/minisite/gci/cn/country-profile-eg.html。

[②] "Unified Emergency Network to Fully Secure Data, Communications: President Sisi," *Ahram Online*, October 31, 2022, https：//www.english.ahram.org.eg/News/478810.aspx.

[③] "UNHRC Chairman Praises Egypt's National Strategy for Human Rights," *Ahram Online*, September 11, 2021, https：//www.english.ahram.org.eg/News/422831.aspx.

[④] "Egypt's NCHR to Cooperate with Civil Society to Implement Human Rights Strategy," *Ahram Online*, February 3, 2022, https：//www.english.ahram.org.eg/News/459454.aspx.

[⑤] "Egypt Adopts Comprehensive Strategy to Promote Human Rights: FM," *Ahram Online*, March 2, 2022, https：//www.english.ahram.org.eg/News/462138.aspx.

二是加强赦免举措。为缓解人权现状,埃及通过赦免部分在押人群、使其重获自由的方式来强调对人权的重视。塞西总统于 4 月 26 日宣布重启总统赦免委员会,并在随后宣布赦免了 3000 多名囚犯。这一举措受到了国家人权委员会的高度赞赏。① 5 月 10 日,总统赦免委员会又宣布了一份赦免人员名单。自总统赦免委员会重启之后,塞西政府制订了多次赦免计划。赦免人员包括社会活动人士、制片人、前政府官员等。赦免囚犯的举动受到国内各方的欢迎。阿拉伯数字媒体和人权网络在 7 月 31 日的一份声明中表示,对最近总统赦免委员会释放几名囚犯的举措表示欢迎。② 此外,埃及国家人权委员会在 9 月 9 日也表示,政府近几个月陆续释放审前拘留者,证明政府在认真执行"国家人权战略"。释放审前被拘留者将弥合不同意见者之间的差距,这有利于消除举行建设性全国对话会议的障碍。③

三是就人权问题开展国际合作。除了在国内层面采取相应的政策以改善人权问题之外,埃及还着力加强人权问题的国际合作。3 月 27 日,埃及在日内瓦人权理事会发起了一项新倡议,呼吁国际社会重申其承诺,确保性别平等、赋予妇女经济地位和维护她们的全部权利。④ 4 月 14 日,在经历了为期 3 天的人权问题会议之后,欧盟人权事务特别代表埃蒙·吉尔摩对埃及"国家人权战略"的公布表示欢迎,并在与埃及官员的会谈中讨论了有效实施该战略的计划。⑤ 6 月 9 日,埃及国家人权委员会宣布,将与欧盟、联合国合作实施"国家人权战略"。⑥ 此外,埃及还通过主动举办国际人权会议,在国际上发挥积极的建设性作用。7 月 21 日,埃及人权最高常设委员会与阿拉伯人权组织合作,启动了为期两天的会议,讨论人

---

① "NCHR Hails Reactivation of Presidential Pardon Committee, Hopes More Detainees will be Released," *Ahram Online*, April 27, 2022, https://www.english.ahram.org.eg/News/465379.aspx.

② Nada Nader, "Rights Group Welcomes Latest Presidential Pardons for Prisoners in Egypt," *Ahram Online*, July 31, 2022, https://www.english.ahram.org.eg/News/472373.aspx.

③ "The Release of Pretrial Detainees is a Boost for a Constructive, Positive National Dialogue: NCHR," *Ahram Online*, September 10, 2022, https://www.english.ahram.org.eg/News/475779.aspx.

④ "Egypt Launches New Women's Empowerment Initiative at the Human Rights Council in Geneva," *Ahram Online*, March 17, 2022, https://www.english.ahram.org.eg/News/463033.aspx.

⑤ "Discussions with Egyptian Officials were 'Frank and Constructive', Says EU Human Rights Envoy," *Ahram Online*, April 14, 2022, https://www.english.ahram.org.eg/News/464640.aspx.

⑥ "Egypt to Cooperate with EU, UN on Implementing National Strategy for Human Rights," *Ahram Online*, June 9, 2022, https://www.english.ahram.org.eg/News/467675.aspx.

工智能快速发展下隐私权面临的挑战。① 9月8日，埃及内政部在开罗主办了为期3天的第八届阿拉伯内政部负责人权事务的官员会议，以推动阿拉伯国家在改善人权状况方面的进程。②

（二）加强反腐败斗争，维护社会安全

腐败问题是埃及国家发展和社会治理的一项重点内容。近年来，腐败问题已经对埃及社会产生了较为严重的影响。早在2015年9月，埃及时任总理易卜拉欣·马赫莱卜向总统阿卜杜勒—法塔赫·塞西递交辞呈，宣布内阁集体辞职。其原因之一就是部分内阁成员涉嫌贪腐，从而引发埃及民众强烈不满。根据监察贪污腐败的国际非政府组织"透明国际"的最新数据显示，在全球180个腐败国家中，埃及在2022年的得分为30分（百分制），排在第130位。③ 因此，基于典型事件和调查数据，证明了埃及腐败问题的严重性。

腐败问题引起埃及政府的高度关注。近年来，埃及政府制定了多个举措应对腐败问题。2022年，埃及采取一系列措施，致力于打击腐败现象。首先，埃及加强反腐败问题的国际合作。6月，埃及行政控制局当选为2022—2025年非洲反腐败机构协会主席。④ 通过当选该组织主席，埃及重申非洲国家需要加大反腐败力度，并主办了非洲反腐败论坛，使该论坛成为非洲大陆第一个有51个非洲国家参与的反腐败论坛。其次，埃及通过人事任命强化反腐败工作。8月，塞西总统任命阿姆鲁·阿德尔为行政管制局新代理局长。阿德尔一方面负责监督和跟进政治领导层指令的实施以及国家项目的实施，监督对各州行政机构运作的评估，并筛选高级职位的候选人；另一方面，他还负责制定预防和打击腐败的最新方法，应用现代治理原则以科学和专业的方式处理新形式的犯罪。⑤ 最后，推进国家战略部

---

① Nada Nader, "Egypt Kicks off Int'l Human Rights Conference on Challenges Facing Right to Privacy," *Ahram Online*, July 21, 2022, https：//www.english.ahram.org.eg/News/471889.aspx.

② "Egypt to Host 8th Arab Interior Ministries' Human Rights Conference 5 – 8 Sept," *Ahram Online*, September 8, 2022, https：//www.english.ahram.org.eg/News/475329.aspx.

③ "CPI 2022 For Middle East & North Africa：Corruption Fuels Ongoing Conflict," *Transparency International*, https：//www.transparency.org/en/countries/egypt.

④ "Egypt Elected to Preside over African Anti – corruption Authority 2022 – 2025," *Ahram Online*, June 23, 2022, https：//www.english.ahram.org.eg/News/470465.aspx.

⑤ "President Sisi Names Amr Adel as New Acting Head for Administrative Control Authority," *Ahram Online*, August 31, 2022, https：//www.english.ahram.org.eg/News/474204.aspx.

署反腐工作。12月14日，埃及在行政控制局总部举行的仪式上启动了国家反腐败战略（2023—2030）的第三阶段。该战略旨在创造一个打击腐败的"综合国家环境"。第三阶段不仅包括打击各种形式的腐败的手段，而且还寻求加强人权，特别是发展权。[1] 该战略第三阶段的实施符合埃及的2030年发展愿景，体现了埃及政府对反腐败问题的重视。

（三）专注环境保护，加强环境治理

一是制定国家战略。气候变化和环境问题不仅是国际治理合作的重要议题，也是埃及当前面临的严峻挑战。5月19日，埃及启动了《2050年国家气候变化战略》，这一时间比2022年《联合国气候变化框架公约》第27次缔约方大会提前了5个月。该战略旨在有效应对气候变化的影响，有助于改善埃及人的生活质量，实现国家经济可持续发展，保护自然资源和生态系统。该战略基于五个支柱，分别从不同的角度解决气候问题。第一个支柱是实现各部门的可持续的经济增长和低排放发展；第二个支柱是建立对气候变化的复原力和适应性；第三个支柱是改善气候变化相关领域的治理和管理；第四个支柱旨在改善气候活动融资的基础设施并促进国内绿色银行和绿色信贷额度；第五个支柱是加强科学研究、技术转让、知识管理和意识，以应对、缓解和适应气候变化。[2] 气候战略的出台体现了埃及在解决气候问题上的雄心，有助于树立其在国际气候合作中的积极形象。

二是促进绿色发展。解决气候和环境问题关键在于对绿色经济的投入和碳排放的减少。为此，埃及环境部长在2022年3月举行的第一次气候变化问题全国对话会上表示，埃及目前正在所有领域经历快速的发展转型，包括按照国际标准保护和开发自然保护区。环境部正努力在全国范围宣传有关如何应对气候变化的知识。会议期间，埃及沙姆沙伊赫省省长分享了他们为促进绿色发展而采取的最新措施，包括与环境部合作接收300辆电动公交车、与交通部合作建立一个100万平方米的带电动汽车充电点的车库等事宜。[3] 8月24日，地方发展部长希沙姆·阿姆纳表示，埃及已实施

---

[1] "Egypt Aims to Create National Environment that Combats Corruption: PM Madbouly," *Ahram Online*, December 15, 2022, https://www.english.ahram.org.eg/News/482658.aspx.

[2] Mohamed Soliman, "Egypt Launches National Strategy for Climate Change 2050 Ahead of COP27," *Ahram Online*, May 19, 2022, https://www.english.ahram.org.eg/News/466533.aspx.

[3] "First National Dialogue on Climate Change Launched in Sharm El-Sheikh," *Ahram Online*, March 26, 2022, https://www.english.ahram.org.eg/News/463533.aspx.

价值 225 亿埃及镑的项目,通过支持可持续发展和加强基础设施,使 38 万人受益,并提供 7 万个就业机会。① 该项目为中小微企业提供贷款,支持非遗、环境和手工艺品等行业,旨在促进埃及向绿色经济过渡。

三是加强气候和环境问题合作。一方面,埃及政府同非政府组织和宗教团体开展合作。6 月 13 日,环境部长与科普特东正教签署了环保协议。该议定书旨在促进关于环境问题的联合行动,提高对环境和自然资源的重视,以保护环境和实现可持续发展。② 这一协议体现了来自教派团体对埃及政府环境保护的支持。17 日,埃及可持续发展论坛推出了一个关于气候行动的公共平台——巴拉德纳东道主气候峰会倡议,旨在动员民间社会组织参与在沙姆沙伊省举行的《联合国气候变化框架公约》第 27 次缔约方大会的筹备工作。③ 另一方面,埃及还积极开展气候问题的国际合作。如在 7 月 20 日向《联合国气候变化框架公约》秘书处提交了一份关于其更新国家自主贡献文件的报告,介绍了其根据《巴黎协定》减轻气候影响的承诺。④

二、2022 年埃及的经济形势

2022 年埃及面临较为严重的通货膨胀和债务挑战,政府围绕发展经济推出多项举措,以提振经济增长潜力,应对俄乌冲突背景下的国际经济危机。根据世界银行发布的《新的心态:中东和北非更大的透明度和问责制》显示,随着全球利率和货币紧缩浪潮的上升,埃及、约旦和突尼斯等中东国家偿债负担正在增加。⑤ 不过,埃及的表现优于该地区包括石油进

---

① Jehad El-Sayed, "Egypt Implemented Projects Worth EGP 225 Bln to Support Sustainable Development: Minister," *Ahram Online*, August 24, 2022, https://www.english.ahram.org.eg/News/473782.aspx.
② Jehad El-Sayed, "Coptic Orthodox Church, Environment Minister Sign Environmental Protection Protocol," *Ahram Online*, June 13, 2022, https://www.english.ahram.org.eg/News/467891.aspx.
③ "Egyptian Sustainable Development Forum Launches Public Platform on Climate Action," *Ahram Online*, June 18, 2022, https://www.english.ahram.org.eg/News/468168.aspx.
④ "Egypt Submits Updated Climate Commitments as per Paris Agreement," *Ahram Online*, July 21, 2022, https://www.english.ahram.org.eg/News/471870.aspx.
⑤ "A New State of Mind: Greater Transparency and Accountability in the Middle East and North Africa," World Bank, October 2022, https://www.openknowledge.worldbank.org/bitstream/handle/10986/38065/English.pdf?sequence=18.

口国在内的其他大多数国家。

（一）建设数字基础设施，确保网络安全

一是建设数字基础设施。埃及在数字基础设施和数字技术方面的发展较为薄弱。根据华为技术有限公司发布的《全球连接指数2020》显示，埃及的连接水平在79个国家中排名第64位。其中，埃及在宽带、云计算、人工智能、物联网这四大技能技术中的得分均低于平均值。① 为提升国家数字能力，埃及政府在数字基础设施方面采取一系列措施。9月19日，埃及邮政与德国软件公司SAP签署协议，建立本地云服务系统，以开发和管理邮政部门同全球机构系统一致的云计算应用程序。② 10月，总统塞西宣布建立全国应急和公共安全统一网络控制中心。③ 这一网络的附属中心与中央中心相连接，以便在必要时快速响应来自任何省份的紧急呼叫。12月，埃及社会团结部为埃及的民间社会组织推出综合电子系统。新系统为公民社会组织提供了36项服务，包括案例记录、投诉和受益人的管理。同时，新系统是埃及政府拥抱数字化转型、自动化和金融普惠的一部分，极大地促进了公民社会组织与社会团结部之间的合作。④

二是立法确保网络安全。尽管数字技术可以带来巨大的经济效益，但其也具有相当的潜在安全风险。因此，数字技术的进步和发展始终与安全问题挂钩。埃及政府在着力发展本国数字经济的同时，没有忽视网络安全问题的存在，并通过立法的方式加强网络安全治理。埃及参议院批准了禁止被视为对国家安全构成威胁的电信设备的法案。该法案是2003年电信法的立法修正案，旨在维护国家的网络安全，将其作为国家和经济安全的一部分。修正案规定，未经国家电信监管局事先许可而进口、制造、组装和销售任何电信设备的违法者将面临1—5年的监禁，以及2万—500万埃及

---

① 华为技术有限公司：《全球数字连接指数》，https://www.huawei.com/minisite/gci/cn/country-profile-eg.html。
② "Egypt Post, SAP Sign Agreement to Establish Integrated System for Cloud Computing Applications," Ministry of Communications and Information Technology, September 19, 2022, https://www.mcit.gov.eg/en/Media_Center/Latest_News/News/66470.
③ "Unified Emergency Network to Fully Secure Data, Communications: President Sisi," *Ahram Online*, October 31, 2022, https://www.english.ahram.org.eg/News/478810.aspx.
④ "Ministry of Social Solidarity Launches Integrated Electronic System for Civil Society Organisations in Egypt," *Ahram Online*, December 13, 2022, https://www.english.ahram.org.eg/News/482517.aspx.

镑的罚款。① 通过对电信设备的严格立法，埃及有望在硬件层的网络安全监管方面取得进展。

三是提升数字服务能力。2022年1月，埃及外交部同埃及银行、电子金融签署了三方合作协议，激活符合埃及"2030年愿景"的电子收集系统，以支持埃及数字转型战略。该机制为那些希望在埃及投资的人提供了安全渠道，从而有助于增加外汇流量。② 7月6日，埃及通信和信息技术部推出埃及数字平台，以满足埃及建立数字化国家的需要。塞西总统表示，平台符合埃及"2030年愿景"和实现数字化转型的战略。埃及公民可以通过该平台获得130多项政府服务，包括粮食、车辆查询、公证服务和社会保险。③ 此外，埃及还在积极推进远程医疗计划，利用数字技术来提升医疗的远程服务，更好地推动数字化转型。远程医疗计划第一阶段启动于2021年，目标是要在全国建立300家医疗单位。该计划于2022年进一步落实和推进。通过上述努力，埃及正在着力实现本国的数字化转型。

（二）推动政府层面的政策出台

一是多举措吸引外国投资。1月31日，为了让经济区项目、苏伊士运河管理局及其他单位减轻成本压力，吸引外资流入，埃及财政部长延长了增值税豁免和其他促进经济增长的激励措施。④ 3月，埃及财政部开始发行价值5亿美元的以日元为主的债券以应对金融挑战。此次发行的债券被称为"武士债券"，它意味着允许发行人获得日本资本，用于国内投资或日本境外的融资业务。据悉，此次发行的收益是财政部促使债务工具以及货币、发行市场和投资者多样化计划的一部分，旨在延长埃及的债务期限，

---

① Gamal Essam El-Din, "Senate Approves Bill Banning Telecom Equipment Considered a Threat to National Security," *Ahram Online*, October 30, 2022, https://www.english.ahram.org.eg/News/478753.aspx.
② Sami Hegazi, "Foreign Ministry, Banque Misr, E-finance Partner to Support Digital Transformation Strategy," *Daily News Egypt*, January 31, 2022, https://www.dailynewsegypt.com/2022/01/31/foreign-ministry-banque-misr-e-finance-partner-to-support-digital-transformation-strategy/.
③ "President Sisi Inaugurates Digital Egypt Platform," *Ahram Online*, July 6, 2022, https://www.english.ahram.org.eg/News/471212.aspx.
④ Doaa A. Moneim, "Egypt Extends VAT Waivers, other Incentives to Boost Economic Growth: Finance Minister," *Ahram Online*, January 31, 2022, https://www.english.ahram.org.eg/NewsContent/3/12/457227/Business/Economy/Egypt-extends-VAT-waivers,--other-incentives-to-boo.aspx.

减少外债和融资成本。①

二是优化进口措施，促进市场竞争。重点通过两个方式强化贸易活动，提振市场活力。一方面，批准特殊措施以放宽进口经济发展。在持续的国际经济危机中，埃及财政部已经批准了一系列特殊措施，以促进进口放行并减轻投资者和进口商的负担。这些措施是在埃及中央银行、运输贸易和工业部、航运商会和航运代理机构协调后起草的，目的是防止货物在港口堆积。此外，埃及暂停向投资者和进口商收取罚款。食品商品的放行期限已延长至 4 个月，而其他商品的放行期限已延长至 6 个月。② 另一方面，财政部决定降低关税。9 月 4 日，财政部长发布了关税条例，降低了 150 种进口生产投入的关税，以刺激民族工业和维持就业率。新规定旨在便利所有网点的海关程序，以增加产量、支持当地工业并将符合应对气候变化标准的先进产业本地化。③

三是加大金融措施，促进金融繁荣。埃及中央银行在此方面发挥了重要作用。一方面，埃及中央银行加强虚拟货币监管，维护金融稳定。埃及中央银行在 9 月 13 日发出警告，表示虚拟货币不是由中央银行或任何官方机构发行的，因此它们不被视为法定货币，并警告银行系统不要通过区域或国际平台交易任何类型的加密货币。④ 另一方面，埃及中央银行推出金融战略，提振金融市场。埃及中央银行推出 2022—2025 年普惠金融战略，设定了在该国实现金融包容性的关键目标和优先事项。这一战略旨在保护其客户的权利并增强对埃及银行业的信心；促进普惠金融文化；提升公民、公司和项目的财务能力；鼓励创业和就业；建立包容和有效的金融基础设施；扩大数字金融服务，让非正规部门更容易获得金融服务，将它们带入正规经济。⑤

---

① Doaa A. Moneim, "Egypt Issues Japanese Yen-dominated Bonds Worth $500 Mln to Address Financial Challenges," *Ahram Online*, March 24, 2022, https://www.english.ahram.org.eg/News/463431.aspx.

② "Egypt Approves Exceptional Measures to Ease Releasing Imports," *Ahram Online*, August 30, 2022, https://www.english.ahram.org.eg/News/474099.aspx.

③ "Finance Minister Unveils Regulations on Reduced Customs Tariffs," *Ahram Online*, September 4, 2022, https://www.english.ahram.org.eg/News/475414.aspx.

④ "Central Bank of Egypt Renews Warning against Dealing in Cryptocurrencies," *Ahram Online*, September 13, 2022, https://www.english.ahram.org.eg/News/476005.aspx.

⑤ Doaa A. Moneim, "Egypt's CBE Launches Financial Inclusion Strategy for 2022 – 25," *Ahram Online*, November 27, 2022, https://www.english.ahram.org.eg/News/480563.aspx.

（三）提升私营部门的经济作用

当前，埃及的私营部门共有 374 万家企业，吸收该国大约 78% 的就业人员，贡献了 GDP 总量的 72%。但这些私营部门在地理位置上较为集中，不利于该国的就业和经济发展的平衡。例如，其中 39% 集中在 4 个省，即开罗、吉萨、达卡利亚和亚历山大。① 除了政府制定战略、出台政策、发挥引领性作用之外，埃及还鼓励私营部门积极发挥作用。

一是强调公私合作，促进公共部门与私营部门的协同发展。公私合作模式是埃及经济发展过程中的重要方式。早在 2010 年，埃及便颁布了《公私合作法》。② 作为公私合作领域的法律文件，该法律规定了私营部门参与国家项目建设的要求，以使这种合作模式更加规范化、法治化。在 2021 年，约有 4475 家私营公司参与了全国的国家发展项目，投资额从 10 亿埃及镑到 750 亿埃及镑不等。2022 年 4 月，埃及财政部长称，埃及正在各个发展领域实施公私合作伙伴关系项目，将此作为提升经济增长的火车头，以及实现可持续发展的根本支柱。③

二是加强政策指引，推动私营部门的市场经济活力。埃及政府积极扩大私营部门在市场经济活动中的作用，并以此刺激就业、对外贸易、经济增长。2022 年 4 月 20 日，埃及总理在一份声明中说，埃及政府将进行结构改革，最大限度地发挥私营部门的作用，"赋予私营部门权力并规范国家在经济活动中的存在，以补充埃及国家采取的政府改革措施"。此外，埃及总理在 12 月 29 日主持召开的内阁会议中宣布，塞西总统已批准《国家所有制政策文件》最终版本。该文件确定了国家在未来三年内退出、减少或增加其存在的部门，旨在将私营部门在国家投资中的比重从目前的 30% 扩大到 65%，将国家投资率提高 25%—30%，以实现 7%—9% 的经

---

① "Public – Private Sector Partnerships in Egypt," *The Media Line*, January 14, 2022, https://www.themediline.org/mideast – mindset/public – private – sector – partnerships – in – egypt/.

② "Egypt Passed Public – private Partnership Law," UNCTAD, January 1, 2010, https://www.investmentpolicy.unctad.org/investment – policy – monitor/measures/539/egypt – passed – public – private – partnership – law – .

③ "Egypt Implements Development Projects in Partnership with Private Sector 'P. P. P' System," *Egypt Today*, April 18, 2022, https://www.egypttoday.com/Article/3/115013/Egypt – implements – development – projects – in – partnership – with – private – sector – %E2%80%9CP.

济增长，以及扩大出口和就业机会。①

（四）加强国际层面的经济合作

一是与国际组织合作应对挑战。3月23日，埃及请求国际货币基金组织支持其应对经济挑战。国际货币基金组织埃及代表团团长席琳·阿拉德表示，国际货币基金组织正在与埃及当局讨论新计划，以支持埃及经济稳定和可持续、就业丰富和包容性中期增长的共同目标。② 5月9日，埃及与欧盟签署了价值1.38亿欧元发展融资协议，涵盖医疗保健、行政改革、环境、农村和社会发展以及加强治理。国际合作部长认为这些协议符合双方之间的新合作计划（2021—2027），以支持埃及在多个重要领域的发展努力，主要是绿色转型和可再生能源。③ 10月27日，埃及与国际货币基金组织在扩展基金贷款支持下达成为期46个月的协议，贷款价值约30亿美元。在财政政策方面，政府的目标是在短期内实现年度初始盈余，并将公共债务与GDP的比率保持在80%以下，旨在延长政府债务期限和多元化融资资源。政府还致力于提高预算收入和支出的效率，并增加用于人类发展的支出，旨在继续扩大社会保障计划，包括提高国家雇员的收入和增加对养老金和保险的分配，使超过1000万个家庭和个人受益。④

二是积极吸引国际投资。吸引国际投资是埃及对外经济活动的重点，其关键是要创造良好的营商环境和提供利好政策。6月8日，埃及总理与主要全球投资基金的代表召开会议，指出埃及政府目前正在采取新政策，重点是增加私营部门对国民经济的贡献以及吸引国际投资。⑤ 8月29日，埃及财政部长穆罕默德·马艾特在新闻发布会上表示，埃及计划在未来四

---

① "Egypt to Announce Strategy for Enhancing Private Sector's Role in Economy: PM Madbouly," *Ahram Online*, April 20, 2022, https://www.english.ahram.org.eg/News/464978.aspx.

② Doaa A. Moneim, "Egypt Requests IMF Support to Address Economic Challenges," *Ahram Online*, March 23, 2022, https://www.english.ahram.org.eg/News/463405.aspx.

③ Doaa A. Moneim, "Egypt, EU Ink € 138 Mln Development Finance Deals Covering Several Sectors," *Ahram Online*, May 9, 2022, https://www.english.ahram.org.eg/News/465890.aspx.

④ Doaa A. Moneim, "Egypt Announces Reaching $3 Billion Loan Deal with IMF," *Ahram Online*, October 27, 2022, https://www.english.ahram.org.eg/News/478605.aspx.

⑤ "PM Reviews Egypt's Investment Opportunities with Representatives of Global Funds," *Ahram Online*, June 8, 2022, https://www.english.ahram.org.eg/News/467630.aspx.

年内每年吸引100亿美元的外国直接投资。① 在举办《联合国气候变化框架公约》第27次缔纺方大会峰会之前，埃及在发展清洁技术和可再生能源项目、数字化转型和治理方面取得了显著进步，一直在为外国投资者提供有吸引力的激励措施。根据埃及中央银行的数据，2022年第一季度埃及的净外国直接投资增长183%，达到41亿美元，而2021年同期为14亿美元。对此，财政部长表示，埃及经济表现出良好的势头、弹性和抵御冲击的能力，已经具备吸引外国直接投资和新资本的巨大潜力。②

三、2022年埃及的对外关系

自2014年塞西总统上任以来，埃及在外交方面积极实施"在大国关系中寻求平衡"的政策，努力寻求外交多元化，以国家利益最大化为目标，在美国、俄罗斯、中国等国之间保持战略平衡。塞西政府平衡外交政策的核心是实用主义平衡战略，它是维护国家军事安全、拓展国家生存空间、推动国家经济发展的产物。③ 2022年，在俄乌冲突爆发、地缘政治紧张、国际经济不稳的情况下，埃及继续保持平衡外交的姿态，力图通过发展与不同国家的双边关系，以维护其在当前国际背景下的国家利益。

（一）地区外交不断丰富

一是谨慎应对俄乌冲突。自俄乌冲突爆发以后，国际社会对冲突双方纷纷选择支持或反对。对埃及而言，其面临同样的选择困境。在俄乌冲突爆发之初，埃及就敦促通过外交对话来解决政治危机。俄乌冲突爆发后，埃及于2月27日呼吁阿盟召开紧急会议，建议成立一个部长级联络小组，

---

① "Egypt Aims to Attract FDI of ＄10Bln Annually in 4 Years," ZAWYA, August 31, 2022, https://www.zawya.com/en/economy/north－africa/egypt－aims－to－attract－fdi－of－10bln－annually－in－4－years－cr42ll9o.

② "Egypt is attracting FDI. But is that enough for Growth?" Fast Company Middle East, September 7, 2022, https://www.fastcompanyme.com/impact/egypt－is－attracting－fdi－but－is－that－enough－for－growth/.

③ 李意：《埃及塞西政府的平衡外交政策述评》，载《西亚非洲》，2019年第5期，第93—113页。

与俄乌冲突的利益相关者联系。① 这次会议由埃及召集，鉴于阿拉伯国家与俄罗斯和乌克兰之间的密切关系，主要讨论冲突对阿拉伯国家的直接影响。3 月 24 日，塞西总统同乌克兰总统泽连斯基通电话，强调优先考虑对话和外交解决方案，以解决俄乌危机。② 由此可见，埃及试图在俄罗斯和乌克兰之间采取谨慎的中间战略。

二是在双边层面保持区域外交的稳步推进。1 月 23 日，埃及、阿曼外长签署 6 份谅解备忘录。这些谅解备忘录和执行计划旨在促进双方在政治、经济、工业、司法和发展项目方面的合作。两位外长还承诺将继续努力促进阿拉伯国家的合作。③ 3 月 29 日，塞西总统表示，埃及与卡塔尔关系取得切实进展符合两国利益，且有助于加强阿拉伯地区的安全与稳定。④ 3 月 31 日，埃及与以色列讨论促进贸易合作，双方就加强商业合作和增加投资的方式进行了讨论。两国外长讨论了在合格工业区协议框架内加强贸易合作以增加出口的问题。⑤ 8 月 1 日，埃及和阿联酋在打击洗钱和恐怖主义融资方面开展合作。埃及表示，双方的合作形式包括举办会议、培训计划和研讨会，以此来交流专业知识。⑥

三是在多边层面确保各方通力合作。6 月 19 日，埃及、巴林、约旦领导人进行会晤，寻求将合作推向"最高水平"。三方领导人在会议上强调了在当前国际和地区挑战的形势下，将三国关系提升到"最高水平"的重要性。塞西总统表示，埃及希望与巴林和约旦进一步合作，以实现三国人民的共同利益，并促进阿拉伯国家的联合行动。⑦ 8 月 23 日，塞西总统在新阿拉曼再次与巴林、约旦、阿联酋领导人会晤。四位领导人重申支持在各

---

① "Egypt Requests Arab League Emergency Meeting to Discuss Developments in Ukraine," *Ahram Online*, February 27, 2022, https：//www.english.ahram.org.eg/News/461868.aspx.

② "Sisi Reiterates Call for Dialogue to Settle Russia – Ukraine Crisis in Phone Call with Zelenskyy," *Ahram Online*, March 24, 2022, https：//www.english.ahram.org.eg/News/463465.aspx.

③ "Egypt, Oman FMs Sign Six MoUs to Conclude 15th Session of Egyptian – Omani Joint Committee," *Ahram Online*, January 23, https：//www.english.ahram.org.eg/News/456789.aspx.

④ Amr Kandil, "Progress in Egyptian – Qatari Ties Will Bolster Arab Security, Stability：Sisi Tells Qatar FM," *Ahram Online*, March 29, https：//www.english.ahram.org.eg/News/463694.aspx.

⑤ "Egypt, Israel Discuss Boosting Trade Cooperation," *Ahram Online*, March 31, 2022, https：//www.english.ahram.org.eg/News/463846.aspx.

⑥ "Egypt, UAE Keen to Enhance Cooperation on Combating Money Laundering, Terrorism Financing：Official," *Ahram Online*, August 1, 2022, https：//www.english.ahram.org.eg/News/472438.aspx.

⑦ "Egypt, Bahrain, Jordan Leaders Seek to Push Cooperation to 'Highest Levels'," *Ahram Online*, June 19, 2022, https：//www.english.ahram.org.eg/News/468218.aspx.

个层面加强安全、和平、稳定与合作的努力,这些努力建立在信任和相互尊重的基础上,有助于实现该地区所有人民对进步、建设和发展的愿望。①

(二) 国际合作持续提升

一是加强与欧洲国家关系。欧洲国家是塞西政府平衡外交中的重要一方。4月17日,埃及外长在西班牙讨论加强经济合作和投资的方式。两位外长讨论了增加贸易往来和西班牙人到埃及旅游的问题,并同意成立联合高级委员会以促进双边关系。② 4月21日,埃及外长与英国负责南亚、北非、联合国和英联邦事务的部长会见,讨论促进英国在埃及和人权方面的投资。双方还回顾了埃及在打击极端主义的框架内维护公民身份和平等原则、促进宽容价值观和更新宗教话语的相关努力。③ 7月22日,塞西总统和马克龙会面。双方一致认为,埃法战略伙伴关系是中东、东地中海和非洲稳定的关键。此外,塞西和马克龙讨论了在各个层面促进两国双边关系的方式,并讨论了一系列地区和国际问题。两位领导人重点讨论了一些地区问题,包括巴勒斯坦问题的发展和恢复巴以和平进程的手段。④

二是稳定埃美关系。埃及长期获得美国在经济和军事上的援助,是美国在中东地区重要的战略伙伴之一。⑤ 2022年,埃及继续发展同美国的伙伴关系。9月20日,埃及外长萨梅赫舒克里和美国国务卿安东尼·布林肯强调,两国战略伙伴关系是中东安全与稳定的主要支柱之一。在经济合作方面,塞西和拜登同意探讨扩大双边贸易、增加私营部门投资以及在清洁能源和气候技术方面进行合作的新途径。⑥ 11月11日,塞西总统在沙姆沙伊赫省会见美国众议院议长佩洛西时表示,在当前日益严峻的地区挑战和

---

① "Sisi Discusses Fraternal Relations with Leaders of Bahrain, Jordan, UAE in New Alamein," *Ahram Online*, August 23, 2022, https://www.english.ahram.org.eg/News/473722.aspx.
② "Egypt's FM in Spain to Discuss Means of Enhancing Economic Cooperation, Investment," *Ahram Online*, April 17, 2022, https://www.english.ahram.org.eg/News/464774.aspx.
③ "Egypt's FM, UK FCDO Minister Discuss Boosting British Investments in Egypt, Human Rights," *Ahram Online*, April 21, 2022, https://www.english.ahram.org.eg/News/464999.aspx.
④ Amr Kandil, "Egypt – France Strategic Partnership Key to Stability in ME, East Med and Africa: Sisi to Macron," *Ahram Online*, July 22, 2022, https://www.english.ahram.org.eg/News/471924.aspx.
⑤ 李意:《埃及塞西政府的平衡外交政策述评》,第93—113页。
⑥ "Shoukry, Blinken Stress Egypt – US Strategic Partnership a Main Pillar for Stability in ME," *Ahram Online*, Setember 20, 2022, https://www.english.ahram.org.eg/News/476396.aspx.

复杂的国际危机中,埃及渴望加强与美国的战略关系。塞西和佩洛西及其代表团讨论了在许多领域加强双边关系的方式,特别是在军事、政治和经济方面。双方还共同回顾了埃及在打击恐怖主义和极端主义方面所做的努力。塞西表示愿意在两国就共同关心的问题进行协调磋商的框架内,与美国国会领导人继续保持沟通。① 12 月 17 日,塞西出访美国,并在华盛顿与美国总统国家安全事务助理杰克·沙利文会面。塞西盛赞埃美战略伙伴关系,表示期待未来在各领域开展合作并努力促进与美国在所有领域的战略伙伴关系。双方还讨论了埃美防务关系、全球和地区安全与经济挑战以及人权问题。②

三是加强同国际组织的交流合作。4 月 11 日,埃及和欧盟委员会发表联合声明,表示双方同意在寻找俄罗斯天然气替代品的框架内加强天然气领域的合作。③ 7 月 21 日,埃及就隐私权面临的挑战与阿拉伯人权组织召开国际人权会议。会议讨论在人工智能快速发展背景下隐私权面临的挑战,以及任何潜在的侵犯隐私权的行为将如何对其他人权产生不利影响。会议还讨论了加强与保护个人数据和信息相关的立法和法律框架。④ 11 月 21 日,埃及在第二届非盟周上表示,非盟周体现了各方对非洲发展和重建问题的关注。塞西强调要加强共同努力,支持国家机构、善治原则和确保持久和平以及解决和避免该地区冲突的手段。他指出,埃及主办非盟冲突后重建与发展中心的活动,证明埃及将支持非洲的稳定视为其主要优先事项之一。⑤

(三) 中埃关系继续加强

一是政治互信保持稳定。埃及与中国建交半个多世纪以来,双方始终

---

① Amr Kandil, "Egypt Keen to Enhance Relations with US Amid Regional, Int'l Challenges: Sisi Tells Pelosi," *Ahram Online*, November 11, 2022, https://www.english.ahram.org.eg/News/479537.aspx.

② "Egypt Keen to Promote Strategic Partnership with US: Sisi," *Ahram Online*, December 17, https://www.english.ahram.org.eg/News/482737.aspx.

③ 《埃及与欧盟将加强在天然气领域合作》,土耳其广播电视总台中文网,2022 年 4 月 11 日, https://www.trt.net.tr/chinese/guo-ji/2022/04/11/ai-ji-yu-ou-meng-jiang-jia-qiang-zai-tian-ran-qi-ling-yu-he-zuo-1810311。

④ Nada Nader, "Egypt Kicks off Int'l Human Rights Conference on Challenges Facing Right to Privacy," *Ahram Online*, December 17, https://www.english.ahram.org.eg/News/471889.aspx.

⑤ "Egypt Exerts Sincere Efforts to Back Peace, Stability in Africa: Sisi," *Ahram Online*, November 22, 2022, https://www.english.ahram.org.eg/News/480192.aspx.

保持相互尊重与交流合作。2022年8月，美国众议院议长佩洛西窜访台湾地区。对此，塞西总统表示，埃及在台湾问题上的政策是一贯和坚定的。埃及奉行一个中国原则，并认为这有利于维护世界的安全与稳定。[①] 随后，埃及多个政党领导人也发表声明，支持中国在台湾问题上的立场。埃及社会主义党副书记卡利玛表示支持一个中国原则，反对美国干涉别国内政、侵犯别国主权、威胁全球安全与和平的行径，支持友好的中国反对美国侵犯行径。埃及祖国未来党对外关系委员会成员巴尔塔基表示，佩洛西窜访是对世界和平的挑衅。埃及民主社会党议员萨米拉在埃媒发表题为《警惕美国在台湾地区的行动导致中美冲突》的评论文章，表示美国国会众议长执意窜访台湾地区是危险的一步，可能导致两个核大国之间的冲突。美国政界人士应当采取负责任态度，不要做出任何威胁世界和平与安全的举动，放弃追求单极霸权和充当"世界警察"的想法。埃及民主社会党成员、埃及残联主席阿布·塔里布表示，坚定支持一个中国原则，反对美国为维护单极霸权蓄意挑起冲突的行径。[②] 此外，中国国家主席习近平于2022年12月出席中阿首脑会议。塞西与习近平在会议之前举行会面。埃方高度赞赏两国的合作，表示期待同中方进一步加强两国全面战略伙伴关系，推动埃中各领域合作取得更多成果。埃方坚定支持中方在涉港、涉疆等核心利益问题上的立场，坚决反对任何势力干涉中国内政。埃方愿同中方持续推进共建"一带一路"，欢迎中方积极参与埃及重要基础设施项目建设，敞开大门欢迎中国企业赴埃投资合作，希望继续加强两国疫苗研发合作。[③]

二是数字合作继续加强。数字合作是中埃合作的新领域。在共建"一带一路"倡议的框架下，中埃努力打造"数字一带一路"，将合作范围扩大到人工智能、空间技术、电子商务、数据共享等领域。2022年以来，双方在数字领域寻求更多的合作，以协助埃及的数字化转型。3月23日，中国驻埃及大使廖力强会见埃及通信和信息技术部长塔拉特，就

---

① 中华人民共和国驻阿拉伯埃及共和国大使馆：《埃及总统塞西发表公开讲话：埃及奉行一个中国原则》，2022年8月7日，http：//eg.china-embassy.gov.cn/zagx/202208/t20220807_10736508.htm。

② 中华人民共和国驻阿拉伯埃及共和国大使馆：《埃及政党领导人：坚定支持一个中国原则 佩洛西窜访台湾是对世界和平的挑衅》，http：//eg.china-embassy.gov.cn/zagx/202208/t20220807_10736533.htm。

③ 《习近平会见埃及总统塞西》，https：//china.cnr.cn/news/sz/20221209/t20221209_526089889.shtml。

加强中埃通信领域合作等问题交换意见。廖力强大使表示，中方愿与埃方一道共同落实好两国元首达成的战略共识和会见成果，以推动习近平主席在中非合作论坛第八届部长级会议上提出的倡议，包括实施数字创新工程等"九项工程"，深化中埃数字经济、通信技术等领域合作，鼓励和推动有实力、信誉好的中国企业来埃及开展合作，助力埃及数字化发展和经济社会转型。①

三是抗疫合作不断突破。疫情是中埃两国在 2022 年共同面对的挑战。1 月 19 日，中国与埃及两国企业签署疫苗冷库项目合作协议。② 2 月 18 日，廖力强大使会见埃及代理卫生与人口部长加法尔，双方就团结抗疫和医疗卫生合作交换了意见。其中，加法尔肯定了中埃抗疫合作的成果，并赞赏中方所提供的疫苗。③ 2 月 20 日，中埃联合向加沙地带援助 50 万剂新冠疫苗。这是两国政府通力合作，帮助巴勒斯坦加沙地带民众抗击疫情、缓解人道主义危机的一项重要举措，充分反映了中埃双方对巴勒斯坦人民的健康和巴勒斯坦问题的高度重视，也体现了中埃全面战略伙伴关系的高水平。④ 11 月 16 日，廖力强大使再次会见加法尔。加法尔由衷感谢并高度评价中方对埃及抗击疫情的大力帮助。⑤

四是人文交流保持定力。2022 年，中埃双方人文交流互动频繁，通过一系列的活动促进了双方官民间、民众间的友好关系。3 月 3 日，廖力强大使为埃及青少年萨吉德、朱玛娜、拉娜颁奖，祝贺他们在以"筑梦冬奥·相约北京"为主题的 2021 年中国宋庆龄基金会"文化小大使"全球评选活动中分别荣获"文化小大使"称号和优秀奖、人气奖。⑥ 4 月 16

---

① 中华人民共和国驻阿拉伯埃及共和国大使馆：《廖力强大使会见埃及通信和信息技术部部长塔拉特》，http：//eg. china–embassy. gov. cn/zagx/202203/t20220326_10655903. htm。
② 中华人民共和国驻阿拉伯埃及共和国大使馆：《中国与埃及两国企业签署疫苗冷库项目合作协议》，http：//eg. china–embassy. gov. cn/zagx/202201/t20220120_10631086. htm。
③ 中华人民共和国驻阿拉伯埃及共和国大使馆：《埃及代理卫生与人口部部长加法尔赞扬中国疫苗是埃及使用率最高的疫苗》，http：//eg. china–embassy. gov. cn/zagx/202202/t20220221_10644043. htm。
④ 中华人民共和国驻阿拉伯埃及共和国大使馆：《中埃联合向加沙地带援助 50 万剂新冠疫苗》，http：//eg. china–embassy. gov. cn/zagx/202202/t20220221_10644051. htm。
⑤ 中华人民共和国驻阿拉伯埃及共和国大使馆：《廖力强大使会见埃及卫生与人口部部长加法尔》，http：//eg. china–embassy. gov. cn/zagx/202211/t20221118_10977347. htm。
⑥ 中华人民共和国驻阿拉伯埃及共和国大使馆：《廖力强大使为"筑梦冬奥·相约北京——文化小大使"活动获奖埃及青少年颁奖》，http：//eg. china–embassy. gov. cn/zagx/202203/t20220307_10648547. htm。

日，廖力强大使出席埃及中国商会和埃及共同发展协会联合举办的斋月慈善活动，以增进中埃双方的人文交流。① 12 月 7 日，以"我爱熊猫"为主题的绘画比赛在开罗正式落下帷幕。埃及首都中小学的 500 多名学生参加了比赛。②

四、结语

随着 2022 年的新冠病毒流行趋势、信息化浪潮推进、俄乌冲突局势紧张、中美大国博弈加剧以及国际经济恶化，埃及正着力调整一系列政策，以应对这一复杂的国际环境变化。

在政治层面，人权问题是埃及的首要工作重点。埃及在国内政策方面采取更多的战略措施，包括启动国家人权战略、赦免部分囚犯。同时，埃及还在国际层面加强人权问题的国际合作，发挥埃及的积极作用；反腐败工作是埃及国内的另一大问题。尽管埃及在国际上的清廉指数排名不够乐观，但埃及的反腐败工作并没有停止步伐。通过国家反腐败战略第三阶段的实施，埃及有望在反腐败问题上取得更多的突破。气候和环境问题长期对埃及形成挑战，埃及采取的《2050 年国家气候变化战略》等一系列措施表明了埃及对解决气候问题的决心。

在经济层面，埃及通过建设数字基础设施、颁布网络安全立法、提升数字服务能力，旨在实现国家基础设施的数字化，并借此提升埃及的数字连接水平，让更多的人能够有机会享受网络所带来的便利。在新一轮技术革命背景下，埃及不仅发挥政府的引领性作用，也在调动私营部门的积极性，同时还强调国际合作的重要性。埃及政府加大吸引外国投资的力度，优化进口措施来促进市场竞争，并且加大金融措施帮助金融市场的繁荣；着力提升私营部门对经济的作用，制定税收优惠等方面的政策，激发私营部门的活力，推动公私合作；加强国际层面的经济合作，向国际组织和外国投资者寻求在埃及的融资合作。

---

① 中华人民共和国驻阿拉伯埃及共和国大使馆：《廖力强大使出席埃及中国商会举办的 2022 年斋月慈善活动》，http：//eg. china‐embassy. gov. cn/zagx/202204/t20220418_10669120. htm.

② "'I Love Panda' Drawing Contest in Cairo Boosts Sino‐Egypt Cultural Exchange," *Xinhuanet*, November 11, 2022, https：//www. english. news. cn/20221211/b0af1f3a016e4d88b4ce64a4435310e9/c. html.

在外交层面，埃及努力发挥自身影响力，同各国保持平衡外交的战略。俄乌冲突成为2022年国际社会最大地缘政治事件。埃及在这一问题上较为谨慎，对俄乌双方采取较为中立的态度，并呼吁冲突双方通过对话解决分歧。埃及与区域国家、欧洲国家、美国分别保持较为稳定的伙伴关系，并且与欧盟、阿盟、联合国等国际组织积极合作。通过强化双边关系，埃及致力于促进本国在能源、气候、技术、经济等方面的发展。中埃关系继续向好。埃及在台湾问题上与中国保持一致立场，体现了较高的政治互信。双方在数字领域、抗疫、人文交流等方面的往来密切，为两国关系长期友好与稳定建立了深厚的基础。

2022年阿尔及利亚的政治、经济和对外关系

舒梦 宋昀[①]

【摘 要】

与2021年相比，2022年阿尔及利亚的政治、经济和外交环境均出现了较大程度的改善。在政治方面，阿尔及利亚总统特本履行了其上任承诺，在民生补贴、社会政治管控、卫生治理和反腐四个方面推进阿尔及利亚的民主改革。在经济方面，由于新冠病毒感染疫情的影响减弱和俄乌冲突的持久未决，阿尔及利亚的石油和天然气收入增加，政府的财政状况得到恢复。政府继续推动国内石油天然气出口，保护国内企业发展，发展农业，稳定国内市场供应，并积极推动能源转型和知识经济。在对外关系上，阿尔及利亚一方面重视西撒哈拉问题的解决，另一方面更多地将对外关系的重点转向地区和周边关系发展，重视发挥阿尔及利亚的地区角色。

【关键词】

阿尔及利亚 政治形势 经济形势 对外关系

一、2022年阿尔及利亚的政治形势

2022年阿尔及利亚的政治局势较为稳定。在2021年至2022年，阿尔及利亚完成了新一轮的议会选举和政府改组，终结了前总统阿卜杜勒-阿

[①] 舒梦，上海外国语大学中东研究所助理研究员；宋昀，上海外国语大学中东研究所2021级硕士研究生。

齐兹·布特弗利卡的政治时代，国内政治进入新阶段。现任总统阿卜杜勒-马吉德·特本稳步履行自己的上任承诺，回应2019年民众示威游行时提出的主要诉求，并在2022年继续深入推进相关措施，推动阿尔及利亚政治改革更加数字化、透明化，促进阿尔及利亚国内政治步入新阶段。在2022年，阿尔及利亚主要从以下几个方面推进其政治改革：

第一，关注民生需求，补贴民众需要。一方面，阿尔及利亚政府采取相应措施，严防官员腐败，保护民众财产。另一方面，阿尔利亚政府也在财政法案的制定上考虑民生问题，为民众提供相应的补贴。在2023—2024年，公民的工资、失业救济金和退休金均有所上调：公民的最低工资从4500第纳尔上调到8500第纳尔；失业救济金从扣除税款后13000第纳尔上调为15000第纳尔；最低退休金提高到15000第纳尔。① 此外，阿尔及利亚是欧洲以外第一个以预付工资的形式设立失业补偿金的国家，该国新财政法案还规定从2023年1月起进一步增加失业救济金的数额。

第二，加强社会政治管控。2019年大规模抗议活动虽然推动了阿尔及利亚的政治改革，但也对阿尔及利亚的国内局势造成了不小的冲击。为进一步推动民主改革并保证国内政治局势的稳定，阿尔及利亚领导层决定管控通信媒体和结社集会。对于上述两个领域的管控主要通过设立相关部门和法案来进行。在管控国内的通信媒体时，阿尔及利亚设立了通信部门，其主要任务为监管出版书籍和电子新闻，规范国内的媒体工作。② 同时，加快阿尔及利亚国内信息组织法案和视听活动法案的起草，建立一个符合阿尔及利亚国家利益的媒体格局。另外，特本总统下令成立高级道德委员会，负责对所有媒体行业的专业问题进行裁决。在管控结社集会时，阿尔及利亚不断完善结社法草案，并将其视为深化民主的一部分。虽然阿尔及利亚在中东巨变发生时没有产生较大的动荡，但特本总统强调，要警惕借助民众集会洗钱、腐败和资助恐怖袭击的情况发生。③ 在2023年2月，阿尔及利亚当局解散了青年行动小组，理由是其破坏国家稳定，而该组织领

---

① 阿尔及利亚政府官方网站（République Algérienne Démocratique et Populaire）：《部长会议公报全文》（Communiqué du Conseil des Ministres – Texte intégral），2022年12月25日，https：//www.premier-ministre.gov.dz/fr/post/communique-du-conseil-des-ministres-texte-integral-17。

② 阿尔及利亚政府官方网站：《部长会议公报全文》，2022年4月24日，https：//www.premier-ministre.gov.dz/fr/post/communique-du-conseil-des-ministres-texte-integral-4。

③ 阿尔及利亚政府官方网站：《部长会议公报全文》，2022年8月28日，https：//www.premier-ministre.gov.dz/fr/post/communique-du-conseil-des-ministres-texte-integral-12。

导人则否认政府指控，并声称特本总统已经放弃改革承诺。①

第三，加强国内卫生治理。新冠病毒感染疫情对阿尔及利亚国内的政治经济等领域都产生了较大的冲击。为了更好地预防和控制传染病，一方面，阿尔及利亚创建国家卫生观察站，为相关的卫生决策提供专业的建议，支持卫生决策，提高卫生决策的专家参与度；②另一方面，该国卫生部门管理机制进行了相应改革，为医务人员提供良好的工作氛围。同时，政府要求医务人员必须进行常规化的专业再培训，通过与国际知名医院合作，增强阿尔及利亚医院的专业化水平。③

第四，加大国内反腐力度。首先，2022年7月19日，特本总统正式任命了透明度、预防和反腐败高级管理局主席。这标志着阿尔及利亚完成了2020年宪法中反腐机构建设的最后一环。④其次，阿尔及利亚政府决定按照预防和打击腐败的第06—01号法律初步草案，成立一个专门负责管理被没收财产的机构，以打击腐败。⑤再次，2023年财务法案的规划会议的基本准则之一为"通过一切手段确保人民的财产免受任何形式的贪污"，同时，特本总统明确强调，对国民经济的攻击是不可原谅的犯罪。⑥另外，在《司法法规》草案中，阿尔及利亚部长理事会认为需为治

---

① "Algeria dissolves pro-democracy group amid wider crackdown," *AP News*, February 24, 2023, https://www.apnews.com/article/politics-algeria-government-abdelaziz-bouteflika-democracy-254bd0a6c381f55395ab60740b6e7df2.

② 阿尔及利亚政府官方网站：《政府会议审查了加强民族团结的具体集会措施》(La Réunion du Gouvernement examine les mesures particulières de rassemblement pour le renforcement de l'unité nationale)，2022年7月21日，https://www.premier-ministre.gov.dz/fr/post/la-reunion-du-gouvernement-examine-les-mesures-particulieres-de-rassemblement-pour-le-renforcement-de-l-unite-nationale。

③ 阿尔及利亚政府官方网站：《部长会议公报全文》，2022年12月25日，https://www.premier-ministre.gov.dz/fr/post/communique-du-conseil-des-ministres-texte-integral-17。

④ 阿尔及利亚政府官方网站：《总理正在设立透明度、预防和反腐败高级管理局》(Le Premier Ministre procède à l'installation de la Haute autorité de transparence, de prévention et de lutte contre la corruption)，2022年7月19日，https://www.premier-ministre.gov.dz/fr/post/le-premier-ministre-procede-a-l-installation-de-la-haute-autorite-de-transparence-de-prevention-et-de-lutte-contre-la-corruption-5。

⑤ 阿尔及利亚政府官方网站：《政府会议：建立一个专门管理被没收财产的机构，以打击腐败》(Réunion du Gouvernement : vers la création d'une agence spécialisée dans la gestion des biens confisqués dans le cadre de la lutte contre corruption)，2022年9月11日，https://www.premier-ministre.gov.dz/fr/post/reunion-du-gouvernement-vers-la-creation-d-une-agence-specialisee-dans-la-gestion-des-biens-confisques-dans-le-cadre-de-la-lutte-contre-corruption。

⑥ 阿尔及利亚政府官方网站：《部长会议公报全文》，2022年10月3日，https://www.premier-ministre.gov.dz/fr/post/communique-du-conseil-des-ministres-texte-integral-16。

安法官提供更好的薪资及其他待遇，以减弱金钱对法官的腐蚀。① 已故阿尔及利亚总统阿卜杜拉齐兹·布特弗利卡的弟弟赛义德·布特弗利卡因涉嫌腐败被捕。随后，其被判处 50 多万美元的罚款并被判处 12 年的监禁。② 另外，阿尔及利亚政府推动政府服务数字化，建立并启动了政府数字化公共服务门户网站，从而推动政府部门的政务更加便利、更加透明。③

总体来看，比起 2019—2020 年的局势动荡以及 2021—2022 年国内政局不稳和新冠病毒感染疫情的双重冲击，阿尔及利亚的国内政治形势在 2022 年已逐渐恢复稳定，民主改革步入正轨。根据 2023 年 2 月阿拉伯货币基金组织发布的《阿拉伯国家竞争力》报告显示，阿尔及利亚在阿拉伯国家中的竞争力在 2018—2021 年逐年提升，紧随卡塔尔、沙特、科威特和阿曼，位列第五名。④ 与此同时，阿尔及利亚的政治环境依然面临着一些挑战，主要如下：

第一，阿尔及利亚对恐怖主义的强硬打击引发人权组织批评。阿尔及利亚对于恐怖主义采取"零容忍"的态度，并以最严厉的手段对其进行打击，此举遭到国内反对派和人权组织的批评。2021 年，特本总统下令修订和补充阿尔及利亚刑法第 66—156 号法令，将恐怖主义的定义范围扩大。⑤ 按照新修订的第 66—156 号法令，阿尔及利亚高级安全理事会将政治反对派组织"拉查德"和"卡里比地区自决运动"定性为"恐怖组织"。"人权观察"在其发布的《阿尔及利亚 2021 年事件》认为，该法律可以适用于任何一个对阿尔及利亚当局提出异议的人，阿尔及利亚当局此举是破坏

---

① 阿尔及利亚政府官方网站：《部长会议公报全文》，2022 年 10 月 23 日，https：//www.premier‐ministre.gov.dz/fr/post/communique‐du‐conseil‐des‐ministres‐texte‐integral‐16。

② "Brother of Algerian ex‐leader given 12‐year graft sentence," *AP News*, February 11, 2023, https：//www.apnews.com/article/politics‐africa‐abdelaziz‐bouteflika‐algeria‐algiers‐e3c75933759fa20580afbffead1642f1.

③ 阿尔及利亚政府官方网站：《总理正式启动政府公共服务门户网站》（Le Premier Ministre procède au lancement officiel du portail gouvernemental des services publics），2022 年 7 月 12 日，https：//www.premier‐ministre.gov.dz/fr/post/le‐premier‐ministre‐procede‐au‐lancement‐officiel‐du‐portail‐gouvernemental‐des‐services‐publics。

④ 中华人民共和国驻阿尔及利亚民主人民共和国大使馆经济商务处：《阿尔及利亚在阿拉伯国家中竞争力提升》，http：//dz.mofcom.gov.cn/article/jmxw/202302/20230203384068.shtml。

⑤ MENA Rights Group："Le président algérien durcit par ordonnance la législation antiterroriste," https：//www.menarights.org/en/articles/le‐president‐algerien‐durcit‐par‐ordonnance‐la‐legislation‐antiterroriste.

阿尔及利亚人民的政治权利和基本自由。① 2022年9月，阿尔及利亚当局逮捕斯利曼·布哈夫，认为其与"卡里比地区自决运动"有联系。"大赦国际"和"人权观察"批评阿尔及利亚刑法对于恐怖主义过度使用，表示阿尔及利亚当局应立即释放布哈夫。法案的修改虽有助于阿尔及利亚的稳定，但在具体的实践中也易偏离阿尔及利亚最初的目标，阿尔及利亚在反恐问题上也必须警惕矫枉过正。

第二，阿尔及利亚国内的腐败问题仍较为严重。根据"透明国际"公布的最新数据，2022年阿尔及利亚的腐败指数为33（分数越低，腐败程度越严重），全球排名为116位，这一数字与2022年的腐败指数相同，但长远来看，近年来阿尔及利亚的腐败指数有所下降。② 腐败和冲突相互滋养：一方面，冲突是腐败的土壤，国内政局不稳和监督机构行动不力为腐败创造了机会；另一方面，贪污腐败行为在受到严厉打击后，国内会恢复一定的平和局面，但在这种平和下也有可能进行着更为隐秘的贪污。2022年，阿尔及利亚当局虽然对腐败采取了较为严厉的打击措施，并且也在努力构建和完善监管机构，但长期存在的问题无法在短时间内解决。加之阿尔及利亚周边环境并不稳定，恐怖主义、外国势力极易通过萨赫勒地区将威胁阿尔及利亚国内稳定的"炸弹"投射到其领土，破坏阿尔及利亚当局现今的成果。对于阿尔及利亚来说，反腐工作是一场持久战，特别是阿尔及利亚处在动荡的北非地区，更需要时刻警惕国内腐败与国际冲突相勾连。

二、2022年阿尔及利亚的经济形势

2022年，新冠病毒感染疫情的影响逐渐减弱，同时，俄乌冲突使欧洲等国对阿尔及利亚的石油和天然气需求增加，阿尔及利亚的经济逐步复苏。世界银行报告称，阿尔及利亚的石油产量恢复到疫情前的水平，服务业继续恢

---

① "Algeria Events of 2021," Human Rights Watch, January 26, 2022, https：//www.hrw.org/world-report/2022/country-chapters/algeria.
② "CORRUPTION PERCEPTIONS INDEX 2022," Transparency International, January 31, 2023, https：//www.transparency.org/en/cpi/2022/index/dza.

复，农业更加活跃。① 截至 2022 年底，阿尔及利亚官方估计 GDP 达到了 5120 亿美元。在国际货币基金组织 2022 年 10 月发布的《世界经济展望》报告中，预估阿尔及利亚经济增长达 4.7%，②贸易顺差超过 170 亿美元。③

（一）2022 年阿尔及利亚的经济发展概况

在国内经济层面，阿尔及利亚国内经济的第一、二产业发展趋势整体向好。

首先，碳氢化合物出口量的大幅增加，缓解了阿尔及利亚的经济问题。俄乌冲突期间，欧洲国家寻找能够替代俄罗斯的能源出口国，阿尔及利亚便是其中之一。在天然气方面，阿尔及利亚 2022 年液化天然气出口量增至 2200 万平方米。④ 阿尔及利亚天然气目前占西班牙和意大利天然气供应总额的 1/4 以上，已成为继俄罗斯、挪威之后的欧洲第三大天然气供应国。⑤ 在石油化工领域，阿尔及利亚在 2022 年成为非洲第三大产油国，已探明石油储量超过 120 亿桶，储量位列非洲第二位。⑥ 2022 年 8 月，阿尔及利亚国家石油公司索纳塔拉赫在该国阿德拉尔省再次发现重大油田，据初步估计，该油田储量达 1.5 亿桶。⑦ 为更好地促进国内石油和天然气的开发和出口，一方面，阿尔及利亚国内不断升级相关基础设施。2022 年 2 月 23

---

① "Algerian Economy: Staying the Course for Transition," World Bank, January 4, 2023, https://www.worldbank.org/en/news/press-release/2023/01/04/algerian-economy-staying-the-course-for-transition.

② "World Economy Outlook: Counreing the cost-of-living Crisis," International Monetary Fund, October, 2022, https://www.imf.org/en/Publications/WEO/Issues/2022/10/11/world-economic-outlook-october-2022.

③ 中华人民共和国驻阿尔及利亚民主人民共和国大使馆经济商务处：《2022 年底阿尔及利亚贸易顺差将超过 170 亿美元》，http://dz.mofcom.gov.cn/article/jmxw/202209/20220903351737.shtml.

④ 中华人民共和国驻阿尔及利亚民主人民共和国大使馆经济商务处：《阿尔及利亚 2022 年液化天然气出口预计增至 2200 万立方米》，http://dz.mofcom.gov.cn/article/jmxw/202207/20220703332251.shtml.

⑤ 中华人民共和国驻阿尔及利亚民主人民共和国大使馆经济商务处：《美国石油巨头雪佛龙拟在阿尔及利亚进行石油勘探》，http://dz.mofcom.gov.cn/article/jmxw/202302/20230203384069.shtml.

⑥ 中华人民共和国驻阿尔及利亚民主人民共和国大使馆经济商务处：《2022 年阿尔及利亚成为非洲第三大产油国》，http://dz.mofcom.gov.cn/article/jmxw/202206/20220603318141.shtml.

⑦ 中华人民共和国驻阿尔及利亚民主人民共和国大使馆经济商务处：《阿尔及利亚国家石油公司在 Adrar 省发现重大油田》，http://dz.mofcom.gov.cn/article/jmxw/202209/20220903345526.shtml.

日，该国位于哈西迈斯欧德南郊的分离和压缩中心建成，该设施可促进哈西迈斯欧德南部油田的石油流量，并提高分离中心的初步处理能力，改善石油生产。① 另一方面，阿尔及利亚注重与国外相关公司共同勘探和开发国内的碳氢化合物。在2022年4月，阿尔及利亚总理接见意大利石油公司埃尼的总裁，讨论两国在能源领域的合作前景。② 之后不久，阿尔及利亚国家石油公司索纳塔拉赫与该公司签署了天然气领域协议，旨在加快阿尔及利亚国内的天然气开发。③ 2022年11月，阿尔及利亚国家石油公司与中石化国际能源投资有限公司签署谅解备忘录，进一步扩大油气勘探和生产领域的合作。④

其次，阿尔及利亚国内的钢铁和汽车行业稳步发展。在钢铁业中，该国遵循了先保证国内市场需求，再进行出口的发展原则。为保护国内钢铁企业的发展，特本总统下令从3月底停止出口废铁，仅将其用于国内市场，并在一个月内禁止进口国内可生产的电器，从而进一步推动本国工业发展。⑤ 2022年，阿尔及利亚约有50万吨的铁和钢出口到欧盟、美国和非洲，预计其出口将超过15亿美元。⑥ 在汽车行业，阿尔及利亚颁布法律，规定在阿尔及利亚投资的外国汽车制造商须采购阿尔及利亚本国企业生产的汽车零部件。在阿尔及利亚外国汽车制造商禁止制造柴油车，仅可在该国内生产电动车。⑦

---

① 阿尔及利亚政府官方网站：《2月24日双周年纪念日：总理在哈西·梅萨乌德为分离和压缩中心揭幕》（Double anniversaire du 24 février : le Premier Ministre inaugure un Centre de séparation et de compression à Hassi Messaoud），2023年2月23日，https://www.premier-ministre.gov.dz/fr/post/double-anniversaire-du-24-fevrier-le-premier-ministre-inaugure-un-centre-de-separation-et-de-compression-a-hassi-messaoud。

② 阿尔及利亚政府官方网站：《总理接见了意大利石油公司"ENI"的总裁兼首席执行官》（Le Premier Ministre reçoit le Président-Directeur Général de la compagnie pétrolière italienne "ENI"），2022年4月3日，https://www.premier-ministre.gov.dz/fr/post/le-premier-ministre-recoit-le-president-directeur-general-de-la-compagnie-petroliere-italienne-eni-2。

③ 中华人民共和国驻阿尔及利亚民主人民共和国大使馆经济商务处：《阿尔及利亚—意大利：索纳塔拉赫集团和埃尼集团签署天然气领域协议》，http://dz.mofcom.gov.cn/article/jmxw/202204/20220403306032.shtml。

④ 中华人民共和国驻阿尔及利亚民主人民共和国大使馆经济商务处：《阿尔及利亚和中国加强石油开发合作》，http://dz.mofcom.gov.cn/article/jmxw/202211/20221103368513.shtml。

⑤ 中华人民共和国驻阿尔及利亚民主人民共和国大使馆经济商务处：《特本总统下令从3月底开始停止出口废铁》，http://dz.mofcom.gov.cn/article/jmxw/202202/20220203280577.shtml。

⑥ 中华人民共和国驻阿尔及利亚民主人民共和国大使馆经济商务处：《预计2022年阿尔及利亚铁和钢出口15亿美元》，http://dz.mofcom.gov.cn/article/jmxw/202212/20221203372925.shtml。

⑦ 中华人民共和国驻阿尔及利亚民主人民共和国大使馆经济商务处：《在阿尔及利亚设厂的外国汽车制造商须与阿本国汽车零部件企业合作》，http://dz.mofcom.gov.cn/article/jmxw/202212/20221203372180.shtml。

再次,受新冠病毒感染疫情的影响、俄乌冲突的持久未决以及阿尔及利亚国内的自然条件使阿尔及利亚领导层愈发重视农业发展和农业技术开发。阿尔及利亚禁止出口糖、意大利面、油、粗面粉和所有小麦衍生品,严格禁止进口冷冻肉,以贷款、化肥和其他福利的形式鼓励和支持农民开展农业活动,增加国家战略性粮食储备。[①] 2022年8月,阿尔及利亚总理艾伊曼·阿卜杜拉赫曼为国家种子银行揭幕,该银行旨在加强和保障阿尔及利亚粮食安全,开发农业技术,促进农业发展。阿尔及利亚农业部进行了农业资产普查,并在2023年2月8日阿尔及利亚总理阿卜杜拉赫曼主持召开的农业和农村发展部门政府会议上公布结果,同时采取措施加强粮食安全。[②]

阿尔及利亚在积极发展国内第一、二产业的同时,也在主动发展旅游业、知识经济、科学技术等第三产业。在旅游业方面,2020年,英国组织"英国背包客协会"发布公告,认为在探险旅游方面,阿尔及利亚具有最大的潜力。[③] 但是,持续的疫情使阿尔及利亚的旅游业受到了较大的影响。2022年6月24日,世界旅游组织秘书长对阿尔及利亚进行访问,以期开展双边合作,发展和促进阿尔及利亚旅游业。[④] 2022年9月29日至10月2日,阿尔及利亚举行了第21届国际旅游和旅行博览会,展示国内和国际的旅游目的地,为国内旅游业的复苏拉开序幕。[⑤]

在知识经济领域,2021年,阿尔及利亚领导层已认识到要建立以知识为关键生产要素的国民经济的重要性。在2022年,阿尔及利亚国内正在将这一理念逐步投入实践。首先,在2022年3月26日,阿尔及利亚国家科学研究

[①] 阿尔及利亚政府官方网站:《部长会议公报全文》,2022年3月13日,https://www.premier-ministre.gov.dz/fr/post/communique-du-conseil-des-ministres-texte-integral。

[②] 阿尔及利亚政府官方网站:《促进农业部门是政府会议工作的核心》,2023年2月8日,https://www.premier-ministre.gov.dz/fr/post/la-promotion-du-secteur-de-l-agriculture-au-centre-des-travaux-de-la-reunion-du-gouvernement。

[③] 中华人民共和国驻阿尔及利亚民主人民共和国大使馆经济商务处:《探险游:根据英国排名,阿尔及利亚拥有世界最大的潜力》,http://www.mofcom.gov.cn/article/i/jyjl/k/202001/20200102927916.shtml。

[④] 阿尔及利亚政府官方网站:《总理接见了世界旅游组织秘书长》(Le Premier Ministre reçoit le Secrétaire Général de l'Organisation mondiale du tourisme),2022年6月24日,https://www.premier-ministre.gov.dz/fr/post/le-premier-ministre-recoit-le-secretaire-general-de-l-organisation-mondiale-du-tourisme。

[⑤] 阿尔及利亚政府官方网站:《总理周四为第21届国际旅游和旅行博览会揭幕》(Le Premier Ministre inaugure jeudi la 21e édition du Salon international du tourisme et des voyages),2022年9月28日,https://www.premier-ministre.gov.dz/fr/post/le-premier-ministre-inaugure-jeudi-la-21e-edition-du-salon-international-du-tourisme-et-des-voyages。

和技术委员会正式成立，该机构是总统的咨询机构，由来自不同专业和科学背景的45名成员组成，负责促进技术创新和发展，并评估相关国家科研机制。[1] 该机构的成立为阿尔及利亚国内的科研发展提供了良好的政治机制。其次，鼓励年轻人创业，并为其提供良好的创新系统和融资机制。2022年3月，阿尔及利亚召开第二届全国创业会议，阿尔及利亚总理阿卜杜拉赫曼在会议中提到政府将建立和加强电子支付手段的监管机制，为初创企业提供更大的灵活性；同时，也将为初创企业和创新项目的领导者提供培训、建议和融资。[2] 再次，推进大学教育机制现代化，加强高校与负责初创企业的相关政府部门的联系与合作，加快科研成果转化。[3] 对于知识经济的支持也在一定程度上有助于解决阿尔及利亚国内民众的失业问题。

在国际经济层面，阿尔及利亚重视吸引国际投资，尤其是来自非盟和欧盟国家的投资，而非盟又是其中的重中之重。在2022年6月，第53届阿尔及利亚国际博览会开幕，共有30多家微型企业参展，主要涵盖了生产工业和电子设备、电线杆、汽车配件等行业。[4] 阿尔及利亚政府努力为本国的初创企业吸引国际投资。阿尔及利亚分别积极与埃及、欧盟召开经济、能源论坛，并达成相关合作。[5] 在非洲—美国商业论坛上，阿尔及利亚总理阿卜杜拉赫曼向与会者展示了阿尔及利亚的新投资体系，为相关投

---

[1] 阿尔及利亚政府官方网站：《总理在CNRST安装期间说："我们渴望在研究和创新领域实现质的飞跃"》(Le Premier Ministre lors de l'installation du CNRST：《Nous aspirons à réaliser un saut qualitatif dans le domaine de la recherche et de l'innovation)，2022年3月26日，https：//www.premier-ministre.gov.dz/fr/post/le-premier-ministre-lors-de-l-installation-du-cnrst-nous-aspirons-a-realiser-un-saut-qualitatif-dans-le-domaine-de-la-recherche-et-de-l-innovation。

[2] 阿尔及利亚政府官方网站：《开发一个有利的生态系统，以促进初创企业的创建和支持》，2022年4月11日，https：//www.premier-ministre.gov.dz/fr/post/developper-un-ecosysteme-propice-pour-favoriser-la-creation-et-le-soutien-des-start-up。

[3] 阿尔及利亚政府官方网站：《部长会议公报全文》，2022年2月5日，https：//www.premier-ministre.gov.dz/fr/post/communique-du-conseil-des-ministres-13。

[4] 中华人民共和国驻阿尔及利亚民主人民共和国大使馆经济商务处：《第53届阿尔及尔国际博览会：30多家微型企业参展》，http：//dz.mofcom.gov.cn/article/jmxw/202206/20220603318142.shtml。

[5] 阿尔及利亚政府官方网站：《总理和埃及总理为阿尔及利亚—埃及经济论坛揭幕》(Le Premier Ministre et son homologue égyptien procèdent à l'ouverture du Forum économique algéro-égyptien)，2022年6月3日，https：//www.premier-ministre.gov.dz/fr/post/le-premier-ministre-et-son-homologue-egyptien-procedent-a-l-ouverture-du-forum-economique-algero-egyptien；《总理宣布阿尔及利亚—欧盟能源商业论坛开幕》(Le Premier Ministre procède à l'ouverture du Forum d'affaires Algérie-UE sur l'Énergie)，2022年10月11日，https：//www.premier-ministre.gov.dz/fr/post/le-premier-ministre-procede-a-l-ouverture-du-forum-d-affaires-algerie-ue-sur-l-energie。

资者提供保证，呼吁更多投资者进入阿尔及利亚市场。① 此外，阿尔及利亚主动推动非盟成员国的经济一体化。在2022年5月，阿尔及利亚向与会的非洲各兄弟国家强调了创新在促进非洲各国经济发展中的作用以及非洲青年的创新力与潜力，② 并将之称为解决非洲高失业率的"阿尔及利亚方案"。在2022年6月，阿尔及利亚正式加入非洲进出口银行。③ 非洲进出口银行旨在为其成员国提供融资解决方案，提供资金支持，从而促进非洲贸易的发展。作为非洲的重要经济体，阿尔及利亚成功加入非洲进出口银行对于其与非洲各国的合作发展和融入并促进非洲经济一体化具有重要作用。

（二）2022年阿尔及利亚经济高速发展的原因及现有问题

阿尔及利亚能够在较短的时间内实现多领域高速发展，离不开国内的经济改革。首先，阿尔及利亚为推动国内经济发展，简化行政程序，在经济部门的管理中应用数字技术，尽量减少官僚制度对经济发展的影响。④ 其次，阿尔及利亚出台了新投资法，重组投资体制框架，明确各部门职责，简化所有领域的监管，以便为企业的服务和投资提供新的动力。⑤ 再次，新冠病毒感染疫情影响的减弱使阿尔及利亚国内的经济秩序逐渐恢复。另外，俄乌冲突的持续导致西方国家纷纷寻求能源替代国，而这也使

---

① 阿尔及利亚政府官方网站：《非洲—美国商业论坛：总理强调了阿尔及利亚的新投资体系》（Forum d'affaires Afrique – Etats – Unis: Le Premier Ministre met en avant le nouveau dispositif de l'investissement en Algérie），2022年12月14日，https://www.premier-ministre.gov.dz/fr/post/forum-d-affaires-afrique-etats-unis-le-premier-ministre-met-en-avant-le-nouveau-dispositif-de-l-investissement-en-algerie。

② 阿尔及利亚政府官方网站：《在总理宣读的致辞中，共和国总统呼吁审查非洲初创企业繁荣的最有效机制》，2022年5月12日，https://www.premier-ministre.gov.dz/fr/post/dans-un-message-lu-par-le-premier-ministre-le-president-de-la-republique-appelle-a-examiner-les-mecanismes-les-plus-efficaces-pour-la-prosperite-des-start-up-en-afrique。

③ 中华人民共和国驻阿尔及利亚民主人民共和国大使馆经济商务处：《阿尔及利亚正式加入非洲进出口银行》，http://dz.mofcom.gov.cn/article/jmxw/202206/20220603319398.shtml。

④ 阿尔及利亚政府官方网站：《总理在政府—瓦利斯会议闭幕时：地方事务的管理需要纯粹的经济方法》（Le Premier Ministre lors de la clôture de la rencontre Gouvernement – Walis: la gestion des affaires locales exige une approche purement économique），2022年9月25日，https://www.premier-ministre.gov.dz/fr/post/le-premier-ministre-lors-de-la-cloture-de-la-rencontre-gouvernement-walis-la-gestion-des-affaires-locales-exige-une-approche-purement-economique。

⑤ 阿尔及利亚政府官方网站：《部长会议公报全文》，2022年10月3日，https://www.premier-ministre.gov.dz/fr/post/communique-du-conseil-des-ministres-texte-integral-14。

阿尔及利亚低迷的油价得以上涨，进一步促进了阿尔及利亚经济的恢复。

但与此同时，阿尔及利亚依然面临着来自能源转型和通货膨胀的挑战。

在能源转型方面，以石油、天然气为主的碳氢化合物出口仍占据阿尔及利亚出口收入的主要部分，阿尔及利亚的长期前景仍与能源价格紧密相关。虽然2022年1—4月阿尔及利亚非碳氢化合物的出口与2021年同期相比增长了82%，但该国的经济结构依然不平衡，部分产品仍被禁止出口。①同时，阿尔及利亚国内加快氢气和太阳能等绿色能源的开发，制订相关计划来进行新能源开发，以减轻国内经济对化石能源的依赖。但实行计划需要更多的资金和专业技术，对目前的阿尔及利亚来说心有余而力不足。2022年12月非洲—美国峰会期间，阿尔及利亚总理阿卜杜拉赫曼在华盛顿会见了美国赫卡特能源公司的执行总裁，讨论双方在可再生能源领域的合作，并强调了美国公司的经验和技术的重要性。②如何在合作中掌握核心技术并保持技术独立性，是阿尔及利亚能源转型的一大挑战。

在通货膨胀方面，虽然阿尔及利亚的能源出口在2022年为其带来了巨大的经济收益，但其国内的通胀现象仍较为严重。2023年2月1日，国际货币基金组织在阿尔及利亚2022年第四条磋商报告草案中称，预计2022年阿尔及利亚的通胀率达到26年以来的最高点——9.3%。③为缓解通胀压力，除了公共财务管理和多元经济发展，阿尔及利亚还需要进一步加强投资，但是目前阿尔及利亚政府为保护国内产品，严格进行进口监管，限制了其经济环境的良性发展。2022年，阿尔及利亚从事进口的企业数量锐减，从2021年的37851家减至2022年的13945家。④严格监管可能会给阿尔及利亚经济带来一系列风险，不利于阿尔及利亚经济的可持续发展。要

---

① 中华人民共和国驻阿尔及利亚民主人民共和国大使馆经济商务处：《2022年1—4月阿尔及利亚非碳氢化合物出口超20亿美元》，http://dz.mofcom.gov.cn/article/jmxw/202206/20220603322227.shtml。

② 阿尔及利亚政府官方网站：《总理在华盛顿接待了专门从事能源和可再生能源的美国公司的官员》，2022年12月13日，https://www.premier-ministre.gov.dz/fr/post/le-premier-ministre-recoit-a-washington-des-responsables-d-entreprises-americaines-specialisees-dans-l-energie-et-les-energies-renouvelables。

③ 中华人民共和国驻阿尔及利亚民主人民共和国大使馆经济商务处：《国际货币基金组织（IMF）发布阿尔及利亚2022年第四条磋商报告草案》，http://dz.mofcom.gov.cn/article/jmxw/202302/20230203384063.shtml。

④ 中华人民共和国驻阿尔及利亚民主人民共和国大使馆经济商务处：《2022年阿尔及利亚进口企业数量锐减》，http://dz.mofcom.gov.cn/article/jmxw/202302/20230203384427.shtml。

改变现有经济问题，阿尔及利亚需要继续推进更加多元化的经济发展模式。

三、2022年阿尔及利亚的对外关系

2022年阿尔及利亚在着力解决西撒哈拉问题的同时，也将对外关系的重点转向地区关系的发展，更加重视在地区舞台上发挥阿尔及利亚的作用。

（一）2022年阿尔及利亚对外关系概况

第一，在西撒哈拉问题上增添助力。西撒哈拉问题主要涉及阿尔及利亚、摩洛哥、突尼斯等国。长期以来，突尼斯在西撒哈拉问题上保持相对中立的态度，然而在2022年，突尼斯与阿尔及利亚的关系有更为亲密之势。2022年6月10日，突尼斯总统凯斯·赛义德接见了阿尔及利亚外长拉马拉，共同讨论双边合作和共同关心的问题。[1] 2022年8月，突尼斯总统赛义德单方面邀请了波利萨里奥阵线领导人布拉西姆·加利参加在东京举行的日非经济论坛，该行为引起摩洛哥的不满。外界认为该邀请表明突尼斯在西撒哈拉问题的立场已逐渐转向阿尔及利亚。[2] 之后，在2022年11月26日，突尼斯总统再次接见阿尔及利亚外长，希望将双边关系提升到一个更高的层次。[3] 近年来，由于外部国家对摩洛哥在西撒哈拉势力的承认，阿尔及利亚在西撒哈拉问题上呈相对劣势。突尼斯与阿尔及利亚关系的走近改善了阿尔及利亚的弱势地位。

---

[1] 阿尔及利亚民主共和国外交和海外侨民部（People's Democratic Republic of Algeria Ministry of Foreign Affairs and National Community Abroad）：《凯斯·赛义德总统在突尼斯接见了拉马拉部长》（Minister Lamamra received in Tunis by President Kais Saied），2022年6月10日，https://www.mfa.gov.dz/press-and-information/news-and-press-releases/algeria-hails-renewal-of-truce-in-yemen-calls-for-continuing-dialogue。

[2] "Is Tunisia Abandoning Morocco for Algeria?" Foreign Policy, September 19, 2022, https://www.foreignpolicy.com/2022/09/19/is-tunisia-abandoning-morocco-for-algeria/.

[3] 阿尔及利亚民主人民共和国外交和海外侨民部：《拉马拉被突尼斯总统接见，担任特布恩总统的特使》（Lamamra received by Tunisian President as President Tebboune's special envoy），2022年11月26日，https://www.mfa.gov.dz/press-and-information/news-and-press-releases/lamamra-received-by-tunisian-president-as-president-tebbounes-special-envoy。

第二，与法国关系逐步实现正常化。2022年8月，法国总统马克龙对阿尔及利亚进行了为期三天的访问，两国在天然气、氢气开发和医学合作方面达成一系列合作。① 在马克龙访问阿尔及利亚之后，法国外交部秘书长安妮·玛丽·德科特、法国官员凯瑟琳·科隆纳分别在2022年9月、10月访问阿尔及利亚，讨论双方的合作和相关问题。② 2023年1月25日，第九届阿尔及利亚—法国政治磋商会议召开。双方探讨如何更好地促进双边关系的发展，并正式启动了两国高层建立的合作机制。③ 法国和阿尔及利亚在经济领域的合作密切，联系频繁。然而，在法国曾经殖民阿尔及利亚一事上，两国仍存在态度分歧，这或将成为两国关系进一步发展的潜在隐患。

第三，在非盟事务中发挥积极作用。2022年阿尔及利亚积极参与非盟的各项会议并就相关问题提出"阿尔及利亚方案"。2022年2月，阿尔及利亚外长拉马拉参加非洲治理问题高级别会议，提出为促进非洲大陆的和平，应协调非盟和主权国家之间的关系，加强预防性外交。④ 2022年7月28日，阿尔及利亚外长接待非盟政治事务、和平与安全专员，商讨阿尔及利亚和非盟之间的合作，此外双方讨论了利比亚、马里和萨赫勒地区的安全问题。⑤ 2023年1月12日，阿尔及利亚外长参加非盟十国委员会，强调

---

① "France's Macron woos Algeria, but can't erase colonial scars," *AP News*, August 28, 2022, https：//www.apnews.com/article/africa-france-diplomacy-macron-5b21b877031b5a137c1ca9bb71d0c531.

② 阿尔及利亚民主人民共和国外交和海外侨民部：《阿尔及利亚—法国：外交部秘书长举行政治磋商》（Algeria-France: Foreign Affairs Ministries' SGs hold political consultations），2022年9月30日，https：//www.mfa.gov.dz/press-and-information/news-and-press-releases/algeria-france-foreign-affairs-ministries-sgs-hold-political-consultations；《拉马拉与法国同行进行会谈》（Lamamra holds talks with French counterpart），2022年10月10日，https：//www.mfa.gov.dz/press-and-information/news-and-press-releases/lamamra-holds-talks-with-french-counterpart。

③ 阿尔及利亚民主人民共和国外交和海外侨民部：《阿尔及利亚—法国第九届政治磋商会议》（9th session of Algeria-France political consultations），2023年1月25日，https：//www.mfa.gov.dz/press-and-information/news-and-press-releases/9th-session-of-algeria-france-political-consultations。

④ 阿尔及利亚民主人民共和国外交和海外侨民部：《在非洲同行审议机制主持下组织的非洲治理高级别会议》（High Level Meeting on Governance in Africa organized under the auspices of the APRM），2022年2月7日，https：//www.mfa.gov.dz/press-and-information/news-and-press-releases/high-level-meeting-on-governance-in-africa-organized-under-the-auspices-of-the-aprm-1。

⑤ 阿尔及利亚民主人民共和国外交和海外侨民部：《拉马拉接见非盟政治事务、和平与安全专员》（Lamamra receives AU Commissioner for Political Affairs, Peace and Security），2022年7月28日，https：//www.mfa.gov.dz/press-and-information/news-and-press-releases/lamamra-receives-au-commissioner-for-political-affairs-peace-and-security。

非洲国家有责任在国际上建立统一战线，非洲各国应相互协调、相互促进。① 2023年2月19日，在第36届非盟首脑会议上，阿尔及利亚宣布为阿尔及利亚国际团结与发展合作机构注入10亿美元，为非洲的发展项目提供资金支持。②

第四，注重与阿盟成员国加强联系。2022年，阿尔及利亚外长拉马拉分别与伊拉克、也门、叙利亚、黎巴嫩等国家的相关官员会面，保持双方的友好关系，并期待进一步深化合作。2022年11月1日，第31届阿盟首脑理事会在阿尔及利亚召开，会议围绕粮食、能源、健康和巴勒斯坦问题展开，并最终发表《阿尔及尔宣言》。本届理事会是2019年后首次举行的阿盟首脑理事会，其会议地点选择在阿尔及利亚，也可看出阿尔及利亚在阿盟中的地位愈发重要。阿盟首脑理事会结束后，中阿峰会紧随其后。在中阿峰会，阿尔及利亚在利雅得与阿拉伯国家再度会晤。

第五，与亚洲国家联系加深。2022年9月4日，马来西亚副外长贾法尔访问阿尔及利亚，双方支持成立阿尔及利亚—马来西亚商业委员会。③ 2022年9月29日，泰国副外长维贾瓦特·伊萨拉巴克德访问阿尔及利亚，双方签署了两国政治磋商谅解备忘录。④ 2022年12月18日，日本副外务大臣山田健二访问阿尔及利亚，双方共同表示希望进一步加强两国的对话

---

① 阿尔及利亚民主人民共和国外交和海外侨民部：《拉马拉先生参加了非盟C10联合国安理会改革部长级会议》（Mr. Lamamra takes part in AU C10 ministerial meeting on UN Security Council reform），2023年1月12日，https：//www.mfa.gov.dz/press-and-information/news-and-press-releases/mr-lamamra-takes-part-in-au-c10-ministerial-meeting-on-un-security-council-reform。

② 阿尔及利亚民主人民共和国外交和海外侨民部：《非盟峰会：共和国总统宣布向AACISD注入10亿美元，为非洲的发展项目提供资金》（Sommet de l'UA: Le Président de la République annonce l'injection d'un milliard de dollars dans l'AACISD pour le financement de projets de développement en Afrique），2023年2月19日，https：//www.premier-ministre.gov.dz/fr/post/sommet-de-l-ua-le-president-de-la-republique-annonce-l-injection-d-un-milliard-de-dollars-dans-l-aacisd-pour-le-financement-de-projets-de-developpement-en-afrique。

③ 阿尔及利亚民主人民共和国外交和海外侨民部：《拉马拉接见马来西亚副外长》（Lamamra receives Malaysia's Deputy Foreign Minister），2022年9月4日，https：//www.mfa.gov.dz/press-and-information/news-and-press-releases/lamamra-receives-malaysias-deputy-foreign-minister。

④ 阿尔及利亚民主人民共和国外交和海外侨民部：《拉马拉接见了泰国外交部副部长》（Lamamra received Deputy Minister of Foreign Affairs of Thailand），2022年9月29日，https：//www.mfa.gov.dz/press-and-information/news-and-press-releases/lamamra-received-deputy-minister-of-foreign-affairs-of-thailand。

与合作，并在太阳能、地震工程、海运等多领域进行合作。① 2022年12月19日，柬埔寨负责伊斯兰事务高级部长奥斯曼·汉森访问阿尔及利亚，这是柬埔寨高级官员多年来首次访问阿尔及利亚。② 阿尔及利亚与中国的关系也不断加强。2022年11月8日，阿尔及利亚与中国签署第二个五年合作计划（2022—2026），计划旨在进一步加强阿尔及利亚和中国在经济、贸易、能源等领域的交流与合作。③ 2022年12月5日，阿尔及利亚与中国签订了联合实施共建"一带一路"倡议和2022—2024年关键领域三年合作执行计划，这是阿尔及利亚与中国深化合作的一个里程碑。④ 在中阿峰会正式召开后，阿尔及利业总理阿卜杜拉赫曼与中国国家主席习近平于2022年12月9日会晤，商讨两国合作的现状，并为两国接下来的合作指明基本方向。⑤

总体来看，2022年的阿尔及利亚对外关系多元化：在经济方面以非盟为核心的非洲地区为主，在政治方面以阿盟为核心的阿拉伯国家为主，并向外辐射到近邻的部分欧洲国家，同时也将交往范围扩大到亚洲部分小国和拉丁美洲国家，其对外交往范围由近及远，不断扩大，对外交往层次不断深入。

---

① 阿尔及利亚民主人民共和国外交和海外侨民部：《秘书长与日本外交国务大臣举行会谈》（The secretary general holds talks with Japan's Minister of State for Foreign Affairs），2022年12月18日，https：//www.mfa.gov.dz/press-and-information/news-and-press-releases/belani-holds-talks-with-japans-minister-of-state-for-foreign-affairs。

② 阿尔及利亚民主人民共和国外交和海外侨民部：《秘书长与柬埔寨伊斯兰事务高级部长讨论》（The Secretary General discusses with Cambodian Senior Minister for Islamic Affairs），2022年12月19日，https：//www.mfa.gov.dz/press-and-information/news-and-press-releases/belani-holds-talks-with-cambodian-minister-of-state-in-charge-of-muslim-affairs。

③ 阿尔及利亚民主人民共和国外交和海外侨民部：《阿尔及利亚、中国签署第二项2022—2026年五年全面战略合作计划》（Algeria, China sign 2nd five-year comprehensive strategic cooperation plan 2022-2026），2022年11月8日，https：//www.mfa.gov.dz/press-and-information/news-and-press-releases/algeria-china-sign-2nd-five-year-comprehensive-strategic-cooperation-plan-2022-2026。

④ 阿尔及利亚民主人民共和国外交和海外侨民部：《阿尔及利亚、中国签署了两项加强全面战略伙伴关系的计划》（Algeria, China sign two plans to strengthen comprehensive strategic partnership），2022年12月5日，https：//www.mfa.gov.dz/press-and-information/news-and-press-releases/algeria-china-sign-two-plans-to-strengthen-comprehensive-strategic-partnership。

⑤ 阿尔及利亚政府官方网站：《利雅得阿中首脑会议：中华人民共和国主席接见总理》（Sommet arabo-chinois à Riyadh: le Premier Ministre reçu par le Président de la République populaire de Chine），2022年9月12日，https：//www.premier-ministre.gov.dz/fr/post/sommet-arabo-chinois-a-riyadh-le-premier-ministre-recu-par-le-president-de-la-republique-populaire-de-chine。

(二) 阿尔及利亚对外关系面临的机遇与挑战

2022年，阿尔及利亚国内国际的发展都有了新的突破，而要维持现状、实现继续发展，阿尔及利亚需要一个更为稳定的国内和国际环境。2022年，阿尔及利亚本土未发生严重的恐怖袭击，但是，阿尔及利亚的周边地区问题仍未解决，这对阿尔及利亚来说也是悬于其头顶的"达摩克利斯之剑"。阿尔及利亚坚持奉行独立自主的外交方针，这也限制了阿尔及利亚无法成为周边问题的"斡旋人"。阿尔及利亚领导层意识到这个困境，并试图积极采取行动。阿尔及利亚试图通过与周边国家和国际组织的合作，在现有的国际机制框架下，与其共同推动非洲地区恐怖主义的解决。在2023年2月8日，阿尔及利亚外交和海外侨民部秘书长会见了联合国毒品和犯罪问题办公室执行主任戈哈达·沃利，双方讨论了打击恐怖主义、武器和毒品贩运以及非洲，尤其是萨赫勒地区的人口贩运问题。[1] 同日，阿尔及利亚外交和海外侨民部秘书长会见了欧洲安全与合作组织秘书长赫尔加·施密德，讨论打击恐怖主义的经验和挑战。[2] 在2023年2月19日举行的第36届非盟首脑会议上，特本总统强调了恐怖主义和暴力极端主义对非洲大陆的危害，呼吁非盟成员国充分利用所有预防、管控和解决冲突机制，打击恐怖主义和暴力极端主义。[3]

针对马里国内的动荡局势，除了在联合国的机制下帮助恢复马里国内局势稳定外，阿尔及利亚还试图与马里恢复双边合作机制，促进《马里和

---

[1] 阿尔及利亚民主人民共和国外交和海外侨民部：《秘书长会见了毒品和犯罪问题办公室执行主任》(The Secretary General meets with the Executive Director of UNODC)，2023年2月8日，https：//www.mfa.gov.dz/press-and-information/news-and-press-releases/the-secretary-general-meets-with-the-executive-director-of-unodc。

[2] 阿尔及利亚民主人民共和国外交和海外侨民部：《秘书长会见欧安组织秘书长》(Secretary General meets with OSCE Secretary General)，2022年2月8日，https：//www.mfa.gov.dz/press-and-information/news-and-press-releases/secretary-general-meets-with-osce-secretary-general。

[3] 阿尔及利亚民主人民共和国外交和海外侨民部：《非盟峰会：共和国总统宣布向AACISD注入10亿美元，为非洲的发展项目提供资金》(Sommet de l'UA : Le Président de la République annonce l'injection d'un milliard de dollars dans l'AACISD pour le financement de projets de développement en Afrique)，2023年2月19日，https：//www.premier-ministre.gov.dz/fr/post/sommet-de-l-ua-le-president-de-la-republique-annonce-l-injection-d-un-milliard-de-dollars-dans-l-aacisd-pour-le-financement-de-projets-de-developpement-en-afrique。

平与和解协定》顺利执行。① 2022 年 9 月 1 日，阿尔及利亚外长拉马拉与马里相关官员在巴马科举行第十八届战略双边委员会会议，双方讨论了推动马里和平的措施以及促进阿尔及利亚—马里在该地区安全问题上的战略前景。② 有报告分析道：阿尔及利亚在打击恐怖主义方面有着巨大的成就，但在萨赫勒地区，阿尔及利亚的作用是缺失的；2022 年 11 月 9 日，法国总统马克龙宣布正式结束为期 8 年的"新月行动"，法国的退出为阿尔及利亚填补地区权力真空提供了机会。为了在不违背国家的基本外交方针的同时发挥阿尔及利亚作为地区大国的调和作用，阿尔及利亚采取了以反恐和安全问题为由来推进地区外交的举措，其维护地区和平的实际成效还有待进一步观察。

四、结语

相较于 2019—2021 年的动荡不安，阿尔及利亚国内局势在 2022 年已步入正轨：在政治方面，民主改革已有序开展；在经济方面，阿尔及利亚把握时机，确保石油和天然气的稳定出口，同时，为实现国内经济多元化，摆脱对碳氢化合物的严重依赖，阿尔及利亚也在积极促进新能源和知识经济的发展，并力求缓解民众的失业问题；在外交方面，阿尔及利亚正努力恢复与法国外交关系正常化，并积极发挥作为非洲地区大国的作用，在全球范围内寻找更多的合作伙伴。但阿尔及利亚国内仍存在着较多的问题：政治上，阿尔及利亚对反恐的强硬立场须警惕矫枉过正，其国内的腐败问题仍不可放松警惕；经济上，其通胀仍居高不下，而对进口企业的管制不利于其引进投资缓解本国的通胀；外交上，阿尔及利亚仍需要应对周边的恐怖主义问题，为国内的发展争取一个安全的周边环境。

---

① 阿尔及利亚民主人民共和国外交和海外侨民部：《拉马拉与马里同行协商》（Lamamra confers with Malian counterpart），2022 年 8 月 7 日，https：//www.mfa.gov.dz/press – and – information/news – and – press – releases/lamamra – confers – with – malian – counterpart。

② 阿尔及利亚民主人民共和国外交和海外侨民部：《拉马拉与马里同行共同主持了在巴马科举行的第 18 届战略双边委员会会议》（Lamamra co – chairs with Malian counterpart 18th Strategic Bilateral Committee session in Bamako），2022 年 9 月 1 日，https：//www.mfa.gov.dz/press – and – information/news – and – press – releases/lamamra – co – chairs – with – malian – counterpart – 18th – strategic – bilateral – committee – session – in – bamako。

2022 年的伊斯兰合作组织

丁　隆　刘国熙[①]

【摘　要】
　　伊合组织积极参与全球治理，应对伊斯兰世界面临的挑战。该组织在巴勒斯坦问题上积极作为，支持巴勒斯坦人民正义事业，向其提供人道主义援助。在阿富汗问题上，伊合组织加强成员国与国际组织的协调，保持与阿富汗临时政府接触，缓解阿富汗人道主义危机。伊合组织保持与大国对话与协商，扮演全球治理重要参与者、调解者与贡献者的角色。虽然伊合组织面临议程推进难度大、运行效率不高、资金缺乏等困难，但是它在维护伊斯兰世界利益、缓解人道主义危机等方面发挥着重要作用。

【关键词】
　　伊合组织　巴以冲突　阿富汗　大国关系　人道主义援助

　　伊合组织是仅次于联合国的全球第二大政府间组织。1969 年成立以来伊合组织开展预防性外交，调解成员国冲突，加强伊斯兰世界团结，同大国以及联合国等国际组织在国际问题上协调，被认为是"伊斯兰世界的集体呼声"。俄乌冲突的外溢效应对伊斯兰世界粮食安全、能源供应、供应链和产业链等方面产生深远影响。2022 年，伊合组织成员国超过 8900 多万人需要紧急粮食援助，约有 3 亿人生活在贫困线以下，世界 72% 的难民在伊合组织成员国里。[②] 此外，气候变暖导致的自然灾害，

[①] 丁隆，上海外国语大学中东研究所研究员；刘国熙，对外经济贸易大学外语学院 2019 级博士研究生。

[②] "General Secretariat Hosts an Expanded Annual Coordination Meeting of OIC Institutions (ACMOI) to Enhance Synergy among its Organs in Serving Member States' Agenda", December 14, 2022, https：//www.oic‐oci.org/topic/? t_id=38039&ref=26085&lan=en.

以及恐怖主义肆虐为伊合组织成员国带来严峻挑战。作为基于共同信仰、服务于伊斯兰世界利益的国际组织，伊合组织参与全球治理，有助于创造更加公平的国际环境，帮助遭受军事冲突和人道主义危机的成员国提高治理能力。

一、为解决巴勒斯坦问题付出努力

巴勒斯坦问题是伊合组织的首要议题，伊合组织成员国的共识是结束以色列占领，确保巴勒斯坦人民享有建国的合法权利。伊合组织积极解决巴勒斯坦问题，促使巴勒斯坦获得国际社会承认。比如，伊合组织帮助巴勒斯坦解放组织获得联合国观察员地位，使其被确立为巴勒斯坦人民的唯一合法代表，并在联合国大会通过决议，宣布犹太复国主义是种族主义意识形态。近年来，中东地缘政治局势发生剧变，巴勒斯坦问题被边缘化，为伊合组织带来挑战。

（一）巴以爆发新一轮冲突

2022年是继第二次巴勒斯坦大起义以来，巴以冲突死亡人数最多的一年。2022年4月，数百名巴勒斯坦人在阿克萨清真寺同以色列警方发生冲突，造成至少152人受伤。5月，卡塔尔半岛电视台记者希琳·阿布·阿格莱在巴勒斯坦杰宁地区报道时，中弹身亡，引发巴勒斯坦方面的强烈谴责。联合国人道主义事务协调办公室数据显示，截至2022年12月19日，巴以冲突已导致146名巴勒斯坦人死亡，约为2021年的1倍。巴勒斯坦人多死于发生在约旦河西岸城市杰宁、纳布卢斯的冲突中，其中超过一半人年龄在25岁以下。[1]

2022年11月，内塔尼亚胡领导的利库德集团在以色列大选中获胜。新政府被认为是以色列有史以来最右翼政府，其定居点合法化、改变阿克萨清真寺属性等激进政策势必引发新一轮巴以冲突。

巴以局势再度恶化的外部原因有以下三个方面：

---

[1] "2022 was deadliest year for West Bank Palestinians in nearly two decades," *The Washington Post*, December 29, 2022, https://www.washingtonpost.com/world/2022/12/29/palestinians-killed-west-bank-israel/.

首先，地区大国对巴勒斯坦问题的关注度下降。西亚北非局势动荡发生后，埃及、叙利亚等传统阿拉伯强国实力下降，沙特和阿联酋等海湾国家依靠丰富的石油收入保持政权稳定，成为阿拉伯世界的领导者。这些国家的年轻一代领导人认为，巴以冲突在短期内无法得到解决。在国族主义影响下，他们更加关注本国经济发展和安全。

其次，《亚伯拉罕协议》签署后巴勒斯坦问题被边缘化。2020 年 8 月，在美国撮合下，以色列、阿联酋和巴林等国签署《亚伯拉罕协议》，阿拉伯国家与以色列出现一波建交潮。相比埃及与以色列关系正常化后双方之间的"冷和平"，阿联酋与以色列建交为双方带来巨大经济红利，两国已签署自由贸易协定，在贸易、科技、安全等领域合作密切，巴勒斯坦问题随之退居次要位置。

最后，美国未切实推动"两国方案"。拜登上台后，致力于缓和特朗普政府时期美国与巴勒斯坦的紧张关系。2022 年 7 月，拜登访问巴勒斯坦期间，宣布美国支持"两国方案"，表达重开美国驻耶路撒冷总领事馆的愿望，承诺向巴勒斯坦提供 3.16 亿美元援助。但是，美国并未完全履行这些承诺，未能扭转巴勒斯坦问题边缘化趋势。

（二）伊合组织解决巴勒斯坦问题的途径

伊合组织通过召开巴勒斯坦问题国际会议，举办"声援巴勒斯坦人民国际日"纪念活动，向巴勒斯坦人民提供人道主义援助，推动巴勒斯坦问题解决。

第一，举行巴勒斯坦问题国际会议，协调成员国立场。巴勒斯坦和耶路撒冷事务部是专门负责巴勒斯坦事务的部门，在制定、落实巴勒斯坦问题决议，协调国际组织方面发挥重要作用。巴勒斯坦问题六方委员会是隶属巴勒斯坦和耶路撒冷事务部的一个联络小组，主要由巴基斯坦、塞内加尔、几内亚、巴勒斯坦、马来西亚和伊合组织秘书处组成，在联合国及其他国际组织会议上协调在巴勒斯坦问题上的立场。

2022 年 9 月，伊合组织巴勒斯坦问题六方委员会于第 77 届联合国大会期间举行巴勒斯坦问题会议，伊合组织秘书长塔哈呼吁根据国际法和联合国有关决议，就公正和持久解决巴勒斯坦问题达成共识。他呼吁在联合国有关决议和"阿拉伯和平倡议"的基础上，发起巴勒斯坦多边和平进程。① 塔哈要求联合国安理会采取措施，执行巴勒斯坦问题决议，停止一切形式的以色列定居点计划，实现巴勒斯坦人民的合法权利。秘书长还呼吁联合国安理会批准巴勒斯坦成为联合国正式成员国，根据人道主义法为巴勒斯坦提供必要的国际保护。

第二，依据国际法维护巴勒斯坦人民合法权利。伊合组织是国际法的实施主体，② 有权依据国际法维护成员国利益。2018 年 5 月，美国特朗普政府宣布将美国驻以色列大使馆迁至耶路撒冷后，伊合组织召开第七届伊斯兰特别峰会，谴责美国蓄意破坏地区和平与安全，强调国际社会必须采取措施，防止耶路撒冷的历史、法律或宗教地位发生改变。伊合组织指出，美国违反联合国大会第 181 号决议和联合国安理会第 252 号决议，联合国安理会应该对美国实施制裁。2022 年以来，以色列加快推进定居点计划，在约旦河西岸的马萨费尔·亚塔地区建造新定居点，在东耶路撒冷南部的苏尔·巴赫尔镇拆除巴勒斯坦人的村庄，建造新定居点。③ 伊合组织声明指出，以色列违反国际法和联合国有关决议，特别是联合国安理会第 2334 号决议。伊合组织呼吁联合国执行该决议，要求以色列放弃兴建定居点计划，迫使其停止违反国际法、侵害巴勒斯坦人民合法利益的行为。

第三，举行"声援巴勒斯坦人民国际日"纪念活动。2022 年是巴勒斯坦民族灾难 74 周年和阿克萨清真寺遭纵火 53 周年。1948 年 5 月 14 日，以色列宣布建国后，第一次中东战争爆发。此后，巴勒斯坦将每年的 5 月 15 日命名为"灾难日"。伊合组织指出，以色列建国后，这一痛苦的历史存在于巴勒斯坦个人和集体的记忆中。以色列掠夺巴方土地、拆除房屋、亵渎圣地以及种族歧视等行为违反国际法。然而，由于国际社会未能执行联合国相关决议，以及部分国家的双重标准，巴勒斯坦民族灾难延续至今。④

---

① "OIC Committee of Six on Palestine Meets on the Margins of 77th United Nations General Assembly," September 19, 2022, https：//www.un.org/unispal/document/oic－committee－of－six－on－palestine－meets－on－the－margins－of－77th－united－nations－general－assembly－press－release－non－un－document/.

② Afifah Ayumia, Putri Andini, Raden Muhamad Mahardika, "Organization of Islamic Cooperation Responses on the Israel Aggression and the United States Embassy Relocation To Jerusalem," *Lampung Journal of International Law*, Vol. 4 No. 2, July－December 2022, pp. 112－113.

③ "OIC Condemns Israel's Plans to Build 4000 Settlement Units and the Demolition of 12 Palestinian Villages in the Yatta Area," May 8, 2022, https：//www.oic－oci.org/topic/?t_id=35009&ref=23708&lan=en.

④ "OIC Commemorates the 74th Anniversary of the Palestinian Nakba：Warns Against Isolating Jerusalem from its Palestinian Surroundings," *OIC Journal*, Issue 50, May－Aug 2022, p. 16.

伊合组织强调，国际社会应在政治、法律和人道主义方面肩负责任，找到公正和全面解决巴勒斯坦问题的方法。

联合国于 1977 年设立"声援巴勒斯坦人民国际日"，以动员国际社会支持巴勒斯坦人民争取合法权利的斗争。伊合组织举办"声援巴勒斯坦人民国际日"纪念活动，除邀请各国常驻伊合组织代表外，该组织成员国常驻联合国代表团举办类似活动，声援巴勒斯坦人民，强调巴勒斯坦问题在伊斯兰世界的中心地位。

第四，提供人道主义援助。2018 年 8 月，美国暂停向联合国近东巴勒斯坦难民救济和工程处提供资金，使巴勒斯坦本就脆弱的人道主义状况进一步恶化。海湾阿拉伯国家是伊合组织援巴主要捐赠方。2022 年 10 月，沙特向近东救济工程处捐赠 2700 万美元。① 伊合组织秘书长塔哈对沙特《中东报》表示，伊合组织深知向巴勒斯坦提供经济和人道主义援助的必要性。塔哈强调，伊合组织与其附设机构，特别是伊斯兰开发银行保持协调，落实对巴勒斯坦人民的经济赋权计划，扩大援助巴勒斯坦难民捐赠基金规模。② 该基金根据伊合组织第 46 届外长会议决议设立。

伊合组织协调成员国立场，发布声明谴责以色列行径，推动联合国通过巴勒斯坦问题相关决议。虽然这些行动未能阻止巴以冲突升级，但对于缓解巴勒斯坦人道主义危机，为巴勒斯坦人民伸张正义发挥重要作用。

二、应对阿富汗人道主义危机

塔利班掌权后，阿富汗安全局势依然动荡。针对塔利班人员、外国驻阿机构的恐怖袭击增多。此外，受新冠病毒感染、干旱、地震等自然灾害影响，阿富汗人道主义形势堪忧。伊合组织加强与阿富汗问题利益攸关方的协调，推动成员国、国际组织和地区伙伴同阿富汗临时政府保持建设性接触，缓解阿富汗人道主义危机。

---

① "OIC Applauds Saudi Arabia's USD 27 million donation to UNRWA," October 24, 2022, https：//www.oic‐oci.org/topic/? t_id = 37750&ref = 25984&lan = en.

② "OIC Secretary‐General: E‐Draw Consolidated Fairness in Pilgrim Selection," *Asharq Al‐Awsat*, July 6, 2022, https：//www.english.aawsat.com/home/article/3743591/oic‐secretary‐general‐e‐draw‐consolidated‐fairness‐pilgrim‐selection.

（一）伊合组织应对阿富汗人道主义危机的机制

伊合组织的目标和原则是在正义、相互尊重和睦邻友好的基础上加强成员国之间的关系，促进世界和平与安全。《伊斯兰合作组织宪章》指出，"和平解决争端，需要成员国通过斡旋、谈判、调解、仲裁、司法解决或其他和平方式，包括与执行委员会和秘书长协商"。伊合组织解决地区冲突的工具和机制包括两个联络小组：一是"调解之友小组"，除补充伊合组织和平与冲突解决机制外，该机构还是集体调解平台；二是"和平与对话联络小组"，该机构主要任务是为应对伊斯兰世界面临的挑战提出解决方案，如反对激进主义、极端主义、宗派主义、宗教歧视、伊斯兰恐惧症、恐怖主义，以及促进温和价值观等。

调解是伊合组织解决地区冲突的主要理念。伊合组织秘书长塔哈认为，调解对于伊合组织至关重要，世界上60%的冲突发生在伊合组织国家，唯有调解、对话和协商才能解决冲突。[1] 塔利班上台以来，虽然阿富汗临时政府在组建包容性政府、加强社会管理方面取得一定成绩，阿富汗恐怖主义形势有所缓解，但仍为恐怖袭击高发国家。《全球恐怖主义指数》报告显示，2022年阿富汗发生的恐怖袭击比2021年减少了75%，死亡人数减少了58%，死亡人数为633人，是2007年以来死亡人数最低的一年。尽管如此，阿富汗连续第四年成为恐怖主义最严重的国家。[2] "伊斯兰国呼罗珊组织"针对酒店、清真寺以及外国驻阿使领馆发动恐怖袭击，引发社会动荡。2022年9月，俄罗斯驻阿富汗大使馆附近发生恐怖袭击，造成俄罗斯大使馆两名工作人员和数名平民丧生。12月，阿富汗首都喀布尔一家酒店遭到袭击，造成5名中国人受伤。除恐怖主义外，过去一年，受极端天气影响，阿富汗东部、南部和中部地区发生暴雨和洪灾，房屋和基础设施损坏严重，受灾群众亟须人道主义援助。

伊合组织的调解基于人道主义精神，保持与成员国及该组织附设机构和国际组织的协调，主要体现在三个方面：

首先，加强成员国与国际组织的协调，推动人道主义援助有序开展。

---

[1] "Mediation is of great importance to OIC, chief says as conference gets underway," *Arab News*, June 5, 2022, https://www.arabnews.com/node/2097406/saudi-arabia.

[2] *Global Terrorism Index 2023: Measuring the Impact of Terrorism*, Sydney: The Institute for Economics & Peace (IEP), March 2023, p. 21.

2022年10月，伊合组织与沙特萨勒曼国王人道主义援助与救济中心签署合作备忘录，将在2022—2023年向阿富汗洪灾受害者和最贫困家庭提供粮食援助。该协议旨在向阿富汗24个省的受灾家庭提供4.74万个食品包，将惠及28.44万人。① 2021年12月，伊合组织在巴基斯坦伊斯兰堡召开外长理事会特别会议，任命伊合组织负责人道主义、文化和社会事务的助理秘书长塔里格·阿里·巴希特为阿富汗问题特使。就任以来，巴希特多次访问伊合组织成员国，保持与国际组织的协调，制定阿富汗人道主义信托基金接受资助方案，以减轻阿富汗因粮食短缺和自然灾害造成的人道主义危机。② 比如，加强同联合国、欧盟、东盟、美国、澳大利亚等国际组织和国家的阿富汗问题特别代表沟通，深化在人道主义协调方面的合作。

其次，发挥伊斯兰开发银行作用。伊斯兰开发银行是伊合组织的专门机构，其职能是为成员国企业和项目提供股权投资和贷款，支持成员国经济发展和社会进步。塔利班上台后，伊斯兰开发银行受伊合组织委托，建立、运营和管理阿富汗人道主义信托基金。该基金在世界银行监督下，同在阿富汗国际组织、非政府组织以及民间救济和发展机构展开磋商，为阿富汗提供短期和中期经济援助。2022年2月，该基金正式启动以来，收到第一笔尼日利亚捐赠的100万美元。2022年6月，在伊斯兰开发银行参与下，沙特萨勒曼国王人道主义援助和救援中心与沙特发展基金签署两项捐赠协议，由沙特萨勒曼国王人道主义援助和救援中心出资1000万美元，沙特发展基金出资2000万美元支持阿富汗人道主义信托基金。③ 此外，伊斯兰开发银行向红十字会与红新月会国际联合会捐赠52.5万美元。④这笔捐款不仅有助于缓解阿富汗赫尔曼德、乌鲁兹甘、坎大哈、喀布尔和赫拉特等省份的人道主义危机，而且助力阿富汗红新月会开展援助工作，包括提

---

① "KSrelief, OIC Sign Joint Cooperation Agreement to Distribute 47, 400 Food Baskets to Flood Victims, Vulnerable Families in Afghanistan," Saudi Press Agency, October 5, 2022, https：//www.spa.gov.sa/viewfullstory.php? lang = en&newsid = 2389859.

② "The OIC as ever Committed to Constructive Engagement on Afghanistan one Year on Post – regime Change," August 16, 2022, https：//www.oic – oci.org/topic/? t_id = 37356&t_ref = 25845&lan = en.

③ "KSrelief and SFD Sign Two Donor Contribution Agreements with IsDB in Favor of AHTF," June 9, 2022, https：//www.isdb.org/news/ksrelief – and – sfd – sign – two – donor – contribution – agreements – with – isdb – in – favor – of – ahtf.

④ "IsDB Provides Funds to IFRC to Support Most Vulnerable Communities in Afghanistan," August 11, 2022, https：//www.isdb.org/news/isdb – provides – funds – to – ifrc – to – support – most – vulnerable – communities – in – afghanistan.

供紧急粮食和营养援助、医疗保健服务、过渡性住房和创收渠道等。

最后,保持与阿富汗临时政府的政治与经济接触。伊合组织主张与阿富汗临时政府开展合作,帮助阿富汗重建并恢复社会秩序。2022年7月,"阿富汗问题国际会议"在乌兹别克斯坦召开。伊合组织秘书长指出,伊斯兰国家应携手应对阿富汗及其人民面临的挑战。这要求与阿富汗临时政府进行持续和建设性接触。[1] 目前,伊合组织驻喀布尔特派团负责协调人道主义援助事务秘书长特使巴希特多次会见阿富汗临时政府官员,呼吁塔利班履行承诺,赋予妇女就业和接受教育的基本权利。2022年6月,伊斯兰世界学者代表团首次访问阿富汗。这个代表团由国际伊斯兰教法学院秘书长库图布·穆斯塔法·萨诺率领,访阿期间与阿富汗宗教学者围绕伊斯兰教宽容和中道思想、妇女教育等社会和宗教问题展开研讨。

伊合组织同阿富汗临时政府保持建设性接触,有助于督促塔利班履行承诺,建立一个真正具有包容性和代表性的政府,也履行了支援阿富汗人民的义务。[2] 伊合组织参与解决阿富汗问题,有助于减少阿富汗人民的苦难。

(二)《伊斯兰堡宣言》涉阿内容及影响

伊合组织外长会议每年在成员国轮流举办,商讨伊斯兰世界重大问题。2022年3月,伊合组织外长理事会第48次会议在巴基斯坦首都伊斯兰堡举行,会议聚焦地区和国际安全形势、打击恐怖主义和可持续发展等议题。阿富汗问题是此次会议的重要议题。自塔利班上台以来,极端组织"伊斯兰国"趁阿富汗权力更迭之机,频繁发动恐怖袭击,阿富汗社会不稳。从地区层面来看,俄乌冲突对后苏联空间地缘政治格局产生影响,而原本关乎中亚地区安全的阿富汗问题却被淡化。因此,伊合组织举办外长会议,将阿富汗问题列为主要议题,有助于成员国形成广泛共识,采取措施防止阿富汗局势失控。

《伊斯兰堡宣言》是伊合组织外长会议的重要成果,其内容广泛,关于阿富汗问题的决议体现在:一是重申对阿富汗主权、独立、领土完整和

---

[1] "Secretary-General: Adopting Coordinated and Strategically Integrated Approach to Address Challenges in the Country," *OIC Journal*, Issue 50, May-Aug 2022, p. 26.

[2] "Secretary-General's Special Envoy Holds Talks in Kabul to Follow up on Implementation of December Meeting's Resolution," *OIC Journal*, Issue 49, May-August 2022, p. 41.

国家统一的承诺,维护阿富汗人民,包括妇女、儿童以及其他族裔、宗教和少数民族的权利。只有组建由阿富汗各民族共同参与的全面、广泛和包容的政府,才能确保阿富汗的稳定与和平。伊合组织秘书长塔哈表示全力支持"阿人主导、阿人所有"的和平进程。[①] 二是强调对阿富汗人道主义援助的紧迫性。伊合组织强调,国际援助对防止阿富汗经济崩溃和人道主义状况恶化至关重要,呼吁美国归还被冻结的阿富汗国家资产。[②] 三是强调不可使阿富汗领土再次沦为"基地"组织、"伊斯兰国"等恐怖主义的"庇护所"。伊合组织敦促国际社会保持警惕,防止恐怖主义阻碍阿富汗和平进程。

《伊斯兰堡宣言》涉阿决议阐述伊合组织参与阿富汗问题治理相关情况,促使国际社会认识到该组织在推动阿富汗问题解决中发挥的重要作用。[③]然而,落实《伊斯兰堡宣言》仍面临两方面挑战。

一是阿富汗临时政府政策反复。塔利班上台后,承诺在妇女权益保障、新政府组建等国际社会关注的问题上做出改变,允许女性接受教育和就业等。比如,允许6岁以上女童重返学校,成立一个由8人组成的阿富汗女子中学委员会。但是,2022年3月以来,塔利班政府政策出现反复,阿富汗临时政府决定关闭女子高中,暂停全国女性接受大学教育。又以违反着装规定为由,要求外国驻阿富汗非政府组织不得雇佣女性。阿富汗女性的劳动参与率很低,2019年,女性仅占公共部门就业职位的1/4。国际劳工组织指出,2022年第四季度,阿富汗女性就业人口比2021年第二季度减少25%。[④]

驻阿富汗非政府组织雇佣的女性工作人员,大多从事教育和医疗服务,阿富汗临时政府的相关法令导致国际关怀组织、挪威难民委员会、救助儿童会、国际救援委员会、伊斯兰救援组织等被迫暂停服务。这不仅加剧阿富汗失业率,而且使数百万阿富汗女性无法获得国际援助,加剧人道

[①] "CFM in Islamabad is the Second " ministerial meeting" to Promote OIC Efforts in Afghanistan," March 20, 2022, https://www.oic-oci.org/topic/?t_id=33896&ref=22671&lan=en.

[②] "Islamabad Declaration 48th Session of OIC Council of Foreign Ministers 'Partnering for Unity, Justice and Development'," March 23, 2022, https://www.oic-oci.org/topic/?t_id=33947&ref=22694&lan=en.

[③] "Senior Officials Meeting Preparatory to 48th Session of OIC Council of Foreign Ministers Held in Jeddah," *OIC Journal*, Issue 48, January – April 2022, p. 26.

[④] "Employment in Afghanistan in 2022: A rapid impact assessment," *ILO Brief*, March, 2023, p. 3.

主义危机。①

二是伊合组织调解的局限性。伊合组织的调解主要以预防性外交为主，通过对话、协商、共识、协调、交流等方式加强成员国与国际组织合作，针对突发事件召开特别外长会议，解决地区和国际冲突。这种调解是一种"法律之外"的调解，②即利用道德施压，阻止冲突升级。但其不足之处在于，伊合组织成员国与其他国际组织重叠。该组织57个成员国中，27个来自非盟，22个为阿盟成员国，另外7个同时为非盟和阿盟成员国。成员国的利益冲突，限制了伊合组织发挥调解作用。塔利班政府上台以来，沙特、伊朗和土耳其等西亚大国对阿富汗的利益诉求不同，它们根据国家安全利益选择特定身份，形成议题联系，构建彼此交错、相互稀释的复合安全共同体。③ 这将挤压伊合组织参与阿富汗问题调解的空间，比如，沙特视塔利班为传统伊斯兰力量，向伊合组织提供大笔捐款，目的是树立在伊斯兰世界的领导者形象，主导阿富汗议题的话语权。巴基斯坦举办伊合组织特别外长会议和第48届外长会议，除自身地缘政治诉求外，还因巴基斯坦是接受阿富汗难民最多的国家之一。1979年以来，巴基斯坦共接收400万阿富汗难民。④ 政权更迭后，阿富汗爆发严重的经济和人道主义危机，巴基斯坦成为阿富汗难民的首选目的地。

阿富汗问题是伊合组织的重要议题。塔利班政府上台以来，阿富汗形势严峻，伊合组织召开外长会议，同联合国等国际组织加强协调，落实涉阿决议，这为缓解阿富汗人道主义危机做出重要贡献。然而，塔利班政府政策反复、伊合组织调解能力不足、成员国诉求差异等掣肘伊合组织在阿富汗问题上充分发挥作用。

---

① "Afghan Women, Banned From Working, Can't Provide for Their Children," *The Wall Street Journal*, March, 2023, https://www.wsj.com/articles/afghan-women-banned-from-working-cant-provide-for-their-children-dd71c147.

② Ibrahim Sharqieh, "Can the Organization of Islamic Cooperation (OIC) Resolve Conflicts?" *Peace and Conflict Studies*, 2012, Vol. 19, No. 2, p. 227.

③ 孙德刚、章捷莹：《复合身份政治：西亚大国参与阿富汗安全事务的三重维度》，载《国际安全研究》，2022年第2期，第131页。

④ "Islamabad to host 48th Organisation of Islamic Cooperation foreign ministers' meeting," March 2, 2022, https://www.gulfnews.com/uae/islamabad-to-host-48th-organisation-of-islamic-cooperation-foreign-ministers-meeting-1.86136249.

三、伊合组织与大国的关系

伊合组织加强与大国的协调与合作，这是该组织实施改革后扩大议题范围、提高冲突调解效率、深度参与国际治理的重要表现。2022年，在新冠病毒感染疫情与俄乌冲突交织下，伊合组织与大国关系保持积极发展势头，与美国举行首次战略对话，加强与中国、欧盟的交流与合作。

（一）伊合组织与西方国家的关系

伊合组织自成立起便与西方国家在各领域保持密切联系，西方国家穆斯林移民、伊斯兰恐惧症、文明和宗教对话等都是伊合组织关注的重点议题。近年来，欧洲极右翼思潮、民粹主义泛起，对欧洲穆斯林生存与发展构成严重挑战。《伊斯兰合作组织宪章》指出："伊斯兰合作组织致力于促进、保护和捍卫伊斯兰的真实形象，抵制对伊斯兰教的挑衅行为；鼓励不同文明和宗教之间对话，维护非成员国穆斯林社区和少数民族的权利、尊严以及宗教和文化认同。"[1] 为此，伊合组织加强与美国、欧盟的对话与沟通，致力于保护穆斯林少数族裔权益、促进反恐、打击非法移民等问题上的合作。

1. 首届伊合组织—美国战略对话举行

拜登上台后，任命美国驻沙特吉达总领事法里斯·阿萨德为驻伊合组织代表，加强美国与伊合组织的关系。2022年5月，伊合组织秘书长塔哈对美国进行正式访问，会见国务卿布林肯，并与其举行伊合组织与美国首轮战略对话，这是双方迄今规格最高的活动。此次对话讨论了中东、非洲等地区局势，打击恐怖主义和极端主义、反对伊斯兰恐惧症、女性赋权、仇恨言论等问题，双方同意就粮食安全、气候变化等问题加强磋商。[2]

---

[1] Bat Ye'or, "The Impact of the Organisation of Islamic Cooperation on Europe," in *Saudi Arabia and the Global Islamic Terrorist Network: America and the West's Fatal Embrace*, Sarah N. Stern eds., New York: Palgrave Macmillan, 2011, p. 155.

[2] "US – Islamic Dialogue: Reviews Political, Social and Cultural Issues," *OIC Journal*, Issue 50, May – Aug 2022, p. 18.

2. 伊合组织与欧盟的关系

伊合组织与欧盟的关系可追溯至 2002 年。2008 年，伊合组织设立常驻欧盟观察团，双方关系得到提升。双方在中东和平进程、阿富汗危机、打击极端主义、倡导文明和信仰间对话等方面加强协调。近年来，新冠病毒感染疫情暴发、难民危机、欧洲极右翼势力抬头等因素，为伊斯兰恐惧症推波助澜。伊斯兰恐惧症观察站数据显示，2020 年 12 月—2022 年 1 月，伊斯兰恐惧症在全球呈上升趋势。其中，仇恨言论占 9%，极右翼运动占 20%，对清真寺和礼拜场所的攻击占 11%。[1] 穆斯林遭受的侵犯增多，在英国，这一比例达到 19%，美国和法国各为 18%，加拿大为 7%，德国为 6%。[2]

为落实联合国人权理事会第 16/18 号决议，[3] 推动国际社会采取行动治理宗教不容忍、偏执和暴力等现象，2022 年 3 月，伊合组织与欧盟欧洲对外行动局举行第五次高官会。此次会议议题广泛，涉及政治、经济、社会和文化等领域，教育、卫生、妇女赋权、伊斯兰恐惧症、宗教间对话、后新冠疫情时代挑战和选举观察等议题。[4] 美国撤军后，阿富汗人道主义危机加剧，人道主义成为伊合组织与欧盟合作的优先事项。2022 年 2 月，伊合组织人道主义事务部与欧盟委员会人道主义援助和民事保护部举行会议。双方重点探讨阿富汗、萨赫勒、非洲之角等地人道主义援助行动。

伊合组织与美国、欧盟扩大合作，加强宗教对话，保护穆斯林少数族群，是应对西方社会种族主义、民粹主义和伊斯兰恐惧症泛滥的必要举措。伊合组织与西方大国加强高层互访，拓展领域合作，对于消除族群隔阂、遏制仇视言论具有积极意义。

（二）中国与伊合组织的关系

中国与伊斯兰国家的关系源远流长，在当代焕发新的生机。大多数伊合组织成员国已加入共建"一带一路"倡议，积极响应中国提出的全球发

---

[1] "OIC Observatory: November Witnesses Increase in "Islamophobia," *OIC Journal*, Issue 48, January – April 2022, p. 45.

[2] Ibid.

[3] 2011 年 3 月 24 日，联合国人权理事会一致通过第 16/18 号决议。该决议旨在打击基于宗教或信仰原因产生的不宽容、消极刻板印象、污名化以及歧视、煽动暴力和暴力行为等。

[4] "OIC General Secretariat and EU European External Action Service hold their Fifth Senior Officials Meeting," March 29, 2022. https://www.oic-oci.org/topic/?t_id=33985&t_ref=22706&lan=en.

展倡议、全球安全倡议和全球文明倡议。中国奉行独立自主、不干涉内政的和平外交政策，为调解伊斯兰世界热点问题发挥积极作用。新冠病毒感染疫情暴发以来，中国与伊合组织赓续传统友谊，守望相助，将中国与伊斯兰世界的交往提升至新的高度，双方在抗疫方面成为南南合作的典范。

首先，加强政治协调，为中伊关系做出顶层设计。2022年以来，中国与伊合组织高层互动频繁。中国副外长邓励同伊合组织政治事务助理秘书长优素夫·杜拜伊举行视频会议。双方全面回顾和高度评价中国与伊合组织之间的现有合作，探讨经济、金融、高等教育、文化交流和文明对话等领域的合作前景，并就巴勒斯坦问题交换意见，同意每年举行一次政治磋商。伊合组织秘书长塔哈会见中国政府中东问题特使翟隽，双方共同探讨促进各领域对话与合作的途径。

2022年3月，中国外长王毅应邀出席伊合组织伊斯兰堡外长会议开幕式，并会见伊合组织秘书长塔哈。双方高度评价中国与伊斯兰世界的深厚友谊，回顾伊合组织与中国的合作关系及其发展前景，探讨发展双方在政治、经济、文化、教育、卫生和文明对话等领域的合作。① 这是继2021年中国任命驻伊合组织代表之后，中国外长首次出席伊合组织外长会，充分体现了"中国和伊斯兰世界加强交流合作的真诚愿望，必将推动双边关系迈上新台阶"。② 王毅在开幕式上介绍中国与伊斯兰世界交往的三个始终坚持，即始终坚持互尊互信，支持对方核心关切；始终坚持团结互助，致力实现共同发展；始终坚持互学互鉴，守护世界多样文明。同时，他表示，中国愿同伊斯兰国家建设四个伙伴关系，即团结协作的伙伴、发展振兴的伙伴、安全稳定的伙伴、文明互鉴的伙伴。中国提出发展同伊斯兰世界关系的理念，对当今不稳定的世界注入动力，这具有重要的时代内涵与现实意义。

其次，促进民间交往，支持彼此核心关切。2019年以来，伊合组织代表团多次访华，参访中国新疆，书写了中伊民心相通、文明互学互鉴的新篇章。2022年1月，伊合组织代表团"云访疆"活动举行，来自沙特、埃及、阿联酋、巴勒斯坦、巴基斯坦、马来西亚等36个国家的高级代表和伊

---

① "OIC Secretary-General holds talks with State Councilor and Foreign Minister of China", March 23, 2022, https://www.oic-oci.org/topic/?t_id=33931&ref=22684&lan=en.
② 《王毅出席伊斯兰合作组织外长会开幕式并发表致辞》, https://www.fmprc.gov.cn/wjbzhd/202203/t20220322_10654196.shtml.

合组织秘书处官员共40余名嘉宾出席。8月，来自30个伊斯兰国家的32位驻华使节和高级外交官访问新疆。代表团参访喀什、阿克苏和乌鲁木齐，参观清真寺、伊斯兰教经学院、博物馆、老城改造、基层社区、科技企业、绿色发展和乡村振兴等，同当地宗教人士、教培中心结业人员等进行交流。①伊斯兰国家的外交官、宗教人士和学者参访新疆，成为中国与伊合组织保持友好交往的传统。他们通过参访，了解真实的新疆，并在反恐和去极端化、全面脱贫、改善民生等方面对中国有了客观认识。

伊合组织及其成员国在国际重大场合坚定支持中国新疆治理政策。2019年7月，包括沙特、埃及、阿联酋和卡塔尔在内的37个国家常驻日内瓦大使联名致函联合国人权理事会主席和人权高专，积极评价中国新疆人权事业发展成就和反恐、去极端化成果，支持中国在涉疆问题上的立场。2021年7月，联合国人权理事会第47届会议召开期间，尼日利亚发起支持中国的共同声明，共90多个国家联合向人权理事会发出正义声音。

最后，构建中伊卫生健康共同体。新冠病毒感染疫情暴发以来，中国向50个伊斯兰国家提供了13亿剂疫苗及大量防疫物资。②2022年3月，中国外长王毅出席伊合组织外长会时表示，中国将再向伊斯兰国家提供3亿剂疫苗，助力各国构筑健康防线。伊合组织成员国大多为非洲国家，医疗条件落后，特别在萨赫勒和大湖地区，干旱、农牧民冲突，恐怖主义导致人口大规模流离失所，贫困率和失业率上升，民众获得的基本医疗服务极为有限。中国向伊合组织成员国援助疫苗，携手抗击新冠病毒感染疫情，打造中伊卫生健康共同体，丰富了人类命运共同体的理论内涵。2022年9月，中国同伊合组织签署支持伊合组织非洲成员国加强卫生体系建设的协议。伊合组织负责科技事务的助理秘书长阿斯卡尔·穆西诺夫表示，该协议的签署彰显中伊合作关系的卓越水平，有助于伊合组织加强应对新冠病毒感染疫情的能力。

伊合组织与大国保持多层次交往，加强政治、经济、文化和宗教、卫生等领域合作，为俄乌冲突背景下动荡的世界注入"稳定剂"，同时也为缓解阿富汗人道主义危机，打击恐怖主义，解决发展中国家卫生、粮食、

---

① 《外交部组织伊斯兰国家驻华使节代表团赴新疆维吾尔自治区考察访问》，https://www.mfa.gov.cn/web/wjdt_674879/sjxw_674887/202208/t20220806_10736375.shtml。
② 《王毅谈中国同伊斯兰世界交往的三个始终坚持》，https://www.mfa.gov.cn/wjbzhd/202203/t20220322_10654205.shtml。

难民危机做出重要贡献。

四、结语

　　2022 年是伊斯兰世界危机频发的一年。以色列持续推进犹太人定居点计划，在阿克萨清真寺归属权等宗教敏感问题上越过"红线"，引发 2005 年以来巴以之间最严重的冲突。在中亚和非洲萨赫勒地区，伊斯兰国家同样面临社会转型之困。塔利班上台后，阿富汗临时政府未能兑现女性赋权等方面的承诺。受自然灾害影响，阿富汗出现严重人道主义危机。俄乌冲突爆发使伊斯兰国家本就脆弱的经济遭受重创，许多国家发生粮食短缺、能源涨价、货币贬值等多重危机，对它们的治理体系和治理能力构成严峻挑战。伊合组织的应对之策是保持同大国的协调，调解、斡旋地区和国际热点问题，提供人道主义援助，维护伊斯兰国家的利益，促进伊斯兰国家团结。尽管伊合组织面临议题推进难度大、调解效率低、机构臃肿、缺乏资金等结构性困境，但伊合组织在加强成员国协调、参与国际治理、提供人道主义援助等方面发挥的作用正在增强。

2022 年的阿拉伯国家联盟

赵 军 林 涛[①]

【摘 要】

2022 年，阿盟各级机构正常运转，承担着国际组织的一般功能性角色，积极推动对本民族事务的关注。在地区热点问题上，阿盟一如既往，在巴勒斯坦问题、利比亚问题、叙利亚问题、黎巴嫩问题以及阿拉伯国家之间矛盾等方面发挥着组织自身的基本作用。在自身机制功能运作上，2022 年阿盟的最大功能性作用莫过于排除万难，凝聚共识，召开首脑峰会，充当论坛平台，发表宣言，直面存在问题与共同挑战。在对外关系构建中呈现积极态势，2022 年阿盟充分发挥整体外交功能，拓展并深化同联合国、中国、欧盟和印度等国家和国家集团的多领域合作，尤其是首届中阿峰会的顺利召开，将中国与阿盟关系提高到新的高度。总体来看，不管是在区域内部问题的参与和处理上，还是在对外关系构建方面，阿盟起到的实际作用尽管与人们的期待之间仍存在较大差距，但其继续发挥着与其自身组织性质相适应的功能性作用不可忽视。

【关键词】

阿盟 热点问题 阿盟峰会 对外关系

阿盟是中东地区一支重要的政治力量，长期以来在当代阿拉伯国家构建和发展过程中扮演着重要角色。2022 年阿盟各级机构正常运转，发挥着国际组织的一般功能性作用，积极推动本民族事务的发展和问题的解决。在地区热点问题上，阿盟一如既往，在巴勒斯坦问题、利比亚问题、叙利

[①] 赵军，上海外国语大学中东研究所副研究员；林涛，上海外国语大学中东研究所 2021 级硕士研究生。

亚问题、黎巴嫩问题以及阿拉伯国家之间矛盾等方面发挥着组织自身的基本作用。2022 年阿盟排除万难，凝聚共识，召开首脑峰会，充当论坛平台，发表宣言，直面存在问题和共同挑战。在对外关系构建中呈现积极态势，阿盟充分发挥整体外交功能，拓展并深化同联合国、中国、俄罗斯、欧盟和印度等国家和国家集团的多领域合作，尤其是首届中阿峰会的顺利召开，将阿盟与中国关系提升到历史新高度。总体来看，2022 年阿盟仍在不遗余力地为寻求地区热点问题解决之法、应对阿拉伯世界共同挑战、推进阿拉伯世界发展以及积极发展对外关系做出不懈努力。

一、发挥组织功能作用，回应热点问题

中东地区热点问题层出不穷，传统热点周期性发酵，新的热点又不断迭出。2022 年巴勒斯坦问题这一跨越世纪的难题继续在阴霾笼罩之下，以色列行动频频挑战世界神经；叙利亚和利比亚问题久拖不决，战后重建寸步难行；也门问题虽现曙光，但前途未卜；伊拉克和黎巴嫩国家治理全面严重赤字，各政治与宗教派别矛盾尖锐，明争暗斗，造成国家动荡难安；黎巴嫩与海合会国家的外交争端、阿尔及利亚与摩洛哥外交争端等阿拉伯国家之间矛盾仍未消弭；土耳其跨境打击伊拉克库尔德人武装，导致两国关系新一轮紧张；埃及、苏丹和埃塞俄比亚围绕尼罗河水资源争端的外交博弈持续激烈，一度剑拔弩张；海湾阿拉伯国家与伊朗关系的紧张态势依然如旧；恐怖主义尚未根除，气候问题、粮食危机和能源问题接踵而来，又成为阿拉伯国家新的共同挑战。针对新老问题出现和形势变化，阿盟在较为艰难的条件下发挥组织功能，做出相应回应。

（一）阿盟在阿拉伯世界内部热点问题上的立场、主张与行动

阿盟依据利比亚政局内争割据化和外部力量介入复杂化持续的情况，其立场和主张在保持以往延续性基础上，又出现一定的变化。阿盟认为，要解决利比亚问题，必须采取以下措施：一是应采取行动建立举行总统选举所依据的宪法基础；二是雇佣军、外国战斗人员和所有外国军队必须撤离利比亚领土；三是举行基于宪法条款的选举并维护国家统一。针对 2022 年利比亚局势恶化、和解无望的情况，阿盟积极配合联合国相关机构，始

终支持联合国安理会通过的和解方案。12月27日，阿盟秘书长盖特再次重申，阿盟始终支持联合国关于利比亚问题的最新解决方案，随时准备协助和支持利比亚开展一切旨在统一利比亚和推进政治进程的认真和真诚的努力，始终支持利比亚各方能够就选举达成共识，支持利比亚人民通过选举统一军事机构，以建立持久稳定的利比亚。[1]

黎巴嫩政治派别分歧严重、政府濒临破产以及国家运转陷入极端困境，阿盟对此除了表示关注和表明立场外，还积极开展力所能及的协调工作。第158届阿盟理事会重点讨论了黎巴嫩国内政治事态发展。在5月黎巴嫩议会选举期间，阿盟派驻黎巴嫩选举监督团，进行了大量调查和观察，并出具了相应的监测报告，指出议会选举过程中的乱象：军队和警察妨碍了正常投票；部分投票站推迟开放；投票站有大量的候选人和政治机构代表影响选民；部分投票站工作人员缺少必要的专业培训，有时对计票及其程序不够了解等。阿盟选举监督团发布的最终报告认为，必须对违法者适用刑事诉讼程序，以维护自由投票权。[2] 12月22日，阿盟秘书长盖特借参加"阿拉伯经济论坛"之机，呼吁黎巴嫩各方克服分歧，坚持黎巴嫩国家利益至上原则。盖特还分别与黎巴嫩总理纳吉布·米卡提和议长纳比·贝里举行会谈，讨论了黎巴嫩政治经济局势及如何打破政治僵局、摆脱危机等议题。[3] 面对突尼斯国内围绕议会选举导致的政治张力，阿盟于7月21日派遣观察团前往突尼斯观察宪法草案全民公投。阿盟观察团的目标是监督投票、计票过程，评估选民和候选人登记和竞选活动的各个方面，确保其符合突尼斯法律法规及国际公认标准。

在叙利亚问题上，尽管部分阿拉伯国家呼吁恢复叙利亚巴沙尔政权的阿盟成员国权利，并采取积极的接触行动，希望由此开始解决该国因长期战争而出现的国家重建危机，但阿盟框架下的倡议没有被巴沙尔政权接受。盖特在阿盟峰会上发言时指出，"各方有必要表现出灵活性，以便消

---

[1] "Aboul Gheit Confirms to Al‑Manfi Readiness of Arab League to Support Libya in Any Effort to Unify Libya," *Libya News Agency*, December 27, 2022, https：//www.lana.gov.ly/post.php? lang = en&id = 265735.

[2] Karine Keuchkerian, "This is What the Arab League Mission Had to Say about Lebanon's 2022 Elections," *Lebanon News*, May 18, 2022, https：//www.the961.com/the‑arab‑league‑mission‑lebanons‑2022‑elections/.

[3] "Aboul Ghait Says Key to Overcoming Crisis in Lebanon is Electing President," *L'Orient Today*, December 22, 2022, https：//www.today.lorientlejour.com/article/1322435/aboul‑ghait‑says‑key‑to‑overcoming‑crisis‑in‑lebanon‑is‑electing‑president.html.

除经济崩溃和政治封锁。叙利亚必须融入其自然的阿拉伯环境",但"叙利亚的事态发展仍然需要阿拉伯的开拓性努力"。①

在黎巴嫩与海湾国家关系危机问题上,阿盟支持科威特倡议,以解决黎巴嫩与海湾国家之间的外交危机。阿盟同科威特和黎巴嫩双方接触,以克服分歧并推动阿拉伯国家支持黎巴嫩。② 在摩洛哥与阿尔及利亚外交危机过程中,阿盟利用多种平台,协调两国立场,化解分歧,使得两国在阿盟理事会和首脑峰会上没有出现相互攻讦的场面,并承诺尽量协调两国关系正常化的谈判。

(二) 关于阿拉伯国家与非阿拉伯国家在冲突问题上的立场与主张

在巴以冲突问题上,阿盟一如既往地捍卫巴勒斯坦正义事业和巴勒斯坦人的合法利益。4月21日,犹太人在东耶路撒冷伊斯兰教第三圣地大院内祈祷,阿盟警告说犹太人的这种行为是对穆斯林感情的公然侮辱,可能会引发更广泛的冲突,并呼吁以色列立即停止这类活动。③ 4月28日,阿盟理事会召开特别会议,重点讨论巴勒斯坦问题,呼吁联合国安理会采取"明确步骤"反对以色列在耶路撒冷的挑衅性行动。阿拉伯国家驻联合国代表马吉德·阿卜杜勒-法塔赫在安理会公开批评以方行为,"以色列政府公然无视国际意愿和联合国安理会决议,包括第2334号决议,继续其殖民政策"。④ 5月11日,以色列士兵在西岸北部城市杰宁杀害巴勒斯坦记者希琳·阿布·阿克勒,阿盟对此进行了"最强烈的"谴责。阿盟认为,以色列部队应对巴勒斯坦记者的死亡负全部责任,需要对阿布·阿克勒的遇害进行国际调查。10月5日,英国首相特拉斯发表关于将英国大使馆迁往耶路撒冷的声明,阿盟明确表示反对,以及拒绝任何此类声明和不符合国际法及耶路撒冷历史的

---

① Ghassan Ibrahim, "Syrian Crisis Will Not Be Resolved by a Return to Arab Fold," *Arab News*, November 6, 2022, https://www.arabnews.com/node/2194621.

② "The Arab League 'Supports the Kuwaiti Initiative,' is 'Ready to Supervise the Legislative Elections'," *L'Orient Today*, February 27, 2022, https://www.today.lorientlejour.com/article/1291969/the-arab-league-supports-the-kuwaiti-initiative-is-ready-to-supervise-the-legislative-elections.html.

③ Suleiman Al-Khalidi, "Arab League Urges Israel to Stop Jewish Prayers at Al-Aqsa Mosque," Reuters, April 21, 2022, https://www.reuters.com/world/middle-east/arab-league-urges-israel-stop-jewish-prayers-al-aqsa-mosque-2022-04-21/.

④ Doaa Elbei, "Reminding the World of Palestinian Rights," *Al-Ahram Weekly*, April 28, 2022, https://www.english.ahram.org.eg/NewsContent/50/1201/465297/AlAhram-Weekly/Egypt/Reminding-the-world-of-Palestinian-rights.aspx.

单方面措施。阿盟秘书长盖特呼吁英国政府坚持"两国方案",避免采取任何威胁实现"两国方案"的非法措施,同时敦促英国外交大臣"不要采取任何非法行动",并通过视频连线发表讲话,谴责这一可能的举动。

在尼罗河水资源争端问题上,阿盟全力支持埃及和苏丹的立场和权利要求。针对 2022 年 8 月埃塞俄比亚复兴大坝完成新一轮蓄水情况,阿盟表达了五点主张:一是尼罗河流域的下游国家和国际社会不能接受埃塞俄比亚无视国际法和有关国际河流使用规则而强加其意志;二是尼罗河水资源争端的解决前提是埃塞俄比亚需要尊重国际法的重要性;三是在没有具有约束力的各方共识协议的情况下,埃塞俄比亚近年来单方面完成的 740 亿立方米水库的三次蓄水以及单方面运行大坝的两台电力涡轮机是非法的;四是阿盟支持埃塞俄比亚的发展权,但埃塞俄比亚需要签署一项关于大坝填埋和运营的具有约束力的协议,以确保其水权和人民利益;五是支持埃及和苏丹与埃塞俄比亚进行谈判,支持三方达成并签署一项具有法律约束力的全面协议。同时,阿盟秘书长盖特批评了国际社会处理埃塞俄比亚复兴大坝危机的方式,并认为阿盟必须在这场危机中发挥作用,但是否能起到实质作用,他认为:"阿盟只有向埃及和苏丹提供外交支持,因为尼罗河水资源争端受制于权力平衡,即阿盟无法施加影响。它只能给予埃及和苏丹外交支持,这是重要和必要的,但并不能解决问题。""阿盟或许能够说服或施压一些与埃塞俄比亚关系密切的阿拉伯国家,迫使其与埃及和苏丹达成公正的解决方案。这种做法可能是阿盟能做的最多的了。如果它成功了,那将是为埃及和苏丹提供的一项重要服务。"[1] 在土耳其、伊朗越境打击伊拉克境内目标问题上,阿盟始终依据问题的是非曲直,捍卫伊拉克的基本权利。4 月 19 日,阿盟秘书长盖特谴责土耳其军队在伊拉克北部进行的军事袭击行动。土耳其的行为加剧了伊拉克与土耳其关系的紧张,呼吁土耳其政府停止践踏伊拉克主权,尊重伊拉克的主权和睦邻原则。[2] 11 月 16 日,阿盟谴责伊朗导弹袭击伊拉克库尔德人区,指出"伊朗的这一行为不仅公然侵犯了伊拉克的主权和土地,而且破坏了整个地区的安全与

---

[1] "Arab League Weighs in on Nile Dam Dispute," *Al-Monitor*, June 28, 2022, https://www.al-monitor.com/originals/2022/06/arab-league-weighs-nile-dam-dispute.

[2] "Arab League Chief Denounces Turkish Aggression on Northern Iraq," *ahramonline*, April 20, 2022, https://www.english.ahram.org.eg/NewsContent/2/8/464963/World/Region/Arab-League-chief-denounces-Turkish-aggression-on-.aspx.

稳定，破坏了在该地区建立信任和缓解紧张局势的努力"。①

（三）在阿拉伯国家面临的共同挑战问题上的立场与主张

在恐怖主义问题上，阿盟始终与国际社会一道，将恐怖主义视为人类公敌，长期以来致力于对恐怖主义的认定和打击工作。3月9日，阿盟理事会通过了《关于打击一切形式暴力侵害妇女和女童行为的阿拉伯宣言》（VAWG）以及摩洛哥提交的《关于打击在武装冲突中招募儿童兵的决议》。② 该宣言于2022年12月正式启动，宣言承诺保护妇女和儿童免遭一切形式的暴力，并努力消除一切形式的歧视。③

在经济和社会发展方面，2月10日，阿盟经济及社会理事会第109届高官会议批准了理事会部长级会议的议程草案以及理事会社会和经济委员会在第108次会议上讨论的文件、报告、建议和决议草案。议程草案包括若干经济条款，包括阿盟理事会向第31届阿盟峰会提交经济和社会文件、大阿拉伯自由贸易区及关税同盟的发展情况、与阿拉伯经济一体化有关的委员会的工作机制、对阿拉伯国家的投资、规范阿拉伯国家之间客运和货物海上运输技术和金融程序的协定，以及支持旅游创新和智慧旅游。此外，议程草案还包括：关于建立一个阿拉伯国家地方机构（市镇和村委会）事务的阿拉伯部长理事会的条款；2019年1月，首脑会议决定的阿拉伯经济和社会问题后续行动；筹备2023年在毛里塔尼亚举行第五届阿拉伯发展大会；成立阿拉伯主管教育事务部长理事会；进一步推进阿拉伯在社会和发展领域的国际合作；等等。④ 10月17日，阿盟总秘书处在总部举行

---

① "The Arab League Condemns the Bombing of Kurdistan," Iraq News Agency, November 16, 2022, https://www.ina.iq/eng/22981-the-arab-league-condemns-the-bombing-of-kurdistan.html.

② "The Council of the League of Arab States at the Level of Foreign Ministers Adopted, A Resolution Submitted by Morocco on the Fight against the Military Recruitment of Children in Armed Conflicts," Kingdom of Morocco Ministry of Foreign Affairs African Cooperation and Moroccan Expatriates, March 9, 2022, https://www.diplomatie.ma/en/arab-league-ministerial-council-adopts-moroccan-resolution-against-recruitment-children-armed-conflicts.

③ "League of Arab States and the United Nations Office on Drugs and Crime Hold Meeting to Discuss Supporting Arab States in Preventing and Combating Crime, Terrorism, and Health Threats and Strengthening Criminal Justice Systems," United Nations, December 13, 2022, https://www.unodc.org/romena/en/press/2022/December/press-release_-unodc-and-las-rpsc.html.

④ "Arab League's Economic and Social Council Meeting Begins," The Peninsula, February 10, 2022, https://www.thepeninsulaqatar.com/article/10/02/2022/arab-leagues-economic-and-social-council-meeting-begins.

主题为"阿拉伯世界的宽容、和平与可持续发展"的高级别会议，旨在阐明国家机构、国际政府组织和非政府组织在打击仇恨方面所做的努力，呼吁传播宽容文化，实现国家和平与可持续发展。11月30日，由阿盟组织阿拉伯水利专家召开了题为"阿拉伯水安全：促进生命、发展与和平"的阿拉伯水大会。会议议题包括水资源短缺带来的挑战及其解决方案、共享水资源和水外交、非常规水资源和再利用技术等。[①] 同日，第十四届阿拉伯水理事会会议在总秘书处举行，理事会议题包括阿拉伯联合水行动、阿拉伯地区水安全战略执行计划、可持续发展等内容。

二、克服困难，召开峰会，凝聚共识

新冠病毒感染疫情暴发三年后首次阿盟峰会是在国际政治与经济格局加速变化、地区秩序变动以及阿拉伯问题丛生的背景下举行的。除此以外，这次阿拉伯首脑峰会筹办过程中还遭遇会期几经更换、会议议题设置反复协调以及重要国家元首缺席等情况，最后会议于2022年11月1—2日在阿尔及利亚举行。11月3日峰会结束后，阿拉伯领导人共同发表了《阿尔及利亚宣言》（以下简称《宣言》），普遍强调了阿盟加强其成员国之间关系以解决问题和防止和平危机方面的作用与方法，这反映出这次峰会的"统一"主题。

第一，《宣言》将巴勒斯坦问题置于首要位置，强调巴勒斯坦事业中心地位的重要性，认为阿拉伯国家绝对支持巴勒斯坦人民不可剥夺的权利，阿拉伯国家将继续致力于2002年《阿拉伯和平倡议》及其所有事务和有限事项，并再次重申在"土地换和平"原则、国际法和具有国际合法性的相关决议基础上解决阿以冲突，以及继续努力保护被占领的圣城及圣地，采取并支持巴勒斯坦国获得联合国正式会员资格的方式。

第二，《宣言》聚焦了当前阿拉伯世界面临的挑战，承诺加强阿拉伯国家联合行动，在政治、经济、粮食、能源、水和环境方面保护阿拉伯国家安全，并为解决部分阿拉伯国家正在经历的危机做出贡献，以维护阿拉伯国家成员国统一及其领土完整和对其自然资源的主权与其人民

---

① "Unified Strategy Needed to Resolve Water Shortage in Arab World, Egypt Conference Hears," *Arab News*, December 2, 2022, https://www.arabnews.com/node/2209561/middle-east.

对体面生活的愿望。《宣言》称，反对一切形式的外国干涉阿拉伯国家的内政，加强阿拉伯国家间的关系，通过提升阿盟的作用，恪守阿拉伯危机解决方案的原则，以和平方式预防和解决阿拉伯问题，包括全力解决利比亚危机、支持也门合法政府建立以及在解决叙利亚问题上发挥集体领导作用。同时，《宣言》表示支持伊拉克的政治重建、声援黎巴嫩的安全与稳定努力、支持索马里打击恐怖主义、继续支持吉布提和厄立特里亚之间就边界争端和吉布提囚犯问题达成政治解决方案以及根据在双边、国家、区域和国际各层面寻求解决阿拉伯国家面临的共同挑战，尤其需要在中东建立无大规模杀伤性武器的无核区，邀请所有相关方加入并执行《不扩散核武器条约》。

第三，《宣言》强调加强阿拉伯国家联合行动和进行现代化建设，承诺根据阿拉伯人民的愿望促进这一进程，将采取巩固传统框架并将阿拉伯公民关切置于其优先事项的新方法，将激活阿盟在预防和解决冲突方面的作用，加强青年和创新在阿拉伯联合行动中的地位，建立阿拉伯官民互动机制；推进并全面激活大阿拉伯自由贸易区，期待建立阿拉伯关税同盟。《宣言》还强调将努力提升阿拉伯集体能力，发展合作机制，以应对粮食、卫生和能源安全以及应对气候变化带来的挑战，使阿拉伯国家的联合行动制度化。

第四，《宣言》就阿拉伯国家与周边国家关系的构建和发展进行了最新的表述，强调需要在阿拉伯国家和国际社会之间建立健康和平衡的关系，包括在伊斯兰世界、非洲和欧洲—地中海地区，建立在尊重、信任、富有成效的睦邻合作和《联合国宪章》原则基础上的伙伴关系，其中最为重要的是尊重各国主权和不干涉他国内政。《宣言》强调了阿盟与各国际和区域伙伴之间现有合作和伙伴关系的重要性，认为阿盟是阿拉伯国家同他国进行政治协商的重要平台，也是基于尊重和共同利益建立平衡关系和伙伴关系的重要平台。

第五，《宣言》就国际形势进行了集体表达和关切，认为国际局势日益紧张，突出彰显出国际治理机制的结构性功能障碍，迫切需要保证所有国家公平和平等，并结束发展中国家边缘化的问题。在国际政治方面，阿拉伯国家作为一个和谐统一的集团有能力为后疫情时代的全球秩序和俄乌危机解决方面做出有效而积极的贡献。对于俄乌冲突，阿盟坚持不结盟原则和阿拉伯国家的共同立场，拒绝使用武力并通过阿盟联络小组参与国际斡旋。在能源领域，《宣言》表示促进石油输出国组织及其盟友（欧佩克+）采取的平衡政策，以确保世界能源市场的稳定。在安全领域，《宣言》强调需要统一打击恐怖主义和一切形式的极端主义的努力，切断其资金来源，并在基于对国际法规则和相关规定的承诺的框架内执行国际反恐倡议和决议，积极支持文明对话、宗教对话等。①

需要指出的是，尽管第31届阿盟首脑会议顺利举行，并通过共同宣言，但正如不少评论人士所指出的那样，阿拉伯国家政治分歧继续困扰着该地区组织的成员，尤其在巴勒斯坦问题、伊朗和土耳其的地区角色以及叙利亚问题上，阿拉伯国家之间至今仍存在严重分歧。阿盟峰会强调了对巴勒斯坦问题的关注，包括强调支持巴勒斯坦建国、保护耶路撒冷遗址免受以色列侵犯以及谴责以色列使用暴力和封锁加沙，但事实上阿盟的21个成员国近年来在处理与以色列关系的立场上并不一致，这使得峰会在谈及以色列时措辞非常谨慎。会议期间，阿拉伯国家在与以色列实现和平以及如何推进巴勒斯坦事业方面存在分歧。关于该地区非阿拉伯行为体的干涉问题，最终公报也避免直接提及伊朗和土耳其。峰会的讨论还集中在因俄乌冲突而加剧的粮食和能源危机上，这场危机对包括也门在内的阿拉伯国家造成了毁灭性后果。尽管俄乌冲突造成了可怕的后果，但阿拉伯领导人决定保持中立。不仅如此，阿尔及利亚与摩洛哥之间的宿怨在继续恶化。此外，沙特王储穆罕默德·本·萨勒曼、阿联酋领导人穆罕默德·本·扎耶德等主要阿拉伯国家元首的缺席，使得峰会的权威性和影响力无形之中受损。②

三、发挥组织主动性，积极拓展和深化对外关系

2022年阿盟在对外关系构建和互动中较为积极，包括与联合国在中东

---

① "Summit of the League of Arab States: 'Algiers Declaration', Call for Unity and Economic Cooperation," Africa News Agency, November 15, 2022, https：//www.africanewsagency.fr/summit-of-the-league-of-arab-states-algiers-declaration-call-for-unity-and-economic-cooperation/? lang=en.

② "Leaders Head to Algeria for First Arab League Summit in Two Years," AlJazeera, November 1, 2022, https：//www.aljazeera.com/news/2022/11/1/arab-leaders-head-to-algeria-for-regional-summit.

地区事务中的深度协调、召开中阿峰会提升中阿关系、积极主动斡旋俄乌冲突、推动同欧盟及印度发展关系等。

（一）阿盟与联合国的关系

1989 年联合国和阿盟签署了谅解备忘录，并于 2016 年通过缔结修正案续签了该备忘录。2019 年 6 月，联合国驻阿盟联络处在开罗正式设立，这是首个通过经常预算供资的联络处。根据联合国大会的授权，联合国和阿盟秘书处以及各自的机构会就基金和方案定期举行一般合作或部门会议，至今保持着能力建设活动和工作人员交流互动，以及包括在安理会成员国与阿盟之间举行非正式会议。联合国与阿盟均认为，加强两大国际组织的合作是加强全球多边主义的必要条件。2022 年 3 月，在联合国安理会当月主席阿联酋的倡议下，安理会就联合国与阿盟的合作举行交流会。联合国秘书长古特雷斯和阿盟秘书长盖特对双方合作事务进行了通报，并指出美国和俄罗斯在以色列—巴勒斯坦和叙利亚问题上的频繁否决等严重制约了安理会与阿盟之间的深度合作，也使得两大机构在中东地区问题上的合作变得复杂。① 除了巴勒斯坦问题外，2022 年阿盟和联合国在苏丹问题、利比亚问题、也门问题、叙利亚问题和黎巴嫩问题上一直进行密切合作和良性互动。② 2022 年两大组织在社会领域进行了良好的互动。12 月 18 日，阿拉伯住房和建设部理事会第 39 届会议召开，理事会与联合国人类住区规划署签署谅解备忘录，与阿盟及相关地区和国际组织跟进《阿拉伯住房和可持续城市发展战略》执行进展。

（二）阿盟与中国的关系

中国与阿盟是战略伙伴关系。2022 年中国和阿盟互动频繁，主要包括四个方面：第一，高层会晤和举办中阿峰会。2022 年 10 月，外交部中阿

---

① "Cooperation between the UN and the League of Arab States," UN Security Council, August 2, 2022, https：//www.securitycouncilreport.org/monthly-forecast/2022-03/cooperation-between-the-un-and-the-league-of-arab-states-3.php.

② "Secretary-General's Remarks at the Security Council Briefing on the Cooperation between the United Nations and the League of Arab States," United Nations, March 23, 2022, https：//www.un.org/sg/en/content/sg/statement/2022-03-23/secretary-generals-remarks-the-security-council-briefing-the-cooperation-between-the-united-nations-and-the-league-of-arab-states.

合作论坛事务大使李琛在埃及首都开罗访问阿盟总部，会见阿盟助理秘书长兼秘书长办公室主任扎齐，就中阿关系、中阿合作论坛建设和共同关心的国际及地区问题交换意见。11月，中国国家主席习近平向阿盟首脑理事会会议轮值主席阿尔及利亚总统特本致贺信，祝贺第31届阿盟峰会在阿尔及利亚召开并派中国中东特使翟隽参加峰会。12月，中阿峰会的召开使中阿关系迎来了历史性时刻，在多年的认知升级、频繁互动、有效磨合以及互信加深的基础上，中阿关系进入了最高级别的集体互动，发表《利雅得宣言》，为中阿深化全面合作奠定了制度基础。第二，中国向阿盟提供防疫物资援助。4月17日，中国向阿盟捐赠一批医疗物资，以支持其抗击新冠病毒感染疫情。第三，阿盟通过支持中国立场的决议。2022年9月第158届阿盟外长理事会会议通过"阿拉伯—中国关系"决议：阿盟外长们一致重申支持一个中国原则；阿盟强调愿在"一带一路"机制下，加强与中国各方面的合作；赞赏中国为阿拉伯事业、和平解决地区危机、促进国际和地区和平做出的贡献。第四，人文交流。11月30日，中国人民对外友好协会、中国阿拉伯友好协会、阿盟秘书处和阿拉伯城市组织共同主办第三届中国阿拉伯城市论坛。阿盟社会事务助理秘书长海法·艾布贾扎莱表示，阿盟赞赏中国阿拉伯城市论坛为促进地方交流合作、实现可持续发展发挥的重要作用，愿继续与中方合作，巩固论坛机制，推动阿中省市共建"一带一路"取得更大发展。[1] 此外，中国还与数个阿拉伯国家举行双边人文交流。如12月5日，中国—阿拉伯媒体合作论坛在沙特首都利雅得举行。本次论坛由中国中央广播电视总台和沙特新闻部联合主办，主题为"加强交流互鉴，推动构建中阿命运共同体"。中央广播电视总台与阿拉伯国家广播联盟共同发出《中国与阿拉伯国家深化媒体交流合作倡议》，倡导中国与阿拉伯国家媒体机构加强互学互鉴，恪守媒体职责，深化交流合作。[2]

（三）积极斡旋俄乌冲突

俄罗斯和乌克兰是阿拉伯国家粮食进口的来源国，俄乌冲突爆发直接

---

[1] 《第三届中国阿拉伯城市论坛成功举行》，http：//world.people.com.cn/n1/2022/1202/c1002-32579249.html。

[2] "2022 Chinese-Arab Media Cooperation Forum held in Saudi Arabia," https：//www.news.cgtn.com/news/2022-12-07/2022-Chinese-Arab-Media-Cooperation-Forum-held-in-Saudi-Arabia-1fzdcJzH8K4/index.html。

导致部分阿拉伯国家面临粮食短缺问题。因此，俄乌冲突是阿盟关注的一个重要热点，并尝试从中斡旋，以期待解决危机。2月28日，阿盟秘书处发表声明称，阿拉伯世界深为关切地注视着乌克兰的连续事态发展及其严重的军事和人道主义后果。[①] 3月在阿盟理事会第157届会议期间成立乌克兰危机联络小组，旨在应对乌克兰危机对阿拉伯地区的影响。该小组包括来自埃及、约旦、阿尔及利亚、伊拉克、苏丹和阿联酋的代表。[②] 4月，该联络小组分别访问俄罗斯和波兰（并与乌克兰外长库勒巴举行会谈），试图通过外交途径解决危机。7月24日，俄罗斯外长拉夫罗夫赞扬阿拉伯国家和阿盟"平衡、公平、负责任的立场"。

（四）阿盟与欧盟的关系

自2019年举行首届阿盟—欧盟首脑会议后，阿盟与欧盟关系得到了质的提升。由于受新冠病毒感染流行冲击，原定于2022年举行的第二届阿欧首脑峰会暂时搁置，但在此框架下的双边合作并未暂停。2022年10月，在阿盟与欧盟合作项目第二阶段实施框架内，阿盟国际政治事务部与欧盟举办首次"打击阿拉伯国家小武器和轻武器非法贸易和扩散"区域研讨会，旨在加强阿拉伯国家打击小武器非法贩运和扩散的能力。11月24日，阿盟秘书长盖特应邀参加第七届地中海联盟区域论坛发表演讲并同地中海联盟秘书长纳赛尔·卡梅尔签署备忘录，旨在加强双方在能源、教育、卫生、人类发展等领域的重要合作。

（五）阿盟与印度的关系

印度和阿盟于2002年签署谅解备忘录，使双方对话进入机制化互动阶段。2008年阿拉伯—印度合作论坛成立。2017年阿盟与印度举行首届阿拉伯—印度合作论坛部长级会议，通过《麦纳麦宣言》及其执行计划，开启了阿印关系的新篇章。2022年10月，印度外长苏杰生访问阿盟总部，同阿盟秘书长盖特进行了会晤，双方重点讨论了2023年召开的阿印合作论坛

[①] "Arab League is Following with Deep Concern Developments in Ukraine: Al – Geit," *ahramonline*, February 28, 2022, https://www.english.ahram.org.eg/NewsContent/54/1245/461927/War – in – Ukraine/Diplomacy/Arab – League – is – following – with – deep – concern – develop.aspx.

[②] "Shoukry, FMs of Arab Contact Group on Ukraine FM in Mosco," *Egypt Today*, April 5, 2022, https://www.egypttoday.com/Article/1/114591/Shoukry – FMs – of – Arab – contact – group – on – Ukraine – meet – Ukrainian.

相关事宜,同意在 2023 年上半年在印度新德里举行下一届阿拉伯—印度合作论坛。①

四、结语

  2022 年阿盟一如既往,主要常设机构正常运转,继续在阿拉伯世界诸多事务领域维护和推进阿拉伯共同利益的实现,尤其是第 31 届阿盟峰会的顺利召开,彰显出阿盟成员国共同应对挑战的一面。从阿盟参与热点问题解决的行动来看,2022 年阿盟仍然是失望大于期待、无奈与奋争共存的一年。阿盟更多扮演的是发声者,而缺少行之有效的具体问题解决方案。从对外关系发展来看,2022 年的阿盟同联合国、中国、欧盟以及印度等国家和国际组织关系均得到发展。尤其中阿峰会的顺利召开,使得中阿关系实现了完整的多层级交流机制化。一言以蔽之,2022 年阿盟仍是作为泛阿拉伯世界的论坛平台、集体代言人、分歧协调者、争端和冲突的斡旋者以及阿拉伯共同利益捍卫者等功能性角色,仍是推动阿拉伯国家合作和地区热点问题解决的重要参与者、推动阿拉伯世界同大国关系发展的构建者并发挥着经常性积极作用。

---

① "Receiving the Indian Minister of External Affairs, Aboul Ghait: The Arab – Indian Cooperation Forum will be Held Next Year in Delhi," AlDIPLOMASY, October 15, 2022, https://www.aldiplomasy.com/en/? p = 25346.

2022年的海湾阿拉伯国家合作委员会

韩建伟[①]

【摘　要】

2022年，海合会成员国在结束卡塔尔断交危机的基础上，继续解决遗留问题，内部团结得到了一定的加强，但是成员国之间的结构性矛盾与分歧依然存在，某些领域的竞争色彩增加。海合会成员国的经济普遍增长较快，这一方面是俄乌冲突造成的国际油价飙升给这些国家带来了巨额收入，另一方面是部分国家经济多元化成效显著。海合会成员国都在俄乌冲突中持不同程度的中立立场，但中立的方式因国而异；海合会跟美国的关系渐行渐远，但在安全上依然对美国存在依赖；海合会跟中国的关系提质升级，迈向合作的更高阶段。

【关键词】

海合会　团结　能源　转型　安全

2022年是海合会面临重大机遇的一年，也是各成员国加速发展模式转型的一年。俄乌冲突无疑是2022年最大的国际危机事件，但是却极大地提高了海合会成员国在世界能源供应中的地位。欧洲国家集体与俄罗斯"断气"，被迫寻求来自中东油气国的能源支持。受益于世界能源价格的大幅度上涨，海合会成员国经济出现了罕见的快速增长势头。2022年，也是海合会成员国进一步弥合内部分歧，改善关系的一年。沙特、阿联酋、巴林跟卡塔尔的关系都有进一步的改善，但是成员国之间的矛盾仍在，且出现

[①] 韩建伟，上海外国语大学中东研究所副研究员。本文系上海外国语大学青年教师科研创新团队项目"百年未有大变局之下的中东政治变迁研究"（项目编号：2020114046）和上海外国语大学重大项目"中东剧变后的中国中东外交实践研究"（项目编号：2021114008）的中期成果。

了新的影响内部团结的因素。与此同时，实质性的海湾一体化进程进展缓慢。

一、海合会内部寻求团结但分歧犹存

寻求团结依然是2022年海合会成员国内部关系的主题，但由于结构性分歧难以弥合，使得团结的象征意义大于实质性改善。该年海合会组织没有在加强成员国共同应对内部、地区及国际重大事件上做有组织的协调及统一行动，基本还停留在处理卡塔尔断交危机的遗留问题上。

2021年1月，在沙特欧拉召开的海合会峰会上，沙特、阿联酋、巴林正式宣布与卡塔尔复交，历时4年的卡塔尔断交危机落下帷幕。不过这几个国家与卡塔尔复交的步伐并不一致。相比之下，沙特是与卡塔尔复交最积极的国家，两国正常的官方及民间关系恢复得较快。阿联酋与卡塔尔恢复了民间正常交往。在《欧拉宣言》签署后的不到一个月时间内，阿联酋重新开放与卡塔尔的空中、陆地和海上边界，卡塔尔人往返阿联酋的旅行超过1200余次。[①] 但阿联酋对推动与卡塔尔的全面和解是比较谨慎的。阿联酋与卡塔尔在伊斯兰意识形态、地区政策方面存在深刻的分歧，如在穆斯林兄弟会、伊朗、以色列问题上的立场差异明显。因此，阿联酋并不急于与卡塔尔全面恢复外交关系，而是进一步强化了与以色列的关系。据《圣城报》报道，阿联酋与以色列加强合作，试图破坏海湾地区的和解努力，扰乱卡塔尔和沙特的关系，并加深与巴林的裂痕。[②]

但是，意识到沙特及其他海合会成员国与卡塔尔改善关系是大势所趋，阿联酋也逐渐释放出与卡塔尔进一步改善关系的信号。2022年2月，卡塔尔埃米尔塔米姆在北京冬奥会上会见了同来参加开幕式的阿联酋穆罕默德·本·扎耶德王储，这被视为两国关系实质性改善的重要标志。这也是自卡塔尔与4个阿拉伯国家之间的争端结束以来，两位国家领导人首次

[①] "UAE and Qatari Delegations Meet in Kuwait to Discuss Next Steps after Al Ula Declaration," *The National News*, February 22, 2021, https://www.thenationalnews.com/gulf-news/uae-and-qatari-delegations-meet-in-kuwait-to-discuss-next-steps-after-al-ula-declaration-1.1170855.

[②] "UAE and Israel 'Sabotaging' Gulf Reconciliation," *Middle East Monitor*, August 25, 2022, https://www.middleeastmonitor.com/20220825-uae-and-israel-sabotaging-gulf-reconciliation/.

进行互动。①

对卡塔尔来讲，与海合会成员国关系的突破是利用举办世界杯的契机重叙兄弟情谊。在比赛期间，卡塔尔埃米尔塔米姆招待了来访的沙特王储萨勒曼及阿联酋总统扎耶德，显示了他们之间特殊的亲密关系。特别是在卡塔尔面临西方国家人权问题上的指责与批评时，海合会成员国领导人齐聚卡塔尔，显示了阿拉伯世界尤其是海合会成员国鲜有的团结。②

除了阿联酋与卡塔尔复交缓慢外，卡塔尔与巴林的关系也尚未恢复。卡塔尔与巴林的直航航班处于停飞状态。不过在卡塔尔世界杯之后，卡塔尔与巴林的关系也有所改善。据巴林媒体报道，2023年1月，卡塔尔埃米尔和巴林国王出席了由阿联酋总统在阿布扎比主持的一个小型阿拉伯峰会，阿曼、约旦和埃及的领导人也出席了这次峰会。峰会之后，巴林与卡塔尔进行了电话沟通，双方在向着缓和关系的方向进一步努力。③

可以看出，2022年海合会尽管在加强内部团结、摆脱卡塔尔断交危机阴影方面取得了一定的进展，但成员国之间长期存在的结构性矛盾没有得到真正化解。而除了卡塔尔与阿联酋、巴林尚未完全恢复正常关系外，沙特与阿联酋的关系也处在阴晴不定的状态之中，两国在一些领域的竞争态势还有所增强。

作为海合会内部实力最强的两个国家，沙特与阿联酋一直在明争暗斗。一方面，沙特希望加强对海合会的领导权，但阿联酋更加谋求自身独立自主的地位，且希望扩大在地区的影响力；另一方面，两国都以各自国家利益为重，通常把本国利益置于海合会集体利益之上。这使得两个国家表面维持着和谐关系，但暗地里却经常较劲。

俄乌冲突是对沙特与阿联酋关系的一次重大考验。俄乌冲突扰乱了正常的能源供应，一度令国际油价突破历史峰值，面对高油价沙特与阿联酋联合采取不增产的方式应对，这一决定也获得了"欧佩克+"成员国的支

---

① "Qatar and UAE Leaders Meet for First Time since Gulf Crisis Ended," ALJazeera, February 6, 2022, https://www.aljazeera.com/news/2022/2/6/qatar-and-uae-leaders-meet-for-first-time-since-gulf-crisis-ended.

② Simeon Kerr, Heba Saleh, Samer Al-Atrush, Raya Jalabi, "Qatar World Cup Provides Rare Source of Unity to Arab States," *Financial Times*, November 28, 2022, https://www.ft.com/content/d0893caa-ca60-4ecc-88b4-bb3108346ef4.

③ "Bahrain Crown Prince and Qatar Emir Discuss 'Differences' in Call," Aljazeera, January 26, 2023, https://www.aljazeera.com/news/2023/1/26/bahrain-crown-prince-qatars-emir-phone-call.

持，但是却引起美国的严重不满。① 2022 年，沙特与阿联酋在石油生产配额问题上总体保持一致，也表明两个海湾大国在重大问题上仍能保持盟友关系，但是围绕石油产量分配的矛盾也逐渐表面化。这在根源上取决于沙特与阿联酋在石油政策上的矛盾。沙特作为产油大国，通常长远考虑石油生产问题，因此短期内希望限产保价，最大限度增加石油的长期收益；但是其他产油国，包括阿联酋，希望利用高油价增加产能。这导致两国在 2023 年 3 月初矛盾公开化，甚至传出阿联酋要退出欧佩克的消息。② 尽管阿联酋否认了要退出欧佩克的传闻，但是两国的矛盾已然存在。

除此之外，沙特与阿联酋在地区问题的立场存在明显的分歧，如以色列问题。阿联酋自 2020 年与以色列签署《亚伯拉罕协议》之后，双方合作发展迅速。但是沙特一直拒绝与以色列关系实现正常化。对沙特来说，其无法像阿联酋一样将巴勒斯坦问题置之不理。在 2023 年初以色列对巴勒斯坦发动新的袭击后，沙特宣布，没有巴勒斯坦国的建立沙特是不会跟以色列建交的。③

而对沙特与阿联酋关系影响最大的是两国发展模式的高度同质化所引发的竞争。沙特、阿联酋都是产油大国，传统经济联系一向较弱，当前两国都有经济多元化的诉求。在全球采取共同行动应对气候变化，各国纷纷提出碳达峰、碳中和的目标后，沙特与阿联酋经济多元化的紧迫感增强。但问题是，两国都谋求发展相似的非石油产业，如石化技术、旅游、金融、数字经济等，所以导致高度重叠而不是互补强的发展模式。④

比较来看，阿联酋具有先发优势，已经在商业、贸易、旅游、物流等方面发展成为中东地区的枢纽，也一直是被国际投资者所青睐的热门国家。迪拜是全球五大海运和物流中心之一，杰贝阿里港和自由区占酋长国

---

① Jon Gambrell, "Saudi Arabia, UAE Defend Oil Production Cuts as US Warns of 'Economic Uncertainty'," *Times of Israel*, October 31, 2022, https://www.timesofisrael.com/saudi-arabia-uae-defend-oil-production-cuts-as-us-warns-of-economic-uncertainty/.

② "UAE Has 'No Plans' to Leave OPEC Alliance Despite Reports of Fissures with Saudi Arabia," *Middle East Eyes*, March 3, 2023, https://www.middleeasteye.net/news/uae-has-no-plans-leave-opec-alliance-despite-fissures-saudi-arabia.

③ "Saudi Arabia: 'No Normalisation with Israel without Palestine State'," *Middle East Monitor*, January 21, 2023, https://www.middleeastmonitor.com/20230121-saudi-arabia-no-normalisation-with-israel-without-palestine-state/.

④ John Calabrese, "The 'New Normal' in Saudi-UAE Relations-Tying China In," Middle East Institute, February 3, 2022, https://www.mei.edu/publications/new-normal-saudi-uae-relations-tying-china.

GDP 的 1/3。但是沙特具有后发优势。沙特正在试图将自己打造成阿拉伯半岛的商业与投资中心。2022 年 4 月，沙特公布了新的外来投资法，目的是给国内与外来投资者同等的待遇，简化外来投资者审批程序并为外来散户投资者开辟新的渠道。超越迪拜似乎成为利雅得的一个目标。2022 年，沙特与阿联酋吸引外资达到创纪录的 400 亿美元，比上一年增加了 58%。而一份行业报告显示，沙特的外资数额预计在 2023 年超过阿联酋，这是自 2012 年以来的首次。①

沙特也试图将自身打造成中东地区的物流枢纽中心，最具代表性的是沙特阿卜杜勒阿齐兹国王港（又称达曼港）升级改造计划。2022 年，该港口取得了年处理 200 万标准箱的亮眼成绩，与沙特电信公司和华为公司签署合同，运用 5G 技术打造智慧港口。② 该港口升级的奠基仪式于 2023 年 1 月举行。一旦港口升级成功，沙特在中东地区物流枢纽中的地位将大大提升。但是这对阿联酋的物流中心地位会造成一定的冲击。

海合会内部关系的不平衡还体现在沙特与巴林的特殊关系上。沙特公开声明，尽管沙特对所有海合会成员国提供商业优惠待遇，但是跟巴林从政治到经济上都是高度共享互通。③ 两国的特殊关系是其他成员国无法比拟的。

海合会组织内部活力不强还体现在，2022 年除了与域外大国召开的峰会外，几乎没有召开任何内部专门会议，共同讨论解决某一重大问题。

二、海合会成员国在能源增收基础上加速转型

2022 年海合会成员国经济表现十分亮眼，这主要得益于俄乌冲突造成的国际能源价格飙升。海合会成员国的财政收入都出现大幅度增长，有效弥补了财政赤字和公共债务，部分国家实现了财政盈余。根据世界银行的数据，

---

① "Saudi Arabia to Surpass UAE in Receiving FDI in 2023: Report," *Arab News*, January 16, 2023, https://www.arabnews.com/node/2233446/business-economy.

② "Saudi Global Ports Begins Work on Upgrade of KAPD Container Terminals, Celebrates Record Volumes," Ship Management, January 17, 2023, https://www.shipmanagementinternational.com/saudi-global-ports-begins-work-on-upgrade-of-kapd-container-terminals-celebrates-record-volumes/.

③ "Saudi Arabia and its Business Relationship with Other GCC Countries in 2023," *Healy Consultants*, https://www.healyconsultants.com/saudi-arabia-company-registration/business-relationship/.

海合会经济在2022年增长了6.9%，但2023年和2024年将放缓至3.7%和2.4%。① 与此同时，与世界其他高收入国家普遍面临的高通胀相比，海合会国家的通胀率比较温和。但海合会成员国之间的经济表现并不平衡。

巴林在2022年的经济增长率约为3.8%②，在海合会成员国中表现中等。巴林的石油资源有限，经济多元化起步较早且程度较高，因此巴林的经济增长主要受益于非石油部门的扩张。巴林在2022年前两个季度的油气GDP增长率均为负值的-4.7%、-2.2%，但是非石油GDP增长了7.7%、9.0%。在第二季度的GDP构成中，非石油部门贡献了82.9%，其中金融部门是最大的贡献者，占实际GDP总额的16.8%；制造业和政府服务业各占13.9%；另外建筑业占7.1%，交通运输业占6.4%。③ 巴林的通胀指数在第一季度受到俄乌冲突的影响较大，一度冲高至12%，但是在第二季度明显回落，只有3.4%。④

科威特的经济在2022年表现出较大的增长，增长率为8.5%。⑤ 科威特的经济增长主要取决于石油产量的大幅度提高及油价上涨。比较而言，科威特是海合会中经济多元化推进较慢的一个国家，对石油的依赖度依然很高。2022年，科威特日产石油量为280万桶，这给科威特带来额外的财政收入并实现了盈余。但是，随着油价的回落和产能的释放，科威特在未来两年的经济增长率可能仅有2%。⑥ 充裕的资金为科威特未来经济多元化转型提供了一定支撑，但是面临的挑战也很多。主要的挑战是国内政治僵局导致行政决策及执行能力薄弱，经济改革停滞不前。科威特自2017年以来就试图引入增值税改革，但是至今没有成功实施。⑦

---

① "GCC Economies Expected to Expand by 6.9% in 2022," World Bank, October 31, 2022, https://www.worldbank.org/en/news/press-release/2022/10/31/gcc-economies-expected-to-expand-by-6-9-in-2022.

② "GCC Economies Expected to Expand by 6.9% in 2022".

③ "Bahrain Economic Quarterly, Q2 2022," Ministry of Finance and National Economy, September 2022, p. 8, https://www.mofne.gov.bh/Files/cdoc/CI2160-BEQ%20Q2%202022%20%5BEn%5D.pdf.

④ "Bahrain Economic Quarterly, Q2 2022," p. 14.

⑤ "GCC Economies Expected to Expand by 6.9% in 2022".

⑥ Brinda Darasha, "IMF Sees Kuwait's GDP Growth at above 8% for 2022," ZAWYA, December 23, 2022, https://www.zawya.com/en/economy/gcc/imf-sees-kuwaits-gdp-growth-at-above-8-for-2022-qez957wi.

⑦ Hassan Jivraj, "Kuwait Benefits from Oil Price Boom but Long-term Economic Challenges Loom," Al Monitor, November 23, 2022, https://www.al-monitor.com/originals/2022/11/kuwait-benefits-oil-price-boom-long-term-economic-challenges-loom#ixzz7ufYxJ7NL.

阿曼在2022年的经济增长率约为4.5%。① 阿曼经济的增长主要取决于两个因素：一方面，石油产量及收入的大幅度增长。截至2022年9月底，阿曼石油活动同比增长72.5%；另一方面，制造业的活跃也促进了GDP增长。截至2022年第三季度末，制造业与上一年同期相比增长了65.6%。② 自2014年以来，阿曼第一次实现了财政盈余。2022年全年预算盈余为11.46亿里亚尔，而2021年赤字约为15.55亿里亚尔。与此同时，阿曼的公共债务比率在2022年下降至GDP的43%左右。2022年4月，标准普尔将阿曼的外币和本币主权信用评级从B+上调至BB-。这是该机构10多年来首次上调阿曼评级。③ 阿曼的经济多元化程度相对较高，因此不会像科威特经济那样随油价起伏大起大落。国际货币基金组织也对阿曼的经济前景保持相对乐观的态度，认为阿曼当前及未来一段时期的财政盈余有助于进一步推动经济结构性改革，能够确保阿曼"2040年愿景"目标的实现。④

2022年，卡塔尔实现了温和的经济增长，GDP增幅为4%。⑤ 卡塔尔的经济增长主要取决于油气出口的大量增加。能源价格的波动对卡塔尔经济产生的影响是各季度的不平衡性。2022年第三季度的经济增长率放缓至4.3%，低于上一季度的6.3%，原因是非石油行业增长大幅放缓，完全抵消了第三季度能源部门上涨的贡献。⑥

2022年，卡塔尔采矿业、制造业和公用事业行业对总增加值（GVA）的贡献为35.2%，其次是建筑业（12.6%），以及批发、零售和酒店业（9.1%）。⑦ 卡塔尔2022年世界杯的举办不仅促进了基础设施投资，也

---

① "GCC Economies Expected to Expand by 6.9% in 2022".
② "Oil Activity Boosted Oman's Economy by 30.4% in September 2022," *Arab News*, January 29, 2023, https://www.arabnews.com/node/2240961/business-economy.
③ "Oman's Economic Growth on Strong Footing," *Muscat Daily*, January 10, 2023, https://www.muscatdaily.com/2023/01/10/omans-economic-growth-on-strong-footing/.
④ "IMF Staff Concludes 2022 Article IV Mission to Oman," IMF, October 5, 2022, https://www.imf.org/en/News/Articles/2022/10/05/pr22337-oman-imf-staff-concludes-2022-article-iv-mission.
⑤ "GCC Economies Expected to Expand by 6.9% in 2022".
⑥ "Qatar Economic Forecast," *Focus Economics*, February 7, 2023, https://www.focus-economics.com/countries/qatar.
⑦ "Qatar Economy to Sustain over 3% Growth during 2023-25, Forecasts GlobalData," *GlobalData*, January 20, 2023, https://www.globaldata.com/media/business-fundamentals/qatar-economy-sustain-3-growth-2023-25-forecasts-globaldata/.

带动了旅游业、批发零售业等行业的发展。俄乌冲突令卡塔尔在世界天然气供应中的地位更加重要。在俄乌冲突爆发后的几个月，欧盟高级官员频繁飞往卡塔尔"寻气"。根据彭博社的计算，卡塔尔2022年的能源出口自2014年以来首次达到1000亿美元。这将使其能够在全球股市上投入更多财富，并主要通过其4500亿美元的主权财富基金来实现外交政策目标。① 卡塔尔作为世界上最主要的天然气出口国之一，经济多元化的压力要小得多。天然气作为向完全清洁能源的过渡型能源，将在很长一段时间内继续走俏能源市场，这也使得卡塔尔有更多的时间来应对后石油时代的来临。

沙特是2022年国际石油价格大幅上涨的最大受益国。2022年，沙特的经济增长率达到8.3%，成为海合会中经济增长最快的国家。② 沙特罕见的经济增长主要是石油价格飙升带来的红利，其石油收入在2022年达到3260亿美元，是萨勒曼王储执政以来的最高水平。高油价也使得沙特出现了10年来的首次财政盈余。另外，沙特的非石油部门也取得了不俗的表现。2022年沙特的非石油活动增长了5.4%，而政府服务活动增长了2.2%。③ 与此同时，沙特也成为2022年全世界经济增长最快的国家。对于经济多元化转型，沙特似乎有着越来越清晰的目标与前景规划。2022年10月，沙特发布了"国家工业战略"，试图建立一个有韧性的、可持续的、绿色的、创新的工业体系。萨勒曼王储对此指出，"我们有能力建立一个有竞争力和可持续发展的工业经济，包括雄心勃勃的年轻人才、优越的地理位置、丰富的自然资源和领先的国家工业公司"。④ 这一战略彰显了沙特引领中东甚至成为世界制造业强国的雄心。当前，沙特正通过修改外来投资法以改善投资环境、加强基础设施建设、发展数字经济及加快新能源产业转型等方式，来实现经济的可持续发展目标。

---

① Paul Wallace and Simone Foxman, "War Is Making One of the Richest Countries Even Richer," Bloomberg, April 29, 2022, https：//www.bloomberg.com/news/features/2022 – 04 – 29/war – in – ukraine – is – making – qatar – even – richer – as – europe – ditches – russian – gas.

② "GCC Economies Expected to Expand by 6.9% in 2022".

③ Sarmad Khan, "Saudi Arabia's Economy Expands 8.7% in 2022 on Oil Sector Boost," The National News, February 1, 2023, https：//www.thenationalnews.com/business/economy/2023/02/01/saudi – arabias – economy – expands – 87 – in – 2022 – on – oil – sector – boost/.

④ Jennifer Bell, "Saudi Arabia's Crown Prince Launches National Industrial Strategy," Alarabiya, October 19, 2022, https：//www.english.alarabiya.net/News/saudi – arabia/2022/10/19/Saudi – Arabia – s – Crown – Prince – launches – National – Industrial – Strategy –.

2022年阿联酋的实际经济增长率大约为5.9%。① 阿联酋的经济增长一方面得益于石油收入的增加，另一方面得益于非石油部门的增长。该国良好的营商环境、一流的基础设施已经为经济的可持续发展奠定了良好基础，因此未来也不会表现出太大的波动。世界货币基金组织认为，阿联酋近期的经济增长势头良好，但是其金融稳定面临世界与本国金融政策收紧的不确定性影响，因此应该在金融上采取审慎政策。② 总的来说，阿联酋在经济多元化上不仅有清晰的目标，而且已经具备了实现这一目标的基础与能力，在致力于经济包容平衡增长及世界"脱碳"背景下加速本国产业转型上都有光明的前景。

长期以来，海合会成员国都属于对外输出石油天然气，同时进口所需消费品的资源依附型国家，导致经济结构高度同质化，地区经济一体化的动力较弱。当前的经济多元化使成员国的经济互补性有所增强，相互依赖程度加深，一体化的需求也在加强，但海合会成员国复杂的双边关系成为推进内部一体化的阻力。如海合会一直计划修建一条贯通六国的铁路网，希望将六国的主要城市都连接起来。该项目将从北部的科威特城经过沙特的朱拜勒和达曼，然后经过巴林的麦纳麦和卡塔尔的多哈。这条线路将返回沙特，经过阿联酋的主要地区——阿布扎比、迪拜和富查伊拉，然后向南到达阿曼的马斯喀特。2021年12月，海合会六国领导人同意成立海湾合作委员会铁路局来监督该项目，但是该项目被一再延期。至2023年，这条铁路还没有恢复修建的迹象。③

三、大国博弈中海合会地位不断上升

2022年是世界政治极不平凡的一年，俄乌冲突成为俄罗斯与西方国家关系的分水岭。欧洲国家因此断绝了与俄罗斯的能源联系，使得海合会成员国的能源供应地位陡升。与此同时，海合会也成为中美博弈的舞

---

① "GCC Economies Expected to Expand by 6.9% in 2022".
② "IMF Staff Completes 2022 Article IV Mission to United Arab Emirates," IMF, November 21, 2022, https://www.imf.org/en/News/Articles/2022/11/21/pr22387-uae-imf-staff-completes-2022-article-iv-mission-to-united-arab-emirates.
③ "Saudi Arabia and Its Business Relationship with Other GCC Countries in 2023".

台，致力于加强战略自主并集体"向东看"，对世界格局变迁产生深刻的影响。

（一）俄乌冲突中的海合会

2022年2月24日，俄罗斯总统普京对乌克兰发起"特别军事行动"，俄乌冲突爆发。俄乌冲突对海合会成员国虽然没有直接的影响，但是造成了能源供应的混乱及因制裁俄罗斯带来的经济关系调整。另外海合会成员国在俄乌冲突中的立场关系到各国与美国拜登政府之间能否维持和谐关系。

对俄乌冲突的态度既彰显了海合会内部的统一立场，也显示了其中的分歧与矛盾。海合会并未在涉俄乌问题上发表联合统一声明，但是各国不约而同地都倾向于保持中立或者置身事外，不过中立的方式有所差别。2022年3月2日，联合国大会就乌克兰问题召开特别紧急会议，以141票对5票的压倒性票数通过了一项谴责俄罗斯的决议，要求俄罗斯撤出其在乌克兰的军事存在。海合会六国都投了赞成票。[①]

卡塔尔在俄乌冲突之中显示了其"小国大外交"的特色。卡塔尔埃米尔塔米姆在俄乌冲突爆发后的数小时内就跟乌克兰总统泽连斯基通话，并在俄乌之间发挥了协调斡旋的作用。[②] 卡塔尔宣称"尊重乌克兰在其国际公认边界内的主权、独立和领土完整"，因此持支持乌克兰立场，但是并不跟随西方对俄罗斯实施制裁。卡塔尔的策略展现了其作为西方盟友的价值，并赢得了"非北约盟友"的称号。

沙特与阿联酋在俄乌冲突中完全持实用主义的立场。2022年2月25日和27日，阿联酋在联合国安理会发起的谴责俄罗斯提案中两次投了弃权票。沙特与阿联酋都得益于俄乌冲突带来的油价上涨，因此对拜登政府增加石油产量的要求置之不理。两国在"欧佩克+"框架内与俄罗斯保持密切的合作。阿联酋王储扎耶德和沙特王储萨勒曼分别于3月1日和3月3

[①] "The UN Resolution on Ukraine: How Did the Middle East Vote?" Washington Institute, March 2, 2022, https://www.washingtoninstitute.org/policy-analysis/un-resolution-ukraine-how-did-middle-east-vote.

[②] Andrew Mills, "Ukraine Conflict Opens Diplomatic and Energy Opportunities for Qatar," Reuters, March 20, 2022, https://www.reuters.com/world/ukraine-conflict-opens-diplomatic-energy-opportunities-qatar-2022-03-20/.

日与普京总统进行了交谈。①

阿曼和巴林的介入程度较低。它们的回应也反映了各自对地区地缘政治的态度：阿曼苏丹海瑟姆·本·塔里克·阿勒赛义德呼吁通过外交途径解决问题，巴林国王哈马德·本·伊萨·阿勒哈利法则与沙特和阿联酋领导人一起与普京总统进行了对话。②

可以看出，海合会成员国根据自身利益在俄乌冲突中的立场大致分为四类：一是中立但亲西方，如卡塔尔，与美国关系亲密；二是中立但同情俄罗斯，如沙特、阿联酋，与美国保持距离；三是超脱型中立，如科威特；四是避免介入，如阿曼和巴林。海合会成员国多样化的立场反映了它们对世界格局变迁的不同看法。但总体上看，海合会成员国都没有完全跟随西方反俄，都力图在俄乌冲突中发挥一定的斡旋调节作用。这反映了在世界格局的多极化趋势中，海合会已经成为一支重要的"中间力量"。

（二）海合会成员国与美国关系有所疏远但仍然相互依赖

2022年见证了海合会成员国与美国不断疏远的关系。对美国来说，海合会成员国是其在中东维持主导地位的重要支柱。但是随着美国的中东战略进行收缩，海合会成员国与美国的关系渐行渐远。海合会成员国已经从美国撤离中东的危机感中逐步孕育出一种自主自强的意识，并伴随着自身实力的增强，其外交的独立性愈发突出。俄乌冲突对海合会成员国与美国的关系产生了深刻的影响。俄乌冲突爆发初期，美西方国家深切感受到油价飙升的痛苦。拜登政府因国内油价的上升及通胀的加剧，担心失去民意支持，故而多次向沙特、阿联酋喊话要求后者增产。但是沙特、阿联酋不仅不增产，还与俄罗斯一直保持密切的合作，甚至从俄罗斯进口廉价石油。根据情报公司Kpler的数据，2022年9月，沙特直接进口俄罗斯燃料油达到9.1万桶/天，但实际上沙特的进口量远远超过10万桶/天。③ 沙特购买俄罗斯燃料油的主要目的是用来替代供应国内消费的石油天然气，从

---

① Kristian Coates Ulrichsen, "The GCC and the Russia – Ukraine Crisis," Arab Center Washington DC, March 22, 2022, https：//www.arabcenterdc.org/resource/the – gcc – and – the – russia – ukraine – crisis/.

② Ibid.

③ Jamie Ingram, "Saudi Arabia Capitalizes on Russian Fuel Oil Dislocations," *MEES*, October 14, 2022, https：//www.mees.com/2022/10/14/opec/saudi – arabia – capitalizes – on – russian – fuel – oil – dislocations/66903b70 – 4bba – 11ed – 8cc5 – b9ab781780e2.

而释放更多产能向外出口。

　　为了使沙特满足美国提高石油产量的要求，拜登被迫降低身段，亲赴沙特寻求和解。2022年7月16日，拜登亲率高级代表团访问沙特，并与海合会成员国及约旦、埃及、伊拉克九国召开美阿峰会，声称"美国不会从中东离开，让俄罗斯、中国及伊朗来填补'真空'"，而其真实目的是寻求沙特等国增产石油。[1] 但是此次峰会收获寥寥，拜登几乎两手空空离开，不仅没有得到沙特方面的增产承诺，甚至也没能弥合因卡舒吉事件而产生的美沙关系裂痕。[2]

　　美国无法获得沙特的增产承诺反映了两国在石油产能问题上的根本性矛盾。石油作为沙特最重要的收入来源，高油价有助于沙特弥补多年的财政赤字并为经济多元化注入充裕资金，因此对沙特来说是难得的发展机遇。所以当沙特高级官员谈及美国与沙特及海合会其他成员国关系时，认为"当我们审视美国的立场时，问题在于海湾国家能理解美国的议程，但美国很少考虑我们的议程"。[3] 拜登政府只考虑自身利益而缺乏对沙特等产油国的利益考量，注定了此行难以达成目标。

　　但是美国跟海合会成员国依然维持难以分割的安全关系。中东地区的安全困境是海合会成员国继续依赖美国提供安全保护伞的主要原因，主要体现为海合会成员国对"伊朗威胁"的感知与惧怕。2022年，围绕伊核协议的谈判很不顺利，导致伊核问题继续发酵，给海合会成员国带来很多安全关切。伊朗为了给西方施压，不断提高浓缩铀的丰度并消极对待与国际原子能机构的合作，使得海合会成员国对伊朗拥有核武器的可能性产生了更多担忧。另外，伊朗不断对外展示其新式武器，导弹种类及数量明显增加，无人机技术也有明显的进步且被应用于俄乌战场，这都给海合会成员国造成巨大压力。尽管伊朗跟海合会相关国家的和解进程也在推进，但并

---

[1] "US 'Will Not Walk Away' from Middle East: Biden at Saudi Summit," Aljazeera, July 16, 2022, https://www.aljazeera.com/news/2022/7/16/biden–lays–out–middle–east–strategy–at–saudi–arabia–summit.

[2] Steve Holland, Aziz El Yaakoubi, Jarrett Renshaw and Maha El Dahan, "Biden Fails to Secure Major Security, Oil Commitments at Arab Summit," Reuters, July 17, 2022, https://www.reuters.com/world/middle–east/biden–hopes–more–oil–israeli–integration–arab–summit–saudi–2022–07–16/.

[3] "The Ukraine Crisis and the Gulf: A Saudi Perspective Interview with Abdulaziz Al Sager," Institut Montaigne, October 18, 2022, https://www.institutmontaigne.org/en/analysis/ukraine–crisis–and–gulf–saudi–perspective.

没有从根本上改变海合会成员国对伊朗的威胁认知。这也成为美国继续跟海合会成员国加强关系的突破口。美阿峰会的共同宣言缺乏实质性内容，但是有一项内容是满足海合会成员国安全关切的，即"领导人重申支持确保海湾阿拉伯地区不受任何大规模杀伤性武器的威胁，强调外交努力的核心是防止伊朗发展核武器，并反对恐怖主义和所有威胁安全与稳定的活动"。① 在伊朗因头巾问题引发了大规模国内抗议后，伊朗曾经指责沙特跟西方国家一起对伊朗实施了网络舆论战。与此同时，伊朗跟西方国家的紧张关系加剧了其核活动，这导致了海合会成员国新的安全隐忧。因此，在2023年2月中旬伊朗莱希总统访华期间，美国也派高级别官员跟海合会成员国举行会谈并发表了共同针对伊朗的声明。声明指出，"美国和海合会成员国谴责伊朗继续实施破坏稳定的政策，包括支持恐怖主义、使用先进导弹、网络武器和无人机系统，以及这些政策在该地区和世界各地的扩散"。② 这也表明，美国正试图借助伊朗国内形势的不稳定且地区行为有所激进的时机重新拉拢海合会，进而阻碍海合会成员国跟中国关系的走近。

（三）海合会成员国与中国合作关系不断加强

2022年，海合会成员国继续"向东看"，成为与中国关系提质升级的关键一年。疫情发生以来，中国与海合会成员国经贸关系逆势上涨。2020年中国超越欧盟成为海合会成员国第一大贸易伙伴。沙特成为中国第一大原油供应国。③ 中国在海合会成员国经济多元化转型中也扮演了十分重要的角色。以数字领域为例，中国企业跟海合会成员国的合作关系继续深入。2022年，阿联酋电信公司与华为公司签署了谅解备忘录，以研究、验证和复制该地区的多接入边缘计算应用。华为公司于2022年7月获得了在科威特提供云计算服务的许可。另外，阿里巴巴承诺与迪拜开发商 Meraas Holding 合作建设一个科技城，容纳3000多家高科技公司。中国企业跟科

---

① White House, "Joint Statement Following the Summit of the Leaders of the United States and the Gulf Cooperation Council（GCC）Countries," July 16, 2022, https：//www.whitehouse.gov/briefing-room/statements-releases/2022/07/16/joint-statement-following-the-summit-of-the-leaders-of-the-united-states-and-the-gulf-cooperation-council-gcc-countries/.

② "Joint Statement by the United States and Gulf Cooperation Council Members on Iran," U. S. Department of State, February 16, 2023, https：//www.state.gov/joint-statement-by-the-united-states-and-gulf-cooperation-council-members-on-iran/.

③ 中华人民共和国商务部：《中国首次成为海合会第一大贸易伙伴》，http：//www.mofcom.gov.cn/article/i/jyjl/k/202102/20210203036721.shtml。

威特、沙特等国合作培养数字技术人才的项目也有新的进展。① 海合会成员国也需要中国企业更多地参与到其新能源产业的建设之中。阿联酋试图在2023年主办联合国气候大会之前加快能源转型步伐，认为中国在技术上的领先地位"在帮助世界利用能源转型带来的商业机会"，并指望中国等气候合作伙伴帮助其保持这一势头。② 欧洲认为，中国与海合会成员国建立的以经济合作为基础的伙伴关系是开放性的，值得欧盟借鉴。③

中国与海合会双向奔赴的结果是2022年12月9日中海峰会的召开。中海峰会是中国与阿拉伯国家三场峰会（中阿峰会、中海峰会、中沙峰会）中的重要一环。单独与海合会成员国召开峰会体现了海合会在中国与阿拉伯世界关系中的中心地位。中海联合声明体现了中国与海合会成员国加强战略伙伴关系，深化全方位经济合作，并在相互核心利益、地区重大关切、文明交流互鉴等方面加强相互支持合作的强烈愿望，是中国与海合会关系发展的里程碑。④ 中国与海合会关系的升华，也是深化中阿合作、打造中阿命运共同体的重要一步。

四、结语

2022年海合会继续解决卡塔尔断交危机的一些遗留问题，在致力于内部团结方面取得了一些进展，但是成员国内部依然存在结构性的矛盾与分歧，甚至在某些领域的竞争色彩有所加强。不过总体来说，海合会作为中东地区影响力最大的组织，随着各国经济多元化的加速及相互依赖的加深，未来向着更加一体化方向的发展是大势所趋。2022年海合会受益于国

---

① Mordechai Chaziza, "Gulf States Go Digital with China," East Asia Forum, October 7, 2022, https://www.eastasiaforum.org/2022/10/07/gulf-states-go-digital-with-china/.

② Jan Yumul, "UAE Seeks Closer Green Partnership with China," ZAWYA, October 31, 2022, https://www.zawya.com/en/projects/bri/uae-seeks-closer-green-partnership-with-china-t0w41l2p.

③ Alicja Bachulska, Cinzia Bianco, "An Open Relationship: What European Governments Can Learn from China-Gulf Cooperation," European Council of Foreign Affairs, February 21, 2023, https://www.ecfr.eu/article/an-open-relationship-what-european-governments-can-learn-from-china-gulf-cooperation/.

④ 《中华人民共和国和海湾阿拉伯国家合作委员会合作与发展峰会联合声明》，http://www.gov.cn/xinwen/2022-12/10/content_5731195.htm。

际油价的大幅度上涨及多元化的成效，经济增长迅速。从国际地位来讲，海合会在国际事务中的影响力伴随着世界格局的变化在上升，成为大国博弈中的重要一环。

专题报告：
新时代的中国与阿拉伯国家合作

新时代中国与阿拉伯国家的合作

丁　俊[1]

【摘　要】

中国与阿拉伯国家的友好交往源远流长。长期以来，和平合作、开放包容、互学互鉴、互利共赢始终是中阿交往合作的主旋律。新时代，作为共建"一带一路"与人类命运共同体的天然合作伙伴，中阿双方秉承友好交往的历史传统，顺应和平发展的时代潮流，共同致力于强化政治互信，完善合作机制，拓展合作领域，丰富合作内涵，建立起"全面合作、共同发展、面向未来"的中阿战略伙伴关系，双方在政治、经贸、社会、人文、安全等各领域交流合作中不断取得显著成就。新时代的中阿合作，不仅为中阿两大民族实现复兴注入了强大动力，让两大民族复兴之梦紧密相连，而且为促进南南合作树立了典范，为推进地区治理与全球治理做出了重要贡献。

【关键词】

新时代　中阿合作　中阿战略伙伴关系

中国与阿拉伯国家（以下简称"中阿"）的友好交往源远流长，基础牢固。"在漫长的历史长河中，和平合作、开放包容、互学互鉴、互利共赢始终是中阿交往的主旋律。"[2] 中华人民共和国成立后，中阿友好交往与互利合作稳步发展。自1956年与埃及建交至1990年与沙特建交，中国同所有22个阿拉伯国家全部建立了外交关系。20世纪末至21世纪初，不断加强与阿拉伯国家的集体对话与合作成为中国推动对阿关系高水平发展的

---

[1] 丁俊，上海外国语大学中东研究所研究员。
[2] 《中国对阿拉伯国家政策文件》，2016年1月，http://www.gov.cn/xinwen/2016-01/13/content_5032647.htm。

重要目标，中阿关系开始从双边合作向多边合作拓展。2004年1月，中国—阿拉伯国家合作论坛（以下简称"中阿合作论坛"）成立，标志着中阿双边合作向着机制化多边集体合作升级发展。论坛成立以来，双方陆续建立了多种类型的集体合作机制，逐步构建起政治、经贸、人文等多领域协同推进、政府主导与民间参与并举共进的合作格局，为深化中阿传统友谊、推进互利合作、推动建设中阿新型伙伴关系做出重要贡献。[①] 2010年5月，中阿双方宣布"建立全面合作、共同发展的中阿战略合作关系"，中阿友好关系与集体合作迈上又一个新台阶。

中共十八大以来，以习近平同志为核心的党中央高度重视对外合作，全面推进中国特色大国外交，中阿合作也进入提速升级、全面发展的新阶段。2014年6月、2016年1月、2018年7月，习近平主席连续三次面向阿拉伯世界发表重要讲话，对新时代中阿全面合作把舵定向。作为新时代共建"一带一路"与人类命运共同体的天然合作伙伴，中国与阿拉伯国家秉承友好交往的历史传统，顺应和平发展的时代潮流，积极推进和发展双边与多边关系，共同致力于加强政治互信，拓展合作领域，完善合作机制，丰富合作内涵，于2018年宣布建立"全面合作、共同发展、面向未来的中阿战略伙伴关系"，双方各领域合作获得长足发展，取得显著成就。新时代的中阿全面合作，不仅让中阿"两大民族复兴之梦紧密相连"[②]，为两大民族实现民族复兴注入强大动力，而且为不同社会制度国家间的合作，特别是南南合作树立了典范，为推进中东地区治理与全球治理、构建新型国际关系与人类命运共同体做出了贡献。

一、新时代中阿合作的机制建设

在中国特色大国外交战略视野下，中国高度重视发展中阿友好合作与战略伙伴关系。中阿双方着眼新的历史方位，一方面不断加强双边合作，进一步拓展和丰富双边合作机制；另一方面，积极推进多边集体合作，推动中阿合作论坛、中国与海合会战略对话等多边合作机制的建设，逐渐形

---

① 常华：《"中阿合作论坛"的成长之路》，载《阿拉伯世界研究》，2010年第6期，第9页。
② 习近平：《携手推进新时代中阿战略伙伴关系——在中阿合作论坛第八届部长级会议开幕式上的讲话》，载《人民日报》，2018年7月11日，第2版。

成了以双边合作与多边合作相互配合、相互补充、相互促进、双向并进的机制化发展态势。

(一) 中阿双边合作机制的建设和发展

新时代中阿合作关系不断提速发展，双方持续完善和优化双边合作机制，不断夯实合作基础，拓宽合作领域，提升合作层级。中国已同12个阿拉伯国家以及阿盟建立了战略伙伴关系或全面战略伙伴关系。与中国建立战略伙伴关系的阿拉伯国家有：阿尔及利亚（2006年11月）、沙特（2008年6月）、阿联酋（2012年1月）、卡塔尔（2014年11月）、伊拉克（2015年12月）、摩洛哥（2016年5月）、阿曼（2018年5月）、科威特（2018年7月）等；与中国建立全面战略伙伴关系的阿拉伯国家有：阿尔及利亚（2014年2月）、埃及（2014年12月）、沙特（2016年1月）、阿联酋（2018年7月）等。

埃及是第一个与新中国建交的阿拉伯国家。2014年12月，中埃建立全面战略伙伴关系。随着中埃关系的不断发展，双方各领域合作持续发展，双边合作机制建设不断拓展和深化。2016年1月，习近平主席访问埃及，双方签署《中华人民共和国和阿拉伯埃及共和国关于加强两国全面战略伙伴关系的五年实施纲要》，有力地推进了新时代中埃全面合作提速发展。在元首外交战略引领下，双方政治互信不断增强，高层交往频繁密切，始终保持外交部门政治协商机制，并根据议题需要建立相应磋商机制，如联合国问题磋商机制、非洲问题磋商机制、反恐磋商机制以及中埃经贸联委会机制、中埃贸易救济合作机制、中埃产能合作机制等。

沙特是与中国最晚建交的阿拉伯国家，但中沙关系自建交之日起就呈现快速发展的强劲势头。2008年6月，中沙建立战略性友好关系；2016年1月，习近平主席访问沙特，两国建立全面战略伙伴关系，并决定成立中沙高级别联合委员会，双边关系发展再次迈上新台阶，各领域机制化合作不断推进。2016年8月，中沙高级别联合委员会首次会议在北京举行，签署《中国政府和沙特阿拉伯政府关于成立中沙高级别联合委员会的协定》和《中国政府和沙特阿拉伯政府高级别联合委员会首次会议纪要》，同时签署中沙政治、能源、金融、投资、住房、水资源、质检、科技、人文等领域多项合作文件。① 2022年12月，习近平主席再次访问沙特，两国签署《中华人民共和国和沙特阿拉伯王国全面战略伙伴关系协议》，决定每两年在两国中轮流举行一次元首会晤，并将中沙高级别联合委员会牵头人级别提升至总理级，中沙全面战略伙伴关系框架下的双边合作机制得到进一步提升和加强。

新时代中国与阿联酋双边关系与相互合作也走在中阿合作前列。2012年1月，中国与阿联酋建立战略伙伴关系；2018年7月，习近平主席访问阿联酋，两国建立全面战略伙伴关系，双方全面合作进入新阶段，各领域合作机制建设不断推进。在政治领域，在元首外交引领下，双方高层交往互动频繁，两国根据《中华人民共和国政府和阿拉伯联合酋长国政府关于成立两国政府间合作委员会的谅解备忘录》，成立政府间合作委员会机制，以确保实现两国全面战略伙伴关系各项目标。在经贸领域，双方设有经贸联委会、企业家互访、中阿（联酋）商务理事会等交流合作机制，着力推动双边经贸合作深入发展。双方还积极推动贸易救济合作机制化建设，以营造良好的经贸营商环境，为双方经贸合作提供更加有效的机制保障。在科技领域，中国—阿联酋技术转移中心已成为双方科技创新合作的重要机制化平台。

除上述三国外，中国与其他众多阿拉伯国家间双边合作机制整体上都在不断优化，在政治、经贸领域的常态化合作机制大体相同或相似，即建立两国政府间的战略对话机制和经贸联委会机制，为双边政治互信和经贸合作提供顶层设计和基本保障。其他功能性双边合作机制则根据不同国家、不同合作领域的具体需求而定，如中国—苏丹执政党高层对话机制、中国—摩洛哥能源合作执委会等。"全面合作、共同发展、面向未来的中阿战略伙伴关系"的建立，是新时代中阿友好合作的新起点。中国与阿拉伯国家在各领域的双边合作机制建设日趋完善、运行更加有效是中阿双边合作快速发展的必然趋势，完善的机制建设能够有效整合各方资源，持续推动各领域合作，增加双方合作的稳定性和机动性。总体来看，中阿双边合作与多边合作机制虽各有侧重，但两种机制能够有机结合并形成合力，共同推动新时代中阿战略伙伴关系持续发展。

---

① 《中沙高级别联合委员会首次会议》，http://www.gov.cn/xinwen/2016-08/30/content_5103667.htm?_k=f4u4pz。

（二）中阿多边合作机制的建设

中国在与阿拉伯各国不断强化双边合作、推进双边合作机制建设的同时，高度重视与阿盟、海合会等组织发展关系，持续推进中阿多边合作机制建设，提升中阿集体合作水平，为"全面合作、共同发展、面向未来的中阿战略伙伴关系"发展提供机制化交往合作的高端平台。

2004年1月，中国与阿盟共同宣布成立中阿合作论坛。作为中阿集体对话与多边合作的高端平台，论坛自成立以来，始终秉持"加强对话与合作、促进和平与发展"的宗旨，为推动中阿全面合作发挥重要驱动引领作用。新时代中阿合作论坛各项机制建设不断推进和深化，习近平主席对论坛建设和发展十分关心，多次亲自出席论坛部长级会议开幕式并发表重要讲话或致电祝贺，并对论坛建设提出新的要求。2014年6月，习近平主席出席中阿合作论坛第六届部长级会议开幕式并发表题为《弘扬丝路精神，深化中阿合作》的重要讲话；2018年7月，习近平主席出席中阿合作论坛第八届部长级会议开幕式并发表题为《携手推进新时代中阿战略伙伴关系》的重要讲话。习近平主席的重要讲话全面回顾和总结了中阿关系的发展历程与历史经验，系统阐述了新时代中国的中东治理观与中阿合作的新理念、新方略，为中阿战略伙伴关系发展与中阿合作论坛建设指明了方向。

中阿合作论坛设有部长级会议、高官委员会会议以及高官级战略政治对话会机制。部长级会议由各成员国外长和阿盟秘书长组成，每两年在中国或阿盟总部或任何一个阿拉伯国家轮流举办，必要时可召开非常会议；高官委员会会议由中阿双方轮流承办，每年召开例会，负责筹备部长级会议并落实部长级会议决议和决定，举办中阿高官级战略政治对话，必要时经双方同意可随时开会。论坛框架下还分设有10多种对话机制，主要有中阿关系暨中阿文明对话研讨会、中阿改革发展论坛、中阿企业家大会暨投资研讨会、中阿能源合作大会、中阿互办艺术节、中阿新闻合作论坛、中阿友好大会、中阿城市论坛、中阿北斗合作论坛、中阿妇女论坛、中阿卫生合作论坛、中阿广播电视合作论坛、中阿图书馆与信息领域专家会议、中阿技术转移与创新合作大会等。截至2021年7月，中阿合作论坛已举办9届部长级会议、17次高官会、6次中阿高官级战略政治对话会。其他合作机制也都有序运行，多次连续举办会议和活动，有效地促进了中阿在各领域的交流合作。①

2022年12月，习近平主席对沙特进行国事访问，并在沙特首都利雅得举行中阿峰会，这是中华人民共和国成立以来中国面向阿拉伯世界规模最大、规格最高的外交行动，对于促进新时代中阿全面战略合作具有重大推进作用，在中阿关系发展进程中具有里程碑意义，标志着中国与阿拉伯国家合作在"中阿合作论坛部长级会议"基础上再次得到机制化创新和全面升级。

自1981年海合会成立以来，中海友好合作关系持续发展，双方日渐成为政治互信、理念相通、利益相交的发展伙伴。2010年6月，中国—海合会建立战略对话机制并在北京举行首轮对话，并签署了中海战略对话谅解备忘录。② 2014年，中海机制化合作提速发展，双方签署了《中华人民共和国和海湾阿拉伯国家合作委员会成员国战略对话2014年至2017年行动计划》，有力地推进了新时代中海战略对话与务实合作。2022年1月，中国外长同海合会秘书长举行会谈，并就尽快建立中海战略伙伴关系、建立中海自由贸易区、召开第四轮中海战略对话会等问题发布联合声明。③ 2022年12月，习近平主席访问沙特期间，除了举行中沙峰会、中阿峰会外，还举行了中海峰会。中海峰会的举行进一步推进和强化了中国—海合会战略对话机制的建设。中国与海合会成员国自建立外交关系以来，双方在经贸、投资等领域合作快速发展。除了战略对话机制外，中海双方还建立了经贸联委会、能源专家组对话、中海经济合作智库峰会等多种交流机制。

此外，中阿博览会也是中阿多边合作的又一重要机制化平台。2010年至2012年，连续举办三届的"中国（宁夏）国际投资贸易洽谈会暨中国·阿拉伯国家经贸论坛"，成为中阿博览会的雏形。2013年，经中国国务院批准，中阿经贸论坛升级为中阿博览会，每两年举办一届，至2021年已成功举办五届，基本形成了"中阿共办、部区联办、民间协办"的运行机制，④ 有效推

---

① 《关于论坛》，中阿合作论坛官网，http://www.chinaarabcf.org/gylt/200903/t20090306_6566932.htm。
② 《中国同海湾阿拉伯国家合作委员会关系》，中国外交部官网，https://www.mfa.gov.cn/web/gjhdq_676201/gjhdqzz_681964/lhg_682782/zghgzz_682786/。
③ 《中国外交部同海合会秘书处联合声明》，中国外交部官网，https://www.mfa.gov.cn/web/gjhdq_676201/gjhdqzz_681964/lhg_682782/zywj_682794/202201/t20220112_10481249.shtml。
④ 杨子实：《中阿博览会的起源、贡献与展望》，载《西亚非洲》，2021年第4期，第78页。

动了新时代中阿经贸合作的发展。中阿博览会得到中阿双方领导人、各国政府有关机构及地方政府和民间团体的大力支持和积极参与。习近平主席连续 5 次向每一届中阿博览会的召开致信祝贺。2021 年 8 月，习近平主席在致第五届中阿博览会的贺信中指出，近年来，中阿双方不断加强战略协调和行动对接。面对新冠病毒感染疫情，中阿携手抗疫，树立了守望相助、共克时艰的典范。中国愿同阿拉伯国家一道，共谋合作发展，共促和平发展，实现互利共赢，高质量共建"一带一路"，推动中阿战略伙伴关系迈上更高层次，携手打造面向新时代的中阿命运共同体。①

2021 年 8 月举办的第五届中阿博览会签约成果共 277 个，计划投资和贸易总额为 1566.7 亿元。其中，投资类项目 199 个，投资额 1539.2 亿元；贸易类项目 24 个，贸易额 27.5 亿元；发布政策报告、签署备忘录协议 54 个。签约成果涵盖电子信息、清洁能源、新型材料、绿色食品、产能合作、"互联网+医疗健康"、旅游合作等多个领域。② 中阿博览会作为中阿合作论坛在经贸领域的延伸和补充，已成为中阿高质量共建"一带一路"的重要交流平台，对促进中阿经贸合作日益发挥出重要而独特的作用。

二、新时代中阿合作的突出成就

作为新时代共建"一带一路"与人类命运共同体的天然合作伙伴，中阿双方共同致力于强化政治互信，不断拓展合作领域，提升合作层次，丰富合作内涵，在政治、投资贸易、社会发展、人文交流、和平与安全各领域合作中不断取得昂著成就。

（一）元首外交引领下的政治互信不断增强

中共十八大以来，中国外交秉承传统，开拓创新，高举和平、发展、合作、共赢的旗帜，致力于建设相互尊重、公平正义、合作共赢的新型国际关系，推动全球治理体系变革与人类命运共同体构建，积极发展全球伙

---

① 李增辉、刘峰：《习近平向第五届中国—阿拉伯国家博览会致贺信》，载《人民日报》，2021 年 8 月 20 日，第 1 版。
② 王莉莉：《共建"一带一路"，中阿合作不断焕发新活力》，载《中国对外贸易》，2021 年第 9 期，第 8 页。

伴关系，① 不断拓展和强化与阿拉伯国家的友好交往与互利合作，中阿元首级互访互动频繁，政府间高层次交往密切。在元首外交引领下，中阿双方政治互信不断增强，合作领域不断拓展。

2016年1月，习近平主席访问沙特、埃及等中东国家。访埃期间，习近平主席同塞西总统就发展双边关系达成重要共识，中埃共同发布《中华人民共和国和阿拉伯埃及共和国关于加强两国全面战略伙伴关系的五年实施纲要》，全面推进和落实两国战略伙伴关系。新时代中埃两国元首会晤空前频繁，不断为中埃、中阿战略伙伴关系发展把舵定向。自2013年以来，塞西总统先后7次来华访问，出席二十国集团领导人峰会、中非合作论坛峰会、北京冬奥会开幕式等重要活动。2022年2月，习近平主席会见来华出席北京冬奥会开幕式的塞西总统，提出中埃应携手努力，坚定朝着新时代构建中埃命运共同体的目标迈进。② 元首外交引领下的新时代中埃全面战略伙伴关系已成为中国同阿拉伯国家、非洲国家和广大发展中国家团结合作的典范。

在2016年1月访问沙特期间，习近平主席同萨勒曼国王就两国建立全面战略伙伴关系、成立中沙高级别联合委员会达成重要共识，中沙共同发表《中华人民共和国和沙特阿拉伯王国关于建立全面战略伙伴关系的联合声明》，直接推动新时代中沙关系提质升级，引领双边关系进入新的发展阶段。2017年3月，萨勒曼国王应邀访问中国，双方一致同意把中沙关系放在各自对外关系中的优先位置，并共同发布《中华人民共和国和沙特阿拉伯王国联合声明》，签署多项合作协议和谅解备忘录，进一步丰富了两国战略伙伴关系内涵。2022年12月，习近平主席再次访问沙特，分别举行中沙峰会、中海峰会、中阿峰会三场峰会。习近平主席本次沙特之行对于促进新时代中沙、中海、中阿合作具有重大意义，除了与阿拉伯各国领导人在峰会集体会晤外，习近平主席还与几乎所有阿拉伯国家领导人举行双边会晤。中阿峰会将中阿元首外交推向历史新高，为未来中阿关系发展发挥重要战略引领作用。

在元首外交引领下，中阿政治互信与共识不断增强。在涉及国家主

---

① 习近平：《决胜全面建成小康社会 夺取新时代中国特色社会主义伟大胜利——在中国共产党第十九次全国代表大会上的报告》，载《人民日报》，2017年10月28日，第1版。
② 《习近平会见埃及总统塞西》，http://www.xinhuanet.com/politics/leaders/2019-04/25/c_1124417073.htm。

权、安全和发展利益的一系列重大核心关切问题上,中阿双方彼此相互支持。中国坚定支持阿拉伯国家捍卫国家主权和领土完整、争取和维护民族权益和尊严、反对外来干涉和侵略、自主探索适合自身传统和各国实际的发展道路,反对国际和地区霸权主义与强权政治干涉阿拉伯国家事务,坚定支持作为中东和平根源性问题的巴勒斯坦问题早日得到公正合理的解决。阿拉伯国家恪守一个中国立场,在涉台、涉疆、涉港、涉南海以及有关民主、人权等一系列重大议题上明确支持和声援中国,对中国共产党领导下中国取得的伟大成就表示敬佩和赞誉。新时代中阿双方正在"更加紧密地团结与协作,在探索发展道路上交流借鉴,在追求共同发展上加强合作,在促进地区安全上携手努力,在构建新型国际关系上呼应配合,维护中阿主权独立,领土完整,促进稳定,发展经济,改善民生,增进中阿人民福祉",① 致力于携手共建中阿命运共同体。

(二) 中阿共建"一带一路"促进共同发展

自共建"一带一路"倡议提出并推动实施以来,为提振世界经济、促进国际合作与全球发展做出重要贡献,也为中阿合作注入新动力,搭建起新平台,开拓出新路径。阿拉伯国家是与中国共建"一带一路"的天然合作伙伴,"一带一路"倡议与许多阿拉伯国家的发展规划和愿景相契合,受到阿拉伯国家广泛欢迎,中阿全方位、多层次、宽领域合作在共建"一带一路"中稳步推进。2014年6月,习近平主席明确提出中阿共建"一带一路"倡议,并提出构建以能源合作为主轴,以基础设施建设和贸易投资便利化为两翼,以核能、航天卫星、新能源三大高新领域为突破口的"1+2+3"合作新格局,得到阿拉伯国家的积极响应。2016年1月,中国政府发布《中国对阿拉伯国家政策文件》,对新时代中阿全面合作与共建"一带一路"做出顶层设计。2018年7月,中阿合作论坛第八届部长级会议发布《中国和阿拉伯国家合作共建"一带一路"行动宣言》,中阿在共建"一带一路"框架下的全面合作不断提速升级,开拓出新时代中阿互利共赢、共同发展的繁荣之路。截至2022年1月,共有20个阿拉伯国家与中国签署了共建"一带一路"协议,中阿双方在能源、贸易、投资、金融、基础设施建设、高新技术等领域合作日益取得显著成效和丰富成果。

---

① 《中国对阿拉伯国家政策文件》,2016年1月,新华社2016年1月13日。

自中阿共建"一带一路"以来，中阿经贸往来不断发展，双方贸易额逐步增长，中国已跃升为阿拉伯国家第一大贸易伙伴。2019年中阿贸易额达2664亿美元，同比增长9%，2020年为2398亿美元，在疫情影响下同比增长2.2%。2021年，中阿贸易进一步克服疫情影响和全球经济下行压力，逆势增长，双边贸易额约为3300亿美元，同比增长约37%，中国继续稳居阿拉伯国家第一大贸易伙伴国地位。中国与各阿拉伯国家间的贸易也都持续发展。2021年，与沙特、阿联酋、伊拉克、阿曼、科威特、埃及、卡塔尔等7国的贸易额均超过百万美元，其中与沙特的贸易额超过800万美元。在共建"一带一路"框架下的经贸合作还快速催生和推动了一批中阿合作园区的建设和发展，为双方经济合作搭建起重要平台，如沙特吉赞经济城中国产业园、中国阿联酋"一带一路"产能合作园区、中埃苏伊士经贸合作区、阿曼杜库姆中国产业园等[1]。

在中阿共建"一带一路"背景下，作为中阿合作主轴的能源合作稳步发展。2020年，中国从阿进口原油2.78亿吨，占中国原油进口总量的51.3%。除原有多边、双边能源合作机制外，中国还与阿尔及利亚、伊拉克、科威特、摩洛哥等国家达成共建"一带一路"能源合作伙伴关系。中国和沙特阿美公司在辽宁开发投资规模达100亿美元的炼油和石化联合企业，促进了中沙及中阿能源领域战略合作。中国能源企业还积极参与阿联酋等国的上游区块开发，与阿曼、阿尔及利亚、伊拉克、科威特新签多个原油处理、石油储罐工程项目。中阿在新能源领域的合作也快速发展。2018年7月，中国国家能源局与阿拉伯联盟秘书处签署合作协议，共同建立中阿清洁能源培训中心。2021年8月，中阿能源合作高峰论坛成功召开，签约成果共10余项，总投资超千亿元。随着中阿共建"一带一路"的不断推进与深化，大量中阿能源合作项目连续签约和开工投产，如沙特红海综合智慧能源项目、约旦第仕24兆瓦光伏项目、迪拜95万千瓦光伏+光热混合电站项目、阿联酋艾尔达芙拉光伏项目、阿曼伊卜里光伏项目等。[2] 在共建"一带一路"框架下，中阿"油气+"合作模式已初步形

---

[1] 《共建"一带一路"，推动中阿集体合作站上新起点：中国—阿拉伯国家合作论坛成就与展望》，http://mideast.shisu.edu.cn/_upload/article/files/95/d5/159cb85b4c218c71efee7bb400c9/b5323cbd-a247-4fef-9296-e472c148c281.pdf.

[2] 郭艳：《低碳能源领域成为中阿合作新亮点》，载《中国对外贸易》，2021年第9期，第15页。

成，能源转型和绿色发展成为新时代中阿合作的新亮点。

基础设施建设合作是中阿共建"一带一路"的重点领域。据统计，截至 2020 年，中企在 17 个阿拉伯国家投资总额达 1969 亿美元。[①] 随着共建"一带一路"的推进，中阿基础设施建设领域合作项目日益增多，不少项目成为中阿合作的重大标志性工程，如埃及新首都标志塔"非洲第一高楼"及"斋月十日城"市郊铁路建设、卡塔尔世界杯体育场建设、沙特吉赞城市商业港项目等。在共建"一带一路"倡议引领下，中国企业不断优化产业模式和经营模式，提高中阿合作的科技含量与装备水平，为业主提供规划勘测、设计施工等一体化服务，承接大量专业性工程项目。[②] 2021年以来，中阿又新签多个重大工程项目，如阿联酋铁路二期项目、沙特红海开发区项目、迪拜商业湾项目等。

中阿基建合作正向高新科技和数字领域延伸发展，着力打造信息通信和航空航天等"新基建"格局。华为、中兴已与近 20 个阿拉伯国家的电信企业开展固网、无线网、智能终端等领域合作，并与多个阿拉伯国家的 11 家电信公司签署 5G 技术协议；[③] 中阿北斗技术应用合作快速推进，2021 年 12 月，第三届中阿北斗合作论坛签署《中国—阿拉伯国家卫星导航领域合作行动计划（2022—2023 年）》，双方将通过运用北斗/GNSS 技术，在具有应用规模的重点领域联合实施不少于 5 个示范应用项目。中阿还积极开展航空航天领域的合作，2014 年 12 月，中国与阿尔及利亚签署《2015—2020 年中国国家航天局与阿尔及利亚航天局合作大纲》，2017 年 12 月 11 日，"阿尔及利亚一号"搭乘"长征三号"乙运载火箭从西昌卫星发射中心发射升空；2016 年中国与埃及签订《中国援埃及卫星总装集成及测试中心项目实施协议》和《关于埃及二号遥感卫星及后续卫星合作的谅解备忘录》，2017 年 5 月中国和埃及签署《中国国家航天局与埃及国家遥感空间科学局关于成立中埃联合卫星总装集成测试中心的协议》；2016年，中国与沙特签署卫星导航合作谅解备忘录，在联合探月领域合作达成共识，并于 2018 年用"长征二号"运载火箭成功发射沙特卫星"沙特－

[①] 刘馨蔚：《中阿基建合作需求旺盛 开辟合作新空间》，载《中国对外贸易》，2021 年第 9 期，第 16 页。

[②] 魏敏：《"一带一路"框架下中国与中东基础设施互联互通问题研究》，载《国际经济合作》，2017 年第 12 期，第 61 页。

[③] 孙德刚、武桐雨：《第四次工业革命与中国对阿拉伯国家的科技外交》，载《西亚非洲》，2020 年第 6 期，第 127—128 页。

5A/5B"。①

中阿在社会发展领域的合作不断拓展深化。强化医疗卫生合作，共建中阿卫生健康共同体，共同应对卫生健康领域的挑战成为新时代中阿合作的又一重点领域。2019年8月，第二届中阿卫生合作论坛在北京召开，双方共同探讨未来中国和阿盟国家的健康挑战和应对策略。② 新冠病毒感染疫情暴发以来，中阿不断加强在科研攻关、疾病防治、疫苗生产和提供等领域的合作。2020年6月，由国药集团中国生物和阿联酋联合签署的全球首个新冠灭活疫苗国际临床试验Ⅲ期正式启动。2021年3月，中国与阿联酋联合启动两国疫苗原液灌装生产线项目；5月，埃及从中国采购的首批科兴疫苗原液运抵开罗，埃及由此成为非洲大陆第一个同中国合作生产新冠疫苗的国家。2022年1月，科兴公司与埃及签署中埃疫苗冷库项目合作协议，科兴公司将在埃及援建一座可储存1.5亿剂疫苗的全自动化冷库，该冷库将成为埃及乃至非洲地区最大的疫苗仓储中心。③

共建"一带一路"为新时期中阿务实合作打造了新平台，增添了新动力，创造了新机遇。中阿共建"一带一路"成果日益显著，已初步形成以能源合作为主轴，以基础设施建设和贸易投资便利化为两翼，以核能、航天卫星、新能源三大高新领域为突破口的"1+2+3"合作新格局。2022年12月举办的首届中阿峰会提出了中阿务实合作"八大共同行动"，包括支持发展共同行动、粮食安全共同行动、卫生健康共同行动、绿色创新共同行动、能源安全共同行动、文明对话共同行动、青年成才共同行动、安全稳定共同行动等，中阿高质量共建"一带一路"、促进共同发展进入新的历史阶段。

（三）中阿人文交流超越文明冲突

中阿两大民族有着相似、相同的历史遭遇，中阿两大文明拥有许多共同、共通的价值理念，正如习近平主席在阿盟总部演讲时指出的："中华文明与阿拉伯文明各成体系、各具特色，但都包含有人类发展进

---

① 孙德刚、武桐雨：《第四次工业革命与中国对阿拉伯国家的科技外交》，第127页。
② 《第二届中阿卫生合作论坛在京举办》，http://www.chinaarabcf.org/chn/ltjz/zawshzlt/derj/202008/t20200803_6914661.htm。
③ 沈小晓：《中埃企业签署疫苗冷库项目合作协议》，载《人民日报》，2022年1月21日，第3版。

步所积淀的共同理念和共同追求,都重视中道平和、忠恕宽容、自我约束等价值观念。"①《中国对阿拉伯国家政策》文件对新时代中阿人文交流做出整体规划,文件强调:"中国愿同阿拉伯国家一道,致力于促进世界文明的多样性发展,促进不同文明之间的交流互鉴。进一步密切中阿人文交流,加强双方科学、教育、文化、卫生和广播影视领域的合作,增进双方人民相互了解和友谊,促进中阿文化相互丰富交融,搭建中阿两大民族相知相交的桥梁,共同推动人类文明发展进步。"② 在中阿双方共同努力下,新时代中阿人文交流机制建设不断完善,交流领域不断拓宽,交流内容日趋丰富。

中阿合作论坛是新时代中阿人文交流的重要平台之一。论坛框架下已成功举办四届中阿文化部长会议、九届中阿关系暨中阿文明对话研讨会。中阿艺术节框架下还定期举办中阿剧院高层论坛、中阿音乐论坛、中阿艺术大师工作坊、中阿动漫合作论坛等活动。此外,中阿双方已建立起40余对友好城市关系;中阿新闻交流中心、中阿电子图书馆门户网站已投入运营;中阿典籍互译工程已翻译出版超过50部中阿经典著作和现当代文学作品,"丝路书香出版工程"已资助343个中译阿图书项目。

新时代中阿人文交流呈现多边与双边、官方与民间多层并进、交互发展的态势。中国已与诸多阿拉伯国家政府签署双边文化合作协定年度执行计划,共同推动累计53个中阿部级政府文化代表团的互访。共建"一带一路"框架下汇聚了丰富多彩的中阿人文交流品牌活动,"中阿丝绸之路文化之旅""意会中国"系列等文化交流活动推动并支持100多家阿拉伯文化机构与中方相应机构开展合作。③ 2020年以来,各项活动因受疫情影响纷纷开辟线上通道,中阿云展览、云演出等活动正在见证着新时代丰富多彩的中阿人义交流活动。新时代中阿旅游合作也快速发展,中阿旅游合作论坛、中阿旅行商大会等机制性活动为中阿旅游资源推介和合作洽谈搭建平台,助力打造文化和旅游交流品牌。2018年,阿拉伯国家公民来华旅游人数达33.88万人次,中国公民赴阿联酋、埃及和摩洛哥三国总人数超

---

① 习近平:《共同开创中阿关系的美好未来——在阿拉伯国家联盟总部的演讲》,载《人民日报》,2016年1月22日,第3版。
② 《中国对阿拉伯国家政策文件》,2016年1月。
③ 马思伟:《沿着"一带一路"走向文明交流互鉴》,https://www.mct.gov.cn/preview/special/8672/8676/201811/t20181123_836196.htm。

过 150 万人次。①

中阿广播影视、新闻出版领域交流合作也快速发展。2014 年，中阿在迪拜联合成立中阿卫视公司；2016 年，中阿卫视频道通过尼罗河卫星覆盖中东北非 22 个阿拉伯国家。② 2020 年 11 月，第四届中阿新闻合作论坛在线上举办；2021 年 12 月，第五届中阿广播电视合作论坛以视频方式召开，论坛通过了《第五届中国—阿拉伯国家广播电视合作论坛共同宣言》。中国央视阿语、英语、法语频道已广泛覆盖阿拉伯地区，中国电视内容在阿拉伯世界日益受到观众欢迎和喜爱。截至 2021 年 3 月，海外社交平台阿拉伯语频道订阅用户达 50.7 万，频道已上线 40 余部中国电视剧。③

国之交在于民相亲，民相亲在于心相通。"'一带一路'延伸之处，是人文交流聚集活跃之地。民心交融要绵绵用力，久久为功。"④ 新时代内容丰富、形式多样的中阿人文交流，超越文明隔阂与文明冲突，为增进中阿民心相通、助力中阿全面战略伙伴关系的发展提供了丰富的精神动力和人文滋养。

三、新时代中阿合作的特征与意义

新时代中阿全面合作不断提质升级，各领域合作机制建设不断完善，合作成果日益丰富，具有许多鲜明的时代特征和多方面的重要意义。

（一）新时代中阿合作的特征

首先，新时代中阿合作体现了中阿人民追求和平、谋求发展的共同意愿，不仅受到中阿双方领导人和政府的高度重视，而且受到中阿人民的欢迎和支持。中国与阿拉伯国家同属发展中国家，双方人口之和占世界总人

---

① 马思伟：《沿着"一带一路"走向文明交流互鉴》，https://www.mct.gov.cn/preview/special/8672/8676/201811/t20181123_836196.htm。
② 《中阿广播电视开展多形式合作 见证中阿关系进入新的历史起点》，http://www.cm3721.com/kuaixun/6483.html。
③ 沈小晓：《中阿加强影视交流合作》，http://ent.people.com.cn/n1/2022/0228/c1012-32360952.html。
④ 习近平：《共同开创中阿关系的美好未来——在阿拉伯国家联盟总部的演讲》，载《人民日报》，2016 年 1 月 22 日，第 3 版。

口近 1/4，国土面积之和占世界陆地面积 1/6，经济总量占世界经济总量 1/8。中国特色社会主义进入新时代，解决人民对美好生活的需要与发展不平衡、不充分之间的矛盾成为新的时代重任；阿拉伯国家也都处于变革自强、谋求发展的关键时期，普遍面临着经济社会转型发展、探索现代化之路的历史任务。新时代的中阿合作是中阿双方"准确把握历史大势，真诚回应人民呼声"[1] 的战略选择，体现了中阿人民的共同意愿，顺应了时代发展潮流，这既是新时代中阿合作的突出特征，也是中阿合作的动力之源。

其次，新时代的中阿合作蕴含着丰富的中国智慧与中国方案。作为新时代中国特色大国外交统领下中国国际合作的重要组成部分，新时代中阿合作秉承和弘扬和平合作、开放包容、互学互鉴、互利共赢的丝路精神，坚持共商共建共享的合作理念，通过高质量共建"一带一路"，推动中阿双方走和平发展、联动发展、共同发展和绿色发展的繁荣之路，体现了新的发展观、安全观和国际合作观，深化和丰富了"全面合作、共同发展、面向未来的中阿战略伙伴关系"的内涵。

最后，新时代的中阿合作高举文明对话旗帜，倡导文明交往互鉴，积极开展人文交流，促进中阿民心相通，为共铸世界文明和合共生之道贡献东方智慧。[2] 中华文明与阿拉伯文明都是曾对人类文明进步做出过重要贡献的古老文明，两大文明各成体系、各具特色，都包含有人类发展进步所积淀的共同理念和共同追求，都重视中道平和、忠恕宽容、自我约束等价值观念。中阿双方在人文交流中共同致力于挖掘民族文化传统中积极处世之道同当今时代的共鸣点，不断推动传统文化创造性转化与创新性发展，积极践行以文明交流超越文明隔阂、以文明互鉴超越文明冲突、以文明共存超越文明优越的文明交往理念，向国际社会展现不同文明"交而通""交而和"的伟大智慧，为当代世界文明交往交流与互学互鉴树立了榜样。

（二）新时代中阿合作的现实意义

新时代的中阿合作，"把集体行动同双边合作结合起来，把促进发展

---

[1] 习近平：《携手推进新时代中阿战略伙伴关系——在中阿合作论坛第八届部长级会议开幕式上的讲话》，载《人民日报》，2016 年 1 月 22 日，第 3 版。
[2] 丁俊：《新时代中阿文明交流共铸世界文明共处之道》，载《阿拉伯世界研究》，2022 年第 1 期，第 17 页。

同维护和平结合起来,优势互补,合作共赢,造福地区人民和世界人民",①成为分享中国经验、促进阿拉伯国家发展和中东地区治理、推动构建新型国际关系及人类命运共同体的伟大实践,不仅具有重要的地区意义,而且具有重要的全球意义。

第一,中阿合作着眼于增强中阿人民的福祉,丰富的合作成果为中阿人民带来实实在在的利益。新时代的中阿合作,有效推进了中阿双方在诸多领域的基础建设,特别是显著推动了诸多阿拉伯国家的民生建设,进而使中阿双方不断实现利益交汇与发展战略对接,"让两大民族复兴之梦紧密相连"②,推动中阿两大民族复兴形成更多交汇,为推动构建中阿命运共同体发挥出重要作用。

第二,新时代的中阿合作为有效破解中东地区发展难题、推进中东地区治理注入活力和动力,贡献出更多智慧和力量。中东地区长期治理不善,发展滞后,有些国家深陷战乱,动荡不宁。中东向何处去是世界屡屡发出的"中东之问"。"破解难题,关键要加快发展,中东动荡,根源在发展,出路最终也要靠发展。发展事关人民生活和尊严。"③发展是广大阿拉伯国家的当务之急,也是推进中东治理的有效途径。新时代的中阿合作,准确把握历史大势,聚焦改革与发展问题,携手破解发展难题,致力于做中东和平的建设者、中东发展的推动者、中东工业化的助推者、中东稳定的支持者、中东民心交融的合作伙伴,一起推动中东地区走出一条全面振兴的新路。④

第三,新时代的中阿合作致力于"共同维护《联合国宪章》的宗旨和原则,落实联合国2030年可持续发展议程,维护国际公平正义,促进国际秩序朝着更加公正合理的方向发展。在联合国改革、气候变化、粮食和能源安全等重大国际问题上尊重彼此重大利益和核心关切,支持彼此的正当要求与合理主张,坚定维护广大发展中国家的共同利益",⑤为促进南南合作与全球发展树立了典范,做出了重要贡献。"新时代的中阿合作,正在

---

① 习近平:《携手推进新时代中阿战略伙伴关系——在中阿合作论坛第八届部长级会议开幕式上的讲话》。
② 同上。
③ 习近平:《共同开创中阿关系的美好未来——在阿拉伯国家联盟总部的演讲》,载《人民日报》,2016年1月22日,第3版。
④ 丁俊:《中阿携手合作破解中东发展难题》,载《中国青年报》,2018年6月27日,第6版。
⑤ 《中国对阿拉伯国家政策文件》,2016年1月。

为促进国际交流合作、推动全球治理体系变革、构建人类命运共同体进行着伟大实践。"①

四、结语

中国与阿拉伯国家的友好交往与相互合作源远流长,积淀深厚,基础牢固。长期以来,和平合作、开放包容、互学互鉴、互利共赢始终是中阿交往合作的主旋律。当今世界正在经历百年未有之大变局,中国特色社会主义进入新时代,广大阿拉伯国家也处于变革自强、转型发展的重要时期。在新时代、新形势下,作为共建"一带一路"与人类命运共同体的天然合作伙伴,中阿双方秉承友好交往的历史传统,顺应和平发展的时代潮流,把握历史大势,回应人民呼声,共同致力于强化政治互信,完善合作机制,拓展合作领域,丰富合作内涵,建立起"全面合作、共同发展、面向未来"的中阿战略伙伴关系,双方在政治、投资贸易、社会发展、人文交流、和平与安全各领域合作中不断取得丰富成果和显著成就,以实际行动维护和践行多边主义,破解发展难题,回答"中东之问"与"时代之问"。

---

① 《中国对阿拉伯国家政策文件》,2016 年 1 月。

以共建"一带一路"推进中阿合作

王 健[①]

【摘 要】

2013年以来,中国紧紧围绕共建"一带一路"倡议,进一步推动与阿拉伯国家务实合作,取得了可喜的成绩和进展。针对"中东向何处去"的"中东之问",中国一方面要加大在中东地区的促和力度,增强与阿拉伯国家在治国理政方面的经验交流和人文交流;另一方面要扩大与阿拉伯国家的贸易便利化和产能合作,助力当地工业化发展,推动双边贸易结构多元化。在中阿关系新时代,双方要加强发展战略对接,高质量共建"一带一路"。

【关键词】

中阿关系 合作伙伴 "一带一路" "中东之问"

2014年6月,中国国家主席习近平在中阿合作论坛部长级会议上指出,中国同阿拉伯国家因丝绸之路相知相交,是共建"一带一路"的天然合作伙伴。双方应该坚持共商、共建、共享原则,打造中阿利益共同体和命运共同体。既要登高望远,也要脚踏实地,构建"1+2+3"的合作格局,即以能源合作为主轴,以基建、贸易和投资便利化为两翼,以核能、航天卫星、新能源三大高新领域为新的突破口。[②] 2016年1月,习近平主席在开罗阿盟总部发表题为《共同开创中阿关系的美好未来》的重要演讲,针对"中东向何处去"的"中东之问",指出破解难题的关键在于加快发展,表示中国将在中东推进共建"一带一路",矢志做中东和平的建

[①] 王健,上海社会科学院国际问题研究所研究员。
[②] 习近平:《弘扬丝路精神,深化中阿合作》,人民网,2014年6月5日,http://politics.people.com.cn/n/2014/0605/c1024-25109531.html。

设者、中东发展的推动者、中东工业化的助推者、中东稳定的支持者、中东民心交融的合作伙伴。[①] 2022 年 12 月 9 日，在首届中阿峰会上，习近平主席又强调，要加强发展战略对接，高质量共建"一带一路"。不仅巩固经贸、能源、基建等领域的传统合作，还要做强绿色低碳、健康医疗、投资金融等新增长极，开拓航空航天、数字经济、和平利用核能等新领域，并应对好粮食安全、能源安全等重大挑战。

一、持续推进与阿拉伯国家在"五通"方面的合作

（一）在政策沟通方面，加强战略协调和行动对接

自 2016 年 1 月，中国政府公布首份《中国对阿拉伯国家政策文件》；2018 年 7 月 10 日中阿建立战略伙伴关系以来，双方政治互信日益增强，并建立了良好的合作机制，稳步推进"一带一路"倡议与中东国家中长期发展规划的战略对接。迄今，中国已同 12 个阿拉伯国家建立全面战略伙伴关系或战略伙伴关系，20 个阿拉伯国家签署了共建"一带一路"合作文件，与埃及、沙特、阿联酋、卡塔尔和巴林等国的"2030 愿景"、约旦的"2025 愿景"、阿尔及利亚的"2035 愿景"、摩洛哥的《科技城建设计划》以及伊拉克的《157 个重建重点计划》等阿拉伯国家的发展战略规划实现对接。此外，17 个阿拉伯国家支持全球发展倡议，14 个阿拉伯国家参与《中阿数据安全合作倡议》。特别是 2022 年 9 月，在继续推进中阿合作论坛机制的同时，中阿举办的首届中阿峰会，决定全力构建面向新时代的中阿命运共同体，并制定《中阿全面合作规划纲要》，共同擘画中阿关系未来发展蓝图。作为构建中阿命运共同体和落实《中阿全面合作规划纲要》的第一步，未来 3—5 年，中方愿同阿方一道，推进"八大共同行动"，涵盖支持发展、粮食安全、卫生健康、绿色创新、能源安全、文明对话、青年成才、安全稳定 8 个领域。

（二）在设施联通方面，积极加强基础设施领域的合作

目前，中企已在阿拉伯国家投资建设了一大批重大基础设施合作项

---

① 习近平：《共同开创中阿关系的美好未来》，中国共产党新闻网，2016 年 1 月 22 日，http：//cpc.people.com.cn/n1/2016/0122/c64094-28075098.html。

目。在2005—2020年，中企在17个阿拉伯国家投资总额达1969亿美元。2021年前6个月，中企在阿拉伯国家实施的基础设施投资与建设项目完成营业额超过144亿美元。[1] 近年来，中国企业深度参与阿拉伯国家的铁路、公路、港口、桥梁等重点基础设施项目的建设，承揽了沙特麦加轻轨铁路项目、阿尔及利亚东西高速西段、吉布提多哈雷功能港口、卡塔尔多哈新港、阿联酋哈利法港二期集装箱码头、阿联酋联邦铁路二期项目、埃及斋月十日城铁路项目、摩洛哥穆罕默德六世大桥等一大批重大项目。此外，中企还参与了埃及新首都中央商务区、卡塔尔卢塞尔体育场、沙特吉赞项目群、阿尔及利亚大清真寺项目等城市建设项目，并在电力、通信等领域不断加大与阿拉伯国家的合作力度。2017年2月，由中国三峡集团及中国水利电力对外公司组成联营体共同承建的苏丹上阿特巴拉水利枢纽项目首台发电机正式发电。2021年6月，由中国电建集团核电公司和湖北工程公司实施的伊拉克鲁迈拉730MW联合循环电站项目1号机组并网成功。中国国家电网公司参与了埃及500千伏主干电网的改造项目，在沙特完成了500万块智能电表及配套系统的安装工作。华为、中兴已与近20个阿拉伯国家的电信企业开展固网、无线网、智能终端等领域合作，并与多个阿拉伯国家的电信公司签署了5G技术协议。华为与沙特电信、沙特阿美在5G油气领域开展合作，共同探索5G在石油、天然气行业的创新应用等。

（三）在贸易畅通方面，积极开展以油气为主的能源贸易，并努力开拓新领域

根据中国海关总署公布的数据，从2019年到2022年，沙特连续成为中国第一大原油进口来源国。2022年，中国原油进口的前十大来源国中，沙特、伊拉克、阿联酋、阿曼、科威特5个阿拉伯国家分别位于第1、3、4、5、7位。其中，2022年，沙特向中国出口原油达8748.852万吨。[2] 从天然气贸易来看，卡塔尔长期位列中国进口来源国前两位，2022年对华出口液化天然气1570万吨。2022年11月21日，中国与卡塔尔达成一项价值600亿美元、为期27年的液化天然气买卖协议，是迄今中国液化天然气

---

[1] 房秋晨：《后疫情时代"一带一路"基础设施互联互通需求旺盛》，中国新闻网，2021年8月21日，https://www.chinanews.com.cn/cj/2021/08-21/9548641.shtml.

[2] 《2.4万亿买原油！最新统计：我国十大原油进口国》，新能源界，2023年2月21日，https://baijiahao.baidu.com/s?id=1758420175595199217&wfr=spider&for=pc.

协议中时间最长的。① 2004 年至 2021 年，中国与 22 个阿拉伯国家的进出口总额从 367.1 亿美元增长到 3302.4 亿美元，年均增幅达 13.8%。在此期间，尽管中阿进出口额在 2009 年、2015 年以及 2020 年经历了不同程度的下滑，但很快又恢复了稳健增长的趋势。2021 年，随着全球经济复苏，中阿贸易进一步发展，进出口总额突破了 3000 亿美元大关，同比增长 37.6%，创下了中阿货物贸易新纪录。中国已连续两年成为阿拉伯国家的最大贸易伙伴。2021 年在阿拉伯国家贸易总额中占比达 15.3%。② 2022 年的前三季度，中阿贸易额更是达到了 3192.95 亿美元，接近于 2021 年全年的水平，同比增长 35.28%。③ 中国的电子商务公司在阿拉伯国家也呈现出良好的发展态势，部分企业通过整合和新建对阿销售商贸平台，筹建海外仓，结合物流服务和线上支付功能，利用海外仓进行备货，简化采购、分销、物流、海关、支付等流程，极大降低了对阿贸易中的采购、物流等经营成本。例如跨境电商平台 SHEIN 于 2016 年进军阿拉伯国家市场，并在沙特、迪拜等地建有海外中转仓；广州哆啦科技有限公司于 2019 年进军阿拉伯国家成立电商平台——Fordeal，并在沙特利雅得建立了仓储中心，总面积超过 6 万平方米，同时在约旦设立了客服中心。目前 SHEIN 和 Fordeal 均已成为阿拉伯地区领先的跨境电商平台。

（四）在资金融通方面，加大对阿拉伯国家的投资并积极开展金融合作

据阿拉伯投资和出口信贷公司发布的报告显示，2016 年中国超过美国和阿联酋成为中东地区最大的投资者，投资总额为 290.5 亿美元，约占该地区外来直接投资的 31.9%。④ 2004—2020 年，中国对阿拉伯国家直接投资存量由 7.6 亿美元增长至 212.9 亿美元，占阿拉伯国家外国直接投资总存量的 2.3%。阿拉伯国家来华投资累计 38 亿美元，双向投资涵盖油气、

---

① Bloomberg, "China seals one of the biggest LNG deals ever with Qatar," November 21, 2022, https：//www.gulfnews.com/business/energy/china－seals－one－of－the－biggest－lng－deals－ever－with－qatar－1.92157837.

② 商务部国际贸易经济合作研究院：《中国与阿拉伯国家经贸合作回顾与展望2022》，2022 年 12 月，第 7—8 页。

③ 《数说中阿合作丨回顾中阿历程 展望中阿未来》，国际在线，2022 年 12 月 1 日，https：//www.news.cri.cn/20221211/1c604ac4c－9e38－f66d－a428－c874e0f32ab1.html.

④ World Economic Forum, "China is Largest Foreign Investor in Middle East," *Middle East Monitor*, 2017－07－24, https：//www.middleeastmonitor.com/20170724－china－is－largest－foreign－investor－in－middle－east.

建筑、制造、物流、电力等众多领域。自共建"一带一路"倡议提出以来，中国设立了丝路基金、亚投行等新型的多边金融机构，并为中东国家的基建提供资金支持。在项目融资方面，中国充分发挥国开行、进出口银行等政策性金融机构的优势，密切双方金融机构间的合作，并推动丝路基金、亚投行等多边金融机构为阿拉伯国家基建项目融资。如2018年8月，丝路基金、哈电集团与阿联酋投资机构共同投资哈斯彦清洁燃煤电站，成为丝路基金在中东的首单投资项目。亚投行批准设立了4个涉及阿拉伯国家的项目，分别是阿曼杜库姆港商业码头和作业区项目、阿曼铁路系统准备项目、阿曼宽带基础设施项目和埃及太阳能光伏发电项目，贷款承诺额共计6.63亿美元。[①] 2018年7月12日，在中阿合作论坛框架下，中方成立"中国—阿拉伯国家银行联合体"。这是中国与阿拉伯国家之间首个多边金融合作机制，由中国国家开发银行牵头成立，创始成员行包括埃及国民银行、黎巴嫩法兰萨银行、摩洛哥外贸银行、阿联酋阿布扎比第一银行等具有区域代表性和影响力的阿拉伯国家银行，成为中阿协同深化多边金融合作机制的创新之举。此外，中国还分别与阿联酋和卡塔尔设立共同投资基金，主要投资中东传统能源、基建和高端制造业等。

（五）在民心相通方面，积极开展中阿文明对话，推动中阿命运共同体建设

自2004年中阿合作论坛成立以来，中国和阿拉伯国家的人文交流日趋活跃，交流领域不断拓宽，双方在教育、科研、文化艺术以及地方合作等方面取得了辉煌成就。中阿合作论坛框架下的人文交流机制也不断丰富，双方开展或举办了中阿关系暨中阿文明对话研讨会（9届）、阿拉伯艺术节（5届）、中阿新闻合作论坛（4届）、中阿友好大会（5届）、中阿城市论坛（2届）、中阿妇女论坛（4届）、中阿卫生合作论坛（2届）、中阿广播电视合作论坛（5届）、中阿图书馆与信息领域专家会议（4届）、中阿技术转移与创新合作大会（4届）等多种主题和形式的交流活动。目前，中阿地方政府已建立40余对友城关系；中阿新闻交流中心、中阿电子图书馆门户网站正式落地。阿拉伯语教学在中国不断发展，目前已有50余所高等院校开设了阿拉伯语专业。"汉语热"在阿拉伯国家持续升温，截至目前，

---

① 吴思科：《当人类命运又一次处在十字路口，这个区域正呼唤"中国智慧"和"中国方案"》，参考消息网，2018年7月4日，https：//ihl.cankaoxiaoxi.com/2018/0704/2288056.shtml。

已有埃及、摩洛哥、阿联酋、约旦、黎巴嫩、突尼斯、苏丹、巴林等13个阿拉伯国家先后成立了孔子学院（或开设孔子课堂）21所，累计注册学员超过9万多人，各类活动参与人次近70万。① 沙特、阿联酋、埃及宣布将中文教学纳入国民教育体系。

二、提升中阿能源合作，开拓三大高新领域，构建健康丝绸之路

在油气领域，双方油气企业在原油贸易和上游开发方面不断取得新的合作成果。2020年，阿拉伯国家向中国出口的原油占中国原油进口总量的51.3%，是中国最重要的进口原油来源地。中资油气企业积极参与阿联酋、伊拉克等国的上游区块开发。如中石油中东地区原油权益产量在2017年均创历史新高，完成权益产量4230万吨，接近中石油海外业务的半壁江山。② 2017年，中国还在阿联酋实现突破，首次获得海合会国家的上游资产股权。中石油和华信能源获得阿布扎比陆上石油区块12%、为期40年的权益，这也是中国在阿拉伯产油国首次与当地国家石油公司并肩成为投资方。借此东风，中企不仅屡获油田服务和相关工程承包大单，还进一步提升了国际化经营水平。此外，中石油还参与了伊拉克哈法亚油田三期项目等。在中下游领域，沙特与中国联合合作了多个炼化项目，其中包括中国海外投资的旗舰项目——沙特延布炼厂，也包括沙特在中国天津、福建、浙江、辽宁的炼化项目与股权投资等。

在核能领域，中核集团与阿联酋、沙特、阿尔及利亚、苏丹等国签署了和平利用核能协定，并在铀矿勘探、核燃料供应、核电站运维等领域达成合作意向。在航天领域，中阿积极推进"天基丝绸之路"，探索开展在空间科学、发射服务、卫星应用等方面的合作。中国已同埃及、阿尔及利亚等阿拉伯国家开展航天合作，帮助埃及建立卫星总装集成中心。2017年，中国为阿尔及利亚发射了"阿星一号"卫星，开创了中国

---

① 商务部国际贸易经济合作研究院：《中国与阿拉伯国家经贸合作回顾与展望2022》，2022年12月，第52页。

② 解亚娜：《中国石油推进中东地区合作建设纪实》，中国石油新闻中心，2018年1月23日，http://news.cnpc.com.cn/system/2018/01/23/001676255.shtml。

同阿拉伯国家航天领域合作的成功先例。2018年，中国又为沙特发射了两颗遥感卫星。2016年至2020年，中国先后分别与沙特、阿拉伯信息通信技术组织、阿拉伯科技海运学院、伊拉克签署北斗合作谅解备忘录，建立正式合作机制，明确在各领域开展北斗应用合作。2018年4月，首个海外北斗中心在突尼斯建成，搭建起中阿卫星导航开放合作平台；2018年12月，中国通过优化卫星发射计划，提前2年优先为包括阿拉伯国家在内的共建"一带一路"相关国家提供服务。在阿拉伯国家中，北斗已在突尼斯、阿尔及利亚等地建立CORS系统，可为用户提供实时、连续、稳定的精确GNSS定位信息数据及时间信息；沙特、阿尔及利亚、黎巴嫩、阿曼、摩洛哥等国家北斗/GNSS高精度服务已用于国土测绘、交通运输、精细农业、环境监测、非传统安全等多个领域。在新能源领域，中国企业积极帮助阿拉伯国家利用太阳能资源发展光伏发电。在阿联酋，中国建筑承建了迪拜700兆瓦光热发电项目，中国机械设备承建了艾尔达芙拉PV2太阳能电站，上海电气参与建设的迪拜95万千瓦光伏+光热混合电站是目前世界最大的光伏+光热混合电站。在阿曼，由中国电建承建的阿曼最大可再生能源项目——阿曼伊卜里光伏项目已竣工落成。投产后预计年发电量1598千兆瓦时，可满足当地5万户家庭的年用电量。隆基股份正在卡塔尔哈尔萨投资光伏项目，建成后将成为世界第三大单体光伏项目，将为2022年卡塔尔世界杯的场馆供电，并可以满足当地约10%的电力需求。此外，2021年7月，晶科能源中标阿联酋阿布扎比艾尔达芙拉2100万兆光伏发电项目，这将成为全球最大的单体太阳能发电站。中国企业也在风能领域与阿拉伯国家开展合作。例如，三峡国际管理运营的约旦舒巴克风电站于2021年投入运营，目前每年可为约旦提供约1.5亿度电的清洁能源。

新冠病毒感染疫情暴发后，阿拉伯国家对中国的抗疫斗争给予声援和支持。阿联酋是第一个接受中国疫苗境外三期临床试验的国家，阿尔及利亚、埃及等国也在第一时间向中国提供了物资援助。2020年12月，沙特、阿联酋、巴林、埃及等国陆续批准使用中国的国药疫苗和科兴疫苗。从2021年3月开始，中国大规模向阿拉伯国家援助新冠疫苗，主要接受国包括突尼斯、伊拉克、叙利亚、约旦等。在3个月时间内，中国先后向17个阿拉伯国家援助出口7200多万剂新冠疫苗。中国还通过埃及向巴勒斯坦加沙地区援助 50 万剂疫苗。① 除了疫苗捐助之外，中国还积极推动新冠疫苗在阿拉伯国家本土生产。2021 年 3 月，国药集团与阿联酋合作生产的中国新冠灭活疫苗正式投产。9 月，科兴公司同埃及签署 2 亿剂新冠疫苗本土化生产协定。10 月，阿尔及利亚同科兴公司合作生产新冠疫苗正式投产，双方在新冠疫情面前守望相助、同舟共济的决心和行动，成为进一步打造中阿卫生健康共同体、推动"健康丝绸之路"建设的楷模与标杆。

三、继续推进中阿共建"一带一路"合作的现实障碍及其改进路径

尽管取得显著成效，但我们也要看到，中东政治不稳定、工业化基础薄弱、产业比较单一等问题，也给中阿在共建"一带一路"合作中带来不少问题和障碍。

第一，阿拉伯地区局势不稳定，内部的治理水平比较薄弱。由于内外部原因，阿拉伯地区局势比较复杂多变。叙利亚、也门、利比亚等国内战虽然冲突烈度有所下降，但深层次的问题没有解决。地区大国间矛盾复杂，域外大国博弈干涉不断，恐怖和极端势力挑战依然严峻，这都给阿拉伯国家发展带来诸多隐忧。2022 年全球恐怖主义指数显示，2021 年伊拉克、索马里和叙利亚恐怖主义指数分别位列全球第 2、3、5 位。② 新冠病毒感染疫情暴发后，根据联合国西亚经济社会委员会的估算，2020 年 7 月，在 4.36 亿阿拉伯人中，有 2600 万人流离失所，5500 万人需要人道主义援助，7400 万人缺乏洗手设施。③ 俄乌冲突爆发后，埃及、突尼斯、也门、叙利亚、苏丹、黎巴嫩等阿拉伯国家都因粮食危机发生大规模民众抗议，进而引发政治动荡的风险。在全球公共卫生事件和地缘政治冲突冲击下，阿拉伯世界的治理短板更为明显。

---

① 刘冰清：《中国、埃及决定向加沙地带巴勒斯坦民众援助 50 万剂疫苗》，观察者网，2021 年 7 月 19 日，http://www.guancha.cn/internation/2021_07_19_598980.shtml。

② Institute for Economics & Peace："Global Terrorism Index 2022 Measuring the Impact of Terrorism," Sydney, March 2022, p. 8.

③ "Policy Brief: The Impact of COVID - 19 on the Arab Region: An Opportunity to Build Back Better," UNSDG, July 16, 2020, https://www.unsdg.un.org/resources/policy - brief - impact - covid - 19 - arab - region - opportunity - build - back - better.

第二，阿拉伯国家的产业基础相对单一，韧性不足，发展极不平衡。疫情前的 2019 年，世界银行数据显示，阿拉伯国家整体 GDP 增长为 2.1%，明显低于全球 2.6% 的平均水平。受疫情冲击，2020 年阿拉伯国家经济整体下降 5.5%，除了埃及以外，几乎都是负增长。[1] 特别是海湾地区产油国受国际油价暴跌和疫情的双重冲击，增速下降幅度更大，并波及公共财政和社会福利保障，各国不得不大量发债。有研究指出，许多阿拉伯国家的公共债务比率将达到 20 年来的最高水平。国际货币基金组织预计，其中 11 个产油国债务占 GDP 的比重将从 2000—2016 年的年均 25% 上升至 2021 年的 47%。[2] 虽然随着疫情得到相对有效的控制，特别是 2022 年 2 月爆发的俄乌冲突导致油价上涨，一些产油国经济出现比较强劲的反弹。根据联合国西亚经济社会委员会最新发布的《阿拉伯地区经济和社会发展调查》，2022 年海湾阿拉伯国家经济实现高速增长，海合会成员国的各类经济指标普遍位于阿拉伯国家前列。其中，卡塔尔 GDP 增长率达 7.6%，财政盈余占 GDP 的比重达 12.7%，沙特通胀率仅为 2.5%，科威特政府债务占 GDP 比重仅为 11.4%。但与此同时，大部分阿拉伯中等收入国家，尤其是石油进口国持续面临能源、食品等商品进口费用增加的压力，且由于其产品出口至欧洲的比重较大，欧盟经济增长放缓导致其出口增长疲软，加之全球金融状况趋紧等因素影响，普遍出现赤字、通胀和货币贬值等情况。根据世界银行最新发布的《全球经济展望》，2022 年埃及、约旦、摩洛哥、突尼斯的财政赤字占 GDP 比重分别为 3.5%、7.0%、4.9% 和 10.3%。[3]

第三，阿拉伯国家的工业化进程，特别是海湾国家的产业多元化依然迟缓。传统能源在世界能源结构中所占的份额和地位逐渐下降，但石油依然是许多阿拉伯产油国的支柱产业。虽然阿拉伯产油国意识到产业多元化的必要性，纷纷提出各自的发展愿景，但海湾国家的经济发展目前仍高度依赖石油相关产业，石油收入占其财政收入的 70%—90% 不等。[4] 而 2020

---

[1] 根据世界银行相关数据整理而成，参见 http：//www.date.worldbank.org/。
[2] "Not Flattening the Curve：Arab States Are Loading up on Debt," *Godfrey Time*, November 2, 2020, https：//www.godfreytimes.com/2020/11/02/not-flattening-the-curve-arab-states-are-loading-up-on-debt/.
[3] 《阿拉伯国家经济发展不均衡》，中国经济网，2023 年 1 月 17 日，http：//views.ce.cn/view/ent/202301/17/t20230117_38351045.shtml。
[4] 周輖：《海湾国家力促经济多元化》，人民网，2020 年 8 月 6 日，http：//gz.people.com.cn/n2/2020/0806/c344103-34208860.html。

年的低油价和疫情导致的财政危机，严重削弱了海湾国家依靠公共投资推动经济转型的能力。但因俄乌冲突导致的油价上涨，特别是阿拉伯国家产油国重新成为欧洲替代俄罗斯油气的首选和关键，也会在某种程度上降低产油国产业转型的紧迫感和内在动力。

为此，以共建"一带一路"推进中阿合作，解决困扰阿拉伯国家稳定与发展的"中东之问"，亟须从以下两个方面加大推进力度。

第一，加大在中东地区的促和力度，增强与阿拉伯国家在治国理政方面的经验交流和人文交流。稳定是破解"中东之问"的前提，中国应进一步加大对地区事务的参与力度，努力做中东和平的建设者、中东稳定的支持者和中东民心交融的合作伙伴。2021年，中国国务委员兼外长王毅数次访问中东，到访沙特、土耳其、伊朗、阿联酋、巴林、阿曼、叙利亚、埃及、阿尔及利亚等中东9国及阿盟，就一系列地区热点问题和治理难题提出了中国的倡议和方案，为推动中东和平与发展贡献中国智慧。双方在如何落实中东安全稳定5点倡议，探索建立包容性的中东安全合作机制方面，表达了进一步加强沟通和协调的愿望。特别是2023年3月10日，在中国的推动和支持下，中国、沙特和伊朗三方在北京签署协议并发表联合声明，宣布沙伊双方同意恢复外交关系，强调三方将共同努力，维护国际关系基本准则，促进国际地区和平与安全。这是中国顺应中东国家求和平、求安全的要求，顺应地区国家关系缓和趋势所实施的重大外交行动的成果，更是中国践行全球安全倡议的体现，为地区安全稳定创造了有利条件。此外，中国应该进一步加大与阿拉伯国家在治国理政，特别是增强改革创新理念和方式的交流。中国在许多领域，尤其是在实现可持续发展目标方面的广泛而丰富的经验可以为中东地区提供借鉴，如在减贫脱贫、健康卫生以及创新、科技等领域的一些举措。要在中阿合作论坛的框架内，加快推进中阿改革发展研究中心建设和发展，使之成为中阿治国理政经验交流的重要合作平台，并进一步增加阿拉伯国家来华培训官员和技术人员的数量。在人文交流方面，要进一步扩大中阿教育合作的规模，加大双方留学生的交流。加强中阿双方学术机构、媒体和智库等交流、继续做好典籍互译工作，特别是要办好中阿合作论坛框架内的中阿关系暨中阿文明对话研讨会、中阿友好大会和中阿文化节等，进一步夯实共建"一带一路"的民心基础。

第二，加大与阿拉伯国家的贸易便利化和产能合作，助力当地工业化发展，推动双边贸易结构多元化。发展是破解"中东之问"的动力，中国应进一步加大对中东经济发展的投入，做中东发展的推动者、中东工业化的助推者。虽然阿拉伯国家公共消费和个人消费市场潜力巨大，但由于贸易条件等原因，中阿贸易虽然有所增长，但长期低于预期。2014年习近平主席在中阿合作论坛北京部长级会议上提出，争取把中阿贸易额从2400亿美元增至6000亿美元。但中阿贸易在2014年达到2500亿美元后出现下降，2016年回落至1700亿美元。虽然2018年重新上升到2400亿美元以上，2019年达2664亿美元，但2020年受疫情等因素影响又回到了2400亿美元之下，为2398亿美元。① 虽然在2021年、2022年连续取得增长，并站稳了3000亿美元，但离2025年6000亿美元目标依然有相当差距。迄今为止，中国与阿拉伯国家没有建立一个自由贸易区。考虑到全球能源结构的变化和"碳中和""碳达峰"的趋势，中国应该进一步推动与海合会的自贸区谈判，从而提升中阿之间的油气合作水平和贸易创造，特别是要进一步增加货物贸易以及油气贸易中的人民币结算。2022年9月举行的中国—海合会自贸协定第十轮谈判部级首席谈判代表会议取得积极进展，双方已就大多数问题达成共识，并正在最后完善协议。同时，应该进一步优化产业园区建设，并多渠道推动中阿之间的产能合作，助推阿拉伯国家工业化整体水平，逐渐形成中阿制造业之间的产业链、供应链和价值链，为双边贸易和投资增长创造新的条件。特别是在产能合作中，要切实注重将对方产业结构调整与高科技合作结合起来，加强中国与阿拉伯国家在数字经济、新能源、航空、通信、农业等高科技领域的合作。目前，阿拉伯国家都在积极推进经济多元化改革，优化产业结构，努力推动技术创新和数字化转型发展，致力于培育新的经济增长点。例如，2020年9月，埃及财政部颁布了新的关税修正案，旨在鼓励本国制造业发展，尤其是大力推动医药制造业、纺织业等民族工业发展，积极吸引投资。2022年4月，阿联酋内阁会议通过了阿联酋数字经济战略，计划未来几年将数字经济在阿联酋非石油国内生产总值的占比提高至20%。与此同时，中国还应加大与阿拉伯国家，特别是海湾国家的金融合作，提升多元化融资水平。金融是经济发展的润滑剂，海湾国家拥有大量石油美元和主权投资基金。虽然阿拉

---

① 王田：《商务部：中国已是阿拉伯国家第一大贸易伙伴国，去年中阿贸易额2398亿美元》，红星新闻，2021年6月18日，https://static.cdsb.com/micropub/Articles/202106/07efafc6498434b24e540bee8d170e62.html。

伯国家都已积极参与了中国发起组建的亚投行等金融机构，但双方金融合作的空间还很大。可以考虑与海湾国家主权基金合作设立中阿基建和产能合作专项基金，并积极引入第三方共同参与融资。同时，利用海湾国家的资本市场发行股票和基建债券。目前，阿布扎比全球市场已与上海证券交易所、深圳证券交易所签署了谅解备忘录，意在共同建立一个促进中方在阿贸易与投资的交易所，服务于中阿共建"一带一路"合作和人民币在该地区的国际化。

中阿合作面临历史性机遇

田文林[①]

【摘　要】

当前，随着美国在中东战略收缩加快，中国与中东国家深化合作面临前所未有的机遇。第一，阿拉伯国家加快"向东看"趋势；第二，"一带一路"倡议契合阿拉伯国家当前"拼经济"的现实需求；第三，中国式治理模式日益受到阿拉伯国家的关注和热捧。不过，双方深化合作仍面临不少问题和挑战。第一，中东国家政治转型"尘埃未定"；第二，中东地区格局有所缓和，但总体仍处在动荡期；第三，美国对华遏制力度加大，中东地区很可能成为美国对华遏制的分战场。

【关键词】

中阿合作　机遇期　挑战

当今世界正处于百年未有之大变局，中东格局也经历百年未有之大剧变。这其中，一个甚为明显的现象就是，美国近年来在中东出现明显的战略收缩迹象。美国是冷战结束以来影响中东政治的最大域外力量，因此美国在中东的战略收缩带动中东格局出现若干不同以往的新变化、新趋势。对中国来说，中东是事关中国安全与发展大局的重要大周边地区，同时也是中国落实共建"一带一路"倡议的重点合作区域。当前美国在中东战略收缩趋势，使中国和阿拉伯国家共建"一带一路"机遇大于挑战。

---

① 田文林，中国人民大学国际关系学院教授。

一、美国在中东出现历史性战略收缩态势

长期以来，美国一直是影响和塑造中东地区的最大外部力量。尤其是在1991年苏联解体后，美国在失去外部制衡后，在中东行事更加肆无忌惮，并试图着力将中东打造成美国塑造"世界新秩序"的试验田和主战场。2001年"9·11"事件的发生，促使美国进一步加大在中东的战略投入。自此后整整20年的时间里，美国致力于在中东进行"反恐战争"和"民主改造"。然而，从最终效果看，美国在阿拉伯地区的"反恐战争"导致越反越恐。"民主改造"并未奏效，反而使美国软硬实力严重受损，美国国力加速衰落。美国GDP占全球经济比重从冷战后的30%左右降至20%左右；制造业占GDP比重从二战后40%—50%降至12%左右。2008年金融危机冲击更使美国经济雪上加霜，对外扩张力不从心。可以说，21世纪前20年是美国将战略重心置于中东的20年，同时也是美国国力衰落的"失去的二十年"。

美国国力加速衰落与中国加快崛起形成巨大反差，这一局面促使美国决策者战略焦虑感日甚一日，掌控中东的意愿明显下降。美国过去高度重视中东地区，主要基于三大考虑：遏制苏联、获取中东石油和维护以色列安全。但是，现在情势已发生很大变化：一是苏联解体使美国在中东再无战略竞争对手，极端恐怖势力已不足为虑，中东在美国全球战略中的地位和价值下降。在此背景下，沙特等阿拉伯传统盟友与美国安全和价值观领域的冲突日渐凸显。拜登政府始终抓住卡舒吉事件不放，借该事件敲打和冷落沙特王储。二是页岩气革命使美国对中东石油依赖大幅减轻。2018年美国超过沙特和俄罗斯，成为全球最大石油生产国，自此对中东石油的需要日趋下降，双方在国际能源市场上反而变成竞争关系。三是以色列安全环境极大改善。阿拉伯世界作为以色列的主要宿敌，近年来持续衰落，伊拉克、利比亚、叙利亚等阿拉伯世界反以中坚力量均元气大伤，不足为虑。阿联酋、巴林、苏丹、摩洛哥等温和阿拉伯国家相继与以色列建交，由此使以色列在中东的地缘安全环境大为改善。此外，美国日益将遏制中国崛起作为最紧迫任务，不愿让中东问题牵绊手脚。

在这种背景下，美国在中东战略收缩力度明显。美国从小布什政府后

期就出现了在中东收手的迹象。2009年奥巴马政府执政后，在中东缩减兵力、降低反恐调门、与伊朗缓和关系。2017年特朗普政府和2021年上台的拜登政府，继续在中东进行战略收缩。特朗普政府时期，大幅减少驻伊拉克军队人数。2021年1月上台的拜登政府沿袭了特朗普政府的撤军政策。2021年7月22日，美国与伊拉克达成协议，美军将于2021年底撤离伊拉克，此后美军将只为伊拉克军队提供训练和空中支援等。尤其2021年8月美国仓皇从阿富汗撤军，表明美国已无意在大中东地区长期驻足。

二、中国与阿拉伯国家深化合作面临历史性机遇

在美国加紧战略收缩的背景下，阿拉伯国家"向东看""向东干"趋势明显，中国与阿拉伯国家深化合作面临新的历史机遇期。中国原本就与阿拉伯国家合作密切，美国在中东加紧战略收缩为中阿深化合作提供了新的历史机遇。这主要表现在以下几个方面。

第一，阿拉伯国家加快"向东看"趋势。阿拉伯世界历史上长期受西方大国的影响和主导。无论是英法等老牌殖民者，还是美国等新殖民主义者，其中东政策共性特征就是"顺昌逆亡"或"拉一派，打一派"。美国位于欧亚大陆之外，其在中东维系霸权的前提之一就是地区国家各自为政、内讧不止，由此将整个中东搞得沸反盈天，冲突不断。中东地区很多热点问题，如巴以冲突、伊拉克危机、伊朗核问题、利比亚问题、叙利亚危机、极端主义与恐怖主义泛滥等，很大程度上都是西方国家人为制造的结果。可以说，美国等西方大国的中东政策的破坏性远远大于建设性，多数阿拉伯国家和民众从内心不欢迎西方的这种政策模式。阿拉伯世界反美主义情绪根深蒂固。2020年10月"阿拉伯政策研究中心"的民调显示，81%的受访者认为美国中东政策对地区安全与稳定构成威胁，66%的受访者认为美国和以色列对阿拉伯国家最具威胁。[1]

相比之下，中国在阿拉伯世界的影响力明显上升。战略上，中国希望阿拉伯世界团结、强大，而不像英美那样为一己私利设法削弱阿拉伯世界整体力量，"不寻求势力范围，不培植代理人，不填补权力真空"立场深

---

[1] 《民调显示阿拉伯民众绝大多数反感美国的中东政策》，新华网，2020年10月14日，http://www.xinhuanet.com/world/2020-10/14/c_1126612153.htm。

得阿拉伯国家赞誉和认可。政治上,一直秉承"和平共处五项原则",在中东事务中主持公正,按照事务本身的是非曲直确立自己的政策和立场。中国与中东国家既没有历史遗留问题,也没有根本利害冲突。2016 年 1 月习近平主席访问中东时又明确提出,"不找代理人、不搞势力范围、不谋求填补真空"的"三不原则"。① 这与西方沿袭了几百年的地缘政治理论和政策迥然不同,更符合中东国家的利益和需求,因而深得阿拉伯国家赞誉和认可。民调显示,阿拉伯世界对中国的好感度明显高于美国。这些国家在南海争端、涉疆、涉港、抗疫等涉及中国的重大外交问题上,都表示积极支持。在新冠病毒感染疫情中,伊斯兰世界的 57 个国家,无一国加入美西方阵营谴责中国。

第二,共建"一带一路"倡议契合阿拉伯国家当前"拼经济"的现实需求。多年来,阿拉伯国家面临的最大问题是发展滞后。阿拉伯世界过去长期融入西方主导的国际经济旧秩序,结果导致"去工业化"加剧,并出现增长缓慢、失业攀高、贫富分化等多重问题。1980—2004 年,阿拉伯世界年均 GDP 增长率不足 0.5%,1/3 人口生活在贫困线以下,远远落后于世界平均水平。2011 年中东剧变后,相关国家经济状况更加糟糕。据世行统计,中东北非在 2011 年有 800 万人生活在贫困线以下,2018 年飙升至 2800 万人。2021 年初的一项民调显示,叙利亚、也门、利比亚和苏丹超半数受访者认为,眼前生活状况比中东剧变前更糟。② "拼经济"成为阿拉伯世界的基本共识和当务之急。2019 年 12 月的一项民调显示,61% 的受访者希望政府将经济列为优先事项。③ 阿拉伯世界经济滞后很大程度上与西方主导的国际经济旧秩序有关。曾经的"向西看"导致经济失败,促使其日益寄望于中国发展带来的机遇。

中国始终坚持"发展优先"的理念,这种理念体现在对外战略中,就是以发展促稳定,矢志推动共建"一带一路"倡议。历史上,阿拉伯世界曾因"丝绸之路"兴起实现了经济繁荣。当前,中国提出的共建"一带一路"倡议实际上是重新开启"丝绸之路",也会为中东国家带来前所未有的发展机

---

① 习近平:《共同开创中阿关系的美好未来》,新华网,2016 年 1 月 22 日,http://www.xinhuanet.com/politics/2016-01/22/c_1117855429.htm。

② Ferid Belhaj, "Ten Years after the Arab Spring, Avoiding Another Lost Decade," World Bank, https://www.worldbank.org/en/news/opinion/2021/01/14/mena-unbound-ten-years-after-the-arab-spring-avoiding-another-lost-decade.

③ "Editorial, 'The Arab World in Transition,'" *The Arab Weekly*, December 15, 2019.

遇。根据大数据分析，16%的阿拉伯民众对"一带一路"持积极态度，对中国企业投资表示欢迎和支持，希望本国根据发展状况与中国进行产能合作。[①] 迄今已有13个中东国家与中国建立战略伙伴关系，19个国家签署共建"一带一路"合作文件，中国是10个阿拉伯国家的最大贸易伙伴。此外，双方在5G、人工智能、云科技等数字化领域合作也明显加强。许多阿拉伯国家还提出具体对接计划等。

第三，中国式治理模式日益受到阿拉伯国家的关注和热捧。阿拉伯国家治理模式和价值理念长期受到西方国家影响。西方国家从"西方中心论"和"西方优越论"出发，将西方文明和制度等同于"普世价值"，动辄将自己的价值观强加于人，乃至"民主改造"和"文明改造"。这种做法不仅使阿拉伯国家深感屈辱，实践效果也很糟糕。尤其是2011年中东剧变，埃及、突尼斯等国正是受到西方价值观影响，才相继启动"民主化"改革。事实证明，民主化并未使相关国家繁荣稳定，反而由治到乱，出现党派纷争、政府空转、安全恶化、恐怖蔓延等诸多新问题，"阿拉伯之春"变成了"阿拉伯之冬"。痛定思痛，阿拉伯国家对西方价值观迷信骤然下降。2018年8—9月，佐格比公司对10个中东国家的民调显示，当初阿拉伯民众渴望政治自由，现在"民主"在优先次序中则排名垫底。[②] 但2021年拜登上台后，美国仍在中东推行价值观外交，对阿拉伯国家指责增多。这使沙特等阿拉伯盟友与美国更加离心。

相比之下，中国治理理念和模式的吸引力不断上升。中国倡导文明包容互鉴，反对"文明改造论"和"颜色革命"，这与阿拉伯国家颇有共鸣。从实践看，中国经济频频实现"弯道超车"，成为世界第二大经济体，这使同为发展中国家却饱受落后动荡煎熬的一些中东国家深感触动。它们普遍羡慕中国发展成就，希望借鉴中国发展经验，搭乘中国发展快车。2009年，约旦著名学者萨米尔·艾哈迈德撰写了《文明的追随——中国的崛起与阿拉伯人的未来》。作者认为，阿拉伯复兴事业应积极借鉴中国的"非模式化崛起"经验，"阿拉伯世界应通过追随中国的复兴之路，实现自身

---

① 国家信息中心"一带一路"大数据中心：《"一带一路"大数据报告》（2016年），商务印书馆2016年版，第191页。
② Mark Habeeb, "Poll Reflects Anxiety, Frustration in the Arab World," *The Arab Weekly*, December 16, 2018, https://www.thearabweekly.com/poll-reflects-anxiety-frustration-arab-world.

文明的推进"。① 该书阿拉伯文版于2009年出版后,四年时间里连印三版。2018年8月,艾哈迈德又出版新著《东方的复兴:"阿拉伯之春"的失败与中国崛起的前景》,主张阿拉伯国家全面加强与中国的战略伙伴关系,希望中阿两大文明携手前行。② 该书出版后,一年多时间里三次再版,足见此书观点在阿拉伯人中受欢迎的程度。交流治国理政经验,已成为中阿深化合作的新亮点和新话题。

三、前途光明,道路曲折

中国与中东深化合作的机遇固然是主要的,但必须指出,由于主客观条件的种种限制,双方深化合作仍面临不少问题和挑战,由此决定了中阿各领域合作不会一帆风顺,而将呈现"道路曲折,前景光明"的螺旋式上升态势。

第一,中东国家政治转型"尘埃未定"。2011年中东剧变使多个阿拉伯国家政权垮台,这些国家"民主转型"又导致政局动荡、权力内耗、恐袭频发等诸多新问题。埃及等国借"再集权化"强化政局稳定,利比亚、也门、伊拉克等国已失去集权条件,稳定国内政局难度甚大。当前,疫情蔓延和油价暴跌使阿拉伯国家结构性危机、周期性危机、疫情危机"三期叠加",阿拉伯国家面临两难选择:增加税收、削减福利,会导致物价飞涨,民怨沸腾;向世界银行等国际金融机构贷款,则必须接受缩减财政和福利开支、贱卖国企等已被证明会导致国家衰败的新自由主义药方。在此背景下,部分阿拉伯国家的政局稳定仍是大问题。2019年以来,苏丹、阿尔及利亚、伊拉克、黎巴嫩因经济恶化出现政权垮台,表明阿拉伯"政权垮台潮"仍未结束。

尤其2022年2月俄乌冲突爆发导致的国际能源和粮食价格暴涨,使部分阿拉伯国家维稳压力进一步加大。能源价格暴涨固然使沙特等阿拉伯产油国大赚特赚,但同时也使埃及等阿拉伯非产油国能源供应紧张。许多阿

---

① [约旦]艾哈迈德·萨米尔著,刘欣路、吴晓琴译:《文明的追随:中国的崛起与阿拉伯人的未来》,北京师范大学出版社2014年版,第98页。
② 刘欣路:《〈东方的复兴——"阿拉伯之春"的失败与中国崛起的前景〉——阿拉伯学者眼中的危机与出路》,载《中国穆斯林》,2020年第2期,第92—95页。

拉伯国家主要从俄乌两国进口粮食，如埃及70%小麦从俄乌进口，黎巴嫩80%—90%的小麦来自乌克兰。俄乌粮食供应减少和粮价暴涨，使许多阿拉伯国家面临通胀加剧、粮食储备不足等严重问题。目前埃及的储备仅够维持该国补贴粮食计划约四个半月、黎巴嫩小麦储备只够维持一个月。"大饼换稳定"是许多阿拉伯国家政局稳定的前提，如果此轮粮食危机持续下去，不排除部分阿拉伯国家再次出现政局动荡乃至政权垮台的危险。而中国与阿拉伯国家共建"一带一路"的重点领域（如能源、基建等），大多投资大、周期长、收益慢。政局变动极可能引发政经格局生变，危及中国资产及合同。

第二，中东地区格局有所缓和，但总体仍处在动荡期。2011年中东剧变导致地区"旧秩序被打破，新秩序未建立"，衍生更多"次生灾害"，"动荡与危机"成中东新常态：一是教派矛盾公开化。中东剧变后，叙利亚内战、也门冲突等地区热点升温，使该地区长期处在抑制状态的逊尼派与什叶派矛盾被"激活"。以沙特为首的逊尼派国家与以伊朗为首的什叶派国家分别"站队"，阵营化和"新冷战"态势明显。这种"文明内冲突"导致阿拉伯世界既有矛盾更难化解。二是恐怖袭击常态化。2011年中东剧变后，中东成了恐袭重灾区。"基地"组织卷土重来，"伊斯兰国"异军突起。近年来"伊斯兰国"虽遭重挫，但残余势力仍不容小觑。据美国国防部评估，"伊斯兰国"仍拥有8000—16000名极端分子，保持着"强有力组织"和"低水平叛乱"。三是地缘版图碎片化。2011年中东剧变后，中东部族、教派、民族矛盾凸显，分离主义抬头。也门再现南北武装割据；利比亚出现东西两个政府；叙利亚至今未实现统一；伊拉克库尔德人分离倾向明显，南部也谋求高度自治。中东地缘版图碎片化趋势加剧。四是地区大国争夺白热化。阿拉伯世界整体衰落，使原本处于配角地位的土耳其、伊朗、以色列等非阿拉伯国家"相对崛起"，并竞相争夺地区主导权。伊朗在伊拉克、叙利亚、黎巴嫩、也门等阿拉伯国家加大渗透力度，努力构筑"什叶派新月地带"；土耳其借当前阿拉伯世界动荡四面出击，梦想构建"新奥斯曼帝国"；以色列更是借机浑水摸鱼，一边拉拢没有领土纠纷和利害冲突的阿拉伯—伊斯兰国家，扩大外交空间，一边对巴勒斯坦、叙利亚、黎巴嫩等邻国动辄动武。近两年来，中东地区开始出现地区大国关系缓和、地区热点降温趋势，但总体来看，该地区深层次矛盾依然如故。

政局稳定是经济合作的前提条件。古代丝绸之路能够展开远距离贸易，就是因为当时的统治者积极投资修建道路和桥梁，便利各地区间商品交换。同时，帝国间彼此没有对抗和冲突，降低远距离商贸的成本和风险。当前中东深陷百年未有的"大乱局"，致使中国推进共建"一带一路"难以找到着力点，既有项目和利益也面临严重威胁。

第三，美国对华遏制力度加大，中东地区很可能成为美国对华遏制的分战场。过去相当长时期，中国与美国在阿拉伯世界是一种共生、合作的关系：美国主要是确保石油稳定流出、出售军火、确保美元与石油挂钩等；中国从阿拉伯产油国进口石油、出售工业品，并参与当地工程承包市场；阿拉伯产油国则通过向中国售油赚取美元，然后用于消费及投资美欧市场。然而，当前中美在中东日趋由"共生关系"变成"竞争关系"。中国高调推进共建"一带一路"，尤其与沙特、卡塔尔等国互换货币，一定程度上挤压了石油美元的空间和份额，被美国认为是在各方面"去美国化"。在中美博弈加剧的背景下，中阿深化合作不可避免地面临美国的猜忌、干扰和挤压。当前，美国应对疫情自顾不暇，仍不忘阻挠海湾盟友与中国发展关系。2020 年 5 月 7 日，美国国务院负责近东事务的助理国务卿大卫·申克公开表示，海湾国家与中国打交道"必须掂量其与美国的同盟关系的价值"，并称海湾国家"应警惕来自中国的援助"。[①] 这实际是逼迫阿拉伯国家在中美之间选边站队。

美国搅局"一带一路"能力不容低估。美国在阿拉伯世界经营多年，树大根深。阿曼、卡塔尔、巴林、阿联酋、科威特先后与美国签署《防务合作协定》。埃及、约旦等国也是美国重要地区盟友。目前，美国在阿曼有锡卜空军基地，中央司令部前沿总部设在卡塔尔，第五舰队总部设在巴林。近年来，伊朗崛起令阿拉伯国家更加倚重美西方，美国乘机推销军火、部署反导系统、倡建"中东版小北约"。当前，美国虽然在中东战略收缩，但仍是该地区最有影响力的外部力量。美国地区盟友尽管对美国不满，但仍离不开美国。

在这种背景下，中国要想深化与中东国家各领域的合作，应始终遵循"有理、有利、有节"的原则：所谓"有理"就是用好政治优势；所谓"有利"就是以经济合作为主线；所谓"有节"就是低调务实。鉴于美国对中国全面遏制加剧，中国在中东投入需更多考虑投资安全。

[①]《美媒文章：海湾国家不愿在中美间选边站》，参考消息网，2020 年 6 月 22 日，http://www.column.cankaoxiaoxi.com/2020/0622/2413705.shtml。

中阿合作：根植历史，共谋发展，面向未来

包澄章①

【摘　要】
　　中国与阿拉伯国家的合作根植于中阿民族友好交往的历史基础，在涉及彼此核心利益和重大关切问题上相互理解与支持的理念共识和行动协调，以及通过务实合作促进国家转型和实现民族复兴的现实需求。中国与阿拉伯国家开展的务实合作，为发展中国家在自主探索本国发展道路、维护国家安全与发展利益、超越意识形态分歧和政治制度差异践行文明交往与文明互鉴、提升在全球治理中的话语权、推动发展议题重回国际核心议程、促进全球可持续发展等方面加强团结协作，树立了南南合作的典范，为捍卫发展中国家利益、维护并践行真正的多边主义做出了重要贡献。

【关键词】
　　中阿合作　发展中国家　南南合作　中阿峰会

　　中国与阿拉伯国家的合作根植于中阿民族友好交往的历史基础，在涉及彼此核心利益和重大关切问题上相互理解与支持的理念共识和行动协调，以及通过务实合作促进国家转型和实现民族复兴的现实需求。

---

① 包澄章，上海外国语大学中东研究所副研究员。本文系 2022 年度国家社会科学基金项目"中东地区中等强国'东向'政策研究"（项目编号：22BGJ082）的阶段性成果。

一、从"政热经冷"到"政热经热"的中阿合作

　　古代丝绸之路从中国古代长安出发,经帕米尔高原入阿富汗,再经波斯到达阿拉伯半岛,继续西行北上,最终抵达北非和欧洲。资金、技术、人员等各种生产要素通过丝绸之路自由流动,商品、资源、成果等实现共享。阿拉伯商人也通过印度洋,穿过马六甲海峡,经水路来到中国,开辟了被称为"香料之路"的海上丝绸之路。丝绸之路的开辟,开启了中国与西亚北非地区各民族的官民往来。[①]

　　中华人民共和国成立以来,中国与阿拉伯国家间的合作受各自利益取向、政策偏好及国际环境的影响,在不同阶段采取了不同的政策基调。

　　中华人民共和国成立至改革开放前,阿拉伯国家是中国借以打破外部孤立、争取国际支持的关键力量,"划阵营""挺兄弟"构成了该时期中国对阿拉伯国家政策的主基调,革命外交成为中国对阿拉伯国家开展合作采取的主要手段。1955年4月万隆会议后,中国迎来了与阿拉伯国家的第一波建交高潮。1956年至1959年,中国先后同埃及、叙利亚、也门、伊拉克、摩洛哥、阿尔及利亚、苏丹7国建交。20世纪60年代中后期中国与阿拉伯国家的合作一度陷入停滞。整个60年代,中国仅与索马里、突尼斯、毛里塔尼亚3国建交。1971年中国在联合国合法席位的恢复,带动了中国与阿拉伯国家的第二波建交高潮,整个70年代中国先后同科威特、黎巴嫩、科摩罗、约旦、阿曼、利比亚、吉布提7国建交。但是,受制于革命外交意识形态的历史惯性,改革开放前中国对阿合作整体呈现"重义轻利""政热经冷"的特点,双方贸易合作规模十分有限。1978年中阿贸易额仅6亿美元,与中国贸易额超过1亿美元的仅科威特(1.26亿美元)、伊拉克(1.26亿美元)、埃及(1.17亿美元)3国。[②]

　　改革开放后,中国外交理念、目标和政策发生重大转变。1978年12月,党的十一届三中全会确立了对内改革、对外开放的政策,争取有利于

[①] 卢秋怡、丁俊:《中国与阿拉伯国家关系的历史特征与当代发展》,载《回族研究》,2017年第4期,第70—78页。

[②] 肖宪:《改革开放初期中国与中东国家经贸关系的发展》,载《阿拉伯世界研究》,2018年第5期,第48页。

国内发展的外部环境成为改革开放后中国外交整体转型的主要任务，发展型外交取代革命外交成为中国积极融入世界的主要手段。20世纪80年代至90年代初，中国先后同阿联酋、卡塔尔、巴勒斯坦、巴林和沙特5国建交，1990年中沙建交标志着中国实现了同所有阿拉伯国家建交。中国也一改过去"一边倒"支持阿拉伯国家的立场，开始以劝和促谈的积极姿态推动中东和平进程，在外交上注重平衡与阿拉伯国家和以色列的关系。中阿合作的领域从政治领域向经贸、能源、军事、科教、文化等领域拓展，"政热经热"的合作格局更趋平衡。1993年中国成为石油净进口国后，与阿拉伯产油国的能源与经贸合作逐渐成为中国对阿合作的重心，"互利""合作""共赢"成为中国对阿政策的关键性表述。2004年中阿合作论坛的成立，标志着中国与阿拉伯国家正式确立集体对话与合作框架。

党的十八大以来，推动建设新型国际关系被确立为新的历史条件下中国外交的重要理念，构建全球伙伴关系网络成为该时期中国外交的具体实践。2016年1月，中国政府发布《中国对阿拉伯国家政策文件》，对中阿集体合作的重点领域和优先方向做出规划，提出构建以能源合作为主轴，以基建和贸易投资便利化为两翼，以核能、航天卫星、新能源三大高新领域为突破口的"1+2+3"中阿合作格局。[①]"重塑造、布大局"成为党的十八大以来中国对阿政策的主基调。作为发展中国家最集中的地区之一，阿拉伯世界是发展赤字、安全赤字和治理赤字最突出的地区，成为中国参与全球治理、践行大国外交理念的重要舞台。中国在建设性参与解决地区事务的过程中，奉行"对话不对抗""结伴不结盟"原则，践行"新安全观""全球治理观""正确义利观""人类命运共同体"等理念，努力推动实现地区和平与稳定。

随着中国和阿拉伯国家在彼此对外战略中地位的上升，阿拉伯国家成为中国全球伙伴关系网的重要组成部分。2014年以来，中国已在阿拉伯地区逐步构建起覆盖海湾、东地中海、红海和马格里布四大次区域，涵盖地区大国、中等国家和小国的伙伴关系网。[②] 在双边层面，中国先后同阿尔

[①] 《中国对阿拉伯国家政策文件》，https://www.mfa.gov.cn/web/ziliao_674904/tytj_674911/zcwj_674915/201601/t20160113_7949944.shtml。

[②] 有学者依据与中国开展战略合作的能力与意愿，将与中国建立伙伴关系的阿拉伯国家进一步细分为支点国家、节点国家、重点国家和据点国家四类，指出这四类国家在地域和功能上不同程度地发挥着维护中国在中东地区利益的多维支撑作用。孙德刚：《论21世纪中国对中东国家的伙伴外交》，载《世界经济与政治》，2019年第7期，第106—125页。

及利亚（2014年11月）、埃及（2014年12月）、沙特（2016年1月）和阿联酋（2018年7月）4国建立全面战略伙伴关系，与卡塔尔（2014年11月）、苏丹（2015年9月）、约旦（2015年9月）、伊拉克（2015年12月）、摩洛哥（2016年5月）、吉布提（2017年12月）、阿曼（2018年5月）、科威特（2018年7月）和巴勒斯坦（2023年6月）9国建立战略伙伴关系。在多边层面，中阿关系实现了从新型伙伴关系（2004年）到战略合作关系（2010年）再到战略伙伴关系（2018年）的提质升级，中阿集体合作也实现了从"平等、全面合作"到"全面合作、共同发展"再到"全面合作、共同发展、面向未来"的内涵演进。[①]

当前，中国对阿拉伯国家主要在四个层面展开合作。在全球层面，中国与阿拉伯国家在联合国、世卫组织等全球性国际组织，上合组织等区域性国际组织，二十国集团、金砖国家等多边平台和机制框架内加强协调配合、促进多边合作，维护发展中国家共同利益，践行真正的多边主义。在区域层面，中国与阿拉伯国家在中阿合作论坛框架内开展集体合作与行动协调。在次区域层面，中国主要依托中海战略对话机制，同海合会国家开展小多边合作，不断夯实中海合作的战略基础。在双边层面，中国依托在阿拉伯地区建立的伙伴关系网，同阿拉伯国家开展务实合作，拓展合作领域，深化政治互信。中国与阿拉伯国家的合作整体上呈现"大多边带动小多边，小多边促进双边，双边推动大小多边"的发展态势，并对中国与伊斯兰国家间的合作形成辐射效应。

二、中阿合作践行真正的多边主义

中国与阿拉伯国家的合作为捍卫发展中国家利益、维护并践行真正的多边主义做出了重要贡献，为南南合作树立了典范。

第一，中阿合作为南南合作树立典范。"新中国成立后的70多年间，中国和阿拉伯国家在争取民族独立、实现民族振兴的道路上肝胆相照、风

[①] 2004年中阿合作论坛成立，中阿双方同意建立平等、全面合作的新型伙伴关系。2010年中阿合作论坛第四届部长级会议召开，中阿双方宣布建立全面合作、共同发展的中阿战略合作关系。2018年中阿合作论坛第八届部长级会议召开，中阿双方宣布建立全面合作、共同发展、面向未来的战略伙伴关系。

雨同舟，在世界政治经济舞台上团结守正、合作共赢，双方友好合作的广度和深度都实现了历史性跨越，成为南南合作典范。"①

首先，从合作理念来看，中国与阿拉伯国家秉持共同维护以联合国为核心的国际体系、以国际法为基础的国际秩序的总体原则，恪守尊重主权、独立和领土完整、互不干涉内政等国际关系基本准则；双方超越意识形态和政治制度差异，相互尊重彼此社会制度、发展道路和价值观念，在"推动中阿两大民族复兴形成更多交汇"②方面不断凝聚共识。

其次，从合作领域来看，除政治、经贸、能源、科技、文教、新闻等传统领域外，近年来中阿双方在核能、航天卫星、新能源等高新领域的合作取得突破，双方在水电、风电、光伏发电、核电等低碳能源领域的合作正在走向深入。习近平主席在首届中阿峰会主旨讲话中提出，双方"要巩固经贸、能源、基础设施建设等传统合作，做强绿色低碳、健康医疗、投资金融等新增长极，开拓航空航天、数字经济、和平利用核能等新领域"③。

最后，从合作成果来看，中国已成为阿拉伯国家和海合会国家的第一大贸易伙伴国，阿拉伯地区是中国最大的海外原油供应地。2021年，中阿双向直接投资存量达270亿美元，比10年前增长2.6倍；中阿贸易额达3303亿美元，比10年前增长1.5倍。中阿双方在能源、基础设施等领域实施200多个大型合作项目，合作成果惠及双方近20亿人民币。④截至2023年1月，中国已同除约旦外的21个阿拉伯国家和阿盟签署共建"一带一路"合作文件。⑤

第二，中国参与阿拉伯地区事务的机制平台建设日臻完善。改革开放后，中国参与阿拉伯地区事务的态度经历了从总体超脱到有所作为，再到积极有为的转变。⑥随着中国在阿拉伯地区合作的拓展，中国不断创设和

---

① 中华人民共和国外交部：《新时代的中阿合作报告》，https：//www.fmprc.gov.cn/web/zyxw/202212/t20221201_10983991.shtml。
② 习近平：《共同开创中阿关系的美好未来——在阿拉伯国家联盟总部的演讲》（2016年1月21日，开罗），载《人民日报》，2016年1月22日，第3版。
③ 习近平：《弘扬中阿友好精神 携手构建面向新时代的中阿命运共同体》，载《人民日报》，2022年12月10日，第4版。
④ 中华人民共和国外交部：《新时代的中阿合作报告》，https：//www.fmprc.gov.cn/web/zyxw/202212/t20221201_10983991.shtml。
⑤ 《已同中国签订共建"一带一路"合作文件的国家一览》，https：//www.yidaiyilu.gov.cn/xwzx/roll/77298.htm。
⑥ 李伟建：《从总体超脱到积极有为：改革开放以来的中国中东外交》，载《阿拉伯世界研究》，2018年第5期，第3—13页。

完善参与地区事务的机制与平台。

首先，特使机制为中国参与解决中东热点问题提供重要的政策沟通和立场阐释渠道。自2002年正式公开派遣特使出使中东地区后，"特使外交"作为一种非传统外交方式越来越多地出现在中国的外交事务中，越来越多的外交特使代表中国政府或元首，在世界各地频繁穿梭，斡旋国际事务。① 中国先后设立了"中国政府中东问题特使""中国政府叙利亚问题特使""中国政府非洲事务特别代表""外交部非洲之角事务特使"等涉阿拉伯事务的外交机制。特使通过穿梭外交，在阿拉伯国家及其周边国家和不同政治派别之间劝和促谈、协调立场和阐释中国政府立场，推动中国参与解决中东热点问题。

其次，中阿开展多边合作的平台机制较以往更加多元。中阿双方在中阿合作论坛框架内先后建立了17项集体合作机制。② 除在中阿合作论坛框架内开展集体合作外，中国与阿拉伯国家寻求在中非合作论坛、金砖国家、二十国集团等多边平台框架内围绕特定领域和议题，就涉阿拉伯事务开展合作与国际协调，在各自主导的区域组织框架内加强协作。例如，中国近年来加强了同沙特主导的伊合组织在涉伊斯兰事务方面的沟通与立场协调，沙特、阿联酋、卡塔尔、巴林、埃及、叙利亚等阿拉伯国家则积极申请加入上合组织，在跨区域安全事务方面深化与中国的合作。

最后，维和行动成为中国建设性参与阿拉伯地区安全治理的重要实践。中国是联合国维和行动第二大出资国和重要出兵国，在五个常任理事国中派出维和人员数量名列第一。③ 当前，中国有2224名维和人员在联合国执行维和任务。④ 参与西撒哈拉、苏丹达尔富尔、黎巴嫩、巴勒斯坦和以色列等冲突国家和地区的维和行动，是中国参与中东地区冲突和热点问

---

① 《特使外交如何助力两国关系？》，https：//www.sohu.com/a/86243144_117960；《外交代表》，https：//www.fmprc.gov.cn/web/ziliao_674904/lbzs_674975/t9044.shtml。

② 中阿合作论坛下设的17项合作机制包括部长级会议、中阿合作论坛高官会、高官级别战略政治对话、中阿关系暨中阿文明对话研讨会、中阿改革发展论坛、中阿企业家大会暨投资研讨会、中阿能源合作大会、阿拉伯艺术节/中国艺术节、中阿新闻合作论坛、中阿友好大会、中阿城市论坛、中阿北斗合作论坛、中阿妇女论坛、中阿卫生合作论坛、中阿广播电视合作论坛、中阿图书馆与信息领域专家会议以及中阿技术转移与创新合作大会。

③ 《中国联合国合作立场文件》，https：//www.fmprc.gov.cn/web/gjhdq_676201/gjhdqzz_681964/lhg_681966/zywj_681978/202110/t20211022_10408370.shtml。

④ "Contribution of Uniformed Personnel to UN by Country and Personnel Type," *United Nations Peacekeeping*, November 30, 2022, p.1, https：//www.peacekeeping.un.org/sites/default/files/01_contributions_to_un_peacekeeping_operations_by_country_and_post_56_november_22.pdf.

题解决、提供公共安全产品、促进世界和平与发展、维护联合国权威、塑造负责任大国形象的重要实践。从维和行动衍生出的"维和外交",已成为中国总体外交以及对阿拉伯国家整体外交的重要组成部分,对中国运筹与其他大国、地区国家的关系具有重要意义。①

第三,人文交流为中阿双方长期稳定的合作关系奠定坚实基础。人文交流塑造的价值认同,既有对共同、共通价值观念的认同,也包括对异质文明具有个性和特殊内涵的价值取向的理解。这种基于理解和认同的信任关系即政治互信,构成了中国与阿拉伯国家之间建立长期、稳定、牢固合作关系的前提和基础。

首先,中阿关系的整体提升为双方人文交流注入现实动力。深化中阿人文交流既是整体提升中阿关系、推动中国与伊斯兰国家交往与合作的现实要求,也是共建"一带一路"背景下人文交流在中国对阿关系中重要性上升的体现。中阿人文交流与合作涉及文化、教育、卫生、科研、旅游、新闻、体育、社会发展、出版等多个领域,近年来呈现"多点开花"局面。以教育合作为例,阿拉伯国家的孔子学院已增至20所,孔子课堂增至4所,埃及等国开设中文系或中文专业的高校数量也在逐年增加,"汉语热"在阿拉伯国家持续升温。2018年和2019年,阿联酋和沙特先后宣布将中文纳入本国国民教育体系,折射出两国推行语言多元化教育的政策转变,更反映出在国际格局深刻变动背景下两国为未来拓展与中国合作储备中文人才的战略考量。在中国,40多所高校开设了阿拉伯语专业,为中阿赓续传统友谊、深化互利合作、推动文明交流互鉴、增进民心相通培养新生力量。

其次,中国与阿拉伯国家在各自对外关系中地位的上升,使双方开展人文交流与合作的意愿不断增强。中阿战略伙伴关系的确立以及阿拉伯国家"东向"外交的实践表明,阿拉伯国家在中国对发展中地区整体合作中的战略价值以及中国在阿拉伯国家对亚洲地区整体合作的地位均显著提升。伴随中阿双方在各自对外关系中地位的上升,中阿之间以交流促认知、促合作、促发展的意愿不断增强,人文交流在"增进双方人民相互了解和友谊,促进中阿文化相互丰富交融,搭建中阿两大民族相知相交的桥

---

① 孙德刚、张帅:《改革开放以来中国参与联合国在中东维和行动的理念与实践》,载《阿拉伯世界研究》,2018年第5期,第14—28页。

梁，共同推动人类文明发展进步"① 方面，正展现出巨大潜力。

再次，人文交流的弱意识形态特征优势，有利于中阿双方开展治国理政经验交流。2011年中东变局发生以来，实现国内稳定、加快国家转型、促进经济增长、推动社会改革已成为多数阿拉伯国家解决发展困境和提升国家治理能力的主要任务。从政治制度、经济模式、价值观念的角度来看，中国在崛起过程中形成的发展模式不同于西方式的自由民主模式，可以为亟须寻找替代性发展模式的阿拉伯国家提供经验启示。阿拉伯世界是发展中国家最集中、内部发展极不平衡的地区之一，借助具有弱意识形态特征优势的人文交流，中阿双方可以在治国理政领域开展经验交流与互鉴。

最后，新冠病毒感染疫情下中阿在医疗卫生领域的人文交流，旨在弱化疫情的政治敏感性和提升合作的道义高度。自1963年中国向阿尔及利亚派遣中华人民共和国成立后的第一支援外医疗队以来，援外医疗在夯实中阿友好的民意基础方面发挥了重要且特殊的作用。新冠病毒感染疫情暴发后，推动构建中阿卫生健康共同体和"健康丝绸之路"成为疫情背景下中阿人文交流的新任务。在以疾病通过跨国传播对他国公共卫生构成风险为主要特征的突发公共卫生事件中，医疗卫生领域的人文交流构成了医疗外交的特殊形式。中东是全球范围内最早暴发疫情的地区之一，中阿抗疫合作所展现出的国际人道主义精神，成为特殊时期中阿战略伙伴关系的最佳注解。

三、机遇与挑战并存的中阿合作

中阿合作具有坚实的政治基础，在百年变局和世纪疫情叠加的背景下，未来双方合作机遇与挑战并存。

第一，中国与阿拉伯地区中等强国合作空间广阔。美国长期主导中东事务并未从根本上解决地区国家的发展问题，反而带来了更多动荡和不确定因素，阿拉伯国家官方和民间对此均有清醒认识和切身体会。提升发展中国家对全球治理的参与是完善全球治理体系的重要途径，近年来战略自

---

① 《中国对阿拉伯国家政策文件》。

主性明显增强的阿拉伯地区中等强国在这方面可以发挥独特作用。中等强国是综合实力和国际影响力居于上游的国家，其受制于自身实力，在外交上实施对冲战略，平衡与大国关系。埃及、阿尔及利亚、沙特3国属于中等强国行列，阿联酋属于准中等强国。中国同4国均建立了全面战略伙伴关系，合作基础牢固，中国正探索与阿拉伯地区中等强国建立多边合作机制，在地区热点问题、全球治理、城市数字化转型等领域开展形式多样的合作。

第二，数字化转型为中阿拓宽交流领域、创新交流模式提供机遇。移动互联网和智能手机的普及、数字技术的进步正在驱动经济转型和发展理念创新，也在改变作为交流主体的"人"的行为偏好。中阿合作从现实走向"云端"的转变在疫情前已初露端倪，疫情加速了数字经济转型，使国与国、人与人之间得以突破物理空间限制，向更广泛的云端探索新的交往模式。数字化转型为未来中国与阿拉伯国家实现投资、科技和文化等领域的融通与合作，创新合作模式、拓展合作领域提供了新机遇。中国与阿拉伯国家在数字科技领域开展合作，在提高移动支付在阿拉伯地区的渗透、激活商业活力和发展潜力、完善地区国家数字生态系统等方面，发挥着独特且重要的作用。2020年7月沙特民众网上购物消费总额自2月疫情暴发以来增长了约4倍，消费者网购快速消费品比率从6%飙升至55%。这一数字的背后是浙江执御信息技术有限公司的电商服务平台，该平台在沙特配送服务网络覆盖的城市从疫情前的60个增至近百个。[①]

第三，阿拉伯国家在对华合作问题上受到美方持续施压。近年来，美国在全球层面动用外交工具和盟友体系遏制打压中国，施压和干扰阿拉伯国家对华合作，实施"替代战略"：一是"战略和技术替代"，即阻挠阿拉伯国家尤其是美国的阿拉伯盟友与中国开展基建和科技合作，干扰"一带一路"重大项目在阿拉伯地区的落地实施，施压和鼓动阿拉伯盟友与中国进行"科技脱钩"，多次施压海湾阿拉伯国家将华为、中兴等中国企业从其5G网络和供应链中剔除，以此作为美国向这些国家提供军事援助的前提条件。二是"投资替代"，即持续破坏中国参与地区冲突国家重建的努力，为后者提供替代性投资选择。例如，美国通过炒作"债务陷阱论"，抨击中国向伊拉克提供"掠夺性贷款"，破坏伊拉克国内稳定，煽动伊拉

---

① 景玥、黄培昭：《患难见真情 共同抗疫情：中阿加强数字化合作》，载《人民日报》，2020年7月9日，第3版。

克国内反对与中国合作。同时，美国借助国际开发金融公司为伊拉克提供替代性投资选择，向伊拉克能源、金融、卫生、住房和农业部门投资10亿美元，破坏中方与伊拉克的既有合作。三是"地区角色替代"，即利用印度制衡中国在中东尤其是海湾地区的利益，联手日本、澳大利亚在技术、资金、原材料等不同领域扶持印度扮演在关键领域替代中国的角色，以"印太战略"制衡中国在海湾地区的利益，冲击和解构中国与地区国家的合作网络。阿拉伯国家尤其是安全上依赖美国的海湾阿拉伯国家，对被迫在中美之间选边站的问题表现出矛盾复杂心态，极力避免加入美国主导的反华阵营，最大限度地消除中美战略竞争对其与中国合作的消极影响，在维持与美国安全合作和保持与中国经贸能源合作之间艰难平衡。

四、"三环峰会"与面向未来的中阿合作

2022年12月7日至10日，中国国家主席习近平赴沙特利雅得，出席首届中阿峰会、中海峰会并对沙特进行国事访问。"三环峰会"擘画的中阿合作蓝图为动荡和不确定的世界注入了稳定和确定性，向世界传递出发展中国家团结合作、携手应对全球性挑战的强烈信号。

第一，"三环峰会"是在大国竞争加剧、美国与中东盟友关系紧张、地区紧张局势缓和的背景下召开的。从大国竞争的角度看，阿拉伯国家在主观上不愿因中美战略竞争和俄乌冲突陷入被迫选边站的窘境，遂选择对大国开展平衡外交应对外部风险。从美阿关系的角度看，拜登政府推行的"价值观外交"导致美国与阿拉伯盟友关系龃龉不断，阿拉伯国家战略自主意识显著增强。这种自主意识的增强提升了阿拉伯国家对变革美国主导的地区秩序、引入更多域外力量参与构建地区新秩序的政治预期。从地区国际关系的角度看，中东国家正从对抗走向和解，地区紧张局势趋缓。近两年来，海合会内部、海湾阿拉伯国家与伊朗和以色列之间、阿拉伯国家与叙利亚之间的紧张关系，均出现不同程度的缓和趋势。实现地区和平与稳定、塑造有利于国内转型与发展的外部环境，已成为阿拉伯国家的集体共识。

第二，"三环峰会"传递发展中国家团结应对全球发展挑战的积极信号。从峰会公报内容看，中国与阿拉伯国家均展现出合作应对全球发展挑

战、捍卫发展中国家权益的强烈意愿，双方在多边、小多边和双边层面确立了各有侧重的合作愿景。《首届中阿峰会利雅得宣言》强调，中阿双方支持"在发展领域应对新时代挑战的努力"，致力于"维护发展中国家利益，捍卫发展中国家权利"，一致同意"全力构建面向新时代的中阿命运共同体，旨在加强中阿团结协作，助力各自民族复兴，促进地区和平发展，维护国际公平正义"，提出"加强中国同阿拉伯国家全方位、多层次交往，合力应对共同发展挑战"。① 《中华人民共和国和海湾阿拉伯国家合作委员会合作与发展峰会联合声明》强调，中国和海合会国家将在实现全球经济复苏，保障供应链韧性以及粮食、能源供应安全，在实现全球和平、安全、稳定和繁荣等方面协调努力。② 《中华人民共和国和沙特阿拉伯王国联合声明》强调，中国和沙特"继续将中沙关系置于各自对外关系中的优先位置，打造发展中国家团结合作、互利共赢的典范"，"在二十国集团、国际货币基金组织、世界银行、亚洲基础设施投资银行等国际场合协调相关立场"，"共同推动包容、普惠的全球发展，维护全球能源市场稳定"。③

第三，"三环峰会"推动发展议题重回国际核心议程。当前，零和博弈、集团政治、强权政治、阵营对抗、滥用武力和冷战思维不断冲击全球稳定、加剧世界动荡，全球发展不平等、不平衡问题更加突出。中方提出的全球发展倡议和全球安全倡议，是向国际社会提供的又一重要国际公共产品，为动荡的世界注入了更多稳定性与确定性，在促进全球发展事业和完善全球安全治理方面具有积极意义。阿拉伯国家尤其是海合会国家谋求通过转型与改革打造阿拉伯地区发展样板，在发展与安全领域与中方提出的全球发展倡议和全球安全倡议理念契合，存在诸多交集。中阿峰会召开期间，阿方积极响应中方倡议，认为两大倡议"呼吁国际社会重视各项发展问题，重振全球发展事业，强调应坚持共同、综合、合作、可持续的安全观"，表示愿与中方"共同推进全球发展倡议重点领域合作，为加快落实联合国 2030 年可持续发展议程作出贡献"，④ 努力推动发展议题重回国

---

① 《首届中阿峰会利雅得宣言》，载《人民日报》，2022 年 12 月 10 日，第 5 版。
② 《中华人民共和国和海湾阿拉伯国家合作委员会合作与发展峰会联合声明》，载《人民日报》，2022 年 12 月 10 日，第 5 版。
③ 《中华人民共和国和沙特阿拉伯王国联合声明》，载《人民日报》，2022 年 12 月 10 日，第 5 版。
④ 《首届中阿峰会利雅得宣言》，载《人民日报》，2022 年 12 月 10 日，第 5 版。

际核心议程。

　　中国与阿拉伯国家的务实合作，为发展中国家在自主探索本国发展道路、维护国家安全与发展利益、超越意识形态分歧和政治制度差异践行文明交往与文明互鉴、提升在全球治理中的话语权、推动发展议题重回国际核心议程、促进全球可持续发展等方面加强团结协作，树立了南南合作的典范。